走出思想的边界

knowledge-power
读行者

西汉孤魂

长沙马王堆汉墓发掘记

岳南 著

湖南文艺出版社
博集天卷

发掘中的马王堆一号汉墓

一号墓内部形状与棺椁情形

一号墓四棺一椁结构及女墓主所在位置示意图

一号墓出土的巨椁

一号墓出土的黑地彩绘漆棺

一号墓漆棺上面虚纹画中一怪兽弹瑟图

一号墓漆棺上的角虚击筑图

一号墓出土的"轪侯家丞"封泥

一号墓出土的彩绘陶钫

一号墓出土的竹简"遣策"

一号墓出土的云纹漆钫

一号墓出土的帛画《导引飞升图》

一号墓出土的云纹漆鼎

漆匜

一号墓出土的漆匜，有流，是奴婢倒水给主人洗手用的，上有"轪侯家"三字

一号墓出土的直裾丝绵袍、手套、绢裙

一号墓出土的绛红纱绵袍

一号墓出土的直裾丝绵袍

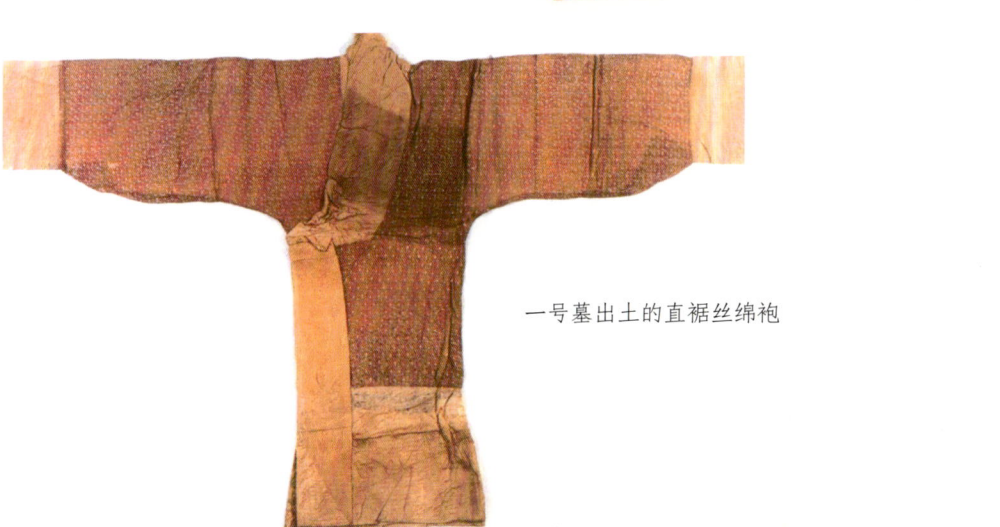

一号墓出土的素纱禅衣，属直裾袍，为汉代的便服

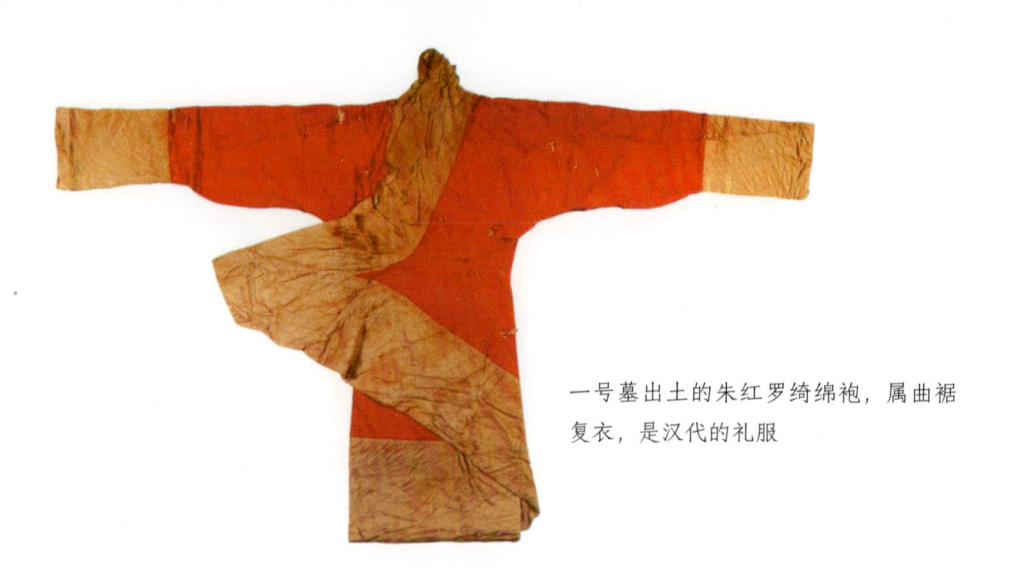

一号墓出土的朱红罗绮绵袍，属曲裾复衣，是汉代的礼服

一号墓出土的杯纹罗绮地信期绣局部

一号墓出土的长寿绣绣品局部

一号墓出土的铜镜　　　　　　　　　修复后的绢绣衣

一号墓内出土的五子奁篦、梳

一号墓出土的五子奁（开启），内放秀粉、胭脂、头饰等化妆品

一号墓内出土的双层九子奁（开启）

一号墓出土的竹熏罩

一号墓出土的书有"君幸酒"的杯盒，一套共七件

一号墓出土的云龙纹漆平盘

一号墓出土的彩绘陶熏炉

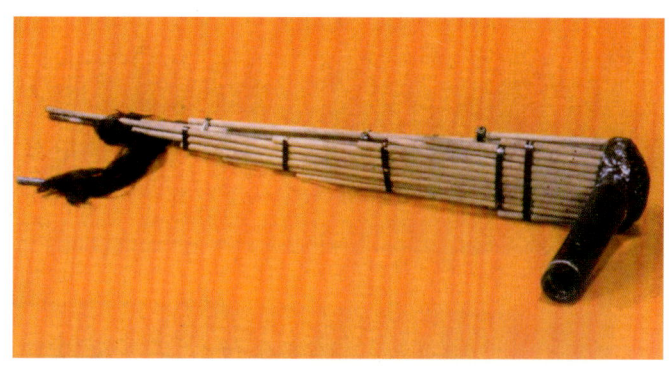

一号墓发现的竽

一号墓内出土的竹扇

一号墓出土的彩绘木乐俑

一号墓西边箱出土的彩绘木瑟,是中国现存最完整的汉代弦乐器

一号墓出土的号称"东方维纳斯"的歌俑

一号墓出土的舞俑

一号墓出土的"轪侯家丞"封泥

一号墓出土的平头彩绘俑

一号墓出土的竹箱

一号墓出土的稻谷

一号墓出土的麻种

一号墓出土的小米饼

二号墓出土的"轪侯之印"及印文

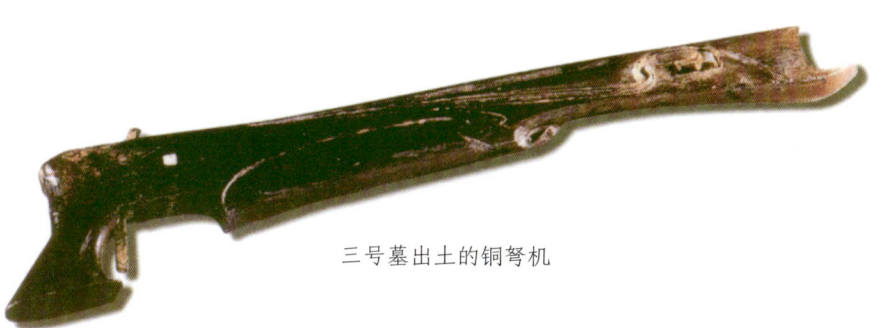

三号墓出土的铜弩机

三号墓出土的黑漆琴,有磨损痕迹,说明为墓主人生前使用之物

三号墓出土的长方形粉彩漆奁

三号墓出土的博具

三号墓出土的三剖构图法的三凤纹漆盒

三号墓出土的乌纱帽

三号墓出土帛画中的墓主利豨像

三号墓出土的帛画《车马仪仗图》中的车马阵营

三号墓出土的帛画《车马仪仗图》局部

三号墓出土的帛书《天文气象杂占》彗星部分图像，成书应不晚于公元前223年楚国灭亡之年

三号墓出土的《社神图》，又称《太一将行图》

三号墓出土的帛书《周易》局部

考古人员正在清理三号墓内棺盖上的帛画

考古人员在掀开马王堆三号墓的椁板

墓内椁箱堆放的随葬器物

目录
Contents

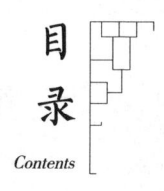

序　一起震撼世界的往事（侯良）/1

序　章　林彪与第一个战斗号令 /001

第一章　意外发现 /011
　　紧急疏散，现在正式开始 /012
　　地洞中，突然蹿出蓝色火焰 /016
　　急电国务院 /021
　　考古大师留下的一桩悬案 /026

第二章　狂飙到来之前 /033
　　拉开发掘的帷幕 /034
　　想起了两个女人 /036
　　发现盗洞 /040
　　馆长被塌方埋入墓坑 /046
　　棺椁初露 /051

第三章　珍宝灿烂 /059
　　北京来人 /060

死者的地下宫殿 /067
墓坑内的清理 /083
夜半开棺的军事命令 /092

第四章　长沙顿起罕世惊雷 /099

贵妇人初露尊容 /100
狂飙从天而降 /108
新华社杀出个"程咬金" /114
周恩来的紧急指令 /118
女尸夜遁 /125

第五章　树欲静而风不止 /131

震惊世界的考古发现 /132
国内外的论争 /150
周恩来：另外两个墓可否发掘 /161
"程咬金"砍来第三斧 /167

第六章　解剖大行动 /175

李先念：还是要尽早行动 /176
郭沫若：此事日本人已注意到 /184
彭隆祥请缨上阵 /195

第七章　八方风雨会长沙 /201

华国锋：若吊颈而死，颈部多充血 /202
他杀，自杀，病亡？ /207
穿越历史防腐术的长廊 /213
关于女主人暴亡之后的推断 /220

神秘棺液的来源 /230

第八章　余波不绝 /237

　　江青：我对这个女人不感兴趣 /238
　　周恩来：至少要把老太婆保存200年 /243
　　郭沫若：这是一件荒唐透顶之事 /245
　　杨振宁：怎么会落到美国人手里去了 /258
　　王冶秋：要是原子弹命中，再厚也不行 /264

第九章　发掘三号墓 /271

　　周恩来点将 /272
　　遗落在封土中的遗物 /278
　　又见木棺 /288
　　地下珍宝知多少 /292
　　"智多星"王振江出山 /299
　　墓坑内不祥的纷争 /308
　　石兴邦再失良机 /312

第十章　遗恨中的慰藉 /319

　　再取帛画 /320
　　将南京长江大桥压断怎么办 /322
　　是谁盗掘了二号墓 /326
　　揭去最后一层面纱 /331
　　墓主人家族关系初断 /337

第十一章　重组历史的碎片 /341

　　轪侯利苍——刘邦的亲信 /342
　　诱杀英布的立功者 /348

　　　　太夫人的生命历程 /352
　　　　长沙国的亿万富翁 /356
　　　　太夫人的生活再现 /360
　　　　无可奈何花落去 /368

第十二章　死于军营的将军 /375
　　　　三号墓的墓主究竟是谁 /376
　　　　年轻的军事将领 /382
　　　　南越军队进犯长沙国 /387
　　　　从《驻军图》看利豨的军事活动 /392

第十三章　地火天光 /399
　　　　成立帛书整理小组 /400
　　　　老子与《道德经》/403
　　　　苏秦与《战国纵横家书》/410
　　　　世界上最早的地图 /415
　　　　天文学上的世界之最 /424
　　　　《周易》与《八卦图》/428
　　　　《导引图》与祖国医学的神奇功效 /432

第十四章　余　响 /435
　　　　"他们挖出了打击自己的炮弹" /436
　　　　"出了书，也给我一本看看" /441
　　　　永远的遗憾 /448
　　　　神奇的《导引图》/457
　　　　"不要再干这种蠢事了" /469

附　录　岁月无悔 /473

后　记 /481

序 一起震撼世界的往事

侯良

38年前，长沙马王堆汉墓的发掘曾震撼了世界，引起国内外的极大关注。当时我作为湖南省博物馆负责人之一，除了参加一号汉墓的发掘之外，在之后的二、三号汉墓的发掘中，因为担任发掘施工组的领导，所以也每天守在施工现场。在女尸研究和出土文物的科研工作中，我的责任是组织接待各方面的专家，因此有幸认识了众多的学者，并了解到他们的科研成果，从中学到了不少有益的知识。筹建马王堆汉墓陈列馆时，上级令我参与设计筹划及赴沪筹措建筑材料和陈列设施等工作。文物陈列馆开放之后，我负责宣传接待，因此有幸接待了许多中央首长及外国元首和专家学者。这些工作使我对马王堆汉墓的发掘、研究、宣传展陈的全过程，有了一个较为系统的了解。岳南先生著《西汉孤魂》，嘱我题序，我未敢推辞，写几点感触，提示本书的内涵，裨益于读者。

一

长沙马王堆三座汉墓是在一种极其特殊的历史背景下发掘的。当时处于史无前例的"文化大革命"之中，尤其是在席卷全国的所谓"破四旧、立四新"之后，人们对与"历史"有联系的东西，一律视如敝屣。在这样一种历史氛围中去进行古墓发掘，真叫"不合时宜""不识时务"，这样就给我们带来了难以预料的困难。如一号墓的发掘经费被扣除一半，一个仅申请支援60把锄头、20个胶卷的报告被斥之为浪费。请劳动局批准30名农村劳力，说是不能影响农业生产，他们派给的城市民工，最大的71岁，最小的16岁。后因下雨怕塌方，向教育组请求学校支援，遭到严词拒绝。雨天进餐，驻军医院不准我们进入礼堂，只能蹲在房檐下吃饭。推土机推倒了墓边的几棵树，医院领导指责是破坏森林（其实树在文物保护范围之内）。墓周堆积如山的泥土，偶尔滚入道路上，又说是破坏了医院的卫生。更有甚者，文化组一军代表在千人大会上，竟信口雌黄地说："博物馆吃饱饭没有事，天天去挖死人骨头棺材板子……"因此使几位考古干部要求辞职改行。今天的人们听到这些话，可能认为是"天方夜谭"，可当时，那就是事实。我们正是背负着这样的"历史重负"，通过艰苦的努力，完成这6000立方米土的发掘的。因此，对于当年手足胼胝地劳动在工地上的人们，五六十岁的老技工，十几岁的年轻讲解员，应当给予诚挚的谢意。尤其是为马王堆汉墓及湖南考古事业立下了不朽功勋的老技工任全生、苏春兴、漆孝忠以及复员军人尹继龙，均已辞世多年了，他们的名字将与马王堆汉墓永世长存。二十几年前，山东大学历史系著名考古学教授刘敦愿先生来长沙，我陪同参观马王堆现场，当他听完我对一号汉墓发掘情况的介绍后，颇有感慨地说："这样一个重大的发现，想不到发掘条件如此之差，而经过又是如此之艰难，这在我国的田野考古史上，实属少见，实在应该写成文字载入史册。"

当然，二、三号汉墓的发掘，由于周恩来总理和湖南省委的重视，情况已大为改观。但读者从本书可以看到，"四人帮"又时有掣肘，时有干扰。

二

由于马王堆汉墓保存基本完好，因此出土珍贵文物共3000多件，如漆器500件、兵器38件、竹木简922支、丝织品100余件、木俑266个、竹器100余件。另外还有大量的农副产品和中草药，以及铜鼎、铜镜、玳瑁卮杯、木梳、木篦、角梳、角削刀以及泥"半两"钱、泥金饼、木犀角、木象牙、木璧、木罄等明器。尤其重要的是，除四幅帛画外，三号墓出土有十多万字、20多种的帛书，其内容包括自然科学、社会科学等，且有不少是古佚书。

已故著名学者沈从文先生于1980年冬在美国圣约翰大学作《从新学转到历史文物》的学术报告时说："每个人都知道中国有《二十五史》，就没有人注意从地下发掘的东西，比十部二十五史还要多。"他的原意是这众多的文物，就是用实物写成的二十五史。据此我们也可以说，马王堆汉墓的出土文物，也正是用实物写成的西汉初期的百科全书。

38年来，国内外学者对这些文物进行了多角度、多学科的研究，据不完全统计，已出专著八十多种，论文约三千篇。美国、日本、新加坡以及中国香港、中国台湾等地区，都出版了介绍马王堆汉墓的专刊及书籍。国内建立了不少研究组织，如湖南中医学院建立了"马王堆汉墓医书研究会"，并出刊有《马王堆医书研究专刊》；国家文物局组成"马王堆汉墓帛书整理小组"，先后出版了马王堆汉墓帛书释文、译注等数十种；以湖南医学院为主的约十所医学院校，组成了"马王堆古尸研究小组"，出版了《长沙马王堆古尸研究》；上海纺织科学研究院和上海丝绸工业公司也建立有"马王堆文物研究组"，出版了《长沙马王堆一号汉墓出土纺织品的研究》；湖南农学院、中国科学院植物研究所组成"长沙马王堆一号汉墓动植物标本研究组"，编写了《长沙马王堆一号汉墓出土动植物标本的研究》。1979年6月在美国旧金山举行了马王堆汉墓出土帛书国际学术讨论会。1992年8月26—29日，湖南省文物局在长沙召开了马王堆汉墓国际学术讨论会，出席会议的有英国、美国、法国、瑞典、意大利、加拿大、日本、泰国，以及中国国内的学者专家共60余人。中国社会科学院历史研究所所长李学勤在总结发言中说："关于马王堆汉墓的研究，现在仅仅是开始，今后还需要用许多世纪来研究来纪念。"

国内外学者一致认为马王堆汉墓出土文物具有很高的学术价值。因为它涉及了天文学、气象学、物理学、化学、植物学、动物学、地理学、中医中药学、解剖学、组织学、微生物学、寄生虫学、病理学、生物化学、生物物理学、临床医学，以及考古学、历史学、哲学、文学、文字学、版本学、音韵学、训诂学、民族学、民俗学、美学和农业、手工业、宗教、军事、地震、交通、绘画、音乐、舞蹈、纺织和烹饪等各种学科。正是由于马王堆汉墓的发现，有些学科的历史需要改写，因此湘潭大学历史系教授余明光曾建议编辑出版"马王堆文化丛书"，建立"马王堆学研究会"。不少人认为他的建议不无道理。

三

马王堆汉墓的出土经新华社公布以后，曾一度引起世界性的轰动，据新华社统计，1972年有160多个国家和地区的新闻媒体予以报道和宣传，成为当年世界最热门新闻之一。但这38年来，通过国内陈列和国外展览，仍然受到各国首脑、专家、学者和社会人士的赞赏和称誉。

自1974年马王堆汉墓陈列馆建成开放以来，已接待国内观众2000余万人次，来自世界五大洲100多个国家和地区的参观者约500万人次，其中有国家总统、首相和总理，以及各国驻华使节等。各种代表团、访问团和各类学术团体9000多个。

1972年10月，李先念副总理陪同尼泊尔首相比斯塔及夫人参观了马王堆汉墓的出土文物后，听我介绍古尸已有两千多年的历史时，十分惊讶地说："奇迹，真是世界奇迹！"同年柬埔寨首相宾努偕夫人来参观时，看到刚出土的漆器光彩照人时，问我是否在外面涂了什么东西。我对他说："按照国家文物政策规定，历史文物必须保持原貌。"宾努笑了，他说："要是这样，那就太惊人了。"宾努自进入博物馆后即笔记不停，这在我所接待过的众多外国首脑中是仅有的。1977年5月，缅甸总统兼国务委员会主席吴奈温偕夫人在邓颖超同志陪同下前来参观，他对我说："关于马王堆汉墓，我在国内就听说了，很乐意亲眼看看。缅中两国很早就有来往，这可能和马王堆汉墓的历史差不多。"

1974年4月4日，日本友好书屋读者代表团参观之后要求座谈，大理大学横山先生率先发言："一号汉墓简报在日本很受欢迎，日本很多历史学者、考古学者都怀着极大兴趣读了这个简报，他们得到的是书本知识，今天我能

序　一起震撼世界的往事

亲眼看到这些宝贵的东西，实在太感谢了。"安宅先生说："帛书在日本报纸上是整版报道的，而且都是头版头条。平时我国只有火灾地震才放在头条报道，尤其是《老子》的出土，引起了极大的兴趣，书屋经常收到读者来信，希望早日出版。"团长说："中国古代文化是世界四大文化之一，所以我们日本人把中国的考古学作为世界宝库看待，现在你们能把古代文物完整地发掘出来，以利于国家建设，所以我要对中国考古科学家表示敬意。"

1977年5月，侯良（左一）陪同缅甸总统吴奈温及夫人参观出土的女尸。

1976年4月，加拿大安大略省皇家博物馆董事会一行24人前来参观。团长说："我们在国内看了《考古新发现》的电影，今天能看到文物，实现了我们等待已久的愿望，所以很高兴。"美国哈佛大学哲学教授艾尤于1987年5月专程来看帛书《老子》，在如愿以偿后，他说："马王堆汉墓出土的文物具有很高的研究价值，有不少是稀世珍品，我为你们而骄傲。"

近20年来，马王堆汉墓的部分文物曾先后到日本、美国、法国等地展出，无一例外地均受到了欢迎。1990年3月17日在日本万国博览会纪念公园展览馆展出后，立即在日本又引起了第二次"马王堆热"。著名人士陈舜臣、里岩重吾等纷纷在报刊上著文称赞，观众更为踊跃，最多时一天竟有14850人涌入陈列室。展出168天，观众为40万人次。观众怀着激动的心情，写满了16册留言簿。1992年2—6月，在法国菲尼斯特尔省的达乌拉斯文化中心展出后，80天之内，观众为68000人次。法国科学院著名汉学家杜德兰先生说："开始我认为展览远离大城市，可能不会成功，但由于展品精、

5

形式新，吸引了不少500公里以外的巴黎人前来参观，人数大大超过了原来的预计，展览是非常成功的。"有一位观众留言说："从陈列中不难看出中国人的智慧，古代中国的文明告诉人们，现代中国总有一天会发展起来。"

四

岳南先生花费了大量时间，先后在长沙、北京、西安等地访问了与马王堆汉墓发掘、研究以及参加西汉古尸研究的数十人，并查阅了大量有关资料与出版物，苦心孤诣地撰写了《西汉孤魂》一书。它较为详尽地叙述了马王堆三座汉墓发掘的前后过程，以及对西汉古尸和众多文物研究的成果，笔触生动，描绘真切，使本书达到了科学性、知识性与趣味性相结合的地步。由于其可读性很强，出版之后必将受到广大读者的欢迎。过去有关马王堆汉墓的专著，大都属于学术性范围，且多为考证或诠释某一方面的问题，而全面反映发掘过程及其成果的，除已出版的《长沙马王堆一号汉墓》发掘报告外，关于二、三号汉墓的发掘报告，由于某些人的耽搁，至今未能出版，故本书的问世，从一定程度上说，也可能弥补这一缺憾。

新中国成立近60年了，我国文物考古界长期存在的一个问题，即写大众化的文章太少，他们过分强调学术性（这是必要的），在一篇文章中常常过多引证古文献，而且多用考古词汇、专用术语相堆砌，这样致使社会大众望而却步。所以，文物部门的几个专业报刊，发行量很小，致使文物考古的社会影响受到了严重的局限。当然，这个原因也是多方面的，如写了这一类文章，怕同行说是水平低，在职称评定时人家也不认账等等。我常想，全国科委系统有"科协"组织，他们办报纸、写文章，开讨论会，把一些深奥复杂的问题，讲得通俗明白，生动有趣，受人欢迎，不仅在扫除"科盲"，而且在"科技扶贫"方面起到了良好的作用。文物界也十分需要培养这样一支队伍，积极开展"文普"活动，使社会各界都来了解文物、宣传文物、保护文物，从而去提高全民族的文化素质，使损坏盗窃历史珍品的文物案件渐趋消失。国家文物局原文物处处长陈滋德在病榻上曾对我说，想找一些同志座谈一下有关文物宣传通俗化的问题，可惜他在谢世前也未如愿。

序 一起震撼世界的往事

　　岳南先生有志于中国文化史的著述，他与人合作已出版了《风雪定陵》《万世法门》，并已单独出版了《复活的军团》《日暮皇陵》《天赐王国》等书，均已受到社会读者的赏识，《西汉孤魂》的出版当不例外。由此，我们文物界的同志应该欢迎诸多的文学、文艺工作者，在反映社会现实的同时，也应关注文物考古事业。作为文物大国，祖先给我们留下一份极为丰厚的遗产，需要人们运用手中生花之笔，来予以宣传揭示，使其更好地为我国社会主义精神文明建设服务，也使更多的外国人，通过这些著述，去了解辉煌的古代中国，去认识走向繁荣的现代中国。这算是我的一点祈求吧。

侯良

1998年2月10日于长沙
2010年8月修订

　　【简介】侯良（1927—2011），河南林县人，毕业于河南省立开封师范学校，1949年5月参加解放军，在抗美援朝战争中任师政治部记者。后转业至地方工作，先后任湖南省博物馆副馆长、湖南省文化厅文物处长、中国博物馆学会理事等职，其间参与领导马王堆的发掘工作，有《神奇的马王堆汉墓》《难忘的军旅生涯》《尘封的文明》等著作问世。

序章 林彪与第一个战斗号令

西汉孤魂

他俯视延绵不断的太行山，在3000米高空。

又一次身临这片土地，亲切感倍胜从前。

30多年前，他率领被改编后的国民革命军第八路军一一五师，在这块群山峥嵘、层峦叠嶂的沟壑深处，一举击溃了日军板垣师团的第二十一旅团，取得了中国军民抗战以来第一个对日作战的辉煌胜利。他和他的官兵在打破了日本军队"不可战胜"的神话的同时，又创造了一个新的神话，他的声名随着这注定要写入中国抗日史册的伟大胜利而威风显赫，并令全世界为之瞩目。而这一次，他本人连同他的国家在经历了无数次波诡云谲的大起大落之后，作为新中国第二号人物的副统帅，他亲往太行山区，做防御苏联军队进攻中国的战事视察。

——此时是1969年10月5日。

从英国最新进口的"子爵"号客机，伸张着硕大的机翼，在太行山上空平稳而缓慢地飞行。他的身边陪坐着空军司令员吴法宪、北京军区司令员郑维山、总参谋部分管作战的副总长阎仲川、北京军区参谋长马立华等著名将领。

"子爵"号以五台山为坐标，向西北方向斜穿而过，在飞越著名的滹沱河、雁门关、古长城后，又折向东北方向进发。此时，飞行员将飞机的高度慢慢下降到一千米，几乎快要贴着高耸入云的山峰。由于绝好的天气，机体下散落着的山包、庙宇、村庄点点簇簇，活像棋盘上排布的棋子，掩映在绿树丛草之中。那纵横交错的道道河流在阳光的照射下，闪闪烁烁，流光溢彩，整个山野田畴透出一种塞外之秋独特的风韵。

林彪不时地望望窗外，浓眉紧锁，缄默不语，只是那平时瘦削惨白得吓人的脸，渐渐泛起些许的红润。

"林副主席，前面就是平型关，您当年击溃日军将领板垣师团的地方。"吴法宪腆着大肚子，向前凑了凑，小声地提醒着。

"噢？！"林彪应声从座椅上挺了挺瘦弱的身子，凝重的剑眉舒展开来，那似乎永远都在半眯着的眼睛突然睁大，略显鹰钩的鼻子轻微地颤动了一下。他从郑维山手中接过高倍望远镜，透过飞机舷窗，向外瞭望。飞行员接到空军司令吴法宪的指示，"子爵"号开始在山野沟壑中的平型关上空隆隆盘旋。

"一晃30多年了，山水依旧，道路村庄可都变了。"很少讲话的林彪自言自语地说着，望远镜在他手中不时地变换着角度，平型关的一切尽收眼底。

平型关大捷，八路军打扫完战场后回营

"林副主席，您当年指挥的平型关大捷，创造了以弱胜强的光辉战例，这在世界军事史上也是罕见的。"郑维山不失时机地说。

"哦，嗯。"林彪小声应对着，

没有回头。他在仔细观察下面的一切，追忆着往昔的辉煌和荣光。

林彪原名林育蓉。1925年，作为湖北黄冈县①回龙山的一个乡村青年，他带着18岁的青春之梦，在堂兄林育南的指点下，毅然走出闭塞的大山，孤身一人来到广州，投考了孙中山先生创办的黄埔军校。在这座闻名于世的军事学校里，他先后成为蒋介石和后来成为苏军元帅的布柳赫尔的宠儿。但是，毕业后，他的人生却和当时尚处于弱小地位的共产党连接在了一起。他投奔共产党领袖之一的周恩来后，很快参加了著名的1927年8月1日的南昌起义。再后来，他上了井冈山，以其罕见的聪明才智和卓越的指挥天赋，很快获得毛泽东的赏识，并由一名小小的排长、连长、营长，迅速升为团长、纵队司令、军长、军团长。1930年，当他出任红四军军长时，才刚刚22岁，而两年后晋升为红一军团军团长时年仅24岁。由此，他成为朱德、毛泽东麾下的著名战将。在红军一至五次反"围剿"和长征中，他指挥了抢渡乌江天险、突围腊子口等著名战斗，在向西南进发和广西全州战役中，他一人在前线指挥红一军团和三军团同国民党部队作战，取得了赫赫战功。关于他在长征中突出的军事天赋和煊赫的声威，若干年后，美国著名作家哈里森·索尔兹伯里在他的《长征——前所未闻的故事》一书中，以教徒般的虔诚和敬仰崇拜之情，做了极其精彩的记述。在突破金沙江前夕，"关键的任务落到林彪的肩上，他是红军中年轻的雄鹰。在1935年那明媚的春天里，云南的田野万紫千红，到处是雪白、桃红和淡紫色的罂粟花，在阳光下迎风摇摆。在红军长征的这道星河中，没有比林彪更为灿烂的明星了"。

抗日战争初期，林彪在太行山腹地指挥的平型关大捷，使他作为共产党阵营中的名将之花一枝独秀地傲立于北中国的山野之上，他的名字在一夜之间传遍国内的同时，也首次为海外人士广泛关注。当志得意满的林彪在这次战役后，班师来到五台县时，更是万人空巷、盛况空前，数不尽的人聚集在城里城外，争相一睹这位年轻抗日将领的风采英姿。特别是当人们得知这位干练而稳重的师长尚未婚娶时，无数情窦初开的美貌少女，被他的形象和辉煌功业迷恋得如醉如狂……

然而，他的功名与声威并未到此结束，他似乎是专为战争而生，战争也似乎由于他的存在而更具神秘和传奇色彩。当抗日战争结束，国共两党再动干戈之时，他率领十万军队进入白山黑水的东北战场，开始制造新的战争神话。辽沈战役的重大胜利，使他制造的神话成为现实。紧接着，他率领已扩展至百万的东北野战军挥师入关，参加平津战役并再度取得了辉煌胜利。这只不知疲倦的战争之鹰，借着平津战役的余威，率领他的第四野战军，又将犀利的爪锋伸向中南战区。当新中国的五星红旗在天安门广场升起时，这只雄鹰还在中国南部版图上，顶着隆隆炮火奋力搏击。由于他创立的非凡功勋，1955年，毛泽东主席在为十大元帅授衔时，林彪位列第三，仅次于朱德和彭德怀，成为共和国最年轻的元帅。

多年的戎马倥偬，颠沛流离，在承托起他一世功名的同时，也使他的身体受到了巨大耗损。自1950年以后，他开始休养病体，深居简出，很少抛头露面和参加社会活动。他像消失的战争一样，在中国的政治舞台上黯然遁迹了。如果不是1959年"庐山会议"上发生的那次意想不到的变故，可能他还要继续沉下去。但历史再一次垂青于他，就在那次会议上，在毛泽东与彭德怀的冲突中，他凭着自己的睿智和政治嗅觉，在关键时刻支持了毛泽东。之后，他接替彭德怀当上了国防部长，紧接着又出任中央军委副主席，主持军委的日常工作。这位年轻的元帅，在沉寂了九年之后，终于再度崛起，并以"全新"的姿态活跃在中国政治舞台上。随后从1959年到1969年的十年里，在中国政治舞台上那波诡云谲、刀光剑影的搏击中，他跃马挥剑，奋力搏杀。随着一系列他精心设计的阴谋或阳谋，他的对手纷纷落马，剑锋所指，所向披靡，接连击败了他上下左右所有被认为是自己敌手的党内外功臣宿将。当年的十大元帅，死的死，散的散，没有一个可与之匹敌。即使是功

美国《时代》周刊封面，时间是1966年9月9日，封面人物是国防部长林彪

名显赫、威望隆盛的"红军之父"周恩来，对他刺来的血腥之剑，也只有招架之功，而无还手之力了。终于，在1969年4月召开的中共九大上，林彪不仅作为毛泽东之后的第二号人物登上了"一人之下，七亿人之上"的权力顶峰，并作为"毛泽东同志的亲密战友和接班人"写入大会通过的党章中。与此同时，以"四大金刚"（黄永胜、吴法宪、李作鹏、邱会作）为骨架的林家王朝开始建成和崛起。十年的搏击和惨淡经营，林彪的地位和权势终于达到了如日中天、登峰造极的辉煌顶点。

就在那次会议结束半年之后的今天，这只"战争之鹰"又凌空飞翔在太行山麓那承托起他一世英名的丰碑之上。面对几十年的风雨征程和自己辉煌的业绩，他心潮起伏，热血喷涌，兴奋、激动之情难以自制，惨白的脸上瞬间布满了玫瑰色的彩云——这是他近20年不曾有过的气色和神韵。更令他心潮激荡的是，今天的他已不再是当年那个仅指挥1.5万人的师长了，他将指挥全中国的几百万大军和世界最强大的苏联军事集团一决雌雄。

世事纷纭，有时真叫人难以琢磨。1950年海南岛战役结束后，因为健康原因，他来到苏联休养治疗。在那片既熟悉又陌生的国土上，他受到了斯大林的盛情款待，并被斯大林亲切地称为"无敌元帅"。也就是在那次宴会上，斯大林借着酒兴问道："林彪同志，中国现在已经和平了，但作为军人，你失去了用武之地。你才43岁，不感到可惜吗？"

同往常的习惯一样，林彪的回答简短精练："一切为了和平。中国人的天性是爱好和平的，军人也是如此。"

这个美妙传神的回答，博得了斯大林及全场作陪者的掌声。

光阴似箭，岁月蹉跎，巨人已经作古。

令他没有想到的是，随着苏联领导人赫鲁晓夫和勃列日涅夫的上台，中苏这对昔日的兄弟加战友开始出现了摩擦，无休止的争吵与相互指责一步紧似一步地加剧。随着1968年8月苏军突然入侵捷克，战争的乌云开始在中苏边境蔓延滚动。面对这突如其来的战争信号，林彪以独特的军事嗅觉，当即向中共中央政治局和中央军委提出警告："中国很快将会遭到苏联的进攻，备战工作应立即实施。"他的一家之言得到了毛泽东的支持。于是，中国的城市和乡村出现了以防原子武器为主要目的的备战风潮。在"深挖洞，广积粮，不称霸""要准备打仗"等口号的鼓动下，无论是城市还是乡村，七亿人都积极地投入到挖掘防空掩体的备战事宜中。一时，中国的版图上地洞交叉纵横，像迷宫一样出现在各个角落。一批又一批的青年男女开始接受军事训练，随时准备作为第二梯队开赴前线作战。而身着戎装的军人自是更加紧张不安地在各自的防区内做着各种防御攻击的战略准备。1969年3月，中苏之间终于在乌苏里江中的弹丸之地珍宝岛发生了武装冲突，林彪那个关于即将爆发战争的预言似乎得到了证实。

在这严峻的时刻，平时怕风、怕光，连房门都不敢轻易迈出的他却突然神奇地复苏还阳了。他开始在自己的住处兼办公地点毛家湾那座神秘的高墙大院里练起了骑马，"嗒嗒"的马蹄声伴着他那瘦小而又弱不禁风的躯体，一起一伏，穿梭不止。他特意指示总参为他绘制了一张大幅"三北"（东北、西北、华北）地区的军事地图，挂在自己的会客室，手拿一根小棍棍，日夜不停地在此前徘徊、凝思、指指点点。他的整个身心完全沉浸在战争的号角与硝烟之中，大有"醉里挑灯看剑，梦回吹角连营"之势。

1969年国庆节前一天，林彪忽然想起了什么，急召军委办事组的黄、吴、李、邱"四大金刚"和副总参谋长阎仲川来到毛家湾，以命令的口吻说道："我有一种预感，正当我们在欢度国庆节的时候，中苏之战就会打响了。当年希特勒发动侵苏战争是在星期日，日本偷袭珍珠港也是星期日，苏修这个恶棍也不会放过这个机会。他们的军事基地，距北京只有几百公里，飞机用90分钟就到了，如果发射导弹，只要眨眼的工夫。鉴于这紧急战况，我命令北京附近几个机场的飞机，除留下作战值班的以外，其余一律在今天夜间转移到外地隐蔽，机场跑道上要设置障碍物，防止苏修空军实行空降，同时给留在机场值班的工作人员全部配发武器，准备打敌人的伞兵……"布置完这一切，他又以防备敌机轰炸，造成水库决堤为由，让秘书给周恩来总理打电话，要求连夜把北京郊区十三陵水库、官厅水库、密云水库的存水全部放掉……但是，周恩来拒绝了。

这次，林彪的预言没有成为现实，国庆节平安度过，苏军没有发动进攻。

此时的林彪并没有为自己判断的失误而感到沮丧，相反地，他越发意识到，苏联方面一定是在酝酿一场更大的阴谋。于是，在国庆节之后的10月5日，他决定亲自飞临五台山、雁门关、平型关、张家口一带做战前视察。

序　章　林彪与第一个战斗号令

现在，他正置身于太行山脉平型关的上空，在温馨的回忆里，思索着新的战备方案。

20分钟后，飞机离开平型关，向张家口方向飞去。

"这一带地形复杂多变，是藏兵、用兵的好地方。你对将要发生的苏修侵略战争有什么反击方案？"林彪靠在座椅上，沉默了好长时间，似乎才从美好的回忆中醒来。他精神矍铄，口气和蔼地问身边的北京军区司令郑维山，这里是他的防区。

一直感到有些沉闷和拘束的郑维山，见林彪和颜悦色地发问，便大着胆子讲述了假设苏军攻入中国本土，在这一带可能选择的进攻方向，声称敌人最有可能用坦克突破中国军队所防御的地带，如果苏军真的依靠坦克作战，北京军区则利用一种以步兵打击敌军坦克的战术来反击，保证一举全歼入侵之敌……

林彪一直聚精会神地听着，中间很少插话，只是不时地点点头，表示赞赏和鼓励。郑维山尚未说完，就听到机组服务员要各位首长系好安全带的声音，张家口机场到了。

林彪一行走出机场，又接见了驻守在那里的部队官兵，做了关于战备的长篇演讲，才恋恋不舍地返回北京。

事实上，此时的林彪对国际形势的估计远没有周恩来清醒和准确。从苏联的战略动态看，重点仍在欧洲，它在中苏边境陈兵百万，主要是威胁和讹诈，因为他们的兵力还远远不够对中国发动一场大规模战争。至于此时的美军，正陷于越南战争的泥潭而不能自拔，其第七舰队和远东美军进入全面戒备也只是一种守势。周恩来对这一点看得较为清楚，故此，他在讥讽林彪是"干打雷，不下雨"的同时，亦不情愿跟这位"战争之鹰"合作，他以其独特的个性和处事手腕，

1969年3月，苏军远东军区第一三五摩步师的装甲战车开向珍宝岛。从驾驶者露出的凶狠目光中，可以感知当时边境局势之紧张

周恩来与苏联总理柯西金在北京机场握手,此举引起了世界性关注,美国《时代》周刊特把此照作为封面,在吸引世人眼球的同时也提醒围观者们警醒

欲寻求一种与对方和解的巧妙方法。面对中国掀起的反苏浪潮,苏联方面也清醒地认识到,必须尽快想办法和中国缓和矛盾,否则后果不堪设想。在经得苏共中央政治局批准后,苏联总理柯西金想通过长途电话,以个人的身份向周恩来摸摸底。但令他尴尬和遗憾的是,当他的声音被坐在北京中南海里的那位年轻的女接线员接收后,却遭到了当头棒喝。那位接线员义正词严地呵斥道:"柯西金,一个修正主义的走狗,你算个什么东西,怎么配跟我们敬爱的周总理讲话!"说完,电话挂断了。尽管此事过去38个小时才被周恩来知道,精明老练的共和国总理还是采取了颇有成效的补救措施。

1969年9月11日,前往越南参加胡志明主席葬礼归国的柯西金,在北京机场和周恩来做了短暂会晤。也就是在这次会晤中,两国政府决定,1969年10月21日,将在北京举行关于中苏边界问题的副部长级的谈判。

面对这已经出现的中苏即将缓解的曙光,林彪却依然坚持"苏修亡我之心不死"的判断。在谈判的日子即将到来的10月15日,中共中央政治局召开会议,根据一些情报分析,多数人认为苏联极有可能利用这次谈判作为向中国发动突然袭击的烟幕。会上,经毛泽东批准,政治局做出决定:"立即开始加强战备,以防患于未然。党和国家领导人,不管有无问题,一律紧急疏散,撤离北京。"根据这一决定,毛泽东去武汉,林彪到苏州,北京只留周恩来主持工作。

10月17日,已撤至苏州南园别墅一个防原子弹地下室里的林彪,面对一张军用地图,在用一根小棍棍反复敲打了一阵之后,突然向全军发出了进入紧急战备状态的第一个战斗号令:

第一，苏联谈判代表团将于10月21日在北京开始会谈，对此应提高警惕。

第二，为了防止苏联利用谈判做烟幕，对我进行突然袭击，全军各部队要立即疏散，各种重要装备、设备及目标要进行伪装和隐蔽。

第三，通信联络要保持畅通。

第四，国防工业要抓紧武器、弹药生产。

第五，二炮部队要做好随时发射的准备。

随着"第一个战斗号令"的下达，中国军队立即进入了一级战备状态，并开始在疏散的指定位置掘地洞、挖掩体，紧张地做着各种防御和反击侵略的准备。面对中国突然变化的局势，国际社会给予了广泛瞩目和高度警惕。驻中苏、中蒙边境的苏军取消了休假，部队演习频繁，开始向中国边界步步推进。驻太平洋的美军第七舰队及南越、韩国军队同时进入一级战备。台湾、澎湖、金门、马祖岛的蒋军也紧急动员，进入临战状态。苏联驻华盛顿大使要求与美国"合作"，建议尽快对"好战成性"的中国核基地进行"外科手术"式的打击……

战云密布，箭在弦上。

10月21日，苏联副外长库兹涅佐夫乘坐的专机，从伊尔库茨克方面进入中国领空。中国空军雷达部队密切监视，总参谋长黄永胜每隔几分钟就要向远在苏州的林彪报告一次飞机的方位、航向、速度以及中苏边境的动态。习惯每天中午都要午休的林彪，这天却异乎寻常地取消了午休，在地下室神情亢奋、表情严肃地来回踱步、听取汇报，判断可能发生的一切意外事件。直到库兹涅佐夫走下飞机，乘车离开北京机场，林彪才长呼一口气。

战争的帷幕终于垂了下来。

既然战争未能爆发，"战争之鹰"就失去了再一次煊赫于世的契机。当这个契机失去之后，他在中国政坛上的优势也随之失去。也就在这个时候，在周恩来的巧妙周旋下，又出现了中国与美国谈判的曙光，因为毛泽东一直希望有朝一日能与美国达成谅解，因而当这缕曙光出现之时，毛泽东开始全力支持周恩来的行动，周恩来的政治地位得到巩固和加强，林彪开始走下坡路了。但此时的他并不甘心，不知是鬼迷心窍，还是神经出了毛病，他突然扭转剑锋，准备和他无限忠诚、无限热爱、无限信仰、无限崇拜的伟大领袖、导师毛泽东分庭抗礼了。林彪做了短暂准备后，终于在1970年8月23日于庐山召开的中共九届二中全会上，围绕设不设国家主席的问题向毛泽东提出了挑战，结果，毛泽东在他忠诚的助手周恩来的帮助下，赢得了第一个回合交锋的胜利。

败下阵来的林彪自是不甘心束手就擒，经过一段时间的思虑和密谋，林彪决定以暗杀的方式对付毛泽东，这个恶毒的计划最终于1971年9月付诸实施。但令他意想不到的是，谋杀计划还是落空了，面对危局，他只有携带家眷匆忙溃逃。其结果连毛泽东都没有想到，随着9月13日蒙古人民共和国温都尔汗一个盆地里升起的冲天大火，威名煊赫的"战争之鹰"终于折断了翅膀坠地而死了。

林彪驾机外逃机毁人亡的消息，自1971年国庆节之后陆续被披露，曾引起国内民众的惊骇和外界舆论的种种猜测，林彪的死因被西方政界称为20世纪世界政坛上最神秘的"谜团"。但后来的事实证明，无论怎样怀疑和猜测，曾经在中国军事、政治舞台上呼风唤雨的林彪确是消失了。他的消失也意味着林家王朝及其追随者的覆灭。但是，有一点却是例外，林彪在中国政治舞台上的影响却未能马上消失，他生前极力鼓吹和施行的全国性的战备风潮还在继续蔓延。就在那个令世界为之震惊的秋天里，没有人注意到，在中国湖南长沙一个叫马王堆的土包间，一群军人还在"深挖洞、广积粮、不称霸"的政治惯性驱使下，正挥汗如雨、争分夺秒地挖掘着一个洞穴。而随着这个洞穴的不断挖深，人们看到的不是战争的爆发，而是一个震撼世界的重大考古发现。

注释：

①因本书写作时间较早，部分行政区划如今已发生改变，为尊重作者原意，书中部分地名以作者写作时的行政区划为准。——编者注

第一章 意外发现

西汉孤魂

　　随着林彪发出的第一个战争号令，解放军三六六医院全体官兵紧急疏散。战备风潮再度升温。马王堆下一个被挖掘的洞穴内，突然窜出蛇状的蓝色火焰，院务处长被烧伤，工兵部队紧急出动，探测炸弹未果。闹剧过后，意外发现千年古墓。

🉠 紧急疏散，现在正式开始

许多年后，当已经退休的解放军三六六医院原副院长白明柱躺在病床上正在接受输液和采访的时候，他对那个晚上发生的一切仍记忆犹新。

那个晚上他觉得很疲惫，紧张忙碌了一天的他正在床上呼呼大睡，突然一阵急促的敲门声将他从睡梦中惊醒。他以军人惯有的快捷与熟练动作下床开门。敲门的是院务处一个值班的参谋，这个参谋以异样的神色告诉他，速到会议室开会，院长、政委以及其他医院领导也将很快赶到。

他穿好衣服，跟在那位年轻参谋的身后匆匆向会议室走去。外面漆黑一团，天空既没有星星也没有月亮，晚秋的北风夹着丝丝细雨，在空寂的大院中四散飘荡。他打了个寒战，问前边的参谋："什么事，深更半夜的要开会？"

"战备，紧急战备！"参谋在暗夜中回答。

"又是战备……"他嘟囔着走进会议室。

会议室是两间平房改装的，除了一个类似乒乓球台一样的会议桌和几把椅子，没有其他装饰性的摆设。室内灯火通明，气氛紧张，医院院长、政委早已并肩坐在桌前，面对一份电话记录稿，神情紧张而严肃地小声议论着。当白明柱刚刚找了个位子坐下，其他几位处室领导也相继赶来了。

作为党委书记的政委抬头扫了一眼在座的各位，轻轻咳嗽了一声，表情庄严而

解放军三六六医院侧门

第一章　意外发现

神圣地说："现在我代表医院党委正式传达林副主席向全军发出的第一个战斗号令！"

众人大惊，目光的焦点唰地射向政委那张威严而藏匿着杀气的脸，室内的空气顿时凝固起来。林副主席？战斗号令？这是多么让人惊骇不已的名字和胆战心寒的事件。

政委停顿了片刻，即开始传达："第一，苏联谈判代表团将于10月21日在北京开始会谈，对此应提高警惕。第二，……第三，……"政委几乎是一口气将号令的全部内容读完，还未等在座的人从惊骇中回过神来，医院院长接着宣布："为了尽快落实林副主席的最高指示，同时也为了防止苏修帝国主义原子弹的集中打击，军区党委和后勤部党委决定，从现在开始，各部队立即进入一级战备状态，并即刻向长沙以外的山区疏散。三六六医院今天夜间也要立即行动，如有不执行或执行不力者，军法从事！"院长言简意赅，说到这里戛然而止。

深更半夜，众人冷不丁地听了政委和院长的即席讲话，如同挨了两闷棍的敲击，原本尚未从睡意中清醒过来的头脑，一下子蒙了。大家干瞪着眼，一句话也说不出来。

沉默了一段时间，院长又开始发话："军区其他兄弟部队今天夜间已开始陆续离开长沙，向韶山、衡山一带山区转移，我们三六六医院比不得野战部队，但也不能落后，今天晚上务必要有个表示，起码要将部分伤病员给予疏散。根据军区司令部和后勤部的指示，我们不宜转移到韶山、衡山的山沟里，那样战争一旦打响，野战部队就很难找到我们，伤病员也很难得到及时救护和治疗。军区首长的意思是，我们最好撤往长沙以外的郊区隐蔽起来，一旦苏修的原子弹落入长沙，我们也好抢救落难的群众。大家看，我们撤往什么地方合适？"

众人终于从懵懵懂懂的惊骇和睡梦中醒了过来，军纪如铁，军令如山，容不得半点马虎和拖延。大家相互望了一下，开始低头沉思应对方案。

"咱们医院比不了野战部队，他们有汽车、有帐篷，随便什么时候打起背包，卷起帐篷，坐上大卡车就可转移。而我们缺乏汽车和帐篷，又有那么多医疗设备，行动起来很困难，若今天晚上将伤病员撤往野外，病不死的也得冻死……"负责伤病员管理的院务处处长忧心忡忡地说道。

"林副主席说,人民军队要经受战备的考验,战备是最大的政治,理解的要执行,不理解的也要执行。况且,即使撤出去受点苦、挨点饿,也比在长沙被苏修用原子弹毁灭好得多。请不要忘了美帝国主义当年在日本广岛、长崎扔下原子弹那种悲惨的情景。"政委严厉地批评着院务处长的消极态度,一副对转移、疏散的命令不容置疑必须执行的态势。众人哑然,不置可否。"当然,最好能找到一个有住房或有防空洞的地方,这样,无论是对战备工作还是伤病员的身体都有好处。"政委语气又有些缓和地补充着。

大家再度沉默起来,偶尔有人提出个转移方案,又很快被否定。时间在一分一秒地过去,每个人的脸上都泛起焦虑的神色。

突然,坐在桌前一直默不作声的副院长白明柱脑海中想出了一个地方,这个地方地处浏阳河南岸,位于长沙城东郊五里牌外,距市中心约四公里。此处有几个不太高的丘陵,同时有两个高大的马鞍状的土包相连,俗称马王堆。由于这里人烟稀少,有山有水,风景独特,新中国成立后,湖南省委在这里盖起了几十间房子,开办了培养中共干部的党校和团校。但由于这里实在太偏僻,交通及生活方面多有不便,于是党校和团校先后搬出,重新在市里盖房办学,这个地方开始成为湖南省委干部疗养院。尽管此处存在着交通、生活等诸多方面的不便,但毕竟山清水秀,空气新鲜,确也是个疗养的

串连的红卫兵抵达长沙

好去处。谁知平静了没有几年,"文革"风潮涌起,全国的红卫兵开始聚集到北京天安门前接受毛泽东主席的检阅,随后开始了全国性的"大串连"。就在这声势浩大的串连中,青海省的一群红卫兵跋山涉水,不远千里欲来毛主席的故乡——湖南省湘潭韶山冲进行朝拜。也就在他们抵达长沙开始向韶山进发时,几个红卫兵拦截的汽车和另一辆汽车狭路相逢,出现了车撞人伤的事故。事故发生后,湖南省红卫兵接待站迅速派车,将受伤的红卫兵送往马王堆疗养院抢救。疗养院的医护人员见几个红卫兵被撞得头破血流,本着"救死扶伤为人民"的精神,立即为其包扎治疗,并给予了热情款待。事情发展到这里,似乎一切都了结了,但事实却偏不。

当伤势渐好的红卫兵们从医护人员口中得知这里"藏匿"着湖南省委不少老干部时,不禁雷霆大怒,顾不得再到韶山朝拜,立即决定先将这里的"走资派"打翻在地。于是,红色小将们本着大无畏的革命精神和造反有理的信条,将疗养的干部和疗养院的院长及大小官员全部关押起来,开始轮番批斗。不到两个月,被关押的"走资派"们四散奔逃,疗养院被迫宣布解散,医护人员各奔东西。自此,这个院落便开始闲置起来,无人再敢问津了。

一个星期前,解放军三六六医院副院长白明柱外出路过马王堆,顺便到院内转了一圈,见这里早已是荒草残垣、破落不堪、狐兔出没了。尽管如此,在今天这个紧急会议上,白明柱还是想到了它。

当白明柱将这个地方的情况说出后,院长、政委当场拍板:"好,就是它!"

军情紧急,刻不容缓,院党委立即决定:由院务处长带上几个参谋和勤杂人员,连夜将伤病员撤到马王堆院内,其他的医护人员、家属等做好准备,从明天开始陆续撤到该区。为防万一,院党委同时命令,给先头撤离的官兵包括伤病员在内,每人发一支枪和一件劳动工具,尽快在院内、院外的隐蔽处挖掘掩体洞穴,如果看到长沙爆炸了原子弹,赶紧钻入掩体之中。如果有苏军飞机的伞兵落下,立即开枪射击,所有人员都要听从院务处长的指挥……

院党委的决定使在座的人越发紧张不安,似乎已经听到了苏修帝国主义发射的原子弹在长沙城上空飞贯而来的险恶声音,越刮越大的北风中,似乎包藏着苏军飞机伞兵"嗞嗞"下降的身影。作为肩负重大使命的院务处长,更是心惊肉跳,热汗渍渍,他对院长和政委嗫嚅地说:"要是苏修的伞兵真的跳下来,就凭我手下率领的一帮老弱病残和几条枪,能打过他们吗?"

"怎么打不过,林副主席指示说:'什么是最好的武器?不是飞机,不是大炮,不是坦克,不是原子弹,最好的武器是毛泽东思想。什么是最大的战斗力?最大的战斗力是用毛泽东思想武装起来的人。是勇敢,不怕死。'你这种不相信已经用毛泽东思想武装起来的战士,恐敌、惧敌的想法,是要犯重大政治错误的。"政委当头棒喝。院务处长像霜打的茄子,涨红了脸,低头不语。

"不要再拖延时间了,各自按照分工赶快行动吧!"院长说完,站了起来,众人紧跟着呼呼啦啦地散去。

十几分钟后,院内响起了汽车轰轰隆隆的引擎声,一群群睡眼惺忪的伤病员被从病房里连拖带拉地弄出来,又稀里哗啦地被拽上、被推上或被抬上敞篷汽车。

"这是把我们弄到哪里去?"

"到底是咋回事?"

"你们搞什么鬼名堂?"

伤员们一边上车,一边大感不解地嘟囔着,吵闹着,叫骂着。没有人理会,更没有人回答,整个医院大院回荡着嘈杂而紧张的脚步声,急促的喘息声,拐杖撞击汽车的砰砰声,焦灼的口令声……

风更紧了,雨更大了。院长站在一盏朦朦胧胧的路灯下,望着面前的一切,转身对身边的一位参谋说:"报告军区司令部和后勤部值班室,三六六医院的紧急疏散,现在正式开始了。"

——这一天是1969年10月18日凌晨2时。

地洞中,突然蹿出蓝色火焰

当解放军三六六医院的人员以及医院设施、生活用具等全部撤至以马王堆命名的那个残垣破壁、野草丛生的大院内,并急如星火地修补房屋、挖掘

第一章　意外发现

防空地道、谋划着怎样躲避苏军的原子弹和打击敌人伞兵时，苏联副外长库兹涅佐夫乘专机抵达北京，远在苏州的林彪长吁了一口气，中国军队的官兵长吁了一口气。

随着中苏会谈的进展，两国间剑拔弩张的关系一天天缓和，爆发战争的迹象一天天减少，但已被疏散到野外的部队却迟迟接不到回营的命令。眼看寒冷的冬季已经来临，中国北方部队的给养、运输、训练、思想教育等出现了许多难以解决的问题。根据各军区上报的情况，林彪指示秘书通知总参谋长黄永胜，"部队不要继续疏散，可以回营驻扎了"，就在这个命令发出的关键时刻，林彪的妻子，时任林彪办公室主任的叶群阻止道："首长千万不能发这个命令，部队疏散出去没风险，一旦放回来，万一战争爆发，这个责任由谁来负？"这个女人的一席警言，使林彪放弃了刚才的念头。

冰天雪地、夜以继日备战的解放军官兵（国画）

自此，中国军队几百万官兵无休止地在野外风餐露宿，并仍旧做着"深挖洞、广积粮""要准备打仗"的战备准备。三六六医院也干脆断绝回长沙市里的念头，而在此处"重建家园"了。

林彪（左二）、林立果（右二）及其党羽们的荣耀生活

从1970年开始，三六六医院动用部分官兵在院内院外挖掘了不少防空掩体，这些掩体像迷宫一样深

017

在马王堆开挖的防空洞

入地下，又巧妙地和各处的医疗室、病房连接起来。只是空间太小，难以存留更多的医护人员及伤病员，更难以在地下掩体中实施救护和疗养。1971年9月13日，林彪坠机身亡的事件发生后，部队再次进入一级战备状态，也就在这个时候，三六六医院党委决定，要在院外那个方圆几百米的号称马王堆的土包下，挖掘一个大型的洞穴，作为战时伤病员的救护之所。自然，这时的医院党委绝没有想到，他们这个决定会意外地引发出一件震撼世界的考古大发现。

当那个整天提心吊胆，时刻准备着打苏军伞兵的院务处长，带领一群战士携带工具来到马王堆跟前时，先是对两个高约五丈的大土丘进行了一番观察，然后选定两个位置，分别从不同的方向动工开挖。十几天后，两个大洞都相继掘进数米，正当战士们挥镐弄锹不断地扩大着战果时，只听"呼隆"一声，土丘东侧的防空洞发生了严重塌方，飞泻而下的土块碎渣将几个战士埋入洞中。院务处长获知，即刻率其他的战士抢救，经过一番手忙脚乱的扒土扬渣后，被埋的战士被拖出洞外，接着送往急救室紧急抢救。也许得益于抢救得及时，几个战士终于摆脱了死神的纠缠，不久便恢复了往日的神情声貌，重新投入了工作。只是在挖掘中比往日小心了许多。

当洞穴挖到十几米时，地下出现了赭红中夹带着白点点的花斑土，越往深处掘进越坚硬。当战士们费了好大的劲终于穿透带花斑的红土层时，一个奇怪的现象出现了——一块又一块的白膏泥被挖了出来。这种白膏泥，战士们在过去挖防空洞时未曾遇到过，若用手一捏，又细又软，形同平时厨

第一章　意外发现

房里炊事员揉搓着的面团。面对这种奇异现象，战士们更加小心地挖掘，并越来越觉得此事有些蹊跷，立即向院务处长做了汇报。由于上次的塌方事故，院务处长被院长和政委教训了一顿，险些挨个处分。政委还以党委的名义警告他，若下次再出现类似的事故，则军法论处，绝不姑息。这位处长在出了一身冷汗之后，对这个土丘的挖掘开始谨慎起来，并明令战士如发现异常情况，立即向他汇报。

这次院务处长闻报后，来到施工现场，亲自钻进洞中，打着手电筒四处照照，又抓起一块白膏泥在手中揉搓了几下，也觉得有些异常。经过一番思索，他下令停止挖掘，让两名战士用钢钎向下打眼钻探。战士拿起钢钎对准白膏泥"叮叮哨哨"地钻了约半个时辰，并未发现不测之情，但就在钢钎最后一次从白膏泥中抽出时，钻孔里突然哧的一声冒出一股呛人气体。就在同一时刻，院务处长斜倚在洞壁上，划着了一根火柴准备点烟，令他万没想到的是，含在嘴上的那根香烟尚未点着，火种却与从钻孔里冒出的气体遭遇，随着砰的一声响动，一团火球在洞中爆响并燃烧起来，院务处长怔愣了约一秒钟，本能地说了句"大事不好，快跑——"，便箭一样从洞中狂奔而出，其他的战士也纷纷扔掉手中的工具，在极度的惊恐与迷惑中，呼呼隆隆地涌了出来。待稍喘息，战士们发现院务处长的眉毛已被烧焦，两眼流着泪，红肿的脸上布满了点点簇簇的水疱，极像田野里散落着的小坟包。

"这里出现了重大军情，赶紧去报告白副院长！"倒霉的院务处长下达着命令，然后捂着脸向医务室跑去。

分管后勤和战备工作的副院长白明柱赶了过来，待他问明情况后，大着胆子跟在两名战士身后进洞察看，将要摸索到洞穴的尽头时，只见一道蓝中带红的火焰，像一条扭动摇摆的蛇，"哧哧"鸣响着从钻孔里喷发而出。白明柱大惊，在他几十年的戎马生涯中，曾遭遇过许许多多的怪事，但目前的异景奇情却从未见过。他不知如何是好，也不敢擅自下令应付，只好小心翼翼地退出洞口，飞奔到院长、政委的办公室汇报。

"火焰是什么样子的？"院长问。

"蓝中带红，以蓝色为主，状如一条被卡住后尾的毒蛇，'哧哧'叫着左右摇摆。"白明柱答。

"有什么气味？"院长又问。

"像手榴弹爆炸之后的臭味加一点酸涩味。"白明柱又答。

"据你分析，有没有可能是阶级敌人或者是蒋帮特务埋下的炸弹？"政委异乎寻常地问。

"这个？"白明柱思索了一会儿，"这个我估计不足，但作为防范万一是必要的。"白明柱回答的同时又提出了自己的看法。

"有备无患。"院长接过话头，望了下政委，严肃而冷峻地说道："我看是不是这样，现场官兵立即撤离该区域，并做好突发事件的战备工作。立即报告军区司令部，建议火速派工兵团来医院，用探雷器进行勘探。"

院长的两个"立即"得到了政委的认可。于是，白明柱和一个参谋立即分头进行组织撤离和向军区汇报。

约两个小时后，一个排的工兵携带探雷和排雷仪器，大汗淋漓地从野外奔来。军官们简单地向医院方面询问了情况，便率领工兵进入洞中勘察。此时钻孔中喷射的火焰依然没有减弱，仍在呈蛇状向外窜动。工兵们架起仪器在四周仔细勘探了一番，没有发现炸弹的踪迹，只隐约捕捉到一块面积硕大的异常阴影，这个阴影到底是什么物体，对这个人类世界是吉是凶，会不会构成威胁，还一时难以做出判断，只好暂时撤出洞外，将情况上报团部，留待首长和探测专家研究后做出明确的指示。在全部撤出之前，工兵排长令几个战士提来一桶水，向火焰喷射的钻孔倒过去。在他的脑海里，不管这火焰是炸弹的引爆线还是其他引燃物，都必须立即扑灭，只要卡断了引燃线，即使真有炸弹也不会爆炸了。但当他将水"哗哗"倒向钻孔时，强大的气体又将水喷出，火焰依旧"哧哧"地怪叫着向外窜动。工兵排长不得不改变战术，让士兵用袋子装满泥土，然后突然压上钻孔。十分钟后，袋子揭开，火焰自动熄灭，只是气体还在向外不住地窜动。

工兵们架着探雷器在马王堆上下左右又折腾了一番，在确信没有发现炸弹后，开始撤离，同时将所探情况逐级报到团部。年轻的团部首长听完汇报，亦不知如何是好，忙派人将工兵团最富经验的一个工程师找来询问，这名老军人听完介绍，思索了一会儿说："早些时候我听说那里有古墓，是不是遇上了墓葬？"

为了证实这个推断，在团长和政委的陪同下，老工程师亲自乘车来到马王堆做实际勘察，当他从洞穴中走出来时，关于此处是一座古墓的论断似乎

第一章　意外发现

得到了证实。

既然此处埋藏的不是炸弹而是一座古墓，医院首长们在感到虚惊一场并伴着淡淡的遗憾的同时，决定将此情况报告军区后勤部，等待如何处理的命令。

军区后勤部接到报告，不知如何答复，便将报告转往司令部。司令部也不知该怎样处理，将情况转到政治部，政治部值班的干事认为这是涉及地方群众工作的事情，便将报告送至群众工作处。事情看来有些着落，但群工处处长却回答此事应由文化处来答复，因为古墓属古文化范畴，与群众工作无关。于是报告再转至文化处。文化处处长看到报告，觉得古墓的保护和发掘，还有墓中的文物虽然属于文化范畴，但却与部队的文化工作有极大的差异，或者跟部队文化工作没一点关系，他在思虑了一番之后，决定将这个球踢出部队，由地方来答复。于是，这份报告辗转到了湖南省革命委员会，然后，由革委会转政工组，政工组再转文化组，文化组又转湖南省博物馆。至此，已是1971年12月30日，离马王堆汉墓的发现整整过去三天三夜了。

急电国务院

12月30日下午3时，正在值班的湖南省博物馆革委会副主任（副馆长）侯良接到了电话。此时，博物馆的任务是在院内挖掘防空洞，当林彪的第一个战斗号令下达后，博物馆也跟着进入一级战备状态，为了避免苏修帝国主义的原子弹落到长沙之后毁灭文物，博物馆党支部决定立即将珍贵文物全部装箱运往浏阳文家市文华书院藏匿起来。现在，随着馆内一个长约近百米的地下洞穴即将完工，他们将疏散的文物陆续运回馆内，准备藏入地下。也就在这最紧张、最忙碌的时候，侯良接到了报告。接到报告的他第一个感觉就是：完了，马王堆汉墓遭到了破坏！

侯良顾不得再想下去，立即将身边的老技工张欣如叫过来，简单地说了下情况，两人分别找了辆自行车，急如星火地向长沙东郊五里牌外的马王堆赶去。

021

伏案工作的侯良
（侯良提供）

由于马王堆土丘下发现炸弹的传闻已在医院官兵和附近的群众中传开，当侯良和张欣如气喘吁吁地赶来时，只见整个马王堆土丘上下游荡着许多前来观看的人群。在一位战士的介绍指点下，侯良和张欣如钻进洞穴察看。当他俩就要走到尽头时，只见有几个地方来的小伙子会同医院里的伤病员，不知何时又将钻孔的气体点燃，只是火苗极其微小，照得洞穴忽明忽暗。小伙子们拿着自卷的旱烟，对着火苗吸食，并不时地发出好奇的笑声。侯良见状，大为震惊和气愤，他以文物保护干部的身份，抬脚踩住钻孔，将火焰踩灭，同时将几个小伙子强行驱逐出洞外。

"老张，你看这个墓是不是被破坏了？"侯良心中忐忑不安地问道。

张欣如对着钻孔看了看说："这类墓，在咱长沙叫作'火洞子'，新中国成立前已发现过七八个，当墓打开时，就有一股神秘的气体冒出来，要是遇到火种，立刻燃烧，火焰有时高达数丈。它们都有一个共同的特点，凡墓中有气体冒出，里边的文物都保存完好，不过这种墓极为罕见，除新中国成立前盗墓者发现外，新中国成立后20年来，长沙发掘的墓葬不下数千座，但没遇到一个'火洞子'，这是个了不起的事，千载难逢呀！现在赶紧把钻孔堵上，我估计里边的文物损坏不大。"

两人找了几块白膏泥刚要堵孔，侯良突然想起了什么："老张，我看这气体很神秘，你先在这里守着，我到医院去借个氧气袋，看能不能收集些气体回去研究。"说完，走出洞口，一路小跑向医院病房奔去。

第一章 意外发现

当侯良拿着氧气袋重回洞中,对准钻孔收集时,因气体已极其微弱,收集未能成功。这个失败由此成为轰动世界的马王堆汉墓发掘之后,科研工作中的一大缺憾——因为墓中那具闻名于世的女尸和许多保存完好的文物都与这神秘气体息息相关。

气体收集未能成功,侯良和张欣如走出洞穴,又到另外一个洞口前做了详细观察。那里虽无气体冒出,却也是凌乱不堪,侯良望着,不觉怒从心中起,他转身对张欣如说:"走,找他们医院领导,谁让他们随便挖掘古墓的?!"两人说着来到了分管后勤和战备工作的副院长白明柱的办公室。

"马王堆汉墓是省级文物保护单位,你们怎能随便挖掘战备工事?"侯良做了自我介绍后,又单刀直入地问。

"这是哪里的话,我们怎么知道是座汉墓,原以为是座没有家主的小山包,院党委才决定在这里施工的,要是知道是汉墓,我们解放军又不是盗墓贼,挖它干什么?"白明柱理直气壮地答。

侯良从省委文化组转来的情况报告中,已大体地知道了事情的原委,只是眼见好好的一座墓被掘开两个窟窿,且三天之后博物馆才知道,结果喷射的气体也未收成,里边的文物也不知是否遭到了破坏,出于一个文物保护干部的职责和文化良知,气恼之下才来质问。现在看来他们确实是不知道,如果知道就不会认为地下埋藏着炸弹而兴师动众地折腾了。事实上,自1961年始,湖南省人民政府就将马王堆列为省级文物保护单位,并竖立了文物标志。但当1966年"文革"风潮掀起时,文物标志被红卫兵和"革命"群众砸毁捣烂,这里又成了荒岭野丘,没人知道它的巨大价值了。想到这里,侯良向白明柱叮嘱了几句"要保护好,不要让阶级敌人钻了空子,将地下宝物盗走或破坏"之类的话,走出办公室,和张欣如骑车返回博物馆。

侯良返回博物馆后的第二天上午,找来革委会的几个成员说了情况,并提出:"马王堆古墓已被发现,是回填还是上报请求发掘?如果发掘,用什么样的形式?需要多少人力物力……"侯良说完,其他几名委员也不知如何是好,表示还是要召集馆内科室的领导和有经验的工农出身的老技工共同讨论。当天下午,便召开扩大会议,先由侯良说明情况,然后听取大家的意见。这时,一位技工组组长颇为激动地抢先说:"既然掘开了,回填干啥?还是趁热打铁按过去的老办法,打个洞进去,将东西掏出来完事。"

在场的人没有吭声，只是把目光转向他。此人原是一位"土夫子"（对职业盗墓者的称呼）；新中国成立前专以盗墓为生，几十年来他和他的同行们盗掘了长沙周围成百上千座墓葬，这些人盗墓的方式便是打个洞，钻入墓穴，将里边的金银器具掏出来就算大功告成。由于他们是在古董商的驱使利诱下以营利为目的进行盗掘的，许多珍贵文物都经过古墓商人流入美国和日本等海外地区。在第二次世界大战之前，美国一个机构曾专门派人驻在长沙购买盗运文物出境，致使中国的文化遗产蒙受了巨大损失。自1951年以后，随着长沙市大规模地建楼平土、烧砖取泥，许多地下古墓需要保护和清理，而博物馆人手奇缺，难以应付四面开花的局面。在这种情况下，鉴于"土夫子"们有极强的勘察、盗墓经验，为发挥他们的一技之长，经劳动人事部门批准，博物馆在长沙市招收了十几位著名的"土夫子"，作为馆内正式职工派往工地，配合各单位的建设，搞古墓葬的田野调查和清理。由于他们压根不懂田野考古的程序和目的，其做法依然是打洞取宝，因而，凡由这些"土夫子"负责挖掘的墓葬，只有金银器具被掏了出来，其他的文物全部丢弃损坏。不仅如此，那些掏出来的金银器具、剑戟矛弩等，也像农民运土豆一样，用筐盛装后，担到博物馆往仓库一放算是交代，这种做法致使后来的研究者无法知道各类文物是出于何地、何墓、何种排列组合程序，更无法深入研究，造成了湖南考古事业无法弥补的混乱和损失。

一晃20年过去，"土夫子"们的思维模式依然未能转变，这次，再度提出了在马王堆打洞取宝的建议。但此时不是彼时，这个"土夫子"的建议只得到少数人的响应。一番讨论后，主管业务的侯良做了拍板式的发言："过去我没在博物馆工作，以前怎样发掘我不太了解，但有一点是可以肯定的，我们今后不要再去办那种傻事、错事了，如果要发掘马王堆古墓，就要严格按照田野考古程序，先上报中央和省里批准，然后再组织科学发掘。"

为争取时间，当天下午，侯良便通过长途电话通知正在北京故宫帮助国务院图博口进行出国文物展览筹备工作的湖南省博物馆馆员高至喜，让其速向国务院图博口的负责人王冶秋转呈湖南方面的报告，这份报告的主要内容是：

1971年11月，解放军三六六医院官兵在长沙东郊五里牌外马王堆挖战备病房，由于他们不知道马王堆是一座古代墓葬，也不知是省级文保单位，便照着土堆下的墓穴挖了下去。现在马王堆已被挖开两个大洞，并有一种神秘气体从墓穴中喷出，点火即着。从湖南发掘的墓葬看，这种墓称为"火洞子"，凡这种墓，里面文物都保存完好。湖南省博物馆准备对马王堆古墓实施田野考古发掘。当否，请批示。

高至喜拿着电话记录稿以最快的速度找到王冶秋递上去，随之补充道："由于那两个洞穴的口子还暴露在外，湖南方面怕通过正式报告拖延时间过长，对文物保护不利，所以先通过电话稿向您请示，正式报告随后报来。"

王冶秋拿着电话稿反复看了几遍，又向高至喜询问了马王堆的其他情况，最后说："告诉湖南，既然墓已被挖开了，那就向省革会打个报告，开始发掘吧。"

高至喜立即给湖南博物馆回电话，传达了王冶秋的批示。湖南方面得知王冶秋批准发掘的消息，马上又向湖南省革命委员会呈送了一份与给国务院几乎相同的报告，有所不同的只是增加了请求调拨发掘经费并要求购买60把锄头、40个胶卷等具体内容。这份报告于1972年1月11日得到省革委会的批示，并有"拨款12000元"的回复。有些节外生枝的是，当省革委会政工组一位主持工作的军代表闻知后，颇为不解地对博物馆领导侯良说道："挖一个死人的墓，花那么多钱干啥？国家的钱是不能随便乱用的，你们馆才40个人，为什么要买60把锄头？40个

王冶秋（前）与高至喜（高至喜提供）

胶卷有多少张,你知道吗?省里拨下的经费我要扣下6000元,给你们6000元就足够了……"

侯良闻听此言,又气又急,这样一座方圆约有几百米覆盖层的大墓,要做到科学地考古发掘,岂是靠60把锄头能解决问题的,况且这考古发掘也与"拿国家的钱随便乱用"毫不搭边。

尽管侯良和其他工作人员知道这6000元的经费,对发掘如此一座规模庞大的墓葬,无疑是杯水车薪,但目前正是"破四旧、立四新""砸烂一切旧文化"的时代,马王堆的发掘可谓生不逢时。既然在经费问题上又是"秀才遇上了兵",也就只好振作精神,准备发掘。

考古大师留下的一桩悬案

1972年元旦刚过,侯良带上五名工作人员来到马王堆,此行的目的是对马王堆做一次全面调查,确定发掘位置,租借附近的民房以便居住,同时对考古大师夏鼐留下的那桩悬案尽可能地做些破译。因为据史书和历代相沿的传说,这两个紧密相连的大土包,之所以叫马王堆而不叫猪王堆、狗王堆、猴子王堆或老鼠王堆,主要是同唐末五代时期两个声名煊赫的人物有关,这便是历史上著名的马殷父子。

关于马殷父子的生平,史书中曾做了这样的记载:

马殷,字霸图,唐五代许州鄢陵人。大中六年(公元852年)生。初为木工,后应募从军,入蔡州戍将孙儒部,及儒败死,众推刘建锋为帅,殷为先锋。唐昭宗乾宁元年(公元894年),随刘建锋部入潭州。建锋被授湖南节度使,殷为马步军都指挥使。及建锋为部曲所杀,殷被推为帅,主持军府,乾宁三年(公元896年),为潭州刺史;四年,遣将攻克邵州。昭宗光化元年(公元898年),出兵略取衡、永、道、郴、连五州,继之岳州邓进忠归附,又战败雷彦威,夺取朗澧二州,遂统一湖南各郡。再出兵取桂、管等六州及岭南五州地。至此,殷被任为武安军节度使。

第一章 意外发现

五代梁太祖朱温即位，殷任侍中兼中书令，又授封楚王，加天策上将军。五代梁末帝时，加殷武安、武昌、静江、宁远等军节度使，洪、鄂四面行营都统。

五代唐庄宗李存勖灭梁，殷被封楚王，以潭州为长沙府，建国承制，自置官属，任用高郁、吕师周、廖偃等，建置楚王天官幕府，招揽人才。采用高郁建议，实行远交近攻，"尊王伏顺"，保持楚境独立与地方安定；又"退修兵农"，实行通商惠工，增强经济力量。在长沙东南，修复龟塘水利设施，"灌田万顷"。奖励蚕桑，"民间机杼大盛"。于襄、唐、郢、复等州，设立回图务，将茶叶运销北方，换取马匹、缯纩。并许民间自由采摘茶叶，运销外地。因此茶叶生产得到发展，获利甚丰。又铸铅铁钱，以利境内货物流通。由是，"四方商贾辐辏"于长沙。

马殷各项措施，使楚国政权在五代十国中一时颇称强盛。故南汉刘晟曾说："武穆王（马殷）奄有全楚，富强安靖者五十余年。"但殷晚年，颇多内宠，不复省事，以至吏治日坏。五代唐明宗天成五年（公元930年）病卒。年78岁。子希声袭爵。

马希范，字宝规，殷第四子。性奢侈而无远略，继希声袭王位，即大兴土木。长沙城垣，素有"舞袖不旋"之称，至希范始为之扩大，北至今中山路，南至今南门口，较前城区面积扩大数十倍。又扩建天策府，新修九龙、金华二殿。至此，长沙城中始有商户居民，形成长街，并令栽杨柳树为行道树。并于城北作会春园，建嘉宴堂，辟碧浪湖，以资游宴；于城南建碧湘宫及文昭园，凿山引水，为天鹅池，故后人有"马家公子好楼台，凿破青山碧沼开"之诗。殷所积蓄，至此耗费已尽。

当时，溪州刺史彭士愁攻辰、澧二州，希范讨平之。乃立铜柱，刻罢兵盟约《复溪州铜柱记》一文于其上，以垂永久。事见彭士愁等传中。

希范自称为汉代伏波将军马援之后，因于昭灵滩及昭山并建昭灵王庙以祀马援。及希范死，兄弟争位，互相残杀，南唐遣边镐入长沙，尽迁马氏之族于金陵。五代周太祖广顺元年（公元951年）十一月初三日，其弟希崇率亲族僚佐千人，于德润门（今小西门）外号泣登舟而去。

马殷父子在长沙经营数十年，曾给后人留下了不少的文化古迹，其中会春园、九龙殿、马王街等至今犹存。号称马王堆的两个连在一起的大土丘，相传就是马殷及其儿子马希范的墓地。但也有人说，此处是马殷父子的疑冢，故此未称陵而称堆。除此传说之外，在清代许多地方志上也有相关的记载，如光绪《长沙县志》的山川图中，就明确地标明"马王堆"这个名字，而光绪《湖南省通志》卷三十六引《善化县志》不但有记载，还有了具体的方位："马王疑冢，在县东南五里，楚王马殷筑。"善化县为明清时长沙府治所，至清代后期，为湖南省省会，即今天的长沙市。这个方位当指今天的马王堆无疑。另外，据《湖南全省掌故备考》记载："五代楚王疑冢在省城东北。"

无论是东南还是东北，能和这位楚王有联系的看来就是这个马王堆。事实上，直到新中国成立前，无论是文人墨客、地方百姓，还是盗墓贼，都认为马王堆是马殷父子的墓葬。

但自1951年始，此说却被著名考古学家夏鼐及其弟子推翻，从而留下了一桩悬而未决的疑案。

这年秋，为配合湖南省长沙市的经济建设，中科院考古研究所为抢救文物，决定由副所长、考古大师夏鼐带领石兴邦、安志敏、王仲殊、王伯洪、陈公柔、钟少林等"六大金刚"，以及南京博物院宋伯胤、王文林，湖南省博物馆程鹤轩等青年考古学家，组成联合发掘团，到长沙古代墓葬最多

1950年10月，中科院考古研究所派遣首次发掘团一行12人，在辉县琉璃阁考古工地合影。立排左起：魏善臣、徐智铭、郭宝钧（左四）、苏秉琦、夏鼐、安志敏、马得志（右三）、王伯洪、石兴邦。坐排左起：王仲殊（右三）、赵铨（右一）、白万玉（左三）

第一章 意外发现

最集中的城北伍家岭、小吴门外的陈家大山和袁家岭、城东五里牌外的杨家山和徐家湾、浏阳门外的识字岭等地进行调查和发掘。在短短的三个多月的时间里，共发掘古墓葬162座，从提取的文物资料分析，多数为战国到西汉时期的墓葬，遗憾的是这些古墓几乎全部被"土夫子"们盗掘过，考古收获不尽如人意。为尽可能地有大的收获，在这年的12月中旬，随行的考古学家石兴邦受夏鼐的指示，放弃长沙子弹库地区的发掘，由当地的"土夫子"谢少初等两人做向导，到附近古墓区再做调查。当石兴邦问"土夫子"哪个地方有未被盗掘且值得发掘的大墓时，谢少初便将他领到了马王堆，并指着其中的一个大土堆说："这个墓我们过去挖过，但只挖了一半就停止了，里边的宝贝都还在。"

"为什么要停止？"石兴邦不解地问。

谢少初开始不肯讲出实情，但最后架不住石兴邦的再三追问，便讲了出来。他说："那个时候马王堆四周还是一片荒草野地，我和另一个伙伴趁着月黑风高来到这里，照准这个土堆往下挖，可刚挖进去五六尺，忽然天空风云突变，一道抽鞭样的闪电过后，接着一个炸雷照着这个土包劈了下来，几棵大树当场被劈断，土包上的野草也烧焦了一大片，要不是我们正在几尺深的洞穴内，兴许早已被劈成两半了。人虽未被劈死，却也吓了个半死，等我醒过神来后，觉得很害怕，按说吃我们这一行饭的叫作'怕鬼不盗墓，盗墓不怕鬼'，什么鬼魂也不怕的，可这次却突然害怕了。我对

1951年夏鼐率部于长沙近郊发掘古墓群图

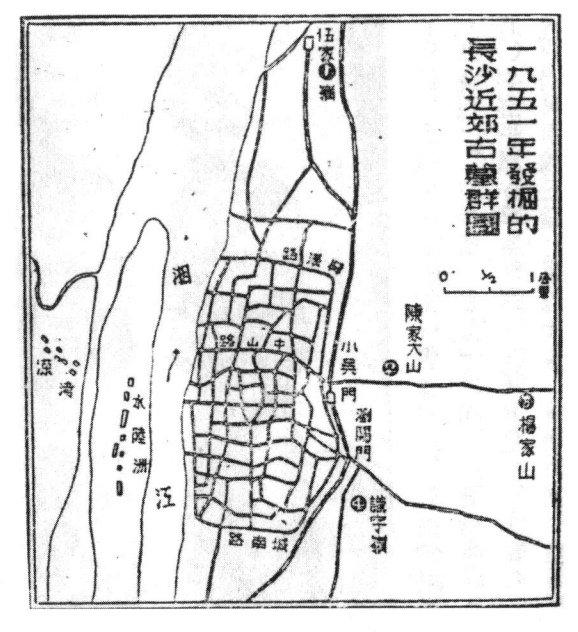

同来的伙计说，刚才的这个雷，怕是天老爷给咱的警告哩，别再干了，赶快逃命吧。同来的伙伴很是赞同，于是我们两个人钻出洞口，用铁锹将挖出来的土又回填了一阵，便在沙沙的雨声中跑回了家。"谢少初说着，用手指了指前方不远的一个塌陷处："就是那个地方哩。"

石兴邦走过去看了看，没有说话，他想起了一年前在河南辉县挖了几个大墓，当挖到一半的时候，就发现了多处盗洞，从而判断里面的文物可能已被盗，便决定放弃。谁知当时一起来的几个"土夫子"硬说盗洞没有挖到底，里边肯定有好东西。在他们的鼓动下，又开始往下挖，但费了九牛二虎之力挖到底一看，有价值的文物全被"土夫子"们给盗光了。此时的石兴邦很想发掘这两座规模宏大的墓葬，但鉴于一年前在河南辉县的教训，认为"土夫子"们的话难以靠得住，更认为这么显眼的两座大墓，这些职业盗墓者，是不可能轻易放过的，说不定挖到底还是竹篮打水——一场空。想到这里，他感到进退两难，默不作声地向远处眺望，只见东边和南边均是一望无际的稻田，著名的湘江支流浏阳河像一条银白色的玉带，从东边那个凸起的山包前突然转向西北蜿蜒流去，西边则是长沙市区，那耸入云天的脚手架和隆隆的机器轰鸣声预示着一个百废待兴的新型城市将要崛起。他在马王堆徘徊、观察了很久，想找一块墓碑，哪怕是残垣断壁或是几块陶片，但都没有找到，有的只是土堆之上那杂乱的树木和荒芜的丛草。面对此情此景，他不知该不该将此处上报发掘，只好带着疑虑和恋恋不舍的复杂心情返回驻地，并将情况如实向夏鼐做了汇报，等待听取这位考古学界巨擘的意见。

夏鼐闻知后，既惊且喜，认为奇货可居，亲自率人随石兴邦到马王堆和附近区域做了实地勘察。除石兴邦汇报的情况外，夏鼐还从一道前来的湖南省博物馆馆员程鹤轩的介绍中得知，1950年，当地农民协会曾组织农民在马王堆一侧打洞取宝，后因故未能成功。

同石兴邦一样，夏鼐在马王堆两个耸立的大土丘上转了好久，始终没有做出发掘还是放弃的决定，只是对随同而来的程鹤轩说："这不是五代马殷父子的墓，而是一座汉墓，可能属于西汉早期，马王堆名不副实，通知湖南省政府造册保护吧。"说完，率领众人返回驻地。

长沙的考古调查与发掘工作至年底宣布告一段落，联合调查发掘团随之宣布解散。参加人员各自回到原工作单位。无论是夏鼐还是石兴邦都由于一

第一章　意外发现

念之差而与马王堆失之交臂，从而轻易地丧失了一次足以使他们的长沙考古名扬世界的机会。当他们各自在二十年后再度来到马王堆时，这个轰动世界的考古发现与他们的名字已经疏远了，他们所能分享的只是马王堆这个巨大光环余晖的照耀。面对着事业旅途上的遗憾，若干年后，因主持西安半坡遗址发掘而一举成为著名考古学家并名列《中国大百科全书·考古卷》的石兴邦，在古城西安那个温馨的家中，为撰写回忆录而苦思冥想长沙之行的往事时，他怎么也弄不明白，夏鼐凭什么一眼看出马王堆名不副实，又为什么不做出发掘的指示？是这位考古界大师的疏忽还是另有所虑？

外表看上去形似马鞍的马王堆（傅举有提供）

不管石兴邦怎样的不解或不甘心，这个当年留下的悬案和遗憾，注定要由其他的人来破译和实现了。正当侯良率人踏遍马王堆及附近区域，并对这两座大墓的确切年代以及所延续下来的五代马殷父子说和夏鼐的汉墓说不置可否时，却意外地在附近居民的门牌上发现了"马鞍堆××号"的字样。马王堆与马鞍堆虽一字之差，却谬之千里，若站在居民的大门前向远处那两个规模庞大的土堆观望，确感到有一个大马鞍横亘在荒野草丛中。或许，史书的记载有误，或许，人们误将马鞍堆念成马王堆，到底孰是孰非，仍难做最后的结论。而要彻底破译夏鼐20年前留下的这桩悬案，看来只有深入墓穴，才能知道谜底了。

第二章 狂飙到来之前

西汉孤魂

几十名人员挑筐搭担来到马王堆，发掘的帷幕悄然拉开。封土之中，三个盗洞同时出现，墓中文物吉凶难测。四壁陡立的墓穴内，险象环生，博物馆馆长突然被埋入墓坑。一件件惊心动魄的故事过后，发掘人员终于见到了那个梦寐以求的庞然大物。

拉开发掘的帷幕

侯良一行回到博物馆后,一边紧张地购买发掘工具,一边组织动员工作人员,做好发掘马王堆的准备。由于1966年掀起的那场"文化大革命"风潮,馆内大部分工作人员被下放到偏远的农场和农村劳动改造,此时馆内只有42人,除了老弱病残和勤杂人员外,能到工地参加发掘的只剩下30人。且这30人中,有一多半是刚招收的不满20岁的女讲解员。既然没有更大的力量,也就只有按照毛主席所说的去"自力更生,奋发图强"了。

1972年1月16日上午8时,参加马王堆发掘的人员,全部来到博物馆集合,根据事前的安排,发掘人员各有分工,由第一副馆长崔志刚负责全面统筹,副馆长侯良负责业务,熊传薪负责考古组,杜丁华负责文管组,蓝庆祥负责保管组,杨森、张欣如负责文物修复组,石明初负责总务,女讲解员陈美如、向利群和16名同行的姐妹协助各组工作。

当各路人马到齐后,馆领导给考古技术人员配发了一架相机、十几个胶卷和测量、绘图用的简单的考古用具,以备随时应用。另外每人配发了一把铁锹、一根扁担、两个箩筐,算是发掘工具。由于马王堆地区偏远,不通公共汽车,馆领导本着省政工组那位军代表"国家的钱是不能随便乱用的"精神,咬着牙拨出一点发掘经费买了一辆脚踏三轮车,作为留在馆内的炊事员石明初每天中午到工地送饭和运载其他大件工具的专车,其他发掘人员往返一律步行。

当30名考古发掘者集合完毕后,在崔志刚、侯良的带领下,像人民公社的社员出村刨土豆一样,各自面带喜悦和兴奋之情,挑筐搭担,呼呼啦啦,说说笑笑地迈出位于市区的博物馆大门,迎着初升的朝阳,向马王堆走来。

这支挑筐搭担的队伍,走在平坦的市区街道,颇有些浩

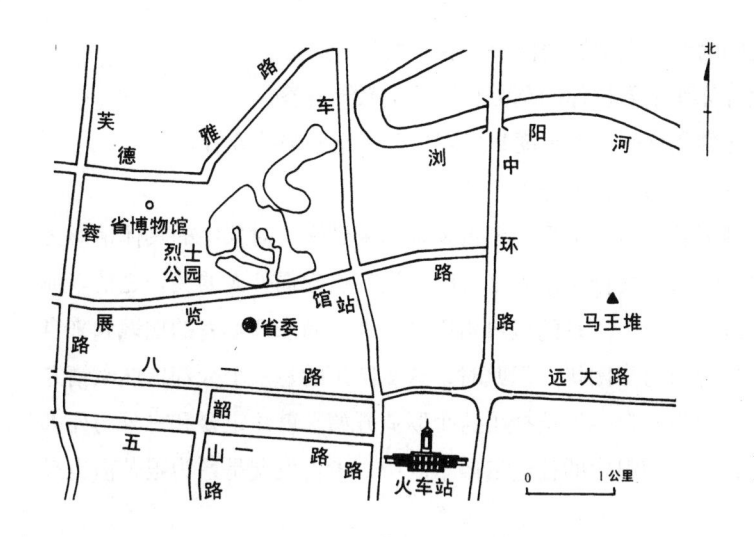

马王堆所在位置平面示意图

浩荡荡的规模，尤其那一群刚被招到博物馆不久的年轻的女讲解员，因都是首次到田野参加考古发掘，感到异常的新鲜和兴奋，一路不停地说笑和嬉闹，许多市民见状，纷纷立住脚步，放下手中正在忙碌着的活计，用惊奇、迷惑的眼光盯着问道："你们这是要干啥哩？"

"到马王堆去挖墓哩！"女讲解员陈美如答。

"嘿，俺当这是干的啥，这么年轻俊俏的姑娘不学好，专跟男人们刨坟掘墓，这要犯天理哩！"一个老妪说着，做出不屑一顾和鄙视的样子。

"哈，咱这挖墓可跟过去那些盗墓贼不一样，咱这叫考古哩！"陈美如不以为然地反驳着。

"鬼子（湖南方言）考谷考豆，还不就是挖坟掘宝吗，骗人的把戏哩！"老妪颇不服气地回击道。

"大妈，你说错了哩……"正走着的陈美如停住脚步，想给她上一堂生动的无产阶级历史教育课，谈一谈毛主席"古为今用"的谆谆教导，话未出口，侯良转回头阻止道："小陈，别跟她磨牙了，兴许等你们这群姑娘去挖她的墓时，她还会在墓穴里想，这群姑娘是来考谷还是考豆哩。"

众人大笑，撇下老妪匆匆前行。

"他们说的啥？"老妪转身问一个青年后生。

"他们说等你死了要掘你的墓呢！"后生微笑着答。

"这群该死的盗墓贼，整天胡日鬼哩！"老妪悲愤地说着。

此时，考古队员们已经走远了。

由于马王堆那后来轰动世界的考古发现尚未到来，对墓中的具体情形无人知晓，所以，当这支发掘队伍到来之时，没有引起局外人的关切之情。他们注定还要在以后若干个岁月的风风雨雨中，遇到尚未理解者的嘲讽和来自社会各方面的种种阻力与困扰。但此时，这支队伍的每一个人却依然激情亢奋，斗志高昂，因为，自他们选择了这个职业开始，就注定要和古墓与死人打一辈子交道，在他们眼中的社会诸般学问中，考古发掘是最为艰苦但也最为辉煌的事业。

没有喧哗，没有骚动，待熊传薪率领考古组人员，对面前两个庞然大物进行了照相、绘图之后，经过现场论证，决定最先发掘东侧已被掘开洞穴并泄漏气体的那座古墓，并将其编为一号，西侧紧连的另一座则被编为二号。

1月16日上午10点32分，随着侯良挥动铁锨，迎着寒风，在这凄凄旷野、荒草飘零之地，对准一号墓掘下的第一铲土，一个轰动世界的考古发现就这样悄悄地拉开了帷幕。

❀ 想起了两个女人

发掘人员在一号墓的封土之上连续挖掘了三天，但面对高20多米、底座近60米的山丘，发掘者无疑形同蚂蚁啃骨头，费了好大的劲，才啃出了一个小缺口。"崔馆长，咱不能再这样干下去了，就凭我们这些人，要是将这座山搬掉，不需要一年也要十个月，到那时，如果墓中还有珍贵文物也早烂掉了。这种做法显然是不科学的。"毕业于四川大学考古专业的书生熊传薪提出了自己的见解。

"你说怎样才是科学的？年轻人不要认为吃了一点苦就指责这不科学，那不科学，毛主席说，革命不是请客吃饭，科学也是在实践中干出来、拼出来的。当年我在山西农村干革命，吃的苦比这多100倍，革命不还是成功了。现在我们要发扬毛主席他老人家谆谆教导的'愚公移山'精神，毛主席的光辉篇章《愚公移山》你知不知道？"新中国成立前就在山西农村当过民兵和基层干部的崔志刚，又仿佛置身于往日的革命岁月，习惯性地做起了政治思想工作。

书生熊传薪苦笑了一下，说道："《愚公移山》这篇光辉著作，中国人谁不知道，说的是一个叫愚公的老头领着他的儿子、孙子挖山没挖开，最后由天帝出面帮助，才将两座山给搬走了。我也可以到外单位雇两台推土机来，先将墓的封土推掉，等露出墓口再用锄头一点点地挖，这样既节省了时间、人力、物力，对墓中文物的保护也有好处。"

侯良听了这个建议，心头为之一震，但没有马上表态。因为他不是学考古专业的，是新闻工作者出身。1949年，在解放战争的隆隆炮声中，作为学生的他离开了河南开封师范学校，响应党的号召，来到了西南野战军李德生师长的麾下，在政治部从事新闻记者工作。后来又随志愿军进入朝鲜作战，一直从事战地新闻报道。1956年因患病从部队转业来到长沙，在文化厅落脚，然后开始筹备建立湖南艺术学院，后来又到湖南省艺术学校担任领导。想不到"文革"一开始，他就被打倒并被关了起来，不久又被下放到湖南靖县农村接受贫下中农再教育，直到1969年11月才返回长沙，重新分配到湖南省博物馆主持工作。后组织又派来工农干部出身的崔志刚来博物馆当第一副馆长兼党支部书记，他也被正式任命为副馆长兼党支部副书记，分管业务工作。今天，面对博物馆唯一一个考古专业毕业的年轻书生的建议，同样作为知识分子的侯良不得不慎重考虑。

"这样做，违不违反科学考古程序？"侯良仍然以新闻工作者的敏感、谨慎的职业习惯提问着。

"这在考古学上是允许的，是符合科学发掘要领的。当年北京的定陵发掘，开始时就是用的推土机等大型机械，直到发现地下玄宫后才人工操作。其他好多大型墓葬的发掘也是这样做的，马王堆的发掘也完全有理由这样做。"熊传薪真诚而认真地回答着。

"老崔，我看传薪说得有道理，咱们商量一下看能否施行。"侯良以谦和的口气转身对在旁边抽烟的崔志刚说。

崔志刚把含着的纸烟从嘴上拿下来，将杨森、杜丁华、张欣如等几个组的负责人叫过来，征求了大家的意见，最后决定同意熊传薪的提议，由侯良和石明初到市里联系借用推土机。

很快，湖南省机械化施工站和长沙市101工程指挥部分别派来了一辆推土机，日夜不停地在土堆上下工作，只十几天工夫，一号墓的封土全部被推掉，一个南北长20米、东西宽17.9米的长方形墓口显露出来。推土机完成了它的历史使命，撤出工地，剩下的工作就要靠人工一点一滴地去做了。面对如此巨大的墓穴，在湖南这三湘之地恐怕是谁也没有见过，不只是年轻的发掘者感到惊奇，就是一起来发掘的几个前"土夫子"（这时已成博物馆考古技工）也大开眼界，他们在长沙四周挖了一辈子墓，也从未见到规模如此壮观的大墓，甚至在他们几代祖师爷留下的传说中，也从未闻知。众人一下子兴奋、激昂起来，每个人的心中骤然增添了从未有过的欢乐与希望。在这种亢奋与希望中，男人们格外卖力地掘土、勘测，姑娘们也毫不示弱地奋力做着她们各自的工作，恨不得一锨将墓中的填土全部掘出，然后打开棺椁，看看里边到底有什么神奇的宝贝。当大家发掘到墓穴东侧第二层台阶的中部时，只听正在挖土的女讲解员邵名荣大声说："奇怪哩，咋这里有个洞呢？"

"什么洞？！"众人听罢，迅速围拢过来。只见一个约有电线杆柱那样粗细的圆形洞穴直通地下，里面黑洞洞的，看不清有多深，有人取来手电筒打开往下一照，约有两米的深度，用手抠抠周围的洞壁，是颇似红色的火烧土，坚硬异常。

"是不是盗洞？"崔志刚急切地问着。

"好像不是，盗洞这么细，人怎能钻进去，但也不能排除，可能是盗墓贼用什么工具打的洞，不过洞壁咋又这么坚硬，什么工具能造成这么硬的洞壁？"熊传薪蹲在洞口，像是回答，又像是自言自语地沉思。

"任师傅，你是这方面的行家，你来看看是咋回事？"崔志刚将曾当过"土夫子"的技工任全生叫过来察看。任全生有些不太自然地走过来看了看，摇摇头对崔志刚说："我也看不透哩，像盗洞又不全像。"

"嘿，鬼子到底搞的啥名堂？"面对这似是而非的回答，崔志刚颇为不满，他卷起一支纸烟抽着，在坑边转起圈来。过了一会儿，他对众人说："既然搞不出名堂，那就别在这里干瞪眼瞅着，快接着挖吧。"

此时，侯良走过来，有些不甘心地对熊传薪等几个小伙子说："今天晚上你们回家查一查史料，或许可以弄清楚呢！"

几个小伙子点着头，又拿起铁锹、箩筐干了起来。

本来关于这个神秘洞穴的探讨已经结束，可几个在工地发掘的书生，听了侯良的一番话，晚上回家果然挑灯翻起了古书。第二天一早，习惯较真的书生们都眼角带着血丝，提着不同的史料，来到工地宣布自己的查阅成果。熊传薪将自己带来的《太平寰宇记》（北宋时代编写）第一一四卷打开，指着上面的一段记载说："'长沙县东侧十里，有西汉长沙王（刘发）埋葬其母程、唐二姬之双女冢，坟高七丈。'我看这墓说不定是汉代的'双女冢'哩。"

熊传薪说完，毕业于中山大学历史系的杨森也拿出自己带来的《湖南通志》（清光绪时期编写），指着第三十六卷上面引《一统志》的一段记载说："'二姬墓在（长沙）县东'，看来熊传薪和我是英雄所见略同，这个墓应是汉代长沙王刘发两个母亲的葬处。"杨森的话音刚落，毕业于湖南师范学院历史系的杜丁华却突然插话："谁说是英雄之见，如果是英雄，也最多算半个草莽英雄，你们过来看看这一段。"

大家围拢过来，将目光对准《湖南通志》引《旧拾遗》的一段记载："长沙定王发墓在东门外，及其母唐姬墓，各高十三丈，其间相处三丈。"杜丁华抬起头来对熊传薪与杨森说："你们看到了吧，只说对了一半，我认为这是刘发和他母亲唐姬的墓。应该叫男女混合冢。"

站在一边慢悠悠地抽着纸烟的崔志刚，默不作声地将杨森和杜丁华手中的书拿到手中端详了半天，突然说："嘿，这两部书不都是《湖南通志》吗，一本书咋有两种说法，这个编书人鬼子是咋搞的？此人一定是个两面派，林彪式的人物，政治上不可靠。"众人听罢大笑，随后发掘队员一边争论着，一边取起工具又开始新一天的发掘。

虽然崔志刚认为书生抱来的史料不可靠，而后来的发掘事实也确实给予了否定。但工地上的多数发掘者，却围绕着这个洞穴及墓主问题仍争论不休。有人谓之盗洞，有人坚持否定，有的人干脆在程、唐两姬的双女冢之说上做起了文章。因为除以上的记载外，《湖南通志》还特意引述了其他史书上的一段故事，交代了两姬的生平。按书中所言，汉景帝有个极其美貌的爱姬姓程，某天夜里，景帝召其入宫侍寝。程姬因来了月经，不便同床，便令其侍女唐儿前去伺候。景帝因喝得大醉而不辨真伪，便在唐儿身上种下了龙种。后来唐儿果生一子，取名为发，自己也因生子有功，被景帝封为姬。刘发长大后被封为长沙王，程、唐二姬死后就葬在了儿子的封国长沙东郊。刘发思母心切，便在其母的坟上竖杆，杆上白天挂旗，夜间挂灯，以便刘发在城内修建的定王台上经常遥寄哀思……根据书中记载的这个颇具传奇色彩的故事，有发掘者认为在马王堆一号墓二层台阶中部、女讲解员邵名荣发现的那个细细的洞穴，便是刘发当年竖旗杆而留下的痕迹。

本来作为考古发掘人员，对史料的考证、争论以及猜测都属正常之事，但由于马王堆的神秘莫测和程、唐二姬所特有的传奇色彩，使这个猜测很快变成了一个有头有尾的故事流传于社会，并由此掀起了一场预料不到的轩然大波。这场轩然大波最后竟莫名其妙地将著名文史大家郭沫若卷入旋涡而不能自拔，致使哭笑不得的郭沫若不得不站出来大声疾呼："我是冤枉的，我什么也没说。"这自然是后话，暂且不提。

发现盗洞

就在那个细细的洞穴究竟属于怎样的情形尚无一个确切的结论时，正在挥锹挖土的女讲解员向利群又尖着嗓子叫起来："快来看，我掘出了一个大洞哩！"众人闻听，顾不得发掘，一个个拖锹提筐跑了过来。还没等众人看个明白，不远处的女会计伍绍莹也放开她那十分动听的女高音，像唱歌一样，不紧不慢地喊道："有什么稀奇的，俺也掘了一个哩。"发掘队员急忙掉转身子，又朝伍绍莹奔了过去。

"看来是不稀奇了，我也掘出了一个。"当大家刚奔到伍绍莹的面前，并对着那个洞穴开始指指点点时，在墓坑的东北角，又传来一个瓮声瓮气的老汉的声音。大家循声望去，只见老技工苏春兴正蹲在那里向下观看着什么，不明真相的发掘者们又涌了过去。

当大家将这三个地方一一察看后，犹如冷水泼头，心蓦地沉了下来。

这次出现的洞穴，比先前发现的那个大了许多，用不着专业考古知识，一般的人只要看一眼便可分辨出来。在几分钟的时间里，竟连续发现了三个盗洞，真有些不可思议。经详细观察、比较，大家发现三个盗洞，其中两个呈方形，一个呈圆形。

"这可咋办，兴师动众地花那么多钱，要是墓穴被盗掘一空，啥东西也挖不出来，咋向中央和省里交代？！"崔志刚满脸惊慌失措，像是对众人又像是自言自语地说。

"先别着急，这盗洞不一定是掘到底的，叫任师傅说说看。"侯良上前安慰着崔志刚，又希望老技工任全生能说点什么。

发掘现场发现的圆形盗洞

任全生不紧不慢地卷了支纸旱烟点火抽着，口吐烟雾，又围着三个盗洞转了一圈，沉思片刻，转身对侯良慢条斯理地说："凡盗洞往往是古圆近方，我看那两个方的不超过五十年，都没有盗到底。那个圆的可能在元代以前就已出现了，盗成了啥程度，我也吃不准哩。"

经任全生如此一说，发掘队员那原本呼呼跳动的心更加紧张起来，大多数考古人员都知道，盗墓这个古老的职业，几乎和陵墓的建设史同步，国内国外无不如此。在原始社会初期，人死了只是随便掩埋而已，甚至有将其弃置不加掩埋的做法。这个时候的人们"还完全不知道自己身体的构造，并且受梦中景象的影响，开始产生了一种观念：他们的思维和感觉，不是他们身体的活动，而是一种独特的、附于身体之中而在人死亡时就离开身体的灵魂的活动"。这种"灵魂不死"的指导思想是：人虽然离开了赖以生活的大千世界，但灵魂却挣脱躯壳的表层到另一个世界去了，而这些不死的灵魂，说不定什么时候还能回到人间降临祸福。因此，人们对死去的先辈除了存有感情上的怀念之外，还希望他们到另一个世界过美好的生活，并对本族本家的后人加以保佑和庇护，这就形成了一套隆重复杂的祭祀崇拜礼仪制度和埋葬制度。当然，这一发展、沿革的过程是经历了漫长岁月的，在原始社会早期阶段，由于生产力水平极其低下，人们对死者的埋葬并不注意，更不可能有什么东西为死者殉葬。殉葬的起源当然应该是产生有意识的埋葬行为之后。从已得知的考古发掘资料来看，殉葬大约是从原始氏族制度形成的时候开始的。如早在18000多年前的北京房山周口店山顶洞人遗址的山洞里所埋葬的一个老年妇女、一个中年妇女和一个青年男子，已经有了生产工具和装饰品等殉葬物，其中有取火用的燧石和作为装饰品的穿孔兽牙。随着氏族公社制度的发展，出现了母系大家族以至父系大家族之后，生产力水平有了一定的提高，殉葬的物品也相应地增多了，并由原来的燧石和兽骨等原始工具向炊煮、储盛、打水和饮食方面的陶器以及少量的骨珠、玉坠、陶环之类的装饰品过渡，甚至在为数极少的墓葬中发现了一些作为防身武器的工具。不过，这时作为后来普通应用的棺椁之类的葬具尚未出现。从这一时期的殉葬物品所反映的情形来看，仍极为有限，且大都是死者个人日常使用的物品，与各氏族成员之间所有物品不相上下，数量与质量也几乎相等。由于原始氏族公社的社会情况决定了不可能有更多和更珍贵的物品殉葬，盗墓这个职业也就不可能产生。

但是，随着父系氏族公社的发展，情况就发生了大的变化。由于有了剩余产品，一些产品被少数人占有，逐渐形成了贫富之间的分化，这个分化使阶级不可避免地产生了。占有大量财富的富裕人家，开始在先辈的墓葬里放置大量生产工具和精美珍贵的装饰品，如在南京北郊阴阳营青莲岗文化的一座墓葬里，考古人员发现有殉葬石器12件，实用陶器4件，玉器、玛瑙等装饰品11件。在山东泰安大汶口文化氏族墓葬中，一般富有的殉葬品有三四十件，最多的达180多件，其中有精美的彩陶、黑陶、白陶器和磨制精细的石制、骨制生产工具和精致的玉器之类的装饰品。这些殉葬品的情形，在反映了奴隶社会制度正在萌芽的同时，也标志着盗墓这个职业也在酝酿和生长中。

当历史发展到商、周时期，随着生产力和生产水平的提高，殉葬品也发生了量和质的飞跃，原来的石器、骨器、玉器基本不复存在，代之而起的是大量的青铜器，主要有酒器、炊食器、礼器、彝器、兵器等等。商、周是中

第二章 狂飙到来之前

国历史上青铜器制作水准最高的时期，这时的青铜器造型优美、制作精良、装饰丰富，被称作灿烂的青铜文化。大约就在这灿烂的青铜文化出现之时，盗墓这个职业也随之产生和兴盛开来了。到春秋、战国时期，随着随葬品的越发增多和珍贵。盗墓这个职业已发展成熟并走向了它的繁荣。

当然，开盗墓之先河者究竟属于哪朝哪代，何人所为，由于盗墓者本身行动的隐秘以及史料的缺乏，已很难为后人所知。但从2000年前司马迁的《史记》中，可以见到关于这个奇特的职业的记载。如《史记·货殖列传》中就曾说，当时的"闾巷少年"，经常干"掘冢"之事，尤其是中山等地（今河北省定州市一带）的人，"起则相随椎剽，休则掘冢作巧奸冶"，也就是说，这里的人白天公然以椎杀人越货，到了晚上则挖坟劫棺，盗取财宝。为了证明这个记载的可信度，司马迁专门列举了一个叫田叔的例子："掘冢，奸事也，而田叔以起。"也就是说，刨坟掘墓本来是不正当的事，而这个叫田叔的人却靠这个职业发了横财，成了当时闻名全国的经济暴发户。

继司马迁之后，各类正史、野史对职业盗墓者以及非职业盗墓者的行为，有了各种不同的记载。如郦道元所著的《水经注》就曾记载秦始皇陵被"项羽入关发之，以三十万人，三十日运物不能穷。关东盗贼销椁取铜。牧人寻羊烧之，火延九十日不能灭"。（后经考古人员钻探，秦始皇陵未遭盗掘，并断定郦道元是道听途说）《汉书·刘向传》称，秦五王之墓，早在西汉初年咸遭发掘。汉景帝之孙刘吉，喜欢结交"五陵年少"和盗墓贼，竟将自己封地内无主坟墓尽皆盗空。后来的赤眉军入关中，怀着对西汉王朝的深仇大恨，将咸阳原上的西汉九位帝王陵墓全部暴棺戮尸，陪葬墓也未放过。据传，凡所发有玉匣殓者率皆如生，有人趁机奸污了后妃之尸。

历史沿革到唐代，由于多变的政治风云，几乎每朝都有挖冢焚骨、夷毁茔城的报复事件发生。"安史之乱"后，随着各路军阀称雄割据，关中陵墓遭到了空前的洗劫，著名的历史人物朱泚、黄巢、李克用等都对关中陵墓进行了不同规模的破坏。其中后梁耀州节度使温韬在镇七年，唐诸陵凡在境内者悉发之。在他先后盗掘的陵墓中，唯唐太宗李世民的"昭陵最固，韬从埏道入，见……前世图书，钟（繇）、王（羲之）笔迹纸墨如新，韬悉取之，遂传人间。唯乾陵（李治与武则天合葬处）风雨不可发"。就在这次盗掘中，著名的文化瑰宝《兰亭序》从昭陵出土，后来又下落不明。后唐庄宗

043

时，唐代诸陵已是"例遭穿穴，多未掩修，其下宫殿宇法物等"殆尽。后来的考古发掘证明，凡所发掘墓葬，几乎无一座没有盗洞者。

面对越来越猖獗的盗墓风潮，世人在惊骇不已的同时，也想尽办法进行反盗墓。先秦墓大多采取了"棺椁数袭，石积石炭以环其外"的方法，甚至用铸铁浇灌。秦始皇陵更是"斩山凿石，下锢三泉，以桐为椁"。汉代帝陵高十二丈、方一百二十步，如此庞大的规模，不只是为了追求气势宏伟的建筑艺术，重要的还在于保护地下宫殿的安全。为打消盗墓者的贪财恋物之心，汉文帝一反厚葬之俗，索性在墓内不藏金玉，皆用瓦器。大将军张詹还特意在自己的墓碑上干脆明白地刻着"白楸之棺，易朽之裳，金玉不入，珍器不藏，嗟乎后人，幸勿我伤"的碑文，以示后人。

除这些招数之外，许多帝王将相费尽心机在墓中设置机关、暗器，以射杀盗墓者。秦始皇陵修建时，就预先"令匠作机弩矢，有所穿近者辄射之"。唐咸通年间，李道任陕西凤翔府士曹，曾审问过一名盗墓贼，这名盗墓贼供称："为盗三十年，咸阳之北，岐山之东，陵城之外，古冢皆发。"但有一次，在发掘一古冢时，"石门刚启，箭出如雨，射杀数人。……投石其中，每投，箭辄出。投十余石，箭不复发，因列炬而入。至开第二重门，有木人数十，张目运剑，又伤数人。复进，南壁有大漆棺，悬以铁索，其下金玉珠玑堆积，众惧，未即掠之，棺两角忽飒飒风起，有沙迸扑人面，须臾风甚，沙出如注，遂没至膝，众惊恐走。比出，门已塞矣。后人复为沙埋死"。

尽管陵墓的建造者想了如此之多的反盗墓办法，但还是未能阻止盗墓者的脚步，一代又一代的盗墓者，像鹰犬一样在荒野丛草中寻找着他们要捕获的猎物，不惜性命予以劫掠，从而使一座又一座陵墓被盗掘一空，毁坏殆尽，正所谓"无不亡之国者，是无不掘之墓也"。既然固若金汤并布有机关、暗器的陵墓都未能避免被盗掘劫掠的命运，那么，马王堆的命运又会如何，这明显地摆在发掘人员面前的三个盗洞，是否意味着凶多吉少的结局？

据一生都以盗墓为生的"土夫子"们透露，长沙城四周凡稍能看上眼的墓葬，有99%已被盗掘过，完整者实在是凤毛麟角。1951年，夏鼐大师率领湖南考古调查发掘团，在长沙调查、发掘了几百座墓葬，证明了多数古墓遭到盗掘的事实。由此，夏鼐在随后发表的《长沙近郊古墓发掘记略》文章中，以抑郁的调子和淡淡的感伤之情记叙道："早期的墓葬是属于战国时代的。墓室作长方形，深度有达八—九公尺者。常有斜坡式的墓道，地面上有时覆以土冢。……我们所发掘的最大的一墓，长5公尺，宽4.2公尺，楚墓大多是木椁墓，椁木保存的程度不一样，有些只剩下放置枕木的槽沟的痕迹，木质已完全腐朽不见，有些椁木保存得非常完整，盗掘者需用锯或斧把椁盖的木板切一缺口后才能进去。""这次我们所发掘的西汉墓葬，仅有两座大墓内木椁保存比较良好，但也只有平铺墓底的地板及其下的枕木保存较佳……墓道向北，墓穴深度离地面8.8公尺，底部长达21公尺，宽度前半13.7公尺，后半11.1公尺。后半是主室，室中是一个长10.8公尺、宽6.8公尺的木椁，放置木棺和重要的殉葬品。前半分做两室，储藏陶器等。可惜这墓已被盗过好几次。……另一木椁大墓是在伍家岭（第203号墓），这墓的主室也曾被盗掘过……"

正是由于这么多的大墓遭到洗劫，夏鼐大师率领的这个考古调查发掘团，才收获甚微，没有在考古界引起一丝波澜，更无法企及夏鼐当年在西北地区调查和在河南辉县发掘的辉煌与轰动效应，这个结局肯定是夏鼐和他率领的考古人员所始料不及的。或许，正因为夏鼐看到了这些古墓的惨景，他才在马王堆是否发掘问题上犹豫不决，或许他已意识到，外表看来不太明显的古墓都未逃过盗墓贼的魔掌，那么面对马王堆这样一座外表看来规模空前的墓葬，无孔不入的盗墓者又怎会轻易放过。与其劳而无功，不如干脆不去触及它——这或许便是考古学家石兴邦在若干年后都未能解开并一直耿耿于怀的那个情结的真正所在。

面对马王堆一号墓接连出现的三个盗洞和以往长沙古墓被盗的情形，发掘人员心情沉重又无可奈何。他们深知，开弓没有回头箭，关于此墓的发掘已惊动中央和省市，绝无因发现盗洞就停止的可能，无论最后的结局如何，也要继续发掘下去。于是，发掘人员在大骂了一通盗墓贼后，又挥起工具发掘起来。当挖下一米多深时，在一个方方的盗洞中，发现了一只胶鞋底，显然这是盗墓贼当年遗留在此处的。为了弄清盗洞出现的年代，当熊传薪将这只鞋底轻轻取出后，由侯良拿到长沙商业部门做了鉴定，鉴定结果是1948年左右上海的产品，由此可见盗墓的时代不远。这个盗洞是否是当地的"土夫子"谢少初，向石兴邦介绍过的那次盗墓挖掘而留下的痕迹，由于此时的谢少初已经去世，也就无法弄清真相了。

当发掘人员又将墓坑的封土挖下几米后，两个方形的盗洞相继消失了，只有那个圆形的盗洞仍像一个张开着的老虎嘴，深不见底，令人望而生畏。大家在佩服任全生那个"古圆近方"的理论和他的推断的同时，也为这个连盗墓名手都看不透、猜不着的古老的圆形盗洞迟迟不肯消失而捏着一把冷汗。

馆长被塌方埋入墓坑

随着发掘的继续，一个硕大的方形墓穴渐渐显露出来。从墓口往下，四周是一层又一层的土质台阶，每层台阶的高度和宽度都是一米左右，每下一层台阶，墓口四周就各收缩一米，整个墓穴呈漏斗状自上而下不断延伸。在开始施行人工发掘时，由于场面开阔，出土方便。发掘人员很快掘到三层台阶。但随着墓穴的进一步加深和体积的缩小，在向第四层掘进时，已感到十分吃力，发掘进度明显减缓下来。

当发掘人员在凄冷的寒风中熬过了冬季迎来了春天的一丝暖意时，想不到在"春无三日晴"的长沙，这时的滋味比

马王堆一号汉墓发掘现场（本著引用马王堆汉墓田野发掘与出土文物图片，除特别注明外，皆为湖南省博物馆提供）

冬天还要难熬。由于整日淫雨霏霏，雾气腾腾，发掘人员的衣服几乎每天都要被雨水雾气浸湿，那翻动的泥土不时地撒到身上，使坑里坑外的人员都变成了"泥人"，衣服和泥水沾在身上，摆不脱，甩不掉，令人苦不堪言。为了出土方便，发掘队员们在每个台阶中间架起了跳板，自下而上形成了一道道斜铺的独木桥，这独木桥经雨水的浸泡后，又变得光滑难行，稍不留神，挑土担筐的发掘者就会摔到几米深的墓穴之中。据发掘组织者事后回忆，某次收工时天色已暗，一位姓金的年轻民工，嫌走跳板上去太麻烦，就从坑壁的台阶向上跳。台阶高约一米，按说跳上去并不难，可是雨后的泥土油滑油滑的，这位民工跳上去后因站立不稳而掉入坑中，当时墓坑已深达十米左右，在场的人着实地吃了一惊。所幸坑底正好有两个土筐，形成了衬垫，这才安全脱了险。鉴于糟糕的天气和屡屡出现的险情，发掘人员不得不在跳板上捆绑草绳，然后到解放军三六六医院的四个厨房里，将炉灰炭渣扒出，一层又一层地撒在草绳之上，以保持相对干燥。

春天的脚步悄然向前迈进，阴雨连绵的天气开始被一阵又一阵的中雨代替。越挖越深的墓穴，像一个黑乎乎的大洞，站在底下向上仰望，只见土墙陡立，如山似崖，令人生畏。为了赶在大雨到来之前结束土层的全部发掘，崔志刚和侯良经过一番商量后，决定派人到长沙市教育组（教委）求援，条件是由博物馆的人无偿为学校讲历史课，要求学校的学生利用学工学农的时间，到马王堆发掘工地支援。

有些出乎意外的是，侯良等人的要求，当场遭到了教育组一位负责人的拒绝，其理由是："学工学农不等于挖墓，挖墓本身既不属于工，也不属于农，而是盗墓者才干的事。"侯良不得不撇开教育组，直接到学校联系，并获成功。若干年后，侯良回忆这次出行成功的原因时说道："我刚到博物馆不久，省委文化组军代表孙某，叫我看好博物馆的东西，别的事不要干。我感到整天看房子不干事这算什么。便在大院内种菜。不久，北区革委会通知各单位要挖防空洞，于是全馆动员，分三班轮流挖。当时在游击战争中失去右臂的杨森也参加了。同时我在报上看到山西大同市制作了两套幻灯片，一套《赵劳柱家史》（一个盲人矿工）及《万人坑》（日本占领时期迫害死的矿工葬地），在各地受到欢迎，即派人去买了一套，然后我用板车推着（晚上7时后可以在街上走板车），到市区中小学义务放映，配合正在进行着的阶级教育,基本上走遍了全市,很受各校师生的欢迎。之后,我还同馆里的其他同志一道,利用馆里的部分文物,搞了一个小型的'阶级教育展览'并在各校展出,同各学校师生建立了感情。当我们到市教育组求援受阻后,便分头直接和各学校联系,并获得成功。"

经过协商,全市共有九所中学和三所大专院校表示愿意支援发掘,据侯良当时存留的一份记录,各校支援的情形如下:

4月1日,长沙市十三中学82人。

4月2日,湖南师范学院美术训练班35人。

4月4日,长沙市第五中学94人。

4月6日,长沙市十六中学114人。

4月7日,长沙市十六中学114人。

4月8日,长沙市第八中学63人。

4月9日,长沙市第七中学96人。

4月10日,长沙市十四中学108人。

其中湖南医学院、湖南中医学院、湖南第一师范学校等三所大专院校的学生,作为机动力量,先后在这期间和稍后的一段日子,参与了发掘工作。为了表示感激之情,博物馆每天中午为学生们安排一顿午餐,每人每天补助两角钱做菜金,粮票由学生自出。由于青年学生们的到来,工地上骤然增添了蓬勃的生机,发掘进度明显加快。若干年后,当已退休在家的侯良,想起这段发掘的岁月,对早已四散远去的学生们在那段艰苦岁月中所付出的青春激情和辛勤汗水,仍敬佩不已,感念不忘:"每当学

学生们来到发掘现场帮助发掘

生们来到工地后,便从四个墓角由下向上呈辐射状排成八行,组成两排一组共四组长长的人工传递带,把泥土从墓穴内一筐筐传到墓地之外。由于阴雨连绵,许多学生没有雨具或干脆不用雨具,几个小时下来,人已像落汤鸡一样,但学生们热情不减,干劲不退,依旧喊着号子传递着手中的泥土。也正由于阴雨不息,五花土在和雨水合成后,一部分粘在筐壁上,倒不掉,甩不脱,越积越厚,学生们只得用手指一点点去抠,并常常被竹篾刺得双手鲜血淋漓……"当马王堆一号汉墓的发掘轰动世界,并由电影制片厂拍成《考古新发现》的影片在世界各地放映参展时,人们为看不到发掘过程而遗憾,作为发掘主持者之一的侯良,更为这些可爱的学生们没在影片中留下一个镜头而深感愧疚。

由于学生们的及时支援,墓穴很快接近底层,找到棺椁的时日看来已不会很远了。发掘人员发现,从墓口以下至墓穴的底层,全部用五花土填实,填土每隔四十多厘米就夯打一次,共发现夯土三十多层,且每层都夯打得非常紧密结实,直径为六厘米的圆形夯窝重重叠叠,密密麻麻,清晰地呈现在发掘者的面前。此种做法,可能是墓葬的建造者为防止盗墓的缘故,更有可能是避免雨水、潮气的侵蚀而精心安排的。

当发掘人员将紧密结实的五花土又清理了一段后,那个一直令人忐忑不安的圆形盗洞突然消失了。大家以半信半疑的心情纷纷围拢过来详细察看,熊传薪拿起探铲在盗洞底部的四周,转着圈用力探索了一遍,发现全是用夯锤夯打过的原封土,无掘动迹象,从而证实盗洞确是消失了。这两个月来萦绕在发掘者心中挥之不去、忘而不能的疙瘩顿然冰释。更令大家兴奋不已的是,经熊传薪的探测,盗洞底部再往下延伸半臂之长就是厚厚的白膏泥,稍有一点发掘经验的人都知道,在那举足轻重的白膏泥的下边,就是发掘者梦寐以求的棺椁。白膏泥如同鸡蛋的蛋壳,棺椁则是蛋黄,只要蛋壳未被打破击穿,蛋黄就不可能流淌出来。也就是说,马王堆一号古墓的地下棺椁里,如果殉葬品没有腐朽成灰,一切应按原来的顺序排列和组合着,静静地躺在黑暗的深处,等待发掘人员去探索、去考察,去将它们一一捧离幽暗的墓穴,重返阳光灿烂、生机勃发的人间大地。

工地上一片欢腾,所有的人都沉浸在激动与亢奋之中,不知是谁找来一串鞭炮,挂在墓坑外边的一棵树上引火点燃,"噼噼啪啪"地放了起来,硝

墓坑全面显露，陡峭的墓壁随时有崩塌的可能

烟的淡香与浓重的雾霭融在一起，向荒草飘荡的田野四散开来，形成了一道独特的风景。

在希望之光的照耀和喜庆氛围的冲击下，作为现场负责人的崔志刚，更是激情荡漾，豪气冲天，一种难以自制的兴奋之情，推动他做出了"迅速发掘，尽快挖开白膏泥，看一看里边那个神秘棺椁的模样"的决定。

此时，由于连日不息的春雨浸淫，高达十几米的墓壁已被泡软松散起来，许多地方出现了轻微的裂隙，倘不固定墓壁，按原来的方法挖下去，势必产生塌方并有可能危及发掘者的生命。故此，当崔志刚的命令发布后，富有发掘经验的老技工苏春兴提出异议，并表示："如果再这样挖下去，我们都会殉葬……"

苏春兴一番不合时宜又大不吉利的话让发掘人员不寒而栗，刚才那发热的头脑顿时清醒下来，亢奋的心情渐渐趋向平和。就眼前的现状来看，也许苏春兴说得还真有道理，发掘人员你看看我，我看看你，迟迟不肯走下那深邃的墓穴。

"为什么不挖？"崔志刚冲站着不动的苏春兴有些恼火地问。

"再挖就可能塌方，打着下面的人。"苏春兴答。

"怕什么，在革命战争年代，董存瑞舍身炸碉堡，黄继光奋勇堵枪眼，邱少云在烈火中献身，这么一个墓都不敢挖，还算不算共产党培养的干部，你们不下，我一个人下。"崔志刚见自己的命令没人理会，一边怒气冲冲地责怪着，一边自己抓起一把铁锹，以无产者大无畏的革命精神，向墓穴底部走去，但没走几步，只听呼隆一声闷响，一块庞大的土层塌了下来，崔志刚尚未来得及抬头看个究竟，人已踪迹全无。

"快救人，老崔被塌方埋掉了！"站在墓坑之上的发掘人员，在短暂的目瞪口呆之后，抓起铁锹、锄头，纷纷钻进洞口，扬锹挥锄欲掘动塌下的泥土。此时侯良刚挑土回来，见此情景，也跟着众人冲进洞口，并理智地大声喊道："不要动用锄头，这样会把老崔锄坏的，快用手扒吧。"

急红了眼的发掘人员听到侯良的话，顿时醒悟，纷纷扔掉铁锹、锄头，用双手扒起来。十几分钟后，遁迹的崔志刚终于被扒了出来，只见他口鼻流血，已人事不知了。

"快送医院急诊室抢救！"不知是谁喊了一声，侯良将崔志刚背出洞口，急速向解放军三六六医院急诊室奔去。

经过近半个小时的紧急抢救，崔志刚终于从昏迷中醒了过来。众人松了一口气，崔志刚望着热汗渍渍的医护人员和身边正在给他用水擦洗的发掘队员，有些自责地说道："事实终于给了我一记响亮的耳光！"

棺椁初露

崔志刚被埋入墓坑的事件发生后，阴影笼罩着发掘工地，发掘人员在惊骇之余，也确确实实地从中吸取了教训，不得不对墓壁及各层台阶做了加固，尤其对松软易塌的地方做了清理，大大消除了隐患。当这一切做完之后，大家才重新下到已挖至16米深的墓底，小心谨慎地发掘起来。当已塌下的泥土及原有的夯土相继清理后，棺椁外层的白膏泥开始大面积地显露出来。

白膏泥又名微晶高岭土，颜色白中带青，酷似糯米粑一样，又软又黏。现场发掘的几个老技工欣喜地用锄头敲着软软的白膏泥说："看吧，只要有了这个保护神，墓中的宝贝就不会坏了，这样一座大墓，主人不是国王也是将相，殉葬的东西肯定少不了，那个古代的盗墓贼真没眼力，咋偏偏在距挖到白膏泥只有半臂之遥的关键时刻，突然溜号了呢？！"

老技工的一席话，除掉了崔志刚事件笼罩在大家心头的阴影，现场开始活跃起来。发掘人员在继续挥锹扬土、不断扩大着白膏泥层面的同时，也对那个盗墓贼的中途休止和无功而返，提出了种种看法和猜测。

"依我看，他家里不是突然死了老婆就是死了娘，顾不得再掘下去就跑掉了。"文管组长杜丁华说。

"也许是他家突然着了火呢，水火无情，他不得不中途撤退，回家救火。"保管组长蓝庆祥提出了不同的见解。

"小丁，你说是为啥？"老技工张欣如对在旁边一直默不作声的女讲解员丁送来问道。

丁送来听了，抬起头，有些腼腆地说："咱咋知道这事，不过若依咱看，说不定是墓主人显灵，钻出棺椁，一声吆喝：'嗨，这不是老管家王二狗的重孙吗，咋挖起你姑奶奶的老窝来了，还不快给我滚开！'就这一声喊，将盗墓贼吓跑了。"

众人听罢，不禁为这个横空出世的奇想感到新鲜和好笑。于是有人对丁送来说："要是这墓主人再显灵或呼啦一下从墓中蹿出来，你怕不怕？"

"有你们在，咱怕啥，何况咱这又不是盗墓，是考古哩！"众人再度为这个幼稚而可爱的姑娘笑了起来。

"你们不要再胡思乱想了，这墓主人要是能显灵，他可不管你是盗墓还是考古，一样蹦出来卡你们的脖子，我看还是请任师傅说说看吧。"侯良突然插话，发掘人员停止了议论与猜测，眼睛转向任全生。大家心中明白，像这古墓中的奇特事情，任全生的话比其他任何在场的人更权威。

湖南博物馆招收的几位"土夫子"中，他们的名字分别

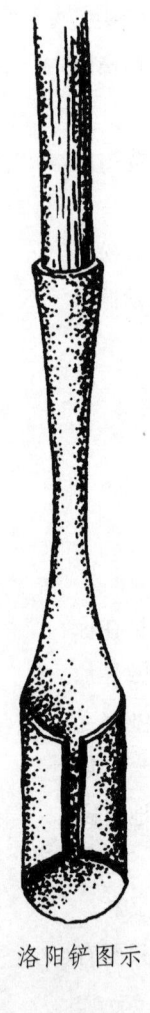

洛阳铲图示

第二章 狂飙到来之前

是任全生、李光远、苏春兴、胡德兴、漆孝忠等，尽管这些老技工都出身贫寒，没多少文化，但每个人都有几十年发掘古墓的实际经验。就掘墓经验而言，任全生位列第一。中国的盗墓者分为南北两大派别，如同武林中少林和武当两派。这两大派在盗墓中各有各的绝招，外人一般很难领悟其中的奥妙。仅他们用的盗墓工具而言，就有明显的差异。长江以北的北派大都用洛阳铲，铁铲头像半个从中间劈开的酒瓶，铲头上再安一根三米长的木把，用这个工具来钻探古墓。洛阳铲钻探的深度可达几十米，盗墓者凭着铲头带出的物质判断墓中情况。而南派则手持一把短柄锄头，每到一地都是东挖挖、西看看，取一把土样瞧一眼，根据不同的土样，即能准确无误地分辨出这是否为古墓的填土。确定之后，很快就能找出古墓的四边，进一步推断出此墓的时代与深浅。

古代南方派系盗墓贼常用工具——短柄锄头

在马王堆一号汉墓发掘的前一年，博物馆要在院内修筑一条新路，老技工李光远说有一座战国墓，要侯良到工地去看看。侯良走去一看，他勾画出的墓口正好在大路的中间，侯良看土色没有多大差异，因此面呈疑色，李光远以坚定的口气说，这是一座战国墓，有六七米深，侯良听了同意停工挖墓。后来果然证实了他的判断，确是一座战国土坑墓，墓中出土有青铜剑及其他器物……凭眼力找古墓听起来有些玄妙，因此有些群众说他们眼里有神能入土三尺，有的说他们的眼比"翻山镜"还灵，一般人均尊称他们为"土专家"。

此时的任全生心情极其复杂，他蹲在一个不显眼的地方，默默地抽着烟，似在回忆着往事。几个月之后，当马王堆一号汉墓秘密全部揭开并轰动世界时，他在一个酒后的晚上，悄悄告诉博物馆另一位参加发掘的老技工："那两个最初发现的方形盗洞，一个是谢少初挖的，另一个就是我和×××挖的。那天晚上我俩沿着封土下半腰的一个角，向里掘进了十几米，仍不见有异样的东西出现，掘着掘着，我的心里就开始犯嘀咕，是不是碰到了疑冢？要不是疑冢，怎会老掘不到棺木？尽管如此想，但还是不甘心，我俩一直挖到天快放亮仍不见棺木出现，便断定这一定是古人设下的疑冢，于是就主动放弃了，想不到这座墓竟是真的，里边的宝贝比我挖了一辈子墓见到的还要多得多哩。唉，真是智者千虑，必有一失，打了一辈子雁，最后被雁啄了眼睛，我当初真是昏了头啊……要不就是墓中的老太太劫数未尽呢！"

尽管任全生这番懊悔的话是在几个月之后吐露的，据知情者后来分析，当他得知马王堆中冒出气体并燃烧不止时，他就预感到自己当年是"大意失荆州"了。尤其是当那个古代圆形的盗洞突然神秘地消失，白膏泥接着出现时，他就已经明白地意识到自己当年的失策并开始后悔了。也就从这时起，直到马王堆三个墓葬全部发掘完毕，任全生一直处于默不作声的郁郁寡欢之中。在马王堆发掘的前前后后，为自己当年的踌躇不定和失误而扼腕叹息的，看来不只是考古学家石兴邦、夏鼐，任全生亦是如此。当然，这二者的叹息在本质上又是有天壤之别的。

此时，任全生听到侯良的邀请，在懊悔的同时，又有一种少许的兴奋，从大家投来的目光里，他看到的不是鄙视，而是真诚与尊敬。过去的毕竟已成过去，今天，大家为了一个共同的目标来到一起并肩战斗和生活，作为一个新的群体，大家关心的是他前进的脚步，以及过去那段风雨岁月中积攒而起的真知灼见是否能为新中国的科学考古发掘所应用。于是，任全生满怀感伤与欣慰，向大家说出了他的推断："这个墓太大了，大得令人难以相信，我活了这么大的年纪，像这样大的墓还是首次见到。我想，不管是古代还是现代的人，都有这个看法。正因为这个墓大得惊人，那个盗墓的人在挖了很长一段时间又总见不到棺木之后，便怀疑这是一个假墓，也就是古书说的疑冢。古代人留下的假墓不少，三国时的曹操就留下了72个假墓，听说直到现在，也没有人找到他的真实葬处。这种情况，长沙也不罕见，许多墓挖进去一看，什么也没有，过去我就遇到过。由于这个盗墓者并不知道再下挖半尺就会发现白膏泥，他就越来越相信这是个假墓了。可能由于挖到此处天已放亮，也可能他已精疲力竭，在'假墓'的思想指导下，盗墓人就主动放弃

第二章 狂飙到来之前

了。至于说他的家里死了老婆还是娘,是家中着了火还是墓中主人显灵显圣,当然是没有根据的。"

听着任全生的推断,大家觉得有些道理,《湖南通志》不就说过楚王马殷相传有三千多个疑冢吗?不知这个古代盗墓者是否知道这个传说,如果知道,任全生的话也许是合乎情理的。

关于那个古代盗洞的议论与猜测,随着任全生的推断而逐渐平息下来。发掘队员满怀极大的希望又将精力投入到发掘中。当夯打过的五花土全部被清理完毕后,大家便集中精力开始一铲铲、一筐筐地清理又黏又柔像糯米糕一样的白膏泥。本想这白膏泥最厚不会超过半米,因为当年夏鼐一行在长沙发掘时,在钻探和发掘的几百座墓葬中,白膏泥最厚的也不过是几分米。此墓虽规模庞大,但有一个半米的估计也就算发掘人员最大胆、最开放的想象了。但令所有的人都感到汗颜和吃惊的是,这个墓穴的白膏泥竟厚达1.3米,更令人惊奇的是,在白膏泥的下部,又露出了一片乌黑的木炭。木炭也像白膏泥一样,上下左右,密不透风地包裹着一个尚不明其真相但可能是棺椁的庞然大物,其厚度为40—50厘米。这些木炭相对白膏泥而言,挖掘和运送都方便、轻松得多,当大家将四周边的木炭运出后,估算一下竟有一万多斤,堆在荒野犹如一座黑色的小山。为了试验这些木炭的可燃度,发掘人员装上半筐拿到解放军三六六医院的厨房试烧,结果和现代木炭基本相似:点燃时,便开始燃烧,并冒出蓝中带红的火苗;若将火熄灭,木炭复又成为原来的模样。这个试验结果很快传播开来,

竹席上的"家"字

当地不少农民见有如此上等的柴草，便利用夜间工地无人看守之机，一担又一担地将挖出的木炭偷运回家，以代替木柴烧火做饭，这个情形很快被考古人员发现，侯良当机立断，匆匆到地方雇了两辆大卡车，将剩余的木炭及部分白膏泥运回了博物馆，从而避免了更大的损失。

如果说白膏泥的功能像蛋壳一样护卫着像蛋黄一样的棺椁，不受外部力量的冲击和雨水的侵蚀，那么这环绕着的木炭，则像鸡蛋中的蛋清一样，同样具有防湿、防潮并能吸水的功能，以保持最里边的棺椁的干燥。

事实上，当木炭的上部被取出后，发掘人员就发现了覆盖在墓室之中那个庞然大物上的竹席。这一张张竹席刚一出土，都呈嫩黄色彩，光亮如新，如同刚从编织厂运来铺盖的一样，令人惊叹喜爱。但这种神奇的外观只存在了短短的十几分钟便开始像西方的晚霞一样转瞬即逝了。正当熊传薪在紧张地忙着照相、绘图、记录时，所有的发掘人员都清楚地看到，那嫩黄崭新的竹席，如同阳光灿烂的天空突然被一块乌云笼罩，这乌云在狂风的卷动下，飞奔四散开来，瞬间将整个天际变成暮色——未等熊传薪将图绘完，嫩黄光亮的竹席已全部变成黑色的朽物。现场有经验的发掘人员在颇感痛惜的同时，不禁仰天长叹："这是接触了空气的缘故啊！"

当竹席全部出土后，经过仔细盘点，发现共由26张组成，每张长两米，宽一米，共分四排平铺，每张竹席的角上都明显地写有一个"家"字，但一时尚不知这个字的真正用意何在。

当最后一张竹席被揭开时，大家梦寐以求的巨大棺椁终于全部暴露出来。经测量，这个棺椁安放在距墓口16米的深处，其外部长6.67米，宽4.88米，从上层外椁盖顶至棺椁的垫木底，通高2.8米。由于在棺椁的四周都填有白膏泥和木炭，故整个墓室要比棺椁大得多。在墓穴的正北方向，有一条宽5.4米的很长的墓道。它是从距墓底3.5米高的地方，也就是墓室的顶部，开始以32度的坡度向正北方向逐渐往上延伸，估计整个墓道长约数十米，其作用是把地面上的随葬器物和葬具，通过这条墓道运到墓室里去。因墓道的北端是高大的现代建筑物，发掘人员只发掘了靠近墓穴8米长的一段，其他的未再发掘。

望着这前所未见并完好无损的巨大棺椁，发掘人员在惊喜之余，又为自己能否胜任如此巨大财富的清理而感到心中无底。崔志刚和侯良在广泛听取

第二章 狂飙到来之前

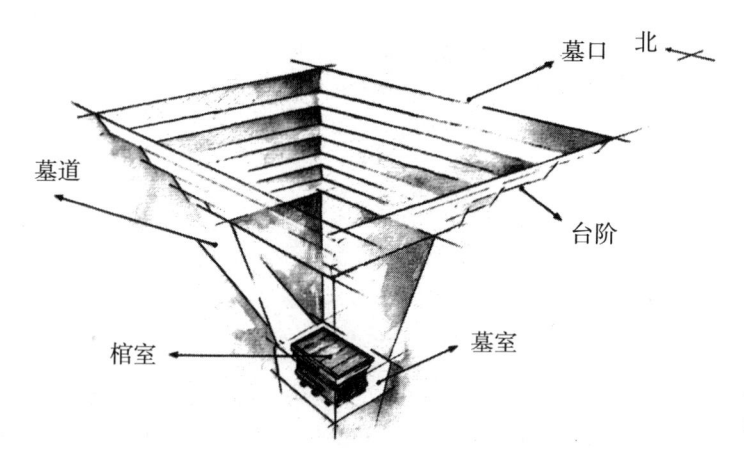

马王堆一号汉墓墓坑示意图

了大家的意见,并对墓主及墓中文物做了大体估计后,决定向省委、省革委会速做汇报,同时向北京方面汇报和求援。同上次一样,侯良要通了长途电话,找到仍在北京故宫帮助筹办出国文物展览的湖南省博物馆馆员高至喜,请他将情况报告国务院图博口负责人王冶秋,并到中国科学院考古研究所要求派专家赴长沙指导、协助发掘和清理。高至喜放下电话,立即行动起来。至此,马王堆古墓默默无闻的前期发掘宣告结束,一个中央与地方协作的划时代的进一步发掘即将开始。

第三章 珍宝灿烂

西汉孤魂

　　棺椁初露，众人惊骇。高至喜北京求援，王冶秋、夏鼐、王仲殊点将。考古专家王㐨、白荣金受命赶赴长沙。灿烂的珍宝，神奇的帛画，墓室大清理，难以开启的棺椁。军代表突然发布命令：今夜必须开棺——

北京来人

王冶秋听取了高至喜的汇报，当即答复道："目前由图博口直接管理和领导的单位，大多数专家下放到干校或农场劳动改造尚未归队，人手奇缺，但不管怎样困难，也要派人去协助，我的意思是从我管辖的人员中，先派胡继高和王丹华两位同志前去，以后再设法选调几位增援。胡继高和王丹华都是20世纪60年代初留学波兰哥白尼大学文物保护专业的硕士生，一个主攻漆木器脱水，一个主攻古纸保护，对其他课题也有较深的研究，算是文物保护方面年轻的专家了。如果墓中的文物没有损坏，我估计肯定有漆木器出土，他们去正合适。至于其他文物保护方面的专家，我跟你一道去考古所，请夏鼐、王仲殊二位同志给选派吧。"

高至喜搭乘王冶秋的轿车，来到中科院考古研究所找到了所长夏鼐和负责人王仲殊，请求派人指导和协助。

夏鼐听了高至喜的汇报，脸上掠过一丝惊讶的神色，问道："估计是谁的墓葬？"

"他们说可能是西汉长沙定王刘发的墓，但也有人说是刘发母亲的墓。"高至喜答。

夏鼐听罢，刚要说些什么，张开的嘴又突然闭上，眼睛盯着身边的王仲殊。

中科院考古研究所自"文革"风潮掀起之后，包括夏鼐在内的大队人马都被下放到河南"五七"干校劳动改造，所里只留下王仲殊和一位军代表主事。1971年，阿尔巴尼亚驻华使馆罗森大使，通过主管外交部工作的周恩来总理，找到中科院考古研究所希望协助修复两部羊皮书。这两部羊皮书是著名的"培拉特"手抄本，时代为公元6世纪和10世纪，内容是用古希腊文和拉丁文书写的基督教经典马太、马可、路加、约翰等"四大福音书"，分别用金、银粉抄写在薄薄的羊皮纸上，堪称阿尔巴尼亚的国宝。1942年，德军入侵阿尔巴尼亚，当地的神父冒着法西斯的隆隆炮火，在撤退时将这两部书匆忙埋入教堂一个角落的地下。几十年后，人们将此书挖出时，发现已严重损毁。为了尽快修复这两件国宝，阿尔巴尼亚政府决定向中国求援。就这样，修复羊皮书作为一项重要的"国际任务"落到了中科院考古所。

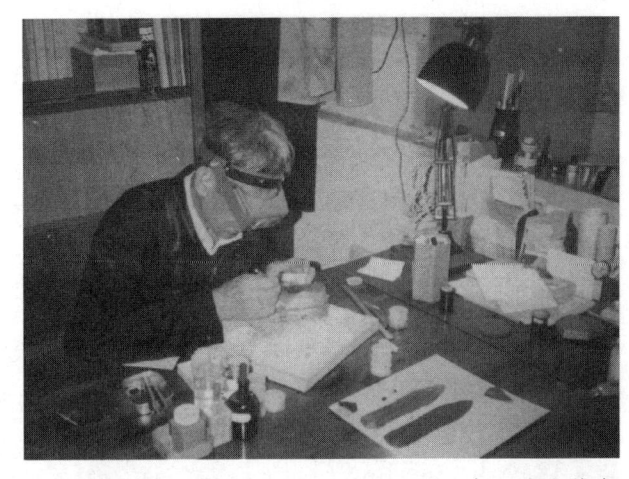

王㐨在工作室修复出土的丝织品（王㐨提供）

鉴于此事关系国际声誉，容不得半点马虎大意，主持工作的王仲殊和军代表立即向中科院打报告，请求将下放河南干校劳动改造的夏鼐等专家调回，以便完成此项重任。中科院再打报告给国务院，在周恩来总理的亲自批示下，考古大师夏鼐连同他手下几个年轻的弟子王㐨、王振江、白荣金、冼自强等结束了劳动改造的生活，重新回到考古所。

回到考古所后的夏鼐依然没有主持全面工作的权力，他只是作为羊皮书修复顾问的单项角色开始工作。

许多年后，王㐨、白荣金回顾当时的情景时说："当阿尔巴尼亚驻华大使罗森，在北京饭店将那两部羊皮书从一个箱子里拿出来时，那部用银粉书写的书，已粘在了一起，如同一块干枯的、四周腐朽的千层饼。那部用金粉书写的书，则膨胀得很大，并呈四面开花状，有的地方已腐烂成孔，若用手一碰，整本书像一捆干燥的烟叶，唰唰啦啦地掉下许多金粉末，其脆弱程度达到了修复的极限。"

尽管如此，在夏鼐大师的指导和王㐨、白荣金等人的具体操作下，用了数月的时间，终于将早已变形、紧紧粘在一起的上千页的羊皮书揭取开来。

修复后的阿尔巴尼亚羊皮书

由于书中每页的羊皮均像笛子膜一样薄，加之一部用拉丁文写成，另一部用古希腊文写成，修复起来极其困难。王㐨等人不得不对书页的加固做多种材料的工艺处理实验，最后决定采用"蚕丝网膜加固技术"予以处理修复，并达到了在外观和强度上都非常理想的效果。

两部羊皮书共宰羊200多只，先后有40多个单位予以协助才最终修复成功。这项"国际任务"的完成，使参与的修复者在得到了中阿双方外交、科学界高级官员一致称赞的同时，也使此项技术在即将到来的马王堆汉墓出土丝织品的修复中发挥了重要作用。

尽管此时的夏鼐还没有恢复主持考古所全面工作的权力，但由于他的崇高声望和在考古界无人可与之匹敌的学术地位，王仲殊对他十分尊敬。于是，王仲殊沉思片刻对夏鼐说："夏先生，如果他们发现的马王堆古墓是定王刘发或他母亲的墓葬，那里边可能有金缕玉衣和大量的丝织品，您看派谁去合适？"

"技术组的几人中，王振江、白荣金参加过满城汉墓的发掘，提取和修复过西汉中山靖王刘胜夫妇的金缕玉衣，这方面他们有经验，冼自强参加过定陵地宫的发掘，提取过丝织品，至于王㐨嘛，在丝织品的提取和研究上就更没的说了。"夏鼐在一一分析着手下的几员大将。

王仲殊转身问王冶秋："你们派了几个人？"

"两个，胡继高和王丹华。"王冶秋答。

"那我们也派两个吧。"王仲殊说着，以商量的口气征求夏鼐的意见："夏先生，您看咱派王㐨和白荣金怎样？一个主搞丝织品，一个防备金缕玉衣出土后的提取和保护。"

"可以，让他们两个先去，如果还觉得人手不够，再增派人员。"夏鼐回答着。

4月13日，中科院考古研究所技术组的王㐨、白荣金两名专家，带着主持工作的副所长王仲殊的嘱托以及湖南方面的热切期望，携带照相器材等专业考古发掘工具，先于国务院图博口的胡继高和王丹华，登上了北京开往长沙的列车。也就是在这个时候，长沙马王堆发掘工地已发生了意想不到的巨变。

当马王堆墓穴内发现特大型棺椁的情况通过省文化组副组长张瑞同向省委、省革委会分别做了汇报后，引起了上至省委第一书记华国锋，下至各部门领导的重视。与此同时，湖南新闻界也闻风而动，新华社湖南分社、湖南日报社、电视台、广播电台、潇湘电影制片厂、湖南省图片社等几十家新闻、影视单位，纷纷派出了新闻、摄影记者向马王堆工地涌来。当地群众、长沙市民更是不甘落后，争先恐后地赶来，欲一睹这旷世奇观。整个发掘工地人声鼎沸，拥挤热闹起来。

面对这突如其来的情况，广州军区副司令员、湖南省委书记张平化，湖南省委书记、解放军第四十七军政委李振军，湖南省军区司令员杨大易等人，驱车赶往马王堆发掘现场，在亲自察看了现场并询问了发掘情况后，立即在三六六医院召开省委常委会议，决定由李振军和省委政工组副组长、省军区副政委马琦来分管发掘事宜，由省文化组副组长张瑞同主抓，同时以省委的名义，在三六六医院大门口张贴通告。其大体内容是：为保证正常的发掘秩序，保证地下文物的安全，请群众不要围观，严防阶级敌人的破坏和捣乱，等等。需要对这样一个颇具军队色彩的领导班子特别指出的是，自1966年"文革"开始，红卫兵在各地制造混乱并将各级领导岗位上的当权派打倒后，毛泽东便派解放军以"支左"的名义，进入地方各级领导岗位，以便收拾残局。到1968年9月，全国29个省、直辖市、自治区都已成立了革命委员会，有60%以上的省级领导岗位都掌握在高级军官手中。以前的省委、直辖市党委和自治区党委的书记或被打倒，或被撤销，或被调离，只有6%的人留任。此时湖南方面组织的这个领导班子，就是在这样一个特殊的社会大背景下产生的。

就在发掘人员向北京求援的同时，为增加发掘力量，经报请省委同意，将正在湖南江永县农村下放劳动改造的原湖南省博物馆考古学家周世荣调回长沙，参加马王堆汉墓的开棺工作。4月14日，王㐨、白荣金乘坐的列车抵达长沙。为了表示对北京专家的尊重，湖南省博物馆根据省文化组张瑞同的指示，迅速将两人接至当时长沙规格颇高的湖南宾馆下榻。两人在宾馆稍事休息，即乘车向马王堆工地赶去。

王㐨、白荣金与发掘人员崔志刚、侯良、周世荣等一一见面略做寒暄后，即开始做现场勘察。当两人看到从墓穴中挖出的填土小山一样地堆在一旁，心情为之一振，尤其是当他们进入深达十几米的幽深墓穴并亲眼看见那口奇大无比的木质棺椁时，尽管两人对此早有耳闻并自信见多识广，但还是大大地惊讶了好一阵子。

接下来，便是围绕这世之罕见的巨大棺椁如何开棺和提取文物问题的讨论。根据王㐨的建议，发掘人员首先在墓坑之上搭起大棚，以防雨水侵袭。同时在大棚内搭起照相架，以便更好地撷取发掘资料。当王㐨得知发掘队只有一台老式相机、且包相机的皮盒子漏光，几乎无法使用时，当即提出除自己带来的那台用2000元人民币从日本进口的高级相机外，需从湖南省图片社调两台进口相机和两名专职摄影人员以便配合，并要求这借调来的两人要听从王㐨的指挥。由于"文革"风潮依然未息，各地的武斗事件时有发生，故处事严谨的王㐨建议将所拍摄的照片资料共分成三份，分别放入中科院考古研究所、湖南省博物馆、湖南省图片社等三家保存，这样即使一家或两家受到武斗的冲击并将照片损坏，还可有第三家保存的资料以备学术研究之用。当然，如果第三家也遭到冲击并将资料损坏，那就只好听天由命了，因为现在所能做到和防范的只有这些。

与此同时，白荣金要求发掘队请来一名木匠带着全套工具并准备若干木料在工地守候，一旦棺椁中有文物出土，且需要用木箱等盛放时，木匠必须按指定规格以最快的速度将木箱制好，以使出土文物得到最好的保护。白荣金还要请一名铁匠守在工地，时刻准备打造所需发掘工具。碰巧，在离马王堆工地不远的一个民巷里，就有一个小铁匠作坊在开炉营业，这倒省了发掘

第三章 珍宝灿烂

队的一份心思。

经过一番讨论和紧张的准备，发掘方案和发掘工具相继定出和备齐。为尽可能地使发掘资料清楚而完整，王㐨带人在距墓口之下8米深的地方搭起了大小相连的两个木架，并安装了四个碘钨灯，以备照相人员之用。

这天晚上，王㐨、白荣金从工地回到湖南宾馆，年轻的服务员一边找钥匙为其开门，一边望着两人灰头土脸的样子和满脚的泥土，瞪着乌黑明亮又有些天真的眼睛，迷惑地问道："你们是干啥的？"

"你看我们像干啥的？"白荣金调侃地反问。

服务员小姐想了一会儿说："我猜不出来，看你们被车接车送的样子，像个领导，可是每次出去回来，又看到你们满身泥土，像个种地的农民，这样奇怪的事，咱怎猜得出？"

王㐨、白荣金被姑娘的一席话逗笑了，王㐨说："告诉你吧，小姑娘，我们既不是领导，也不是种地的农民，而是刨坟掘墓的！"

服务员小姐听罢，瞪着惊奇的大眼睛，轻轻摇了摇头说："你们骗人哩！"

"不是骗人，是真的，我们就是挖墓的。"白荣金一脸正经地回答。

"那你们挖谁的墓？"小姑娘似信非信地问。

"五里牌外马王堆一座汉朝的墓葬。"王㐨答。

小姑娘听了，更有些不解地问："汉朝，那是什么朝？"

王㐨、白荣金大笑起来。看着小姑娘满脸的天真，白荣金补充道："汉朝嘛，是一个叫刘邦的人创立起来的一个朝代……"

白荣金尚未解释清楚，小姑娘又急不可待地问："这个刘邦是好人还是坏人？"

望着小姑娘透出的天真幼稚的神色，两人苦笑了一下，无可奈何地答道："我们也搞不清楚他是好人还是坏人，反正只管挖他的墓就是了。"

小姑娘不再问，开了门，两人走了进去。

白荣金往床头一坐，欲脱衣服洗漱，低头望了一眼鞋子上沾满的泥土，似乎又想起了什么，便抬头对王㐨说："我看这不是咱住的地方，非搬走不可。再说，明天就要正式开棺了，住这里咋行？"

"他们不是说工地没地方吗？"王㐨答。事实上，自被安排到这里居住的第一天，两人就觉得很别扭，曾向湖南方面提出要搬到工地居住的想法。

可湖南方面出于对北京专家的尊重，还是以工地没有地方居住为名拒绝了，依然让他们留住在这里，但他俩却总感到自己满身的泥土与清洁、肃静、舒适的高级宾馆的整体氛围不协调。于是白荣金说："干脆，明天车一来，咱们就将行李放到车上，一同到工地。临走时告诉服务台将房退掉，这样领导们就会在工地为我们安排地方了。"

"好吧。就这样。"王㐨答。

第二天一早，两人收拾行李，退掉房间，乘车向工地奔去。负责发掘工作的省文化组副组长张瑞同，只好将墓旁自己居住的一间小南屋让出来，让王、白两人住了进去。就在王㐨、白荣金住进工地小屋的当天夜里，王㐨由于久不能寐，便独自一人起床到外面散步。当他来到发掘现场时，只见侯良正率领一群参加马王堆汉墓发掘的女讲解员，用竹筐从墓坑中向外运送木炭、白膏泥等杂物，为开棺扫除最后的障碍。只见这些姑娘们浑身上下沾满了泥土与汗水，一个个赤着脚，用头顶着竹筐，艰难地向坑外运送。此情此景，王㐨大为感动，他想用相机拍下这个感人的场景，但自己带来的照相机没有闪光灯，只好找到住在不远处、前来拍摄电影的潇湘电影制片厂的摄影师，请求拍摄几个镜头。谁知这位摄影师来到现场之后，看到姑娘们衣衫不整，头发散乱不堪，浑身泥水，赤脚弓背的样子，说："她们的形象太差了，要是拍了，有损中国人的形象，我要犯政治错误的……"当场拒绝了。王㐨再三请求，这位摄影师最终还是没有同意。

此事过去25年之后，重病在身的王㐨回忆这段往事时，以十分敬佩和感念的心情说，马王堆汉墓的发掘，侯良和那群小姑娘做出了最大的努力。墓坑中几万斤木炭和白膏泥，几乎都是这些湖南妹子用头一筐筐顶出去的。由于昼夜苦战，这些小姑娘的身体大多都累垮了。当时一个叫丁送来的女讲解员，由于疲劳过度，头顶木炭突然晕倒，差一点栽入墓坑，赶紧送到三六六医院急救室抢救才脱险。而侯良当时正患肝病，依然是昼夜在工地上苦干。他像农村的生产队长一样，清晨起来四处喊人，用80元钱买了一辆旧自行车，先带上工具从城里的家中出发，每天早出晚归。每遇下大雨，他一个人守在墓坑边，观察水的流向，并及时开沟排水。在马王堆一号汉墓发掘过程中，他磨烂了三套衣服，一个很厚的垫肩也因为担土而磨得面目全非了……遗憾的是，这样感人的场景在后来拍出的电影中，没有留下一个镜头，也没

第三章 珍宝灿烂

有一个记者、作家去描述他们为此付出的艰辛。事实上，正是这些"有损于中国人形象"的中国人，胼手胝足，负重前行，构筑起共和国大厦的坚强基石，为新中国的考古事业做出了非凡的贡献。

死者的地下宫殿

4月17日上午10时，考古发掘人员下到墓穴内，把木椁顶部打扫干净。由于棺椁庞大，结构复杂，且从垫木底到外椁盖顶面的高度为2.8米，几乎等同于一层楼房的高度，在揭椁开棺之前，发掘人员对此做了详细的观察和研究，并制定了相应的对策，决定先将椁的外框拆除再揭椁盖。椁的外框用四根完整的长6.73米、宽4.9米、厚0.4米的方木组成，其四角相互以卯榫接合，极其严密和牢固。外框内是五块木板横铺而成的盖面，亦是严丝合缝地镶嵌在框木的槽口上，只要拆除外框，揭开盖板的问题就迎刃而解了。

白荣金找当地铁匠打造的铁钩等开棺工具，在随后发掘三号墓的过程中，仍发挥了重大作用

开启棺椁是白荣金的拿手好戏。很早的时候，他就跟考古所一位技艺非凡的师傅王福祥学过木器的制作，并对各种木器的榫卯结构及排列组合有很深的研究，想不到这次开启马王堆汉墓的棺椁竟派上了用场。他事先找工地外的小铁匠炉打造了六把锥形锐器和六个铁钩，做开棺揭椁之用。此时，他先带领发掘人员将锥形锐器一点点插入椁框的搭榫部，再用撬杠慢慢使四根方木渐渐脱离、移动，终使外框全面解体，纷纷坠地。

接下来，就是对盖板的揭取。只见多

067

名发掘人员手扒盖板的边缘，随着省委派来的现场指挥者马琦的一声"开——"，所有的人一齐用力，宽大而厚重的木板腾空而起。紧接着，另外四块盖板陆续被揭开。这时，大家发现除这一层盖板外，里面还有椁板盖封着。考古人员又以同样的方法，连着打开了两层椁板，至此，一个埋藏千年的地下宝库豁然呈现在大家的眼前。

这是一个结构呈"井"字形的椁室，中间是光亮如新、刻画各种纹饰和图画的棺木，棺木的四边，是四个巨大的边箱，边箱里塞满了数以千计的奇珍异宝，这些宝物在阳光的照耀下，灿烂生辉，光彩照人。在场者先是被惊得目瞪口呆，接着爆发出一阵又一阵的欢呼声，这是世之罕见的埋藏2000多年的珍宝啊！这需要什么样的条件才能保存到现在，并不失当年原有的风采华姿啊！这个发现实在是出乎所有人的意料。

既然无意中发现了盛装着琳琅满目的宝物的边箱，发掘人员自然要首先对其进行清理和保护，同时，大家对这种"井"字形的奇特椁室感到异常地兴奋和惊讶，因为在此之前的所有考古发现中，完整的井字形椁室，还是很少见到。这种椁室的形式是从什么时候产生，又是在什么时候消失的呢？

从已发掘的考古资料和文献记载看，在原始社会早期，墓葬的形式极其简单，只是在地下挖一个土坑，既无棺椁，也无墓室，死者的尸体也无特制的东西加以包裹，只是用土草草掩埋了事。大概从母系氏族公社后期开始，对死者的尸体有了以树枝等物遮掩后再覆盖土层的做法，即文献中记载"厚衣之以薪"的说法。到了父系氏族公社的后期，随着私有制的产生和贫富的分化，对死者的埋葬方式也有了较大的变化和发展，墓坑的土壁又增加了一层围护的木板。这样的

墓中出现的井字形椁室和器物分布情形，中间是墓主的内棺，棺盖板上平铺的就是后来轰动世界的帛画

墓葬通过考古发掘，在山东泰安大汶口已被发现。在一个长四米、宽三米的墓坑内，考古人员看到坑内土壁围置和铺垫了木材作为木椁，有的木椁底部还涂以朱色。当然，这时的木椁只是利用了不事雕琢的天然木料，与后来春秋战国直至西汉时期的木椁有着极大的差异和距离，但它毕竟迈出了墓室建筑的关键性的第一步。在浙江嘉兴马家浜良渚文化遗址中所发现的墓葬，发现了用加工过的木板围成的椁室，这是墓室建筑由低级向高级发展过程中的又一个阶段。

　　从近几十年的考古发掘情况看，大型木椁墓室制度的完善和达到顶峰，应在春秋、战国到西汉之间，这一期间的墓葬除木质棺椁外，尚无大型砖石砌筑的墓室发现。当然，由于一些帝王陵墓尚未得以发掘，其地下建筑和葬制不详，对是否有砖石砌筑的墓室一时还难以下准确的结论。

　　当历史发展到西汉末期和东汉初期，帝王将相甚至普通官宦的墓葬，基本扬弃了木棺玄宫的建筑方式，逐渐以砖石取而代之。这个转折，在古代葬制史上有着举足轻重的地位，后来有研究者认为，可能是由于吸取了木椁墓容易被盗被焚的教训，以及砖石建筑技术的发展，才引起了这场变革。是否就是这个原因，有待进一步探讨，但有一点却是肯定的，那就是墓葬结构变革了。考古学家在河南洛阳发现的几座西汉晚期墓葬，就是用砖结构而成的墓室。同后来砖石结构的墓葬不同的是，砖的尺度很大，长一米左右或在一米以上，宽四五十厘米，厚十多厘米，且内为空心，表面刻有各种图案花纹。也许从这个时期开始，砖石发券或叠涩砌建筑的墓，一直在不断发展，贯穿了东汉、隋、唐、宋、元、明、清等各个朝代。从已发掘的帝王陵墓来看，随着时间的推移，在砖的基础上又增加了不同的石料，成为砖石混合的结构，到了明、清，帝王的墓室就更加宏大完备了。已发掘的明十三陵定陵和对外开放的清东陵地下建筑，即向世人做了充分的展示。

　　若单从马王堆发现的木质结构的墓室和"井"字形棺椁来看，应断定此墓葬当在春秋之后、西汉中晚期以前，因为从春秋开始，这种"井椁"制度就有所记载。如孔子用作教科书的《仪礼·士丧礼》，就曾专门提到丧葬用井椁的事。后来的士人褚寅亮在其著述《仪礼管见》卷下之一篇中，就曾明确指出："井构者，以椁材两纵两横，间叠而层累之如井字然。"而胡培翚在《仪礼正义》中，说得更加详尽："盖椁周于棺，其形方，又空其中，以俟下棺。有似于井，故云井椁。"如此详尽的记述，可惜千百年来，后人只在古文献中见到，未有一件完整的实物出土以做资证。虽然通过考古发掘，从春秋至西汉的墓葬已先后发现了成千上万座，遗憾的是墓室的棺椁非腐即烂，无一完整成型者，这就使后来的研究者在望墓兴叹的同时，也为此引发了喋喋不休的论争。马王堆古墓这具庞大而完整的"井椁"的出土，使存在了几千年的谜团顿然冰释。

井椁的完整实物已经见到，但为什么要做成井字形的墓室？有研究者认为：这主要是与古人视死如视生，认为死者灵魂不灭的观念有关。既然死者灵魂不灭，且死后在另一个世界里仍过着同人世间一样的生活，也就自然需要生产工具、日用品以及生前爱好的玩物。为了使死者过得更好，后人就用殉葬的方式把这些东西送给他们。马王堆地下墓室无论是布局还是所放殉葬品，正是这种灵魂不灭观念在人类头脑中扎根生长的具体体现。实际上，这是一场古代贵族宫殿以及主人日常生活的模拟，也可以说是死者的一座地下宫殿。

之所以把它称为地下宫殿，是因为井椁的整体布局采用了坐北朝南的形式，中央是墓主人的棺材，当后来棺材被打开时，发掘人员发现墓主人头朝北脚朝南，是为生前的面南背北形式。其周围的四个边箱，犹如不同的房间，北边的头箱可视作墓主人的堂屋和居室，是长年居住和生活的地方，也可理解为"正殿"。因为是墓主人生活起居的地方，所以特别宽大，比其他边箱大了近一倍，布置也比其他边箱讲究和阔气，地上铺着竹席，四周围以丝幔。为什么要铺竹席、围丝幔？这自然与贵族家庭当时的装饰有关。从记述汉代人生活吃住的史料来看，当时的帝王将相和富贵人家的居室或堂屋，地上都铺有各种不同材料制成的地毯，这头箱底部的竹席，无疑是地毯的模拟和象征。另外，在居室或堂屋的墙壁上，都挂有用丝绸织绣的帷幔。《汉书·货殖传》曾记载说："富者木土被文锦。""木土"是指房子的墙壁，"被文锦"是指墙壁上挂着用锦绣做成的帷幔。《汉书·贾谊传》记载的"富民墙屋被文绣"，亦是指墙上挂有丝帷这一风俗。这一风俗，不仅普通的贵族如此，即使是贵为天子的宫殿，也大多采用这一装饰。《汉书·东方朔传》中就曾记载汉武帝的建章宫是"土木倚绮绣"，由此看来，这种在房屋殿阙的墙壁上贴挂丝帷锦绣的风俗，在汉代的上流社会是十分盛行的。

有关三层椁板打开，发现了四个边箱和边箱内数以千计的珍贵文物的消

第三章 珍宝灿烂

息迅速传遍长沙各界，新闻单位、电影制片厂立即增派最为精明强干的记者、摄影师和最好的拍摄设备。省委、省革委会的领导，以及各机关、单位、团体、工厂、学校的干部、工人、学生连同长沙居民和附近的农民，怀着各种好奇之心，向马王堆发掘工地蜂拥而来，整个墓坑之外形成了数千人围观、穿梭、议论的集市一般的混乱局面。面对这突如其来的新问题、新情况，发掘人员顿感茫然无措，情急之中不得不划出大部分人员做接待介绍、维持秩序和文物的安全保护工作，发掘工作受到重大影响，文物的安全也受到不同程度的威胁。面对此情此景，发掘人员不得不请求在工地具体实施组织的省文化组副组长张瑞同，向省委汇报，请求派兵封锁工地。省委领导班子本来就是以手握军权的部队首长为骨干组建而成，派兵封锁自然不在话下，曾参加过长征的省军区司令员、省委书记杨大易，立即拍板，调一个连的解放军进驻工地，实施封锁。尽管如此，发掘工地依然是人来人往、观者如潮，一个连的官兵也难以全面封锁，因为解放军面对的毕竟不是敌人而是长沙的干部、市民、学生，军队与地方百姓也毕竟有着鱼与水的关系，许多事情不宜太过分地做绝。这就注定了对局面维持有不利的成分，致使许多人浑水摸鱼或明讹暗骗式地混进了现场。杨大易见状，在板着脸严厉训斥了进驻部队一位连长的同时，亲自来到发掘工地坐镇指挥，希望凭借自己的权威，给发掘人员创造一个平和安详的工作环境。但这位一世英武豪杰的司令员面对蜂拥而来的地方大军，也感

侯良对进驻工地予以封锁发掘现场的解放军官兵宣讲马王堆汉墓发掘经过和政治意义

071

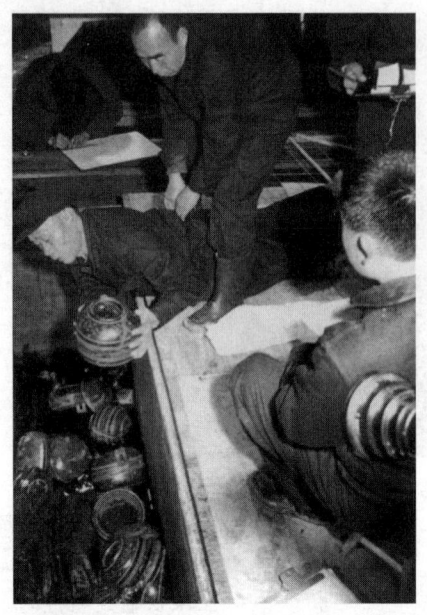

考古人员在堆满器物的边箱里向外提取

到力不能敌，不得不做了退缩和让步，工地上的人群和混乱局面复又如常。在这种境况下，北京来的考古专家王㐨向发掘队领导建议，让发掘人员白天在室内研究提取、保护文物的办法，打造相应的提取器具，夜间正式提取文物，并配发了工作人员和相关人员如新闻记者的证件，其他人一律不准靠近工地。此时，由国务院图博口负责人王冶秋派来的两位专家胡继高、王丹华也抵达工地开始参加工作。

于是，发掘工地白天不再喧哗、骚动，夜晚却又热闹、繁忙起来。整个墓坑里里外外，高强度的电灯、碘钨灯交相辉映，照得工地如同白昼。发掘人员憋足了劲，以异常惊喜亢奋的心情，首先将工作目标正式对准了四个边箱中的头箱。

发掘人员面对的这座墓室椁内的头箱实属罕见，其内中摆设亦是奇特，箱内两侧摆着古代贵族常用的色彩鲜艳的漆屏风、漆几、绣花枕头和两个在汉代称为漆奁的化妆盒。两个化妆盒中一个的盖和四壁是用麻布胎制成，盒底是用双层的硬木胎做成，两底之间有一个大的间隔，形成了事实上的两个奁盒。奁盒上面有一个圆盖，外表呈黑褐色，上面加刷一道很薄的清金漆（金粉与银粉的混合体），之后，再用油彩绘以黄、白、红三色云气纹，看上去神采飞扬，华丽璀璨。

打开奁盒的盒盖，发现上层隔板上，放置着手套、絮巾、组带和绣花镜套子。再揭开一层，发现构造颇为奇特不俗：下层有一很厚的托盘，托盘上面凿有九条凹槽，每条槽内又放置着一个很小的奁盒，形状各不相同，有的呈椭圆形，有的呈长方形，还有的呈圆形或马蹄形。小奁盒上的花纹也各有差异，有的为漆绘，有的是油彩绘制，还有的为锥画，或者是锥画和漆绘相混合。经考古人员后来考证，

第三章 珍宝灿烂

此为九子奁。待将这些小盒子打开，发现竟全是化妆用品，形同今天常见的唇膏、胭脂、扑粉等物，看来这是一个女人用的物品。

九子奁

另一个外观基本相似的奁盒为单层，里面除了五个小圆盒外，也放置一个小铜镜和镜擦子、镊、莿（小刷子）、笄（簪子）、木梳、木篦等各一个，另外有一把环首小刀，这些无疑都是梳妆用具。特别有趣的是，梳篦是用黄杨木做成的，刨削工整，分齿均匀，一把宽仅五厘米的木篦，竟有74齿，是用什么神奇的制造工具将这把木篦制造出来，在马王堆古墓发掘20多年后，研究者也未能解开这个谜团。

如果说这个奁盒仅仅是一堆化妆品和梳妆用具，倒不足以引起发掘人员的格外看重，让发掘人员分外看重和视若珍宝的，则是在这个普通的化妆盒内，竟藏有一枚角质印章，上写"妾辛追"三个字。妾为古代妇女的谦称，那么"辛

彩绘木侍俑与着衣女俑　　　　　　　彩绘木侍俑

追"两字当是这个墓主人的名字。正是有了这个角质印章，世人才得以知道马王堆一号古墓目前尚藏在棺内的墓主，是一个叫辛追的女人。

在这两个盒子的旁侧，站立着23个造型优美的木俑，其中十个身着锦绣长袍，双手垂直拱于胸前，好像在随时听候女主人的召唤，这似乎是女主人贴身的高级侍女的模拟。在侍女的侧前，有五个乐俑席地而坐，其中三个鼓瑟、两个吹竽，这应是墓主人家的乐队。在这支乐队之前，有四个舞俑正在做翩翩起舞状，另外四个歌俑跪坐在地毯上似在放声歌唱。看上去，这是一个颇具规模的家庭歌舞团，从这些木俑的神态和形象中，可以想象到竽瑟并奏、钟鼓齐鸣、舞姿翩翩、歌声悠扬的欢乐场景，领略到墓主人生前过着怎样的一种钟鸣鼎食、豪华奢侈的生活。

马王堆一号汉墓出土的五人乐队，其中三人鼓瑟，可见当时瑟乐之盛行

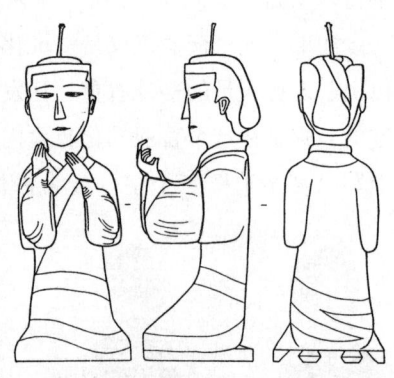

吹竽俑线描图

漆耳杯

第三章 珍宝灿烂

另外一处引起发掘人员重视的是，在头箱的中部，放置了多种盛酒用的漆钟、漆钫、漆壶以及许多用朱砂、红漆和黑漆书写有"君幸酒"三个字的漆耳杯和漆卮杯。另外在一套漆器餐具上，多数有用红漆或黑漆书写的"君幸食"三个字。从这些文字的字面意思来看，似是让客人喝酒、吃饭的祝词。而整个头箱，似乎就在反映墓主人生前起居、歌舞宴饮的生活模拟。

位于椁内的东、西、南三个边箱，应是墓主人居处厢房的模拟，东边箱放置了312支竹简，上面记载着1000多件殉葬品的名称、质量、长宽度等，这些被称作"遣策"的竹简，就是墓中所有殉葬品的清单。除此之外，还有六个木俑和一个头戴高冠身穿棉衣的"家丞"，它的脚下写着"冠人"两字，从其形象和文字上推断，可能属于今天的大管家一类的人物。在这个大管家的周围，有59个立俑，似为一般的家庭用人。在这群俑人的四周，散布着鼎、盒、罐等漆器和陶器，这些器具种类繁多，光彩夺目，似是墓主人宴请宾客的礼器和用具，实为罕见之珍品。

南边箱内的物件看上去有些普通，只是一个"家丞"率领39个立俑，余为钟、钫、釜、甑等陶器，似为墓主人的厨房和奴婢的住室。

西边箱有点特殊，它似是墓主人的储藏室，又似钱粮库。因为里边堆放着33个规模颇大的竹笥（箱子），竹笥用绳索一道道捆着，在打结的地方有封泥，封泥上有"軑侯家丞"的印记。

考古人员打开上层的一个竹笥，

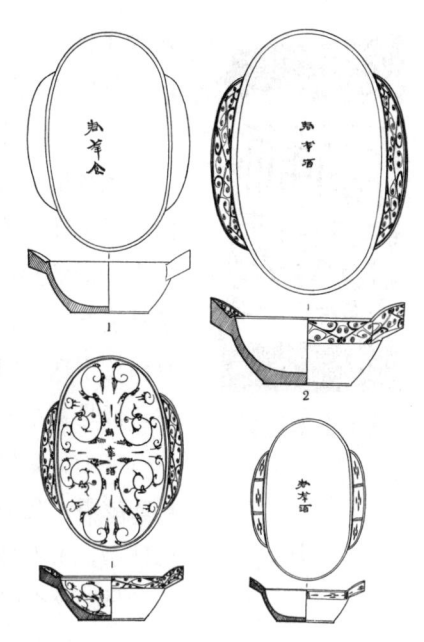

漆耳杯名称：1.食杯；2.四升酒杯；3.一升酒杯；4.小酒杯

马王堆一号墓出土的竹笥。个别大的箱子长69.5厘米，宽39.5厘米，高21厘米。外用绳有规则地捆扎，有的箱内还用黄绢衬里

"軑侯家丞"封泥

竽各部位名称

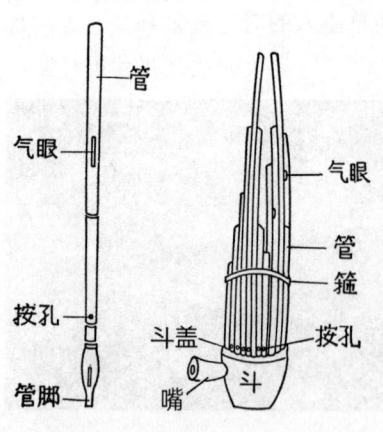

发现了两件完好的乐器，一件为竽，一件是瑟，竽置瑟之上。其中竽是用竹管做成，尽管已历2000余年，但仍似新的一样通身泛着黄中带红的亮光。

经测量，这件竽长约90厘米，由22根竹管做成，竹管分前后两排插在竽头上，每排11管，并有吹口。竽管长的有76厘米，短的14厘米，从中还发现了23个簧片和4组折叠管，竽管上有出气孔和按孔。簧片由小竹片削制而成，有的上面有白色小珠，即现在不再用的"点簧"。从竽的整体构造来看，似是墓主人家中平时用的实物。对于古代的竽到底是个什么样子，现代的人没有见过，但"滥竽充数"这个脍炙人口的故事，几乎家喻户晓，人人皆知。马王堆一号墓出土的这件竽，虽不是南郭先生曾用过的那一件，但从春秋战国至西汉早期这个时间推断，想来南郭先生赖在宫廷中混饭吃的竽也就是这个样子吧。

在这件竽的下面，是一件外罩锦衣的木瑟。当考古人员将锦衣剥离后，木瑟显露出来。由于这件瑟为木制品，从外观上看，显然不像那件竽一样光亮如新，但整体却十分完整，似是实用之物。

在诸种乐器中，瑟的产生和使用应是较早的一种。古代有"伏羲氏造瑟"的传说，中国古代的《诗经》上有"琴瑟友之"的诗句，说明瑟的历史十分久远。春秋战国时，鼓瑟吹竽风行一时，直到西汉还很流行。过去也有"湘灵鼓瑟"的故事，湘灵就是湘妃，传说她是尧之女、舜之妻，舜到南方来巡视，突然病死于苍梧，湘妃为此十分悲恸，常鼓瑟以寄托自己的哀思。唐代诗人庄若纳曾写道："帝子鸣金瑟，余声自抑扬，悲风丝上断，流水曲中长。出没游鱼听，透迤彩凤翔……至今闻古调，应恨滞三江。"传说舜死后葬于九嶷山，其妻娥皇女英悲痛万分，

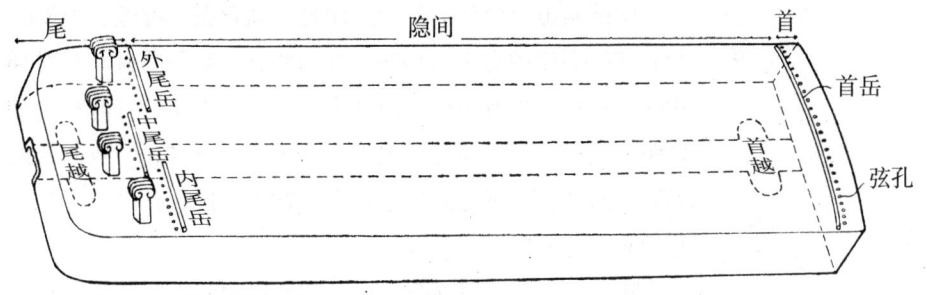

瑟各部位名称

泪洒竹上，成为斑竹。今山上斑竹丛丛，人们看到它就想起了这古老的传说。

据说公元4世纪从印度传来一种曲颈琵琶，隋唐时期流行全国。同时传统的瑟仍在民间流传。但秦汉时的瑟没人见过，新中国成立后，考古人员在湖南长沙、湖北江陵、河南信阳等地共发现了16具瑟，但多数残缺，独马王堆一号墓出土的保存仍十分完整，甚至连柱位也很清楚，所以这是中国现存最早的一具完整的弦乐器。

这具瑟长116厘米，宽39.5厘米。瑟身下面底板两端有两个共鸣窗，其名为首越和尾越。瑟面有首岳，尾端有外、中、内三条尾岳，用以绷弦。25根弦是用四股素丝搓成的，分别系在尾端的木柄上。瑟很富于表现力，能表达人的思想感情。《后汉书·蔡邕传》说，某位友人请他吃饭，他听隔壁瑟音激昂，似有杀气，遂离席而去。后被主人发觉，他据实以告。主人找鼓瑟人查问，原来他弹瑟时看到螳螂捕蝉，心有所思即形于指。蔡邕是东汉末年人，可见汉代400年间，瑟一直在流行。

当筝和瑟两件乐器被清理出来后，考古人员又在西边箱发现了六笥丝织品。其中盛放服饰的竹笥两个，内装服饰19件，盛放缯的竹笥两个，内装丝织品54件，另外两个竹笥内盛放着香囊、鞋、衣着、手套等杂用织物20多件。就丝织品一项而言，此墓出土数量之大、品种之多、花纹之鲜艳繁缛，堪称中国考古发掘中一次空前发现。

077

中国是世界公认的丝绸发源地。其育蚕、缫丝、织绸已经有5000多年的历史。1926年在山西省夏县西阴村新石器时代遗址中就发现有茧壳。浙江省吴兴县钱山漾新石器时代遗址距今约4750年,在那里也发掘出绢片、丝带和丝绒。后来到殷周时代,野蚕已开始改由室内饲养,这就是说,野蚕已开始驯化为家蚕。

正因为如此,早在公元前6—前5世纪,中国美丽的丝绸就传到了欧洲。公元前3世纪,印度孔雀王朝月护王的一位大臣在《政论》一书中,就记载了公元前4世纪中国丝织品向印度运销,印度商人又把它运到欧洲的事。那时希腊、罗马等国以古代西伯利亚地区的一个专做贩卖丝绸生意的部落"塞里斯"代称中国——"丝国"之意。一位罗马作家曾赞美说:"丝国制造宝贵的丝绸,它的色彩像野花一样美丽,它的质料像蛛网一样纤细。"古希腊人斯特拉波(约公元前63—公元20年)也在《游记》中称中国为"丝之国",尔后西方人又称长安为"丝城"。

墓中出土的对鸟菱绮纹样丝织品

据说罗马帝国的恺撒(公元前100—前44年)曾穿着中国丝绸做成的袍子去看戏,引起了剧场的轰动。1492年,意大利人哥伦布在远渡重洋去寻找新大陆时,为了鼓励海员们的士气,曾宣布:谁首先发现陆地,另赏一件丝绸上衣。可见当时丝绸衣服仍很珍贵。

中国养蚕缫丝的方法,大概在秦汉以前已传到朝鲜,之后又东渡日本。张骞出使西域,也带去了丝绸,后来的西方商人们千方百计想把蚕种搞到手。据说,古时新疆和田地区瞿隆旦那国,曾利用通婚的方式,让中国公主把蚕种藏在帽子里偷偷带到西域。大约在公元6世纪，养蚕法传到了东罗马，至14世纪传到法国，16世纪传到英国，19世纪才传到美国。

尽管中国丝绸已有五千多年的历史，但由于蚕丝是动物纤维，由蛋白质组成，故极易腐朽，因此古代丝绸究竟发展到了什么样的水平，很难了解其全貌，而长沙马王堆一号汉墓的发掘，首先揭开了这个谜团。这次出土的丝织品，几乎囊括了此前所了解的一切古代丝织物的品种，如绢、罗纱、锦、绮、绣等，都是此前很难见到的。而丝织品的颜色又有茶褐、绛红、灰、朱、黄棕、棕、浅黄、青、绿、白等，花纹的制作技术又分织、绣、绘等不同的工艺，且这些纹样又有各种动物、云纹、卷草、变形云纹以及菱形几何纹等。经初步点验、鉴别，出土的服饰类有绛绢裙、素绢裙、素纱禅衣、素绢丝绵袍、朱罗丝绵袍、绣花丝绵袍、黄地素缘绣花袍、泥金银彩绘罗纱丝绵袍、泥银黄地纱袍、彩绘朱地纱袍等十余种。可谓品种齐全，美不胜收。

特别值得提及的是，在西边箱出土的素纱禅衣，堪称稀世珍品。这种禅衣共出土两件，一件衣长128厘米，袖长190厘米，重量仅有48克，另一件是49克。50克为一市两，所以两件衣服都不足一两重，如果把袖口和领口镶的锦边去掉，有可能只有半两重了。所以上海纺织研究院的一些丝绸专家看到后，十分惊喜。他们认为其轻薄程度可以和现代生产的高级尼龙纱相媲美。古人形容这种衣服"薄如蝉翼、轻若烟雾"。过去人们没见到过实物，说不清楚它是一种什么样的丝织物，现在亲眼看了，才知古代文人的描述恰到好处。

《诗经·郑风·丰》上

墓中出土的素纱禅衣，重49克，轻若云雾

说："衣锦褧衣，裳锦褧裳。"这里所说的"褧衣"，据考证就是这种没有里子的禅衣。它的原意是说，古时妇女们为了美观起见，喜欢把薄薄的禅衣罩在花衣上面穿。它和我们现代戏剧舞台上所使用的纱幕是一个道理，在布景外面罩上一层纱幕，会产生一种立体感，使人更觉其中的神秘美妙。由此可见，2000多年前的中国妇女是懂得一定的美学原理的。

类似《诗经》上的一些诗歌，直到唐朝还有。唐代大诗人白居易所写《缭绫》一诗可以做证，他在诗中说："缭绫缭绫何所似？不似罗绡与纨绮，应似天台山上月明前，四十五尺瀑布泉。中有文章又奇绝，地铺白烟花簇雪。……异彩奇文相隐映，转侧看花花不定。昭阳舞人恩正深，春衣一对直千金。"有关此类衣服的传说故事还有一个，说的是唐时驻广州的一位官员，某日接见一位阿拉伯商人。商人老盯着看他的胸口，他问何故。商人说："你虽然穿了两件绸衣，我还能看到你胸口上的黑痣。"商人说完，引得这位官员大笑。官员说："我穿的不是两件，而是五件。"一说这，更使商人瞠目结舌。

好的丝绸源于好的蚕桑。《齐民要术》一书总结了从西汉到北魏的蚕桑技术，其中提到了用压条法来栽培优良"黑鲁桑"品种的方法。这个时候，家蚕的品种也得到了改良，据说已能养"四眼二化蚕"了。正是由于栽桑、养蚕技术的改进和提高，才可能产出高质量的蚕丝。有些丝织品通过切片投影和X射线衍射等方法鉴定，证实所用原料全是家蚕丝，因为丝纤维的纤度为0.96—1.48旦（每9000米长的单丝重一克为一旦）。单丝显微实测截面面积为77—120平方微米，说明蚕丝极细。这一切都足以证明，当时长沙地区不仅桑叶质量有了提高，而且养蚕技术已大有改进，否则不可能生产出这样高质量的蚕丝。

从马王堆一号汉墓出土的服饰中，可以看到使用绒圈锦的地方不少，如丝锦袍的领子、袖口，以及衣带、香囊、镜衣底等都用了它。这种绒圈锦的织造技术高级而复杂。它的经丝用二色或三色，纬丝用单色。经丝有四组，一组底经，两组地纹经和一组比较粗的绒圈经，底经与纬经组成锦面的底子，两组地纹经交叉进行，绒圈经则用作起绒。如果织幅为50厘米，它的总经数就有8800—11200根之多。东汉的王逸在《机妇赋》中曾详细描述了这一织造过程。根据他的记述，后人知道提花机是在机后建一个三尺多高的花楼，机架前面多悬综面，增加脚踏，把地纹经和绒圈经加以排列组合，同类合并。织花时要两三个人协作。挽花工坐在花楼上，按设计好的纹样挽花提综，机台上的织工专门织纬，这种织法非常复杂，非有精湛的技术不可。另有《西京杂记》上说，汉昭帝时，河北巨鹿有一位纺织专家陈宝光的妻子创造了织绫机，使用120镊，即一部机用120根经线，60天可织一匹花绫。此种机每一线有一个脚踏的镊，共120个镊，其复杂由此可见一斑。

当考古发掘人员将竹笥中的竽瑟、丝织品等一一提取后，又在同一个边箱中，发现了44篓泥半两钱（冥币）及泥"郢称"金版，另外有装在麻袋里的粮食如稻、大麦、小麦、粟、大豆、赤豆以及梨、杨梅、大枣、梅等食物和瓜果蔬菜等。有些器物上，都用红漆和黑漆书写着"轪侯家"三个字。由于当时发掘人员的主要精力是尽快地将边箱内的文物取出并设法保护，对文物之上那或写或印的"轪侯家""轪侯家丞"等字样，只是做了一个简单的推断，认为这个墓女主人的身份应是轪侯的妻子或与轪侯家有关联的

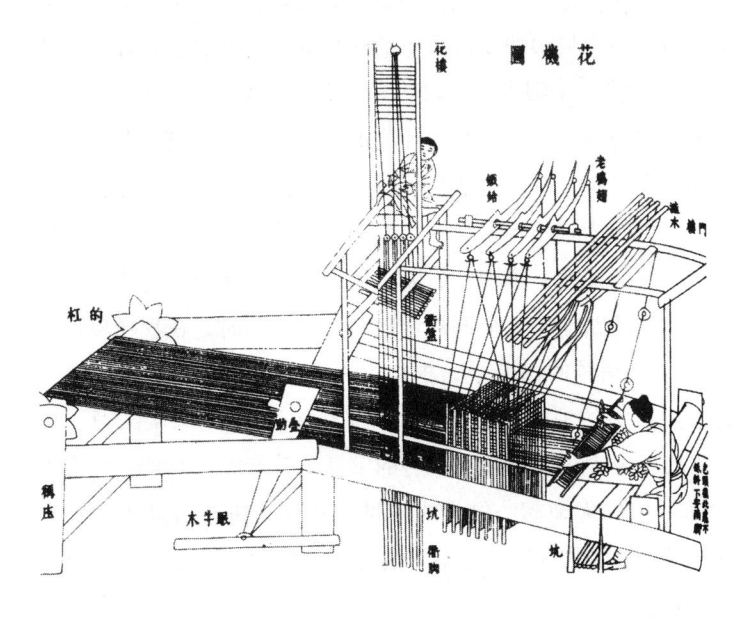

花机图（引《天工开物》，明·宋应星著）

人,但到底是怎样的一种身份,一时难以准确地断定。既然难以断定,发掘人员也就不再深究,因为目前最紧迫的任务是,要快速而又安全、合理地抢救文物。

之所以说是抢救,是因为当庞大的椁盖打开之后,由于空气、光照等的进入和渗透,许多文物已物化变质,甚至消失不见。就在这座古墓发掘的若干年后,王㐨还清楚地记得,西边箱内几十个竹笥,刚揭开椁板时,还呈鲜嫩的淡黄色,光亮如新,灿烂夺目。但就在考古人员为其照相、绘图的空隙,竹笥的外部如同晴朗的天空漫过乌云,瞬间变成既霉且腐的丑陋的黑色,令人痛心疾首又无可奈何。让发掘者备感头痛的是,椁箱高达1.44米,箱底还有数十厘米的水,这些水看来是入葬后渗入的,几乎所有的文物都遭到浸泡。而考古发掘又跟一般的盗墓取宝或搬运东西有本质的区别,每欲取或取出一件文物,都要经过严格的编号、绘图、照相等程序,这就限制了文物提取的速度,且在当时的条件下,只能让几位富有经验的老技工任全生、胡德兴、苏春兴等,腰系绳索,俯身趴在边箱上,用手一件件小心翼翼地提取。这样,有些文物变质和消失的厄运也就注定了。

当任全生伸手将东边箱那个被编为133号的陶罐取出并打开时,他惊奇地发现罐内装满了紫红色鲜艳的杨梅果,如同刚从树上摘下一般亮丽可爱,即使是那不算太长的果柄,也栩栩如生。但就在搬动过程中,由于空气和光照的作用,鲜艳亮丽的杨梅果很快变成黑色的炭灰状。此外,也是在这个边箱里,考古人员张欣如将一个编号为100的云纹漆鼎取出,揭开鼎盖,发现里边有近十片莲藕片浸泡在水中。这些藕片质地白皙,如同刚刚切开放入其中,其藕片之上那一个又一个小孔也清晰可辨,惹人爱怜。为了避免杨梅果氧化教训,王㐨建议立即为其照相、绘图。但当漆鼎搬到墓坑之外时,随着水的荡动和空气、光照的侵蚀,藕片已消失大半,待绘图和照相完毕后,所有的藕片在运往博物馆的路上,竟全部神奇地消失了。当时,在现场负责对器物记录、定名和总体编号的白荣金,根据这一现象,立即联想到长沙地区2000年来没有发生过大的地震。据白荣金后来介绍,他于1970年7月,同本所的高广仁、高玮以及中科院地球物理所的宋良玉等专家,对1937年发生在山东聊城、菏泽一带的大地震,结合古遗址沉积层,进行过地震考古理论的探索。也就在这时稍后的8月,发生了渤海区域大地震,他们一起赶赴黄河入海口及附近各县进行了实际考察，"所以脑子里留有参照考古发掘实物可考察地震这根弦"。这次藕片因轻轻震荡而消失，使他马上就联想到了地震方面来。正是根据白荣金的联想，前来采访的新华社记者何其烈将此事写成内参发往北京。凑巧的是，正在搞地震普查的国家地震局领导看到后，立即派两名专家赴长沙找到马王堆汉墓发掘的负责人侯良调查，并对漆鼎内的物质做了化学等诸方面的分析研究，其研究的结果是：藕片在初出土时，本身的成分早已溶化，也就是说藕片的灵魂已失，由于未受外界的影响，才保留了外壳。根据这一情况，地震专家到长沙地震台查阅当地有关资料，发现长沙地区自公元477年到马王堆汉墓发掘的1972年，共发生地震21次，其中20次为4级，一次为5级，也就是说长沙地区在1700多年中没有发生过强烈地震，正是由于没有大的地震发生，浸泡在漆鼎中的藕片才得以长久保存。由此也可以推断，长沙应是一个远离地震带的地区，在以后的若干年内，当不会受到强烈地震的侵害。藕片的消失，对文物本身来说是个不幸，但就地震研究而言，也算是一个意外的收获吧。

马王堆一号墓出土的藕片

墓坑内的清理

发掘人员在墓坑内外紧张而有序地忙碌着，椁内四个边箱的文物被一件件取出，在分别记录、照相、绘图之后，用车转移到博物馆，放置于院内因备战挖成的防空洞中。这个由博物馆全体人员费几年时间挖成的长150多米的地下防空洞，没有在战争中派上用场，却成了马王堆古墓出土文物极为理想的存放处。由于防空洞具有相对的恒温、恒湿的特点，与古墓内的稳定环境很相似，就在马王堆古墓发掘过去20年之后，还有许多出土文物一直藏存于这个防空洞中。这一意外的用途，是当年所有"深挖洞"者所没有料到的。

由于连续高强度的工作，发掘人员疲惫不堪，尤其是几位提取器物的老人，腰上拴着带子由两个人在后面拉着，头朝下在水中小心谨慎地进行工作，实在是艰苦异常。杨大易司令员看到此种情况后，指示医院招待所腾出几间房子，让他们几个人住在工地，不要天天来回跑，并要他们吃上牛奶、面包，表示对发掘人员的答谢。但是，平常吃惯了粗茶淡饭的老技工，却向这位司令员提出："面包、牛奶我们吃不饱、喝不进，能不能将买这些食品的钱省下来，给买几瓶酒喝。"杨大易当场拍板："可以！"于是，发掘人员特别是几位老技工尽管身心疲惫，但每当几杯酒下肚，又觉精神矍铄，热血沸腾，干劲倍增，四个边箱的千余件文物很快提取完备。

边箱的文物已全部提取并运往博物馆暂藏，发掘人员并未因此而感到轻松，谁都知道，位于井椁中央的那个巨大的内棺尚未打开，其中的内棺才是古墓的核心。也许就在内棺的里边，匿藏着这座千年古墓的最大秘密。

事实上，要打开内棺并非易事，因为它被周围四个椁箱紧紧地卡住，要想开棺，就必须把外围的井椁拆除，可这井椁是用72块巨大的木料构成，木材全部算起来约有52立方米，而原木的耗费据推算当在200立方米以上。由于地下水的渗透，每一块木板都因含有大量水分而变得异乎寻常地沉重，最大的一块椁室的侧板长4.88米，宽1.52米，厚0.26米，重达1.5吨，据此推算，原木的直径当在2米以上。这样大的树木，其存留在木板上的年轮非常清楚，发掘者在现场数过年轮，发现原树生长期不低于五六百年。令人惊奇的是，从残留的痕迹分析，这块木板是大树被砍倒后用斧锛削成而非用锯子切割，若按照史料记载，早在春秋之时，锯子已被鲁国的公输班发明出来，为什么这副井椁的制造不使用锯子？经考古人员分析，可能这时锯子过小，对这样粗的树木尚无能为力，只好使用较原始的斧子制作。尽管工具原始，但工艺水平则极为高超，椁板除表面被砍削得光滑平整之外，块与块之间扣接、套榫等处，则非常严密牢固，致使整个木椁没用一枚金属钉子就组合得相当完美。由此可见，古代工匠在制造工艺上，达到了怎样的一种"鬼斧神工"的境界。

当然，这时的发掘人员还无力对椁板的构造及工艺水平做过多的研究，他们最为关心的是如何将这巨大沉重的椁板吊出坑外，并为此而费尽心机。因为这个井椁不是在地平面，而是横躺在距地面20米深的墓底，整个墓坑深邃幽暗，四壁陡立如峭，加之阴雨连绵，墓壁土质松软，令人望而生畏。要想将这样巨大而沉重的椁板拆除并运出墓坑，绝非人的双手可做到。在这种情况下，博物馆领导经过研究决定，到长沙汽车电器厂求援，请来一台大型起重机和30名吊装技术人员，花费了几天时间将井椁拆开，把椁板一块块吊出了墓坑之外。需要在此补充的一点是，这些椁板被吊出并运往省博物馆后，引起了国家气象局的注意。该局先后两次派专家特地从北京赶赴长沙，来研究这批古老的木材。其原因是树木的生长随雨量大小而变化，雨水充沛时，树的年轮则宽，干旱时年轮则窄，一棵古树要存活数百年，那么树的年轮也就相应地反映出数百年间的旱涝情况，对研究古代三湘地区的微气候，具有较大的意义和参考价值。

椁板拆除吊走了，一副长2.95米、宽1.5米、高1.44米的木棺孤零零地显现出来。这副木棺是用梓木类的楸木做成，外部又以黑漆涂就，除盖板是由两块木板拼起来以外，四壁板和底板都是由一块整板接榫对成的。由于四周椁板的护围，木棺未受外界因素过多的侵蚀而依然泛着闪亮的漆光，在让人感到有些恐怖的同时，又掺杂着几分喜爱。毕竟像这样完好如

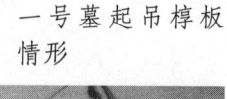

工作人员在墓坑四周寻找合适的吊装位置

一号墓起吊椁板情形

一号墓黑地彩绘棺

初的千年木棺，在长沙地区是前所未见的。

就如何打开木棺的问题，发掘人员经过反复研究，决定以白荣金找铁匠打造的六个铁钩为主要工具，将铁钩插入木棺接榫部位的缝隙，慢慢撬动，其他人员则持不同的锐器予以协助。几个小时之后，木棺被打开了。这时，大家发现，所打开的木棺，仍不过是一层外棺，看来里边尚有一层或几层还没有打开。发掘人员再次开始了开棺的行动。

跟第一层不同的是，面前的这层木棺，外表用漆涂画了极其美丽的黑地彩绘，木棺除底部外，其他五面，即左右两侧、头档、足档和顶盖，都有一幅巨大的彩色画面，每幅画面，均以银箔镶着0.14米宽的几何图案花边。边框中的巨幅画面均绘有大片舒卷的流云和神仙怪兽，这些散布于云气中间的怪兽，或打斗，或狩猎，或鼓瑟，或舞蹈，或与飞禽、猛兽、牛、鹿追逐，姿态万千，动作自如，描绘逼真，栩栩如生。后经考古人员研究，得知这黑地彩棺的画面，是采用堆漆画法的风格，即后世所传的"铁线描"法而成。

黑地彩绘漆棺上面虚纹画中一怪兽弹瑟图 　　黑地彩绘棺足档怪兽图

第三章 珍宝灿烂

黑地彩棺打开之后，里边又露出了一副朱地彩绘棺，这应是第二层木棺了。

这副朱地彩棺，是先用鲜红的朱漆为地，然后以青绿、赤褐、藕荷、黄、白等较明快亮丽的颜色，彩绘出行云流水般的图画。在盖板之上，绘有一幅飘飘欲飞的云纹和二龙二虎互相搏斗的图画。四壁板的边缘，分别镶有0.11米宽的几何图案的花边，在花边中间画着传说中的昆仑山，山上云气缭绕，形态各异的游龙、奔鹿和怪兽跃然其中，勾勒出一幕令人心驰神往的梦幻般的奇情异景。

朱地彩绘棺足档花纹

按照往常的考古发掘经验，在古墓中见到两层木棺，就是一件令人高兴的事情，有三层棺的古墓已属罕见，因为古代的封建制度对死者的用棺有着严格的等级规定。从流传的史料来看，天子之棺四重，诸公三重，诸侯两重，大夫一重，士不重。史料中的重应是重复的意思，一重等于两层，若发现三层棺，说明墓主已位到诸侯了，有这样地位的墓主，在一个地区是不多见的。而这次令考古发掘人员深感意外和惊奇的是，当第三层棺打开之后，又一层木棺得以显现，想不到墓中的这个女人竟有这般多的花样，地位竟如此煊赫，除两层椁之外，又有四层木棺包裹着她的芳身，这个女人的地位到底有多高，一时尚难断定。但有一点可以明了的是，从这层木棺的形状和外表的装饰来看，这应是最后一

朱地彩绘棺左侧板花纹

087

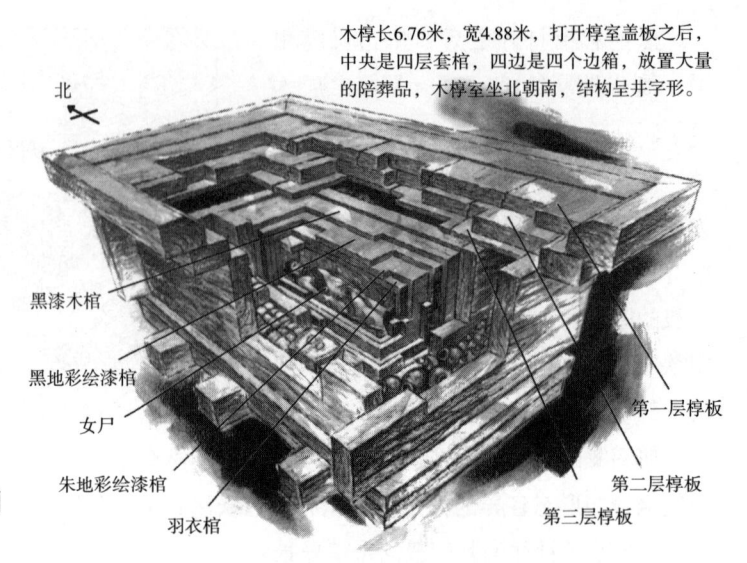

木椁长6.76米,宽4.88米,打开椁室盖板之后,中央是四层套棺,四边是四个边箱,放置大量的陪葬品,木椁室坐北朝南,结构呈井字形。

北

黑漆木棺
黑地彩绘漆棺
女尸
朱地彩绘漆棺
羽衣棺

第一层椁板
第二层椁板
第三层椁板

一号墓棺椁纵剖面图

层木棺了。因为墓主的身份再高,也不会超过天子的。

只见这副内棺的外表,是用橘红和青黑二色羽毛贴成了菱形图案,整个木棺长2.02米、宽0.69米、高0.63米,像这种用羽毛贴花装饰的木棺,在中国考古发掘中属首次发现。为什么要在木棺上贴上羽毛,大概是古人认为凡人死后要升天成仙,而要升天就必须有相应的条件,这羽毛便是重要的条件之一,即《史记》《汉书》等史料上所说的"羽化而登仙"。除羽毛贴花的奇特之外,让考古工作者惊奇不已的是,在内棺的盖板上,平铺着一幅大型的彩绘帛画。该画是T形,上宽下窄,顶部横一根竹竿并系以丝带,下部四角各缀一条20厘米长的麻穗飘带,全长250厘米,上部宽92厘米,下部宽47.7厘米。从形状上看似是旌幡一类的东西,由于帛画的正面朝下,一时还看不清内容。但考古人员还是预感到,这将是一件极其宝贵的文物。

面对这幅帛画,考古人员在异常惊喜和兴奋的同时,也对如何采取非破坏性的揭取方法而大伤脑筋。因为年久日深,此时帛画整体黏合在棺盖上,且帛的丝织成分已变得极其脆弱,显然无法一下揭取下来,倘稍不留神,就会将帛画损坏。面对这个难题，北京方面的专家王㐨、白荣金、胡继高、王丹华同长沙方面的考古专家，经过反复商量和斟酌，在一时没有更好的办法的同时，断然采取一种现场发明的办法，即先用特制的小片将帛画下端一点点揭起，待帛画揭起一段时，再用一根圆形的卷了宣纸的横棍放置于被揭起的帛画之下，然后随着帛画的逐渐剥离，将横棍向前滚动，使帛画一点点地脱离木棺顶盖的同时，被托在展开的宣纸之上。当这个步骤完成后，大家再轻轻地从四周边将托着帛画的宣纸提起，放在早已准备好的三合板上，而后将其运至博物馆内进行装裱。这样就避免了帛画离开棺盖之后，第二次揭取移动的损坏。若干年之后，据当时手执横棍揭取帛画的考古专家白荣金回忆，这幅帛画的揭取共有十几个人参加，且极其小心谨慎，唯恐有半点损坏。随着他手中木棍的不断前移，有许多专家拿着工具，一点点地剔剥着粘在棺盖上的帛画，从而保证了工作的协调一致，使帛画未遭损坏即完整地揭取了下来。此时，考古人员看到，揭取的整幅画面画的是天上、人间、地下三种景象，中间绘着一个老年妇女拄杖缓行的场面，当为墓主人出行升天的比喻。从整幅画面的图像看，应系采用单线平涂的技法绘成，线条流畅，描绘精细。尽管有些地方模糊不清，但从清晰处可见到，此画在色彩处理上，使用了朱砂、石青、石绿等矿物颜料，对比鲜明强烈，色彩绚丽灿烂，堪称是中国古代帛画艺术中前所未见的杰作，是人类艺术宝库中最为贵重的珍品之一。

　　在此之前，崔志刚见墓中多出土些漆木器和丝织品，心中颇不理解地抱怨道："挖这个墓，花了那么多钱，怎么一点金子银子没挖出来，这可怎么向上边交代。"

内棺盖上的帛画

当这幅帛画出土之后，王㐨以惊喜的心情对崔志刚说道："崔馆长，你不要老是挂念金子银子了，即使是这个墓什么也没有挖出来，仅是这一幅画就足够了。这可是谁也没见过的无价之宝啊。"

当帛画揭取下来并运往博物馆准备装裱时，已是4月27日凌晨3点多钟，考古发掘人员稍做休整，又把目光转向眼前的内棺。很显然，要打开这层内棺，已不像先前那样容易了。因为这层内棺密封非常严密，除棺盖与棺壁的接合部极为紧凑外，整个木棺的缝隙又全部用桐油涂刷黏合，并用三道麻布拦腰将棺身缠紧黏合，可谓封闭得天衣无缝。

发掘人员吃过猪油炒面的夜餐之后，捶捶既痛又酸的腰背，开始探讨打开这最后一层内棺的方法。探讨的结果是没有更好更新的办法，还得用老办法也就是以白荣金打造的六个铁钩为主要工具，对准棺壁与棺盖的接合部，设法将钩尖塞入其中，再将骑缝处的麻布切断，然后慢慢撬动，以垂直的方向将盖板提起。这个方法确定后，发掘人员重新下到墓坑，开始了最后的行动。

这个行动显然有些缓慢，从4月27日凌晨4点一直到第二天下午4点。发掘人员绞尽脑汁，在经过了无数次失败之后，终于将棺盖打开了。谁知盖板刚一掀起，就有一股令人难闻的酸臭味冲将出来，使在场的人都感到难以忍受。但此时的发掘者却喜从中来，因为这股臭味就是一种报喜的信号，它意味着棺内很可能还保存着尚未完全腐朽的墓主的尸体。只见棺内盛装着约有半棺的无色透明液体，不知这些液体是入葬时有意投放，还是后来地下水的渗透所致。在这神秘的棺液之中，停放着一堆外表被捆成长条的丝织品。从外表看去，丝织品被腐蚀的程度不大，墓主人的尸身或好或朽都应该在这一堆被捆成长条的丝织品之中。

由于棺中液体太多，文物又多半被浸泡在液体中，现场清理极其困难。经考古专家王㐨提议，现场的发掘主持者决定将内三层木棺整体取出，运往博物馆再行清理。于是，各层棺的棺盖复又盖于棺壁之上，从长沙汽车电器厂借来的吊车再次启动，开始起吊三层木棺。

由于木棺毕竟不同于椁板，只要在板面的四周捆上几道绳索就可起吊。而眼前的木棺之中除有文物之外，还有液体，重量达数吨，无论是起吊还是运输，都必须保持木棺的相对平衡和稳定，如果出现了倾斜甚至倾覆，后果不堪设想。为此，侯良与汽车电器厂的朱工程师商量，由该厂用铁板打制了一个簸箕状的吊篮，先由人工将内棺移于吊篮之中，再用起重机起吊，而当起重机开始起动时，又因木棺重量大、墓坑深，周围堆土如山，起吊十分困难。就在木棺被起吊到墓口时，由于起重机底座之下泥土深陷，起重臂发生严重倾斜，差点连机器加木棺一同栽入墓坑。起重人员见状，不得不用钢丝绳一头拴住起重机母体，另一头绑在坑外的大树上，以稳住机体。如此一番惊心动魄的折腾后，沉重的木棺终于被安然无恙地吊了上来。

内棺吊上来之后，停放在距墓坑不远的一个大土堆上，发掘人员此时不但未松一口气，相反地心中更加焦急。由于高大土堆的阻隔，大型卡车无法靠近内棺，二者相距尚有30米，而这30米的路程，只有靠人工才能将内棺抬上卡车。具体组织搬运的侯良找来棍棒、绳索，将木棺牢牢捆住，准备一鼓作气将棺抬上汽车，因为坡陡路滑棺重，此事非常困难。但坐镇指挥的政工组副组长马琦事先已给侯良下了命令："今晚7时必须运回馆内。"因此侯良等指挥汽电厂30多名强壮的工人硬着头皮抬起了木棺，不料行程近半，旁边两人滑倒，木棺重心前移，使前端数人一齐跪倒，险些造成伤亡事故。被压倒的人扔掉木杠，从泥土中连爬加蹿地跳出圈外，心有余悸地望着停放于斜坡之上的木棺，不知如何是好。现场出现了短暂的混乱，几乎所有的人都围绕如何既保护好文物，又保证人身安全的问题发表着不同的见解。而谁的见解似乎都有长短，一时尚难找到一个两全其美的办法。眼看太阳已经落山，黑夜又将来临，在一边指挥的马琦按捺不住心中的焦躁，有些愤然地对抬棺者大声吼道："你们到底听谁的，要是7点钟以前抬不上车，看我怎么跟你们算账！"

面对这位指挥者的怒气，抬棺人员只好停止争论，仍按原来的办法抬起木棺，一步步咬牙瞪眼又小心翼翼地向前挪动。大约半个小时之后，巨大的内棺终于被抬上了早已等候的解放牌汽车，并由侯良护送运往博物馆。至此，自1972年1月16日开始的马王堆一号古墓的田野考古发掘，算是暂告一个段落。

夜半开棺的军事命令

发掘人员经过连续一个昼夜的工作,每个人都感到筋疲力尽,困乏至极。大家望着拉棺的汽车开走的同时,无不长吁一口气,心情轻松而脚步沉重地来到工地的临时伙房洗漱。

吃过晚饭,已近晚上10点。当大家离开伙房回到住处时,王㐨顿觉腰部疼痛难忍,整个身子像田野里遇到狂风的高粱秆儿一样,咣当一声摔在床上。

白荣金望着王㐨蜡黄的脸和额头沁出的汗珠,想起来长沙时王仲殊的叮嘱:"王㐨患有肾炎,近一年来因忙于修复阿尔巴尼亚的羊皮书,病情又加重了。你到长沙后,除了干好工作,跟地方搞好关系外,再一个重大的事就是照顾好王㐨,不要让他太累,再加重病情。"想到这里,白荣金便关心地问道:"是不是又厉害了?"

"可能是,刚才小解时见血了。"王㐨躺在床上,面容憔悴,有气无力地答。

王㐨对住处民房的素描(王㐨提供)

"那我去要点药吧?"白荣金有些心痛地问。

"不用,药还有,刚才吃过了。"王㐨说着侧过身去,不再言语。

白荣金将床上的一条毯子拽过来,盖到王㐨的身上说:"这几天也太紧张了,今晚好好睡个觉吧。"说完,自己也脱衣上床休息。

过了一个多小时,一阵敲门声将王㐨和白荣金从睡梦中惊醒。

"谁?!"白荣金问着。

"我是老崔啊,快开门,我有话要说。"崔志刚在门外答话。

门开了。崔志刚进来,后面跟着几个穿军装的人。

第三章 珍宝灿烂

"首长让我们来找你俩,到博物馆去开棺,车子已跟来了,快穿好衣服跟我们走吧。"一个军人说。

"开棺,开什么棺?"依然沉浸在睡意中的白荣金,懵懵懂懂地问。

"嗨,就是今晚从坟里拉回去的那个棺材,首长们听说里边有女尸,今晚要开棺看看。"军人解释着。

"谁说有女尸,我怎么不知道?再说即使是有女尸,这深更半夜的怎么开棺,要是将里边的文物搞坏了,谁负责?"白荣金清楚了对方的来意后,有些不耐烦地回答着,欲将对方尽快打发走。他实在感到太累了。

谁知这时军人也有些不耐烦地提高了嗓门道:"甭管你知道不知道有没有女尸,让你开你就开,文物搞坏了自会有人负责。"态度明显强硬起来。

"那你们去找能负责的人去开吧,反正我们不去开。"白荣金毫不退让地顶撞道。

军人望着白荣金的面孔,态度越发强硬地说道:"你们开也得开,不开也得开。这是军事命令,今晚必须开棺。"

"苏修美帝还没有打过来,原子弹也没爆炸。我们不管命令不命令。"白荣金说看,索性重新躺到床上,不再理会。

崔志刚一看这阵势,急忙上前打圆场道:"省里和军区领导们都在那里等着呢,我看还是去一下,开棺让他们看一眼吧。否则,我们就很难做了。"

白荣金没有吭声,已经穿好衣服坐起来的王㺭,想起来长沙时王仲殊同样告诫自己要"和地方的同志搞好关系"的嘱托,对白荣金说:"老白,我看咱们就去一下吧,不然,大家今晚谁也睡不成觉了。"

崔志刚不失时机地劝着:"是啊,要不也没法休息,还是去看看吧。"

白荣金重新从床上坐起来,语气有些缓和地说:"不是我们怕苦怕累,这黑灯瞎火的,半夜开棺,里面的丝织品一抓就成泥,万一弄坏了怎么办?一旦弄坏了,即使有人出面负责也不能挽回损失……"

"咱先去看看,能开就开,不能开再说吧。"王㺭继续劝着。

"是啊,是啊……"崔志刚在一边附和着。

白荣金感到有些"盛情难却"了,他起身下床,望着王㺭问道:"你的身体还能撑吗?"

093

"比刚才好多了，没事的，咱们走吧。"王予回答着也下了床。

"那好吧。"白荣金很不情愿但又无可奈何地随同来人，与王予一道出门，先去医院借了几把大小不同的手术刀，然后登车启程。

当一行人来到盛放木棺的博物馆一楼时，眼前的场景使王予和白荣金大吃一惊。只见木棺摆放在大厅中央，围着木棺呈半圆形摆放着有五六十把椅子。椅子上除坐着省、军区领导及各部门的头头外，还有领导的家属。这些家属有太太、小姐、公子等，或坐或立，或交头接耳地议论着、嬉笑着，颇有些露天影院放映前的景观和气象。望着眼前的一切，王予和白荣金立刻明白了那位军人为何非要自己深夜开棺的原因，倘若自己真的顶着不来，这让这些领导，特别是领导的太太、小姐、公子们会是多么地扫兴。让两人不太明白的是，这样深的夜晚，怎么聚集了这么多的头头脑脑，或许他们是刚从剧院、娱乐厅之类的场所转移到这里的吧？或许他们认为亲眼看一看女尸怎样从木棺里被弄出来，要比一场电影和一场交际晚会更富刺激和情趣。为此，他们才甘于深夜不归，那位军人才敢于以命令的口气让王、白两人今夜必须开棺。因为，在他们眼里，再大的专家也只是一种服务的工具，而首长却永远有神圣不可违的权势去支配这种工具的。

既来之，只得开了之。王予、白荣金不再犹豫，立即会同博物馆的崔志刚、侯良和另外几名考古人员，将木棺的棺盖揭开，抬到一边存放。这时，棺内的酸臭味再度升腾起来，很快弥漫了整个大厅，坐在椅子上观看的领导们皱起了眉头，太太、小姐、公子们更是如临大敌，纷纷离座，掏出手绢捂着鼻子在厅里乱窜。白荣金、王予等人面对棺中升腾而出的气味，尽管被呛得泪眼婆娑，痛苦不堪，也只好强忍着继续做下面的工作。

"给我们准备手套。"白荣金对崔志刚说。

不大一会儿，两双棕黄色橡胶手套被拿进大厅，王予一看这手套的套袖有一尺多长，既好奇又不解地问道："这是从哪里弄来的手套，套袖怎么这么长？"

"在长沙买不到更适合的，再说这黑灯瞎火的也没地方去买，刚才让人到外面借了两副，听说是兽医站专门接生驴子用的。"崔志刚有些不好意思地回答。

王予、白荣金相互苦笑了一下，分别接过手套戴上。"咱这里也成接生站了。"白荣金调侃地说着，向木棺走去。

　　两人先将棺内一些零散的随葬品取出，然后开始小心翼翼地提取丝织品。这些丝织品表面光亮如新，但实际却像豆腐一样，稍不留神就会搞烂弄碎，所以提取时需百倍小心，并具有较强的耐性和宽容的时间。当然，在提取每一件物品之前，都少不了照相、绘图、定位记录等考古发掘程序。只见棺内的最上部盖着两层丝织物，之后弄清了第一层是"长寿绣"绛红绢绵袍，第二层是印花敷彩黄纱绵袍。揭完之后，开始露出了丝绸单衣。单衣的外部有八横一竖共九条丝绸编织的组带，将单衣连同尸体捆扎起来，看上去如同民间妇女在冬天怀抱的婴儿那样捆扎。由于丝绸组带的出现，王、白两人无法再像揭取被子那样全面清理，只有静下心来将丝带一根又一根地解开。当九道丝带全部清理完毕后，时间已是次日凌晨三点多钟。在场的领导、首长以及太太、小姐、公子们感到困乏已极、体力难支、哈欠连连、兴趣大减。根据已出土的遗策记

长寿绣纹样

用丝带衣物捆束包裹尸体的木棺

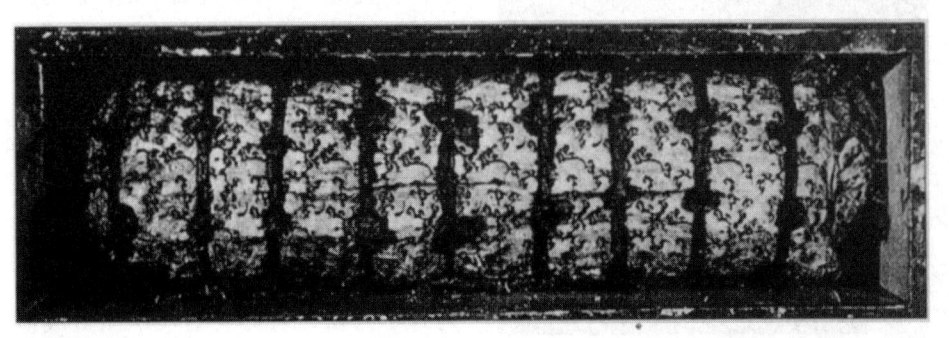

载,墓主入葬时除盖在最上面的两件丝绵袍外,穿的衣服共有二十层之多,要想全部揭取并非易事。而俯身棺口进行清理的王、白两人,又是那样认真地按考古发掘程序,一点点、一件件、一丝不苟地操作着。若按这样的进度,怕是再有三天三夜也难以见到墓主的尊容。鉴于这种情况,焦躁难耐的领导们,在做了短暂的商量后,决定以开天窗的方式,进行速战速决的清理,力争在天亮前见到墓主的真容。

当领导命令白、王两人停止操作,并把上述意见说出后,执刀的白荣金让人用手绢擦着额头上的汗珠,不解地问:"这开天窗是什么意思?"

"开天窗嘛,就是照准尸体的头部,用刀子把外面包扎的衣服,不管是多少层,一刀切透,像开窗子一样全部揭开,这样不就看到人的脸了?"一位军队首长解释着,怕王、白两人还不明白,又举例说明道:"咱平时到街上买西瓜,为了知道这个西瓜是熟还是生,不是经常让瓜贩子在瓜的中间切个三角形的口子,然后把这个三角用刀挑出来,里边是生是熟不就分明了吗?"

王予察看棺内情形
(胡耀云提供)

王、白两人听罢,大吃一惊。此事毕竟不是买西瓜,若这样如同切西瓜一样一刀切下去,包扎尸体的衣服将全部人为地遭到破坏,其损失无法估量。将来即使修复起来,亦不再是原貌了。这种做法,在考古学上是不允许的。鉴于此情,一直由于身体状况而不爱说话的王予劝说道:"我看就不要开了吧,一具尸体谁没见过?真要见,等明天、后天打开再看吧。"

"不行,今晚必须打开,先看个脸就行。"另一位军队首长命令着。

"这样是违反考古发掘程序的,要是开了天窗,势必会对丝织品造成损

第三章 珍宝灿烂

坏,这个责任谁来负?"白荣金争辩道。

"自然是我们来负,这是我们几位领导刚才一起研究决定的。今天晚上非开天窗不可,你俩只管动手,别的事就不用担心了。"首长毫不退让。

见无妥协的余地,王㐀暗自长叹一声,对白荣金说:"那就开吧,反正今晚各位领导都在,出了问题自有领导和各位首长负责。"

几位领导、首长听罢点点头,遂附和道:"是啊,是啊,天窗可开得小些,能看个脸,哪怕半个脸也就知道下一步的工作该怎样安排了……"

白、王两人无奈,只得重新操刀,按照葬制做出的头、脚不同方向的推断,对准女尸头部的大体位置切开了一个边长约为30厘米的四方形的口子,因为对丝绸包裹的厚度无法准确地把握。主刀人白荣金没有真的像切西瓜那样狠着劲一刀扎下去,而是慢慢地、试探性地往下切割。每切割一层,依然按照考古发掘程序记录、照相、定位等仔细操作。当切割到第二十层时,遇到了白色的细麻布,这层麻布较之丝绸坚硬了许多,切割起来吱吱作响,难以入刀,好在麻布包裹得不太严密,在天窗的斜侧有一个缝隙。白荣金摘下手套,将一个手指悄悄地沿着缝隙伸了下去。就在这一刻,他感觉到一块橡皮样柔软的东西和自己的手指尖接触了,心中蓦然一震的同时,又略微用力地向四周按了几下,这块橡皮样的东西依然软中带硬,且富有弹性。凭着一种直觉,白荣金感到自己手指触摸的地方,就是女尸的脑门,且这个脑门没有腐烂,肌肉依然完好。既

许多年后,白荣金在讲述捆扎女尸开天窗的位置(作者摄)

然头部未腐，整个身体亦应该是完好的。想到这里，他按捺住心中的激动，对正在绘图、记录的王㐨说："我的手有点发抖了，你再来一下吧。"

此时王㐨由于忙着绘图、记录等事宜，手套已经摘除，见白荣金如此一说，伸手接过手术刀准备切割。就在他的刀子刚切上麻布的瞬间，白荣金补充道："是这里。"说着快速而敏捷地将王㐨的一个手指顺着麻布的缝隙按了下去。紧接着，王㐨怔愣了一下，不禁抬起头望着白荣金，面露惊喜的神色，刚要说句什么。白荣金却射来一个神秘的眼神，王㐨顿时心领神会，要说的话尚未出口，又低头假装切割起来。这极其短暂的一幕，除王、白两人之外，没有其他的人看出丝毫的破绽。

白荣金经过短暂的思考之后，抬手看了看腕上的手表，对身边观望的领导、首长们说："哎呀，实在是太难搞了，现在已是凌晨四点多了，我的脑子像木头一样转不动了，今晚是不是算了，明天再来看？"

王㐨早已明白了白荣金的心思，趁机停刀说道："我的脑子也是一样，实在难以操作了，手都哆嗦了，想不出什么好办法了。再说若真的出了完整的女尸，郭老（郭沫若）也没看到，周总理也没看到，要是出点差错，怪罪下来怎么办？"

面对王、白两人的劝说，领导们以及围观的太太、小姐们也觉得困顿至极，难以再等待下去了，便以愤懑、遗憾的语气嚷嚷道："俺们可实在受不了了，明天就明天，赶快回家吧……"

看到这种情景，领导们也终于打消了坚持下去的信心，以同样不快和遗憾的口气命令道："那就先到这里吧。"说完，各自领着家属，手捂鼻子，呼呼啦啦地走出楼来，乘上轿车向家中奔去。

王㐨、白荣金，以及崔志刚、侯良等人这时才算真的长吁了一口气。

第四章
长沙顿起罕世惊雷

西汉孤魂

内棺开后,贵妇人尊容初露。狂飙从天而降,长沙万人空巷,参观风潮蔓延华夏。新华社杀出个"程咬金",一份内参惹恼共和国总理。周恩来做出紧急指令,王冶秋飞临长沙,湖南方面的尴尬,女尸夜遁。

贵妇人初露尊容

4月29日上午10时，王𣏾、白荣金提着行李离开发掘工地的住处，乘车来到博物馆暂住下来。田野考古发掘业已结束，根据行内的程序，他们今后的工作任务就是对出土文物进行室内整理，并采取保护措施，以备将来进一步的研究和展出。此时从北京来的技术专家胡继高和王丹华，也相继来到博物馆对出土文物进行保护性处理。

按照分工，王𣏾、白荣金和发掘队成员周世荣、熊传薪等人的首要任务，是对棺内尸骨是否存在的问题给予验证。大家带上工具随崔志刚等馆领导来到停放木棺的楼内大厅。

让他们有些惊奇的是，停放木棺的大厅再也没有了夜间的拥挤和热闹，相反却显得有些冷清和平静。王𣏾略带嘲弄地问道："崔馆长，那些太太、小姐们不来看了？"

"嗨，不能再来了。今天早上有几个太太给我来电话说，她们死的女人没看到，活的女人却白白受了一场罪。这还不说，这些太太们回家后，因为在这里踩了棺内洒出来的液体，觉得鞋子臭不可闻，这种气味擦又擦不掉，只好将好端端的皮鞋扔到垃圾堆里去了。"崔志刚幸灾乐祸地说完，大厅里的几个人都忍不住笑了起来。

此时的王𣏾却没有笑，自从昨晚开棺清理之后，由于要经常摘下手套进行绘图、照相、记录等，他的手上曾多次沾上了棺液，从昨晚回到住处直到今天上午，他一连洗了几次手，但酸臭的气味仍然举手可闻。当他早餐用手拿馒头时，气味越发增大。这个异乎寻常的现象不禁使他警觉起来，这么多的棺液是墓主人葬时，外人有意加入的防腐药

马王堆一号汉墓发掘时的王𣏾（胡耀云提供）

水,还是尸体入葬后本身分解的水,或许是棺外的水分子渗入凝聚而成?这些疑问使他一时无法做出结论,但却对这棺液的奇异现象牢记心怀。事实上,当王㐨回到北京后,他手上的酸臭味依然存留未消,更令他惊奇的是,手和胳膊上渐生出了一种奇特的皮癣,这种皮癣在协和医院治疗了几年才告消失。在王㐨的建议下,侯良派人买来了十几个大小不一的玻璃瓶,分别将棺内不同方位、不同层次的棺液吸取出来,盛于瓶中,以备日后化验、研究。

待这项工作做完之后,已接近中午12点钟,此时长沙的气温随着季节的变化已上升到28℃—30℃,盛放棺椁的大厅因无通风设备,更是闷热异常。若是这样的气温持续下去,用不了多长时间,棺内的尸体将有腐朽变质的可能。鉴于此,王㐨再向崔志刚建议,请他速派人到长沙冰库买冰块运至大厅,以做降温之用,崔志刚便让人赶紧操办。

冰块很快买来,王㐨先是建议将冰块砸碎,装入一个又一个大塑料袋中,又像墙一样围在木棺的周围,这样即使冰块融化,水也流不出袋外。随后,侯良又命人请来木工,做成了一个大木架,套在木棺之上,木架之上又放冰袋,使整个木棺如同盛放于冰室之中。当这一切安排就绪后,大厅里的温度开始下降,并始终保持在25℃左右。

没有领导、首长们的命令和催促,没有更多的人围观,现在该是静下心来揭取棺内丝织品的时候了。面对棺内那表面光亮如新,实际却如同豆腐一样一触即烂的层层丝织品,就长沙方面而言,无论是物质上、技术上都准备不足,更缺乏清理保护等方面的经验。而此时作为考古界权威部门专家的王㐨和白荣金也犯起难来。像这样大规模出土又是如此现状的丝织品,即使是以研究丝绸著称的王㐨也是首次遇到。20世纪50年代末,北京明十三陵中的定陵曾出土过大批的丝织品,且都质地尚好,如同新的一样,清理保存都比较容易,可惜这批丝绸在后来的保护过程中,被保护者贴在有机化学玻璃上,终至全部腐朽变质,造成了无可挽回的损失。也正是鉴于定陵出土丝织品的巨大损失和深刻教训,王㐨才感到自己目前肩上的担子是怎样地沉重。

面对先前在椁室竹笥内出土的鲜艳如新、保存状况较好的丝织品,对照棺内丝织品特殊的存在现状,王㐨感到这同类的文物虽埋藏在同一墓中,但2000多年来却保存在两个条件不同的环境中,因而才造成两种不同的保存结

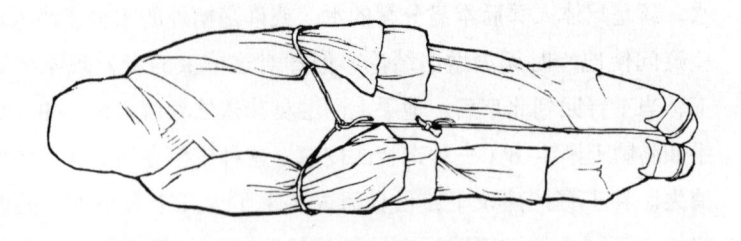

棺中女尸捆扎情形

果。而这两种不同的结果是否与棺中的液体有关,现在他还不能知晓,但为了获得对棺内丝织品保存环境的资料,对丝织品的保护与研究向来偏爱如痴的王㐨,不惜用自己的舌头几次尝试棺液,以便做出更加准确的判断,从而相应地制订出一套揭取、清洗、保护、修复的计划。不过,这个计划的完全实施还要等到几天之后,现在要做的第一步就是——尽快揭取棺内的丝织品。

由于包裹在尸身上的丝织品已粘连在一起,很难整体取出,专家们和现场负责的领导商量后,决定用利刀切成几大块分别提取。于是,外部的几层丝织品较容易地剥离出来。当王㐨和白荣金将棺内的第六层、一件被称作"乘云绣"的绢单衣揭取了一多半后,不忍心再用刀切割,准备做整体剥离的尝试。由于这件单衣的下部被尸体挤压,难以全面揭取出来。于是,王㐨和白荣金建议,将木棺的四周棺板拆掉,再行揭取。这个建议没有被博物馆领导采纳,湖南方面觉得这样好端端的一个木棺,若拆掉岂不可惜,且将来修复必有大的困难,故此力主不拆。既然不能拆棺,就需有其他的方法将尸体整体弄出来,否则,揭取丝织品的工作很难进行。于是,围绕着如何将尸体弄出棺外的问题展开了讨论。有人建议做一个圆球套在棺上,将棺内的一切

乘云绣绣品残片

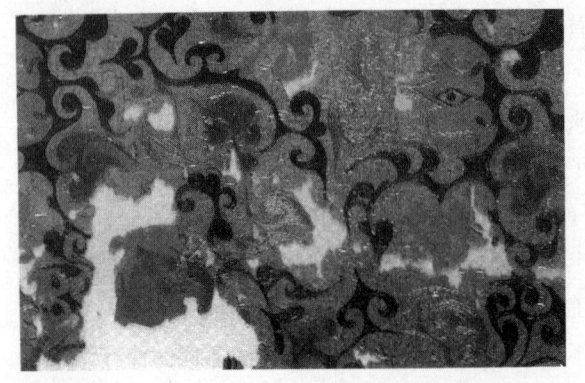

倒入圆球内，尸体自然就出来了。这个建议没有得到多少人的响应，因为若将尸体倒入圆球内，很可能将尸体连同包裹着的丝绸，变成一锅肉汤，后果自然是不堪设想。这个建议被否定后，有人别出心裁地提出，要将棺木运往烈士公园的湖中，让尸体借助水的浮力自动从棺内漂出来。这个横空出世的建议自然又遭到了否定。此时的博物馆就在烈士公园之内，离园内的大湖也很近，要将木棺抬入湖中并不是一件难事。但若真的抬了进去，且不说这尸体能否漂出来，即使是漂出来，又怎样捞出来运回博物馆？更为重要的是，一旦丝织品和尸体被水浸泡，极有可能成为一堆稀泥而湮没于湖底，世人再也别想见到它们的踪影了。

当以上这些稀奇古怪的建议一一被否定后，最后大家普遍认为侯良提出的方法比较可行和符合实际，那就是找一块大木板插入木棺的内侧，然后以人力让木棺慢慢向插有木板的一方倾斜，直至完全倾倒放平后，再以人力将包裹丝织品的尸体移入木板之上。这样，丝织品的揭取完全可以在木板上进行了。在没有其他更好办法的情况下，大家只有按这个方法将尸体移到了一块大木板上，然后将盛放冰袋的木架再移入尸体之上，于是，王㐨和白荣金总算可以随心所欲地随时变换角度进行清理了。

由于场地空间的扩大，包裹着尸体的丝绸被一一揭取开来，当那件早已揭取了一半的"乘云绣"绢单衣被完全揭取后，王㐨和白荣金又用了一个星期的时间，相继揭取了第七层"信期绣"罗绮单衣、第八层灰色细麻布、第九层"茱萸纹绣"绣绢单衣。此衣上绣去恶消灾、延年益寿的茱萸花。后来揭取的第十层至第十七层，分别是"方棋纹绣""信期绣""乘云绣"等各种高级丝绸袍子和丝绸单衣。第十八层是白麻布包裹。第十九层是穿在身上的细麻布单衣、第二十层是贴身的"信期绣"罗绮绵袍。至此，所有的丝织物全部被揭取完毕，未出所料的是，一具女尸显露出来。不知是什么原因，这个女人脚穿鞋子，却没有穿内外裤。

当这具女尸一丝不挂地展现出来时，所有在场的人都为之惊奇不已。只见女尸外形完整，面色如生，全身柔软光滑，皮肤呈淡黄色状，看上去如同刚刚死去。伸展的双手各握一绣花小香囊，内盛香草。考古人员用手指在她的脑门、胸部以及胳膊等部位按下去再放开，凹下去的肌肉和皮肤很快又弹起来恢复原状；掀动四肢，各关节可自由弯曲伸展。更令人惊奇的是，眼睑

103

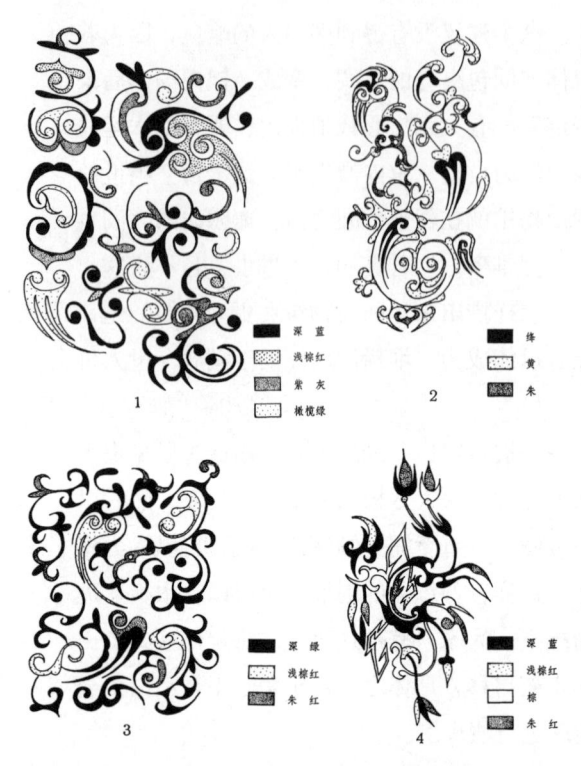

信期绣和茱萸纹绣纹样

的睫毛清晰可辨，左耳薄薄的鼓膜仍然完好无损，就连脚趾的指纹和皮肤的毛孔也依然清晰可见。经过测量，女尸全长1.54米，重34.3公斤，脚掌长达25厘米，几乎和现代女性的双脚具有相同的长度。看来汉代的女人确是没有裹脚习俗的。耐人寻味的是，女尸的头部长满了看上去乌黑而光亮的头发，头发的后半部精心梳理后，形成了一个置于脑后的盘髻，盘髻上插别着三支不同的类似别针一样的梳形笄。当白荣金清理这个盘髻的梳形笄时，一缕黑发竟脱落了，剩下的只是稀疏而呈黄黑色的头发。开始以为是由于墓主头部遭到腐蚀才使头发自然脱落，但后来经过科学鉴定才知，脱落的头发原来不是墓主头上生长，而是不知从什么人头上弄来的假发，可能墓主生前出于美容的角度考虑，才精心用真假两种不同的头发，编织了脑后的那个漂亮的盘髻，因而证实了《周礼·追师》等史典中关于妇女戴假发的记载是可信的。

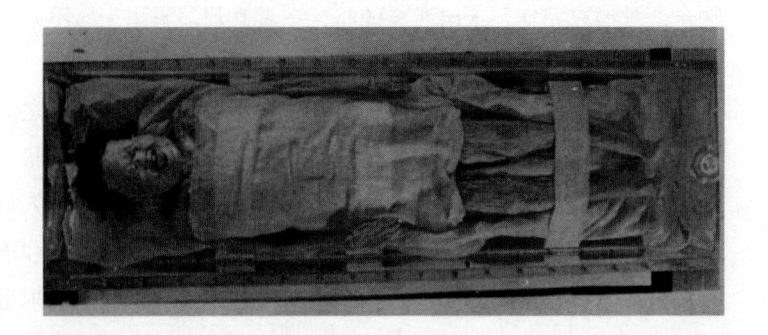

一号墓出土女尸

女尸的出现，在使考古人员感到惊奇和激动的同时，对其本身价值的评价和如何处置的问题，产生了较大的分歧，并有了两种完全相反的意见。一种意见认为，这具女尸埋藏地下2000多年而不腐，属世界罕见的奇迹，它的价值可以与闻名于世的北京猿人相提并论。如果说北京猿人展示的是几十万年前人类的面貌、特征，那么，这具鲜亮如生的女尸，则可提供2000多年前，人的特征以及生理结构、病理特征等因素，从而展开对古代人类学、医学等多学科的研究。另一种意见则认为，这具女尸是人体的遗存，不是人类创造的文化产物，在考古学中属于标本，与文物的价值有极大的差异，或者根本不能称之为文物。实际上，这具女尸就形同一具"木乃伊"，只不过是湿润新鲜一些罢了。而"木乃伊"在中国的西北地区经常发现，在世界各地也到处可见，根本没有多少价值，更无法与北京猿人相提并论。就棺内的丝织品和尸体而言，其丝织品的文物价值远远大于女尸本身。因此，建议博物馆像几年前在山东发现的明鲁荒王朱檀的尸身一样将其扔掉，不必再为此劳神费力。

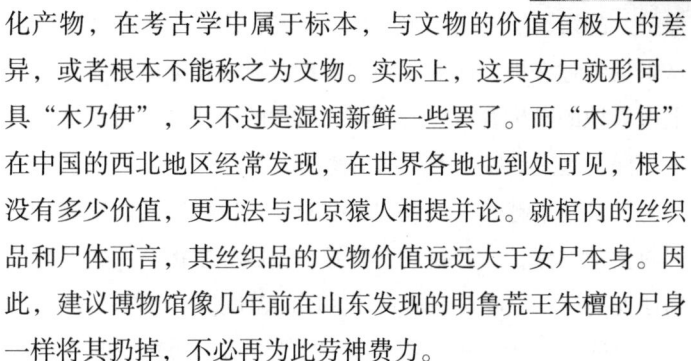

面对两种不同的意见，博物馆方面自然不敢草率处理，亦不好擅自决定，遂电话请示北京方面，想看一看北京的态度再做保留与扔掉的打算。于是，博物馆的侯良打电话给国务院图博口分管文物的处长陈滋德。陈滋德听后，给予的答复是：女尸没有多大的文物价值，也没有保留的必要。

侯良放下电话，想了一会儿，总觉得不甘心，于是再打电话给仍在北京故宫博物院筹备出国文物展览的高至喜，将女尸出土的情况以及不同的意见详细说出后，请高至喜当面向王冶秋汇报，听取他的意见。

1915年，英国探险家奥拉尔·斯坦，在中国新疆塔克拉玛干沙漠发掘了一具被中空的柏杨棺木环绕着、身着寿衣的男性木乃伊。斯坦在当天的日记中写道："尸体全身的皮肤紧紧贴在身上，尸体散发的气味仍然刺鼻。"

鲁荒王朱檀墓中出土的冕。朱檀，又称鲁荒王，为明太祖朱元璋第十子。洪武三年（1370年）生于南京，出生两个月受封鲁王，15岁就藩兖州。他"好文礼士，善诗歌"，笃信道教。为求长生不老药，终日焚香诵经，烧炼"仙丹"，结果"饵金石药，毒发伤目"，洪武二十二年薨，年仅19岁。朱元璋恶其荒唐，谥为"荒"。其墓在山东邹城市区北九龙山南麓，坐北朝南，依山建造，有巨大的封土堆，占地1.3万余平方米

当高至喜放下电话，辗转找到王冶秋汇报时，想不到王冶秋听罢，有些恼火地答道："我已经知道了，新华社已发了内参，周总理看到了，问我，我说不知道，搞得很被动。千年女尸不腐，这是世界奇迹。尸体和丝织品都要给我保护好，弄坏了，我找你们算账！"

高至喜领了指示，迅速来到邮电所，向湖南省博物馆拍发了一份加急电报："女尸要保存。千万不要弄坏。"

湖南方面接到电报，决定按王冶秋的指示执行，但怎样保护，却没人能拿出一个可行的方案，因为中国的考古专家从未遇到过保护尸体的课题。侯良再通过长途电话向北京、上海等地的微生物研究所询问，对方的回答是："对这样的古尸保护毫无经验，不能承担此任。"

天气越来越热，气温在不断升高。博物馆的领导和专家们对女尸的保护一筹莫展，只好一边四处求援，一边不断地向冰库买冰，以降低盛放女尸大厅的温度。

时间一天天过去，眼看已是5月中旬，博物馆眼见求援毫无结果，只好再招集考古专家和馆内有经验的老技工想办法，出主意，这具女尸到底该如何是好？有一个老技工提出将女尸放在炭火上熏烤成腊肉，便可保存，这个办法遭到了多数人的反对。有人提出用蜂蜜将尸体包起来，又未通过。有年轻的工作人员提出，干脆和美国合作，将女尸拉到美国装入宇宙飞船内，在太空中永远转着或者是通过阿波罗号载入月球。这个想法显然更有些离奇。经过几次探讨，均未找出一条可行且切合实际的方法。正在大家焦虑不安时，湖南医学院人体解剖教研组的青年助教刘里侯，手持介绍信找到

正在发掘工地指挥人员清理墓坑的侯良说："我们正在给学生们讲人体解剖课，原有的尸体标本在'文革'中被造反派扔掉了，现在因缺少标本，只好到南山去找，结果只找到了几块骨头，听说你们挖出了一个古尸，能不能送给我们做教学的标本？"

侯良看完介绍信，又望望面前站立的高个子青年教师说："这古尸是重要文物，怎好随便送给你们教学呢？"

刘里侯刚要说些什么，侯良突然一拍大腿大声说："嗨，有了！"

刘里侯不解地望着侯良激动的神情说："有了，有了什么，是不是你们又挖出了一个？"

侯良笑了笑，热情地拉着刘里侯坐下说："挖出这一个就把我们折腾苦了，再挖出一个还了得？我们正为保护问题发愁呢，你们能不能协助我们解决这具女尸的保护问题？这具女尸可是世界上罕见的文物，中央专门做了指示，让我们保护……"当侯良将女尸的重要价值以及保护的意义，连同保护的困难，有声有色地说出后，刘里侯当场答应回去请示，争取协助博物馆解决这个难题。

刘里侯在家中对央视记者叙说保护马王堆汉墓女尸的往事（刘里侯提供）

第二天，湖南医学院人体解剖教研组组长王鹏程副教授，果然带助手曾嘉明、刘里侯等来到博物馆，在验看了女尸之后，说道："像这样古老尸体的保护，我们没有研究过，看表面似乎完好，怕的是内部器官腐朽变质，当务之急是保证内部器官不再因外部条件变化而腐烂，至少应减缓腐烂。"经分析研究，王鹏程决定向女尸体内注射酒精、福尔马林混合液，以便保护内脏器官。当混合液注射之后，尸体的脉管随即鼓起，然后逐渐延伸、扩散，几乎和给现代人注射没有什么区别。这一奇特的现象，即使是人体解剖权威的王鹏程，也大惊讶并发出了由衷的赞叹。当这一切做完后，根据王鹏程的建议，博物馆专门请益阳有机玻璃厂制作了一个有机玻璃棺，将女尸移入盛放福尔马林溶液的玻璃棺内，以做暂时性防腐保护。

令人头痛发愁的女尸保护问题，总算得到了暂时解决，当考古专家和博物馆领导把精力和目光转向出土的那1000余件文物，并寻求处理、保护方法时，一场狂飙从天而降。

狂飙从天而降

女尸出土的消息很快传出博物馆，在社会上传开。先是省市头面人物和这些头面人物的家属及亲朋好友前来观看这一奇观，再是各单位、机关、团体的公职人员怀着好奇的心理，赶来要一睹"贵夫人"的芳容，接下来就是长沙市民们纷纷出动。仅仅是几天的时间，博物馆已是人头攒动，形同集市。工作人员觉察到苗头不对，建议馆领导立即采取措施，阻止参观者进入工作室，更不得进入盛放尸体的大厅，以免影响和破坏文物。博物馆领导当即予以采纳，将前来参观者拒之门外。

湖南省博物馆

但这时已被某种好奇心理挑逗起来的参观者却不干了，一个个站在门口软缠硬磨，非要进门了却心愿。眼看门前要求参观的人越聚越多，博物馆派出的劝说者感到力不从心，只好通过文化组的张瑞同向省委汇报并请示处理办法，欲将这股参观风潮遏制于萌芽之中。想不到省

委某些领导却不以为然，相反却让文化组通知博物馆，速做正式展出的准备。博物馆接到命令，虽不情愿，但也不敢违抗，只好请来几个美工，做展出的准备。

某日晚饭后，省委政工组的一位军代表，陪同欧洲某国一个40多人的军事考察代表团来到了博物馆，明确提出要让外国军队朋友观看女尸，并指名让侯良进行讲解。因事出突然，侯良不知如何是好。

本来就对这位军代表一向武断处事的方法颇为不满的王㐨，对他这次贸然率领外国军事代表团前来，很是愤懑不平。于是，他告诉侯良说："按照国家规定，像这样重大的考古发现，新华社没有发布消息，是不允许外国人看的。"侯良觉得此话很有道理，便向那位军代表做了转达。

那位军代表听后，不满地说："你说的外国人应是苏修、美帝等帝国主义和资本主义国家，他们是来自社会主义国家的代表团，是我们中国人民的朋友，这两者有着根本的区别。这样友好国家的同志，为什么不能看？"

"不管是来自怎样的国家，都要按照规矩办事。我们也到过他们的国家，像这样甚至比这小得多的考古发现，如果他们国家的通讯社没有发布消息，他们同样是不让我们看的。这是国际通用的规矩。社会主义国家也是一样。"王㐨在一旁解释着。

"我不管什么规矩不规矩，反正你今天非给我讲不可。"军代表冲侯良发起火来，侯良更觉为难。

"你这样做是会犯错误的。"王㐨开始正面回敬道。

"我甘愿犯这个错误，出了问题我一人负责，天塌下来，我顶着。"军代表撇开王㐨，转身对博物馆的侯良吼道："你立即给我讲！"

侯良虽不情愿，可觉得这位军代表不好得罪，只好硬着头皮做了简单介绍。

当这个外国军事考察团看完女尸和出土的部分文物后，个个面带笑容，随那位军代表走出大厅。刚走出大厅门口，那位军代表便看到外面聚集着一群吵吵嚷嚷的人群，侯良趁机汇报道："这几天外边的人越来越多，吵着闹着要参观，您看怎么处理，是不是派些警察来将他们赶走，否则……"

侯良的话尚未说完，军代表便插话道："赶走，赶谁走？告诉你们，我们共产党员、国家干部、知识分子，所干的一切事情都是为人民服务，既然人民群众要参观，就要满足他们的愿望，就要对他们开放。长沙一共才80万人口，排起队来看，半年就看完了。你们做事总是拖拖拉拉，我今天之所以带人来参观，就是逼你们一下，让你们抓紧筹备展览工作……"

侯良见自己的汇报不但没有收到预期的效果，而且适得其反，尴尬之中越发觉得忐忑不安，只好再做解释。"现在清理工作正在进行中，千多件文物都迫切需要清理、保护，一旦对外开放，恐怕对文物保护极其不利，是不是等清理完后再对外开放？"

"不行，现在必须给我开放，你们这些臭知识分子总是婆婆妈妈的事多，看到树叶掉下来就以为要打破头。这是政治需要，一切工作都要服从于政治，你们懂不懂？"军代表严肃地把开放展览提高到政治高度上来了。

侯良一听"政治"两字，顿觉事态严重，若不服从，后果自是不堪设想，但又实在不甘心就此屈从，还想解释几句。谁知军代表已无心再听他唠叨了，猛地挥了一下手，命令似的说："你们不要送了，赶快回去准备开放吧。明天我来检查，要是还不向群众开放，我拿你们是问。"说罢，陪着外国军事代表团进入一辆面包车匆匆离去。

由于军代表最后扔下的这句颇具威胁性的话，博物馆的侯良等人，感到再也难以抵挡了，在经过短暂的商量后，决定第二天正式向群众开放。为控制参观人数，尽可能地减少混乱，保护文物，崔志刚、侯良等研究决定，将女尸的玻璃棺移于一楼大厅，其他文物全部移入别处清理和保护。由博物馆印制门票，每天发给长沙各单位1400张，并要求接到票的单位集体组织有秩序地前来参观，且只能看女尸，其他文物一概不得观看。至于无票者，当然不得进入。

崔志刚、侯良等想得可谓周全，就当时的情形来看，这个在没有办法阻止的情况下设计的办法，也许是合理可行的。但是，他们万没有想到，随着那1400张门票的发出，一场灾难性的狂飙巨浪从天而降了。

那些拿到票的单位，听说这千年古尸可以观看，自是满心欢喜地组织干部、职工纷纷来到博物馆，而那些一时没有得到票的单位或个人，听说这千古奇观竟与自己无缘，则满腹牢骚甚至心怀怨恨地也向博物馆蜂拥而来。一时，博物馆大厅内外人头攒动，喊声不绝，争先恐后地向大厅涌去，最早

第四章 长沙顿起罕世惊雷

参观出土文物日程安排

日期	上午 7：30—11：30	人数	下午 2：00—5：30	人数
5月25日	停止开放		省直	1700人
5月26日	长沙市	2000人	长沙市	1700人
5月27日	省军区	1000人	警备区	700人
	省直	1000人	省军区	1000人
5月28日	长沙市	2000人	长沙市	1700人
5月29日	省直	2000人	省直	1700人
5月30日	长沙市	2000人	长沙市	1700人
5月31日	休息		休息	

当年博物馆制作的参观表（依据原表制）

进入大厅的无法出来，没有进入大厅的则拼命向里面挤去，顿时秩序大乱。时值5月中下旬，长沙城已进入酷热阶段，参观者顶着滚滚热浪，个个脸上淌着汗水，在大厅内外挤抗着、叫喊着、争吵着、撕打着，蚂蚁搬家样挤成一片，滚成一团。

面对这突如其来的狂飙巨浪，博物馆的领导如临大敌，立即设法予以阻止和疏散潮水般涌来的人群。但既然他们已打开了大门，主动让人参观，就再没有关闭大门的可能，更无人再去理会他们的劝阻了，一时竟有数万人涌来。崔志刚、侯良等人无奈，只好向省委和那位指示开放的军代表求援，军代表立即与当地公安机关联系，派20名警察前来维持秩序。但这20名警察跟聚集而来的几万人比，可谓沧海一粟，压根就起不了任何作用。正当博物馆领导再次准备求援时，更大的风暴降临了。

此时，除了长沙城已经万人空巷，各色人等纷纷涌至博物馆以外，那"长沙挖出一具女尸"的传闻，像冬天丛林中的野火一样燃烧

博物馆外大街上的人潮

111

起来，在烧遍长沙的同时，又迅速向周围各县镇及其他省份蔓延开来。人们怀着不同的心理携妻带子地向长沙涌来，不算太大的长沙城在一天之内就增加流动人口五万多人。这些外地人在长沙下了火车或汽车后，满街乱窜，四处打听女尸所在的位置。有知情者告之"在烈士公园，到烈士公园去看"。

此时的省博物馆确是在烈士公园之内。早在新中国成立之初，长沙市就在市区东北方向的跃进湖和年嘉湖的西侧，开辟出一个占地面积相当庞大的烈士公园。园内苍松翠柏、花草丛生，环境幽静，实为一个烈士长眠和市民凭吊、游览、活动的好去所。只要走进这个公园的大门，迎面可见一座高高耸立的石碑，上刻毛泽东手书的"湖南烈士公园纪念碑"等遒劲的大字。也正是有了毛主席的亲笔手书，这个公园才更神圣和庄严起来，长沙人民也自觉不自觉地把这里视为心中的圣地。可随着时间的推移及长沙市内建设的不断增加和扩展，在土地可用面积越来越紧张的情况下，对烈士公园的瓜分也就在所难免了。先是省社会科学院割去一块，后是省委割去一块，而省博物馆成立之初据说同烈士公园一道定位于此，只是占地面积较小，也像几个先后进入的单位一样，未建围墙，也未单列门户，看上去仍是公园的一个组成部分，干部、职工们进进出出，依然要经过公园的大门。于是，便有了长沙大街小巷都在叫喊"到烈士公园看女尸"的风潮。

烈士公园的管理人员本来就与博物馆在地盘的问题上有些抵牾，现在又见成千上万的人叫喊着"到烈士公园看女尸"的口号。源源不断地蜂拥而至，禁不住怒火中烧，马上兵分两路，一部分人赶赴博物馆交涉，让他们立即将女尸移走，一部分人守在大门口。谴责涌来的人群"不许再这样叫喊，你们这是对烈士的侮辱，是对毛主席的大不敬……"企图关闭大门，阻止人群涌进。

但是，无论是找博物馆领导交涉者，还是大门口的守卫者，他们的努力统统化为泡影。由于有了外地"兵团"的加入，不但盛放女尸的大厅内外人群云集，就连占地几百亩的烈士公园，也已是人山人海，难有立足之地了。公园之内的篱笆被踩翻、小树被折断、花草自然是被踩成烂泥。而外地来的"兵团"因当天未能看到女尸，索性在公园之内住下来，以便等待第二天再行向大厅"进攻"，整个公园霎时变成了一座嗡嗡乱叫的难民营。

公园的领导目睹眼前的惨景，索性不再向涌来的人流加以谴责，也不再

第四章　长沙顿起罕世惊雷

和博物馆交涉，而是直接向长沙市委领导反映，请求市委领导出面加以阻止。长沙市委接到报告，立即和省委军政领导协商，强烈要求省委采取措施，阻止这股突如其来的恶浪。省委领导鉴于长沙市委的强硬态度和眼前的混乱局面，立即通知当地公安机关，再加派60名警察和原有的20名汇合，共同维持秩序。但当60名警察赶到博物馆时，仍如同几块石子扔入江河湖海，连个浪花都没能激起，就被滚滚巨浪吞没了。眼看80名警察维持秩序无效，省委再次做出决定，指派专人组织街道、工厂等单位的保卫人员共200余人，浩浩荡荡地开进博物馆，想以此制止混乱局面。当这200多人开进后，不但未能制止混乱，反而加剧了事态的发展，因为有人疑神疑鬼地编造出"中央要把女尸拉往北京，再不看就看不到了"的谣言，这个谣言很快风靡整个长沙。于是人群又以惊慌、渴望的心态，更加疯狂地向博物馆涌来。长沙市内交通几乎全部瘫痪，整个烈士公园云集了几十万人。

此时，盛放女尸的大厅内，玻璃棺外的护栏几乎被挤断，有人不时地被挤趴于棺壁，搞得全身上下都是湿漉漉、臭烘烘的酒精与福尔马林药液。那些在大厅内看护女尸的管理人员，早被挤撞得不知在何处呻吟。整个大厅空气污浊，热浪滚滚，几乎要将人窒息。那些凭着力气与运气冲进来的男女，在饱了眼福之后，欲夺门而逃，涌进的人流又将他们挤撞回大厅。于是，整个大厅门口成了两股力量奋力争夺的焦点，叫骂声、厮打声、惨叫声如浊浪拍岸，风折桅杆，汇成一片，响成一团。许多人为争夺门口这个阵地被对方打得鼻青脸肿，血流满面，号叫不止。就在这大失控、大混乱、大折腾中，有人感到从门口已无法进出大厅，便心生奇计，索性顺着排水管道爬上楼房，砸碎玻璃，踹烂木框，从窗子跳进跳出，其中有一女青年刚将头伸入窗内，就被同时蹿入的人群挤插在木框的玻璃残片的利刃之上，这个女青年脖颈的脉管当场被切断，顿时血流如注，哀号不已。但此时没有人去管她，更没有人理会鲜红的热血会溅到自己的身上，人们依然在窗子上蹿进蹿出。不知过了多长时间，这个人事不省的青年女子才从窗子上滚落下来，先是被警察发现，后由侯良和博物馆女职工张淑琴用车送往医院抢救，才算保住了性命。

本来因连月的田野发掘，已是疲惫不堪、困乏至极的博物馆工作人员，又被这从天而降的狂飙巨浪冲得晕头转向，不得不豁出性命，强撑着身体，一面向省委求救，一面和涌来的人群周旋。由于疲劳困乏过度，工作人员只

113

要一坐下，便心不由己地呼呼大睡。以至于他们不得不大声疾呼："挖出了一个死人，害了一批活人，惹了一批好人（指协助发掘未能参观的人）。"不管他们怎样地大呼小叫，已没有人去管他们的得失了，无论是领导还是普通百姓，大家的目光和关注的焦点依然是那具千年古尸。

正当博物馆的领导与职工叫天天不应，呼地地不灵，被折腾得焦头烂额之时，又一件意想不到的事情发生了。

马王堆古墓发掘出的木炭，自被拉入博物馆之后，由于没有相应的库房存放，只得暂放于院中，在上面盖上几块草席遮阳避雨，随后再未管它。自女尸开始展出之后，不知是谁制造了那木炭可以治病的谣言，使得许多人趁混乱之机，携带竹筐等工具来到博物馆，揭开草席，将木炭扒于筐中，运回家熬汤治病去了。当此事被发现后，博物馆不得不采取监护措施，予以守护。外来的人见木炭不能带出，又将眼睛对准了放在院中巨大的椁板，于是又携带刀斧等利刃，欲对椁板动手。博物馆领导见状，立即率人将椁板匆匆转移到一个不为人知的角落隐藏起来，并派专人日夜看护，才避免了一场更大的灾难。

新华社杀出个"程咬金"

就在长沙城万人空巷，博物馆内人山人海，各色人等叫喊着、吵闹着、厮打着，争先恐后地观看女尸时，一个面庞清瘦的青年人也随着疯狂的人群来到了博物馆。这个人就是新华社湖南分社政文组组长何其烈。

事实上，当马王堆一号汉墓发现巨大棺椁，博物馆的领导分别向省委和中央汇报之后，何其烈就以新华社记者的身份来到了发掘现场，准备对这一考古事件做采访报道。

当他来到马王堆发掘现场之后，见巨大而完整的棺椁严丝合缝地立在坑中，惊喜之余，用脚跺跺椁板，自言自语地说道："莫非里头还有人哩！"

望着他那天真好奇的样子，有发掘人员淡然一笑。一位老师傅则揶揄道："你这叫大白天说梦话，亏你还是堂堂新华社记者哩！"

第四章 长沙顿起罕世惊雷

由于何其烈是第一次采访这样的古墓发掘现场，对墓葬的历史沿革及考古知识知之不多，听了刚才那位发掘老师傅的回答，觉得自己可能是说了外行话，便不再言语。

过了几天，何其烈见外椁已被打开，里面露出了一个华丽的内棺，且棺板的漆口胶合得很紧，探索无隙，搜寻无缝，惊奇之中，那句老话又冒了出来："莫非里头真的有人呀！"

听着他那"执迷不悟"的话语，那位曾经揶揄过他的老师傅抬头指点道："能见到一点尸水，或一捧骨头渣就不错了。"

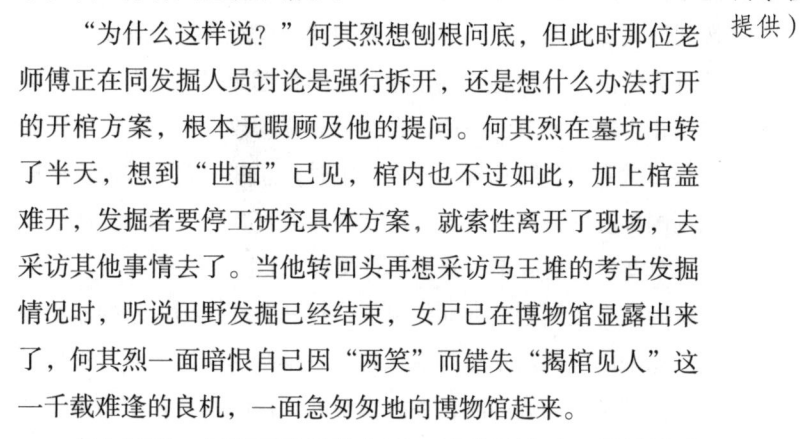

何其烈（左二）与同事合影（何其烈提供）

"为什么这样说？"何其烈想刨根问底，但此时那位老师傅正在同发掘人员讨论是强行拆开，还是想什么办法打开的开棺方案，根本无暇顾及他的提问。何其烈在墓坑中转了半天，想到"世面"已见，棺内也不过如此，加上棺盖难开，发掘者要停工研究具体方案，就索性离开了现场，去采访其他事情去了。当他转回头再想采访马王堆的考古发掘情况时，听说田野发掘已经结束，女尸已在博物馆显露出来了，何其烈一面暗恨自己因"两笑"而错失"揭棺见人"这一千载难逢的良机，一面急匆匆地向博物馆赶来。

多少年后，何其烈已退休在家，接受采访时，仍极其动情地回忆道："当我见到女尸时，激动得不能自持，伸手照着女尸的胳膊摸了一把，感觉柔软而富有弹性，几乎分不出是活人还是死人，想不到这个女人算来已是2000多岁了。过去下象棋免不了要在楚河汉界厮杀一番，但对那个时代人的相貌特征一无所知，现在竟亲眼见到了在楚汉两界拼杀的人的相貌了，这就是我们的老祖宗呀！这样古老的人的面世，一定会在中国乃至世界考古史上占有重要地位。我这样想着，打开采访本，想听一听考古工作者的意见。但被他访问的几个人似乎对女尸不太感兴趣，在他们看来这无非是年代久远一些而已，不值得大惊小怪……"

当何其烈问到世界上保存得这样好的古尸有没有发现时，回答是发现的大都是干枯的木乃伊和类似腊肉的尸蜡，像如此2000多年的软尸未曾听说哪里发现过，前几年山东发现了明代鲁荒王朱檀的尸体，已经被埋掉了，而明代距汉代本身相差1000多年……何其烈听着，越来越觉得此次发现非同小可，既然全世界发现的古尸都是木乃伊或蜡尸，明代的软尸又埋掉了，那么这具2000多年的软尸应该是世界上罕见的了。即便在考古学上没有意义和地位，起码也应是一条新闻。想到这里，他在详细地了解了与女尸有关的情况后，立即返回分社向领导做了汇报，并很快向新华总社拍发了电稿。这份电稿的第一句话是："一具距今2100多年的女尸和同时出土的一幅极为珍贵的彩色帛画保存完好，尸体柔软光亮。这是长沙马王堆西汉墓的一大发现。"

新华总社接到何其烈的电稿，经过研究斟酌后，觉得此时公开发布马王堆汉墓发掘的消息为时尚早，便将此稿作为"内部参考"编发了出来。既然是内部参考，按照几十年来形成的惯例，自然是只有少数党和国家领导才能看到。当这份内参传送到国务院总理周恩来手中时，立即引起了重视。周恩来亲自打电话找到国务院图博口负责人王冶秋询问道："听说湖南长沙挖了一座汉墓，出了一个女尸，还有不少其他珍贵文物？"

这时的王冶秋尚没有接到湖南方面的报告，对马王堆汉墓出土的器物一无所知，在接到周恩来的电话后不免有些尴尬，只得草草应付了事。正当王冶秋带着怒气准备向湖南方面询问时，在故宫帮助工作的湖南省博物馆馆员高至喜前来报告，并请示对女尸的处理意见，才有了王冶秋对高至喜恼怒的态度和如何处理的指示。

令何其烈想不到的是，出土的女尸尚未得到妥善的处理和保护，新华社也未向外公布消息，湖南方面就莫名其妙地向社会开放展出，且闹出了一个乌烟瘴气的混乱局面。这个局面如不赶紧制止，势必给女尸和其他文物造成难以估量的损失。鉴于此情，出于一个记者的职业道德和文化良知，他随着疯狂的人群进入博物馆，目睹了疯狂的场景后，又立即向新华总社拍发了措辞激烈的电稿：

数十万人涌入博物馆参观
马王堆汉墓出土女尸岌岌可危

新华社长沙5月28日电：湖南省长沙市马王堆汉墓出土的帛画及女尸等千余件珍贵文物，在全部运往省博物馆后，正在进入清理和修复阶段。女尸已由湖南省医学院医务人员注入防腐液后，放入一个盛装酒精和福尔马林混合液的玻璃棺暂时保存，最为合理可行的保护办法尚未得到落实。但不知什么原因，正在这些珍贵文物急待清理、修复、保护的过程中，省博物馆却于5月22日，在陈列室楼下突然将女尸公开对外展出了。先是发门票，凭票参观，限人限时，还比较有秩序。后来风传千里，各种离奇的传说不胫而走，一时引得三湘四水、大江南北的人蜂拥而至。

省博物馆在长沙市烈士公园一隅，馆园之间无隔墙，参观者人山人海，女尸岌岌可危，虽有警察维持秩序，但对群众只能说服，不能压服，致使秩序混乱不堪，且有些近似疯狂的程度。有的人为了尽快看到女尸，竟撞门砸窗，有的翻房揭瓦，并因此出现了流血事故。展厅内空气污浊，闷热异常，女尸的保护受到严重侵害。若长期下去，女尸后果难以预料。当记者怀着不解的心情向博物馆方面询问，得到的回答是省委某领导指示这样做的，他们对此也忧心忡忡，但又没有办法加以制止。湖南省委某领导人所做的这个指示，对文物的保护有百害而无一利，是值得重新考虑的。

湖南分社记者　何其烈

这份电稿拍发到新华总社后，总社领导觉得此稿涉及湖南省委领导的言行，经过慎重考虑，仍感不宜公开发布，只是同上次一样，将其编成"内部参考"，送中央及国务院领导阅示。

当这份被编发的"内参"转到总理办公室主任吴庆彤手中后，吴阅后有些惊讶地打电话向王冶秋做了转告。对此事一直蒙在鼓里的王冶秋听后，顿感事态严重，在怨恨与气恼之余，觉得不能再如此被动地在办公室里坐下去了，必须亲临长沙看个究竟，对事态速做处理，以变被动为主动。想到这里，他立即驱车赶赴机场，以最快的速度飞赴长沙。

周恩来的紧急指令

对于王冶秋的突然到来，湖南方面极为重视，除派专人到机场迎接外，省内党政主要领导专程到他下榻的湖南宾馆汇报情况，并要聆听"王老的指示"。

当然，湖南方面对王冶秋的尊敬，不只是针对国务院图博口一位负责人的地位，更重要的是对其本人颇具传奇色彩的革命生涯以及人格的敬重。

在马王堆汉墓发掘23年之后的1995年10月，国家文物局为纪念这位新中国文博事业的第一代奠基者，特地编印出版了一本专集《回忆王冶秋》。从这部专集中，可以看到王冶秋传奇的人生和不凡的经历——

1909年（清宣统元年），王冶秋在辽宁沈阳市出生，后随其父回原籍安徽入私塾读书。1923年随兄王青士来到北平志成中学和英文补习学校就读，这时认识了韦素园、鲁迅、台静农、曹靖华等进步人士，开始接受新文艺及共产主义思想，并参加未名社活动、二七示威等历次游行。1925年参加中国共产党，大革命失败后，转回家乡安徽发动革命暴动，以后长期在北平做中共地下工作。1930年被捕入狱，受酷刑。时值中原大战爆发，张学良率部入关，看守人员逃散，王冶秋随同范文澜等人逃脱。因在狱中受刑太重，出狱后仍吐血不止，不得不暂到北平西郊韦素园处养伤至年底。当1931年身体好转，赴天津找组织关系时，不但未能成功，反而听到曾做过中共青岛市委书记的其兄王青士在上海龙华与何孟雄、林育南、柔石等人一起被捕被杀害的消息。其后，辗转河北、山西、山东、四川等地，以教书为业，继续寻找组织关系。在这期间，受鲁迅先生的鼓励和帮助，先后完成出版了《唐代文学史》《民元前的鲁迅先生》《青城山上》等作品。其中《青城山上》广为流传，文中的诗句如"海静得似春江／帆船却像载着无限的凄凉／不要讲话吧／静静地想／默默地注视着那春江"更是久传不衰。

从1940年起，王冶秋担任冯玉祥的国文教员兼少将秘书，与重庆八路军办事处取得了联系，经王若飞批准，回到党的组织。其后在周恩来、董必武直接领导下，从事党的地下情报工作。1946年，王冶秋随冯玉祥一起到南京，秘密安排当时任第三绥靖区副司令长官的中共地下党员张克侠与周恩来进行会晤。这次会晤，对淮海战役初期何基沣、张克侠在前线率23000多人起义起了很大的作用。

冯玉祥出国后，王冶秋又受党的派遣，来到国民党第十一战区司令长官孙连仲身边当少将参议，继续做地下情报工作。在这期间，他通过地下电台，向中共中央提供了国民党华北、东北地区的军事调动情报，以及华北行辕、各军兵种编制名单、唐山地区敌军布防等重要情报，为解放军在华北战场的胜利做出了贡献。为此，王冶秋得到了中共中央的电报嘉奖。

王冶秋陪毛泽东主席观看古代绘画（引自《王冶秋文博文集》）

1947年秋，王冶秋的秘密电台被国民党破获，他避开了敌人的追捕，进入华北解放区。自1949年2月起，参加解放北平的接管工作，并出任北平军事管制委员会文管会文物部副部长。之后完成了对北平文物、博物馆、图书馆的接管工作。同年12月被任命为文化部文物局副局长。1959年为文化部文物局局长。1966年"文革"开始后，王冶秋遭到江青等人的迫害，被内定为"死不改悔的走资派"，发配到咸宁干校的牛棚关押、改造。直到1970年，国务院成立"图博口领导小组"，周恩来想起了这位蒙难的战友，借机亲自点名把王冶秋从咸宁干校调回北京，主持图博口的工作。

或许，正是由于这样非凡的人生经历和背景，湖南方面的领导才亲切地称他为"王老"。

这个时候的王冶秋尚不知道，博物馆内外的狂飙巨浪不但未有减缓，反而愈演愈烈。而关于女尸的传闻也越来越多，大街小巷充斥着"那个2000多年的老太太突然坐了起来，冲参观的人群笑，长得像《红色娘子军》上跳芭蕾舞的吴清华一样漂亮""这个老太太说的话别人听不懂，博物馆特地从北京请来了郭老（沫若），郭老一来，老太太就跟他打招呼，郭老才知道她说的是2000年前汉代的话。于是郭老就用汉代的话跟他交谈，最后还作了两首诗请老太太指教。老太太很谦虚，表示不敢指教，要当郭老的学生学习现代诗词，郭老没有答应，只给她吃了一个苹果"等等。受这种传闻的诱惑与驱使，涌往博物馆参观的人群达到顶峰，有数十人被踩伤，差点死于非命。鉴于这种危局，博物馆几次关门停展，但都未成功。一群又一群的人高喊着："老子早晨4点就来等候，一天没吃饭，就是为了看那个老太太，和她说几句话，谁要关门就和谁拼命……"博物馆怕激化矛盾，将事情闹得不可收拾，只好再次极不情愿、又无可奈何地开放。

王冶秋在省委领导的陪同下来到博物馆，当他目睹了人山人海的混乱局面后，极其恼怒地问："这是干什么？"

"是对外展出女尸。"在身旁的文化组副组长张瑞同答。

"是谁叫你们展出的？"王冶秋大怒。

张瑞同用眼睛瞅了下那位一同来的当初指示对外开放展览的军代表，军代表预感大事不妙，原来那种敢于担当责任的冲动不再，他将头一扭，装作没事一样一声不吭。张瑞同见状，尽管心中极不痛快，但又不敢说明，只好像捏扁了的皮球，低头聆听王冶秋的训斥。

当王冶秋将憋在肚子里的怒火发泄完之后，才同省委军、政领导以及张瑞同等来到自己下榻的湖南宾馆了解情况，商量对策，寻求解决问题的最佳方案。

三天之后，王冶秋飞回北京，并很快以书面形式向国务院做了详细汇报：

王冶秋同志关于长沙马王堆一号汉墓情况的汇报

我于六月二日至五日去长沙了解马王堆一号汉墓情况，现汇报如下：

这个墓是军区医院挖防空洞时发现的，由省博物馆进行清理，事先并未报告省委，更未报告国务院，新华社的内部报道不确。发掘中，才报告省委。省委很重视，常委几个同志都到现场，采取措施。因观众太多，白天无法工作，只能在夜间进行。我听到消息后，即请考古所去了两人，后来又派两位搞化学保护的人去。自一月中旬动工，四月中旬结束。由于我当时认识不足，没有即去现场了解情况，采取措施，现在看来，有少部分文物遭到损坏。

墓是外椁三层，内棺三层，上铺八十公分的木炭，再覆盖的白膏泥一公尺多，上面再夯土，从墓顶到墓底深达二十公尺多，系密封保存。因之，棺木、尸体、殉葬品发掘时都保存完好。殉葬器物上有"軑侯家丞"封泥及"軑侯家"字样。据《汉书》等记载："軑侯"是惠帝二年（公元前一九三年）封，传四代即废。墓主人是女性，据长沙医学院鉴定，约五十至六十岁，估计可能为第一代軑侯"利苍"（《汉书》作"黎朱苍"）侯的妻子。但墓内唯一的一颗印章可能系角质做的，出土时像豆腐一样软，照相已不清楚，出水后即干缩，现已看不清刻痕。尸体保存完好，皮下松，结缔组织有弹性，纤维清楚，股动脉颜色与新鲜尸体动脉相似，注射防腐剂时软组织随时鼓起，以后逐渐扩散。两千一百多年前尸体保存如此完整，对防腐、冷藏、密封等方面都有极其重要的科学研究价值。美帝现在为了植皮保存皮肤可达六个月，已轰动世界医学界，这个尸体皮肤表层毛孔虽不可见，但以下皮层还基本保存。

外椁与棺之间放了大批殉葬品。内棺上放有长达两米、宽一米五帛画（幡？）一件，上绘天、人、地情况，是我国两千一百多年前唯一的一件画在丝织品上的绘画（新中国成立前战国墓中出土一件带字的"缯书"已为美帝盗去；另一件帛画，很小，当时未加科学处理，现已全部变黑）。现在出土的这幅帛画，已经上海博物馆老裱画技工裱好。棺中丝织品很多，墓主所穿衣服即达十四至十五层（保存不好，已无法复原）。外椁中保存有完整的竹笥（即箱子），竹笥中放有衣服，其中有罗衣，细如蝉翅，重四十八克（不到一两）。其他则有各样颜色、花纹的丝织品，出土时色彩鲜艳，无论从数量上质量上都是前所未见的。

漆器近一百七十件，完整如新，并有墨书铭文"君

墓中出土的漆鼎漆绘花纹

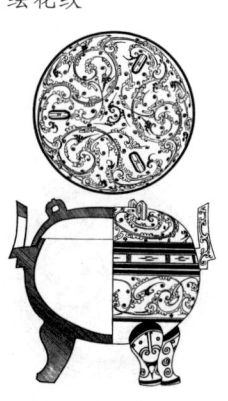

酒""君奉食"("奉"字据商承祚考释认为是"幸"字)。"石""四斗""六升半升"等字样，漆盒中有完整的梳妆用的器物，还有盛于漆盘中的牛排、鸡骨、鱼骨等。

陶器有四十八件，有的盛有糍粑、酱菜、桃、梨、杨梅、瓜等，熏炉内放有香草。

竹木器有穿彩衣及彩绘木俑等一百二十余人，有完整的瑟（弦二十五根，柱全），竽、音律管、木简二百多根、笥、便面（扇子）等。

其他有稻谷、麦种、豆豉、鸡蛋、香草等。

总之，这一西汉早期墓葬，保存完整，出土千件左右文物，对研究西汉吕后、惠帝时期的历史、文化、手工业生产、农业生产以及医药、防腐等方面都有极重要价值。我去时省博物馆已展出尸体及部分不重要文物，已经人山人海，并有许多谣传，说"两千年前的老太婆可以坐起，还会笑"，"中央就要拿走，迟了就看不见了"。因此参观更加拥挤，坏人更从中搞投机倒把活动，现黑市票已卖到四角（本来发到各单位，不要钱）。因此，向省委汇报后，与省委常委李振军同志等共同研究，拟采取如下措施：

1. 尸体因天热及参观人太多，温度更高，细菌带进去容易腐烂，拟用照片代替，经宣传解释后（马上停止要闹事）再秘密转移到冷藏库保藏，并拟请军事医学科学院、中国医学科学院等有关单位组织一个小组进一步进行研究。

2. 目前参观人多，现有民警八十人无法维持秩序。经省委决定，除民警外，又组织街道、工厂等单位保卫人员二百人维持秩序，以免发生挤死人踩死人以及文物遭受破坏等事件。

3. 拟在七月中旬左右，由省博物馆、考古所、《文物》编辑部三家合编一个特刊，系简报性质。八至九月份再出版正式发掘报告，系大型图录性质。

墓中出土的漆盒顶龙凤纹

4．补摄彩色照片（考古所带去的过期胶卷拍出后全不能用）已由外文局、《文物》编辑部去四个人拍摄。因文物已逐步变色，彩色片要求接近原物，这次带去的是进口胶片。中央新闻纪录电影制片厂已去人拍彩色纪录片，但前期是湖南电影厂拍摄的，不采取两家合作办法。纪录片都不完整（省电影厂系用保定彩色胶片，新影厂带去的是进口片），成片后可否用中央新闻纪录电影制片厂及湖南省电影厂合拍名义？

墓内东边箱中部出土的木俑

5．文物及尸体都不运京。现漆木器都在防空洞内保存，湿度大，保存较好。湖南天气潮湿，到北方后都将有重大变化，待经过化学处理加固、干燥后再考虑有一部分重复品可调京参加出土文物展览。

6．在目前进行保护、整理工作时期不发表消息，不接待外宾参观。待特刊印出后，再由新华社正式报道。以上报告、当否，请批示。

图博口　王冶秋
一九七二年六月八日

王冶秋的报告通过国务院办公厅秘书组，很快呈送给周恩来、康生、江青、叶剑英、张春桥、姚文元、李先念、纪登奎、郭沫若、吴德等领导，6月11日，由李先念、纪登奎做出了批示："注意，千万不要把出土文物搞坏。同意。"

周恩来总理自5月份发现患有膀胱癌的症状，此时正在北京医院做彻底检查，一组癌症专家做出了正确的诊断，并建议周恩来尽早动手术。但作为一国之总理的病情当属国家大事，国务院专门组成了一个特别委员会，以监督对周恩来的医疗。这个委员会的两名主要成员张春桥和王洪文均是江青的追随者，在江青和王洪文的用心不良的阻挠下，医疗小组的建议被否决，周恩来很快出院，重返工作岗位。也就在这个时候，他看到了王冶秋的报告。

这时的周恩来本人的政治命运，显然和几年前大不相同了。自林彪反党集团在中国政治舞台上消失之后，他再次成为毛泽东依靠的重要支柱。尤其是这一年的2月，美国总统尼克松亲临北京和毛泽东的握手，标志着中美冰冻了25年的关系得以缓解，同时也标志着周恩来的巨大成功和胜利。尽管这时尚有以江青为代表的政治集团企图和他分庭抗礼，但毕竟还无法与他匹敌。他渴望在自己生命所剩不多的时间内，为中国的未来设计一个美好的蓝图。

周恩来看完报告后，颇感气恼和痛惜，想到原主管这项工作的康生已得病住院治疗，无暇顾及文物的得失，其他几位副总理又各有各的一摊子事要做、要管，看来此项工作只有自己亲自主抓方才不致造成更大的损失。于是，他满怀焦急不安的心情极其尖锐而严肃地批示道：

湖南军区挖出，不报告省委，更未报告中央、国务院。后来又人山人海地去参观，还有刮妖风的。出土尸身和衣着还有其他文物，非变质不可。请告卜占亚、李振军同志，立即采取办法，将尸身转移到冰窖，消毒、防腐，加以化工处理。待处理后，仍旧留湖南省博物馆，这是可以向群众说得通的。非当机立断不可。值班室打电话去，速办勿延。

周恩来
1972年6月17日

周恩来的批示通过电话传到湖南后，湖南省党政领导感到事态严重，一面向有关方面传达总理的指示，一面痛下决心，要立即制止混乱局面，尽快将女尸转移。

女尸夜遁

周总理的指示分别通过书面或口头向有关方面传达之后，接下来就是如何落到实处的问题。省委军政大员卜占亚、李振军、杨大易、马琦、张瑞同等经过一番紧急讨论后，先是决定转移到省或长沙市冰库，后来又觉得不妥，因为冰库的恒温都在零下十几度甚至几十度，女尸存放此处势必也会被冻成冰块，对女尸本身是个大的损害。更为重要也是最令人放心不下的是，万一冰库的职工走漏消息，其混乱情形无疑是第二个博物馆，后果不堪设想。在否定了冰库又找不到第二个合适的地方可供转移后，领导者决定打电话让博物馆的崔志刚、侯良前来参加会议，共同探讨办法。待崔、侯两人匆忙赶来后，亦是愁眉不展。博物馆倒是有一个防空洞，但里面已堆放了许多从马王堆汉墓刚出土的文物，况且，即使没有文物，女尸也不宜再放在博物馆了。否则，混乱局面无法阻止。想来想去，两人对女尸转移同样没有奇招可出。最后，侯良提醒道："湖南医学院应该有这个条件，保存在他们那里比较合适。"

这一句话使省委领导们茅塞顿开，想不到众人绞尽脑汁想了半天，竟把一个最大最明显的目标给疏忽了，真有点骑驴找驴的味道了。要是转移到医学院，再由他们出面保护，岂不两全其美？众人惊喜之中，一个电话将湖南医学院的革委会主任张世林及解剖组组长王鹏程叫来，卜占亚向其谈了将女尸转移到医学院冰室或冰窖保存的想法。

谁知卜占亚的话刚一谈完，张世林就回答道："医学院压根就没有冰室，也没有冰窖，且连一台空调也没有，转移保护之事

王鹏程教授（右）与林筱周教授（左）在查阅古尸研究的文献（王鹏程提供）

根本就无从谈起。"

众人听罢像挨了一记闷棍，当场哑口无言，想不到堂堂一个省医学院，连个冰室都没有，实在令人扫兴。面对这尴尬的局面，崔志刚又突然对张世林说道："你们虽无冰室，可是有地下室和防空洞啊，我前一段去看病时还亲眼见过，放在这两个地方也行。"

众人听罢此言，如同久旱的禾苗遇到甘霖，立即将低着的脑袋抬起来，马琦趁机说道："对，放在地下室或防空洞也可以，看来这是没有办法中最好的办法。"

张世林一听暗自叫苦，心想如果不是王鹏程等人当初多管闲事，这样棘手的事情怎会落到医学院的头上，真可谓引火烧身。他极不情愿地解释道："目前这具女尸，如同一颗点燃引线的地雷，谁要是抱到怀里，非倒大霉不可。假如我抱回去，整个医学院还不又成了第二个博物馆，工作怎么开展，课怎么上，万一女尸出了事由谁负责……这颗地雷我们不能抱。"

"全省就你们有这个条件，将女尸转移到冰室进行化工处理，这是周总理亲自批了的，即便是颗地雷，你们不抱谁抱？难道要我抱到省委大院的办公室里去？抱到振军同志、马琦同志的办公室去？要不就干脆将女尸抬出来，扔到地上让观众踩成肉泥好了……"焦急中的卜占亚颇为激动地说着，其他几位领导在一边耐心地做张世林的思想工作。经过一番拉锯式的商讨，双方都未做让步，最后，张世林说："如果非要我们来抱这颗地雷，那就转移到医学院教学楼五层的一间房内匿藏起来。"

"为什么要放于五楼？"众人不解。张世林解释道："这个房间虽比不得防空洞和地下室，但有一个其他任何地方所没有的特点，那就是'文革'初期，由于医学院的造反派和保守派进行了一场规模颇为浩大的武装斗争，教学楼被造反派攻占，保守派狼狈退出。就在这次武斗中，楼上五层的房间内盛放一种叫作 ^{32}P（磷）的玻璃瓶被击碎，里边的 ^{32}P（磷）自然撒了出来。因为武斗的双方大都是学医出身，自是知道其中的厉害，这种 ^{32}P（磷）跟制造原子弹的铀在性质上有些相同之处，属高强度放射性物质，既可用来治病，又可置人于死命。武斗双方见状，立即停止了打斗，纷纷拖着血腥未干的棍棒逃于楼下。从此，整个教学楼的五层再也没有人前去办公，也没人敢登此一览了。此事发生到现在已是几年过去，当年砸碎的玻璃瓶内的 ^{32}P

（磷）剂量较小，且这种放射性元素极易挥发，已不存在对人体威胁的可能了。若将女尸放入其中，即使走漏消息，人群涌来还可利用放射性元素的余威加以震慑，不明真相的群众自然不敢前来围观。待群众的热情消减之后，再移入防空洞或地下室保存……"

湖南医学院教学楼

听了张世林的介绍，大家相互看了一眼，觉得此法也不失为一条权宜之计，随之相继点头同意了。

虽然冰室无着，但总算转移有法，下一步就是如何驱散人群，转移女尸的问题了。

在省委强硬态度的支持下，几百名警察和临时保卫人员进入博物馆，强行将展厅的人群驱逐出来，随之关闭门户，轮班守护。同时在博物馆和公园门口设卡堵截，所有云集此处的参观者，只许出，不许进，即使是对公园和博物馆的工作人员，也要详细盘查，待弄清真实身份后，方可放行。

面对政府强硬态度和缜密的措施，骚动不安的人群似乎感知了什么。于是，一个"中央真的要将女尸拿走"的传闻再度风靡起来。在这股传闻的引导、煽动下，云集的人群由骚动不安转为暴躁愤怒，开始议论着、叫喊着、谩骂着，像潮水一样向门卡冲来。人群中不断传出：

"那个老太太是封建剥削阶级的代表，是阶级教育的活教材！"

"老太太是靠榨取劳动人民的血汗长大的，我们要将她作为批判的活靶子批倒撕烂！"

"谁保护女尸谁就是这个老妖婆的孝子贤孙！"

"老子在这里等了三天也没看上,今天非看看这个鬼子女巫婆是个啥模样!"

"我们要看看郭老给这个妖婆的苹果吃完了没有!"

"毛主席说造反有理,再不让看,我们就掀翻博物馆,砸烂那些看家狗的狗头……"

叫喊、谩骂的人个个额头流着汗水,瞪着仇恨的眼睛,和警察、保卫人员相互推搡扭打在一起。由于这次上级已下了死命令,谁的防线冲进了闲杂人员,则拿谁是问。故此,警察和保卫人员如礁石一样死守防地,使一浪又一浪的人潮只能在碰壁退缩、退缩碰壁中和警察以及保卫人员展开拉锯战。就在这场看来无休无止的拉锯战中,博物馆和医学院的领导者,经过一场深思熟虑的密谋,决定采取断然行动。

这是6月下旬的一个风雨之夜,细雨断断续续地下着,天空不时传来阵阵雷声,整个长沙城被笼罩在雾雨交织的夜幕中。此时,只见从博物馆办公室悄悄闪出两个人影,向展厅和公园的墙角、大门外无声地移动。当两人转了一圈,发现四周的人群大多散去,而少数坚守"阵地"者正处于疲惫与困顿之时,便迅速退回办公室。

不多时,办公室又闪出五条黑影,顺着墙根慢慢向盛放女尸的一楼展厅靠近。当他们来到展厅门时,快速打开锁冲了进去。大厅里的灯光没有打开,几个人摸索着找到盛放女尸的玻璃棺,其中有两人用戴着长袖皮质手套的手将女尸抬起,另外三人趁机将玻璃棺轻轻掀翻,待将里边的液体全部倒出后,复将女尸放入其内,而后几个人一齐用力,将玻璃棺抬起来向厅外疾速走去。

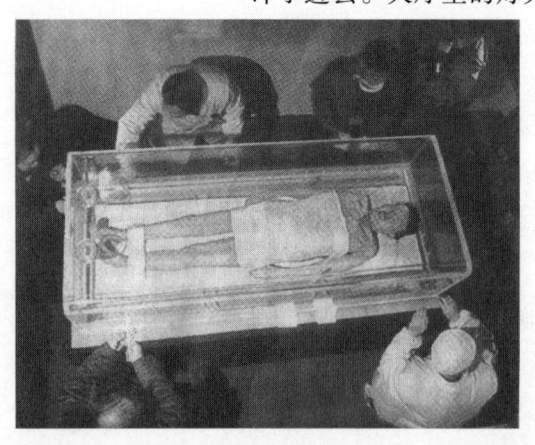

一辆早已准备好的卡车停放在大厅的不远处,司机见玻璃棺

工作人员转移马王堆女尸情形(侯良提供)

第四章　长沙顿起罕世惊雷

被抬上车厢，迅疾发动引擎，载着几个人突然冲出公园大门，借着迷蒙的雨雾向南急驶而去。约十分钟后，汽车又由南而西，由西向东，在漫无目标地兜了个大圈之后，才在一个拐角处停下来。车上有两人下来分别向后和四周看了看，见无人跟踪，便通知司机掉转车头向北急驶，很快来到了湖南医学院的大门前。

此时，医学院的大门早已关闭，汽车只好停下来熄灯停火，一个人跳下汽车，喊醒传达室那个正在酣睡的老汉让其开门。老汉穿衣起身走出传达室，睡意蒙眬的眼睛警惕地盯着来人和汽车盘查道："深更半夜的，你们要干什么？"

"我是医学院教研室的，我们院一个学生外出被汽车轧死了，院长通知我们拉回来等待处理。"从车上下来的人答。

老汉似信非信地围着汽车转了半圈，嘴里嘟囔着什么打开了门。汽车再次发动，冲进大门，驶到教学楼前停下。

此时天近微明，细雨已歇，但迷雾更浓，整个院内一片沉寂。几个人将玻璃棺抬下车厢，用肩膀扛起，像人们经常在电视中看到的给某个大人物举行葬礼时抬棺的护卫队一样，一步步向教学楼的第五层移去。当玻璃棺安然地停放于五层楼中那令人望而生畏的房间时，几个抬棺人已是气喘吁吁、大汗淋漓、衣衫皆湿了——这五个人就是张瑞同、崔志刚、侯良和医学院的张世林、王鹏程。

第二天一早，博物馆在门口贴出公告，声言女尸昨晚已被中央调往北京，并劝前来的观众退去。云集而来的人群自是不肯相信，博物馆将展厅大门敞开，任其察看验证。观众见大厅空空荡荡，女尸深夜逃遁，在深感不可思议的同时，又找不到其他线索，便满怀遗憾与愤怒地将展厅的大门狠狠踹上几脚，骂骂咧咧地相继四散而去。至此，一场狂飙也才总算过去了。

129

第五章 树欲静而风不止

西汉孤魂

马王堆考古发现震撼世界，日本各界反应强烈。关于墓主问题的大争论。特殊的电影晚会，周恩来的暗示，中岛健藏的遗憾。"程咬金"的第三斧，王冶秋的悲哀，故宫武英殿密谈。日本首相田中角荣遗憾中的慰藉。

❀ 震惊世界的考古发现

既然女尸已秘密转移到医学院存放，狂飙停息，巨浪退去，对博物馆和发掘人员来说，下一步要做的，就是尽快清理、处理、保护文物，并将这一发掘成果用简报的形式公布于众，以便引起国内外专家共同的参与，对出土文物做进一步的研究和保护。

在所有出土文物中，除女尸之外，最急待处理和保护的当然属于丝织品。这些埋藏2000多年的丝织品，突然重见天日，从密封的地下那相对恒温、恒湿、无光、缺氧、无菌的保存环境，突然来到一个温度湿度变化无常，又直接暴露在光线、空气、带菌的环境中，这无疑是给处理和保护工作提出了一项紧迫而艰巨的任务，稍有延缓或处理不当，都会造成不堪想象的后果。20世纪50年代末期，北京昌平明十三陵的定陵，通过考古发掘共出土了80余匹成捆的丝织品，像这样大批量的丝织品出土，在中国考古史上是前所未有的。遗憾的是，这些丝织品由于处理、保护不当，全部毁坏无存了。而对于汉代丝织品的探寻，原来只是在中国西部发现了为数极少的丝绸残片，且这些残片的历史还属东汉时期，对西汉时期的丝织品尚未发现。马王堆汉墓竟一次出土如此之多的丝织品，在让人感到震惊欣喜的同时，也对它的处理和保护格外关注和重视。

尽管这些丝织品的许多品种和朽残程度，作为丝绸研究专家的王㐨也是首次遇到，但是他还是针对每件的保存现状、完残情况，经过细心揣摩，反复思考，很快制订出一个清洗、保护、修复的计划。在他的具体指导下，考古人员对被随葬食品腐败和尸体分解物污染的丝织品，大胆采用了对丝织品无损害，去污力强，易挥发，又能被水淋洗去掉的化学溶剂，进行脱脂去污，防止虫伤霉变。对那些湿时糟朽如

第五章 树欲静而风不止

泥,干后则脆如枯叶的部分内棺中的织物,为保存其形制和鲜艳的色彩,则采取传统的托裱方式保存。而对从椁室中的竹笥内出土的14件完整的袍服,46块成幅的绢、纱、罗绮、刺绣织物全部展开并采取清除杂物后,经药物熏蒸灭菌,再放在一个特制的箱匣里保存,从而避免了印花敷彩织物上矿物颜料的脱落。与此同时,在经过反复试验后,又对这些表面完整的丝织品,采用从生丝中提取天然丝胶做材料,喷涂加固的工艺进行保护处理,并获得了满意的效果。为对从尸身上剥下的400多件服饰残片予以保护,王㐨首创并自制聚乙烯醇缩丁醛丝网,进行加固和修复并获得成功。当这一切做完之后,为防止受污染的丝织物在库房内长霉生虫,他先采用聚乙烯薄膜袋封存,然后再将袋内的空气抽出,充满氮气,从而制造了一个密闭绝氧的小环境,达到了丝织物可长期保存的目的。

除丝织品之外,出土的大量漆器及漆器中盛放的食物等亦需要加紧处理、保护。由于漆器出土数量之多,器形之齐全,制作之精美,是过去所罕见,又由于这些漆器的胎骨多属于细胞结构的纤维质地,在经历了2000多年地下水及盐类的浸泡、侵蚀后,大都受到了不同程度的腐蚀,这就给处理和保护带来了极大的困难。过去博物馆的技术保护人员,对出土的漆木器只是采取放在水中浸泡的方法保护,这只能算是短时期内的应付。因为这些器物长期浸泡在水中,就会继续遭受腐蚀,使体内的木质纤维分子降低和分解。要想长期保存漆木器,最有效的办法应是使其脱去水分。

文物保护专家胡继高(左一)与湖南省博物馆工作人员正在对马王堆汉墓出土的漆器进行清理保护

一号墓出土的"郢称"泥金板

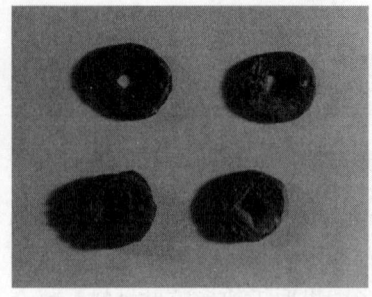

"郢称"是楚国发行的黄金货币，在汉代初期仍然在上流社会流通使用。一号墓共出土两箱"郢称"金币和40篓泥"半两"铜钱，这些均是明器

泥"半两"钱（半两铜钱为西汉前期通行的货币）

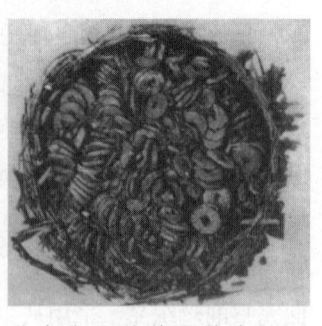

墓中出土竹篓和篓内的泥"半两"钱

墓中出土的彩绘陶钫

在北京专家胡继高和馆内老技工张欣如的研究、切磋下，先后采用了自然慢速阴干法、醇醚法、膏模固定、快—慢—快醇醚联浸脱水法等不同的方法，终于使出土的竹器、漆木器得到了较好的处理和保护。

当专家们正在夜以继日地对出土文物进行清理、处理和想方设法地加以保护、复原时，新闻单位也在抓紧拍摄电影和照片，准备向公众做全方位的报道。稍后，根据王冶秋的指示，张瑞同开始组织考古人员加紧了发掘简报的编写工作。

尽管只是一份简报，但由于墓本身的年代久远，出土器物较多，且内容庞杂，涉及许多门学科，要想在短时间内搞清楚并能经受住时间的检验并非易事。为此，王冶秋专门从北京请来几位专家，协助湖南方面工作，同时成立了一个临时编写小组。经过反复思量，编写小组决定在广泛征求专家意见的基础上，只对墓的年代、形制、墓主、出土的帛画（非衣）等少数几个重大问题，做比较详细的说明，其他只简单提及，留待日后正式写发掘报告时再详尽列出。

关于此墓的年代推断，几乎所有的人都认为应定为西汉早期。尽管此墓为长方形竖穴墓室，带斜坡墓道，木椁周围用白膏泥填塞，这些都保存着晚期楚墓的制度。但墓道尽头几乎到达木椁顶，以及木椁周围先填木炭，再填白膏泥，填土用"五花土"夯筑等做法，却与楚墓不同。由此可以说明

漆器上的"軑侯家"
铭文

"軑侯家丞"封泥

"軑侯家丞"印文

这座墓应晚于楚墓而具西汉墓的特点。

另外，早些时候在长沙西汉墓中常见的陶鼎、陶盒、陶壶、陶钫等，都在这座墓中成批地发现。尤其是漆器和陶器的造型，都与已发现的西汉墓中同类型的器物相同。而"半两"泥钱、"郢称"泥金板、彩绘木俑以及丝织服饰的大量出土，都可证明这是一座西汉墓。尤其值得重视和关注的是，墓中发现大量泥"半两"和泥"郢称"，独未见"五铢"钱。根据过去对长沙西汉墓的研究，汉初多出泥"郢称"，稍后的文景时期多出泥"半两"，武帝及其之后则多出"五铢"钱，从而可以确定此墓的年代当在武帝之前。墓中出土的竹简和木签上的文字，有些还保留着战国俗体篆书的遗风，同在此之前在居延、武威等地出土的书写成熟的隶书简文做比较，在时间上显然要早一些，这也是确定此墓为西汉前期的一个佐证。

更为直接有力的断代依据，是墓中出土的竹筒和陶罐上的封泥"軑侯家丞"和漆器上的朱书"軑侯家"等文字。从这些极为珍贵的文字可以断定，墓中的那个女人，一定与軑侯或軑侯的家族有着不可分割的血缘关系，墓中的随葬器物

汉代长沙国世系列表

纪　元	西汉朝		长沙国	軑　侯
前202	高帝（刘邦）五年		文王芮	
前201	六年		成王臣	
前194	惠帝（刘盈）元年			
前193	二年		哀王回	利苍
前187	高后（吕雉）元年			
前186	二年	吴氏	共王若	
前185	三年			豨
前179	文帝（刘恒）元年			
前178	二年		靖王著（产）	
前164	十六年			彭祖
前157	后元七年		无后国除	
前155	景帝（刘启）前元二年		定王发	吴利
前145	中元五年			（吴利为奉常）
前144	中元六年			（吴利任太常）
前140	武帝（刘彻）建元元年	刘氏		秩（扶）
前128	元朔元年		康王庸	
前110	元封元年		（戴王庸）	秩为东海太守 有罪、国除

附注：括号内为《汉书》所记

似乎也是经由掌軑侯家事的"家丞"检验查封下葬的。再从墓中出土的一枚角质印章"妾辛追"来看，这个女人应是西汉历史上一位軑侯的妻子。显然，軑侯只是当时的封爵，不是人名，那么，这个被封为軑侯的人是谁呢？

軑侯，无论是《史记》还是《汉书》均有记载。其中《史记·惠景间侯者年表》载："軑国，汉惠帝二年四月庚子封长沙相利仓为侯，七百户。高后三年为侯豨元年。孝文十六年为侯彭祖元年。元封元年侯秩为东海太守，行过不请，擅发卒兵为卫，当斩，会赦，国除。"

《汉书·高惠高后文功臣表》载："軑侯黎朱苍，以长沙相侯，七百户。惠帝二年四月庚子封，八年薨，高后三年，子孝侯豨嗣，二十一年薨。孝文十六年，孙侯彭祖嗣，二十四年薨。曾孙侯扶嗣，元封元年，坐为东海太守，行过擅发卒为卫，当斩，令赦，免。"

第五章　树欲静而风不止

从《史记》和《汉书》的记载看，汉初的轪侯共有四代，除第一代轪侯的姓名略有不同外，其他无大的差异。因此，由上述记载可以推算出整个轪侯家族的世系年表：

第一代利苍（黎朱苍）　惠帝二年—高后二年（公元前193—前186年），在位8年。

第二代豨　高后三年—孝文十五年（公元前185—前165年），在位21年。

第三代彭祖　孝文十六年—景帝后元三年（公元前164—前141年），在位24年。

第四代秩（扶）　武帝建元元年—元封元年（公元前140—前110年），在位30年，国除。

由此表可以看出，第四代轪侯秩（扶）在位于武帝时，出任东海太守。太守是掌握实权的高级地方官，秩（扶）应住在东海而不可能再住长沙，其家眷留居长沙的可能性也甚小。结合墓葬和随葬品的年代推断，可以进一步认定此墓的下限年代在武帝之前，墓主人自然也就不可能是第四代侯的妻子。

第四代侯虽已排除，在其前边尚有三代侯，墓中的女主人到底是哪一代侯的妻子，这是《简报》中必须说明的一个重大问题。于是，编写小组除自己的思考和见地外，又分别请各地专家发表看法，由于这些专家对此墓发掘出来的器物尚不太了解，一时难以做出较为明确的判断。而《简报》编写小组内部，又有不同的见解，并为此争论不休。在时间紧迫的情况下，只做了墓主"可能是第一代轪侯妻子"的结论，并决定这个结论只向新闻单位提供，暂不写入《简报》。《简报》只慎重地提及"很可能是轪侯妻子的墓"即可。至于属于第几代的悬念，留待正式报告编写时，再做有把握的结论。

有关的几个重大问题，算是基本搞出了一个眉目。剩下的则是对那幅从内棺的棺盖揭取下来的极为珍贵的帛画的解释。此时，帛画已被专门从上海博物馆请来的专家窦志荣裱好。由于窦志荣在装裱中已对帛画进行了去污、清洗等多种专业性技术处理，使这幅在揭取时看来污渍斑斑且已被腐蚀的帛画，神奇般地重新焕发了原有的风采，画面依次排列的上中下三个部分，极其清晰地展现在人们的面前。对于这幅帛画极其复杂的内容和寓意，《简

一号汉墓出土的帛画《导引飞升图》摹本

报》编写人员在大感头痛的同时，又展开了一场讨论。

早在1949年2月12日，长沙的土夫子谢少初等人，从长沙南郊的陈家大山一座不知墓主姓名的楚墓里，盗掘出一幅帛画。这是中国近现代史上发现的第一幅帛画。以后，谢少初将这幅帛画卖给了古董商人蔡季襄。新中国成立后，蔡季襄参加了湖南省文管会，并把该画交湖南省博物馆收藏。

就在蔡季襄将帛画交出的同时，也写就了《晚周帛画家》的研究性论文，文中在记录了许多原始资料的同时，最先提出了"帛画"这一概念性名词，这在帛画学史上具有开拓性意义。遗憾的是，蔡氏写出的这篇论文以及后来写出的《晚周帛画家的报告》，其两篇在国内外帛画研究史上堪称开山之作的极富见地的文章，一直未能公开发表，蔡氏本人也因未获重用忧郁而死。

第一幅帛画真正引起学术界的广泛关注，则是在郭沫若发表了批驳蔡季襄研究观点的《关于晚周帛画的考察》一文之后。其文称：

四年前，在长沙出土了一幅两千多年前的古画。画底是丝织物，应该是古代的所谓"帛"，但颜色已经转化成土褐色了。画幅高约二十八公分，宽约二十公分。周围是毛边，虽然略有残损，但大体上是完整的。我现在把中国科学院考古研究所最有经验的绘画员陆式董先生的摹本揭示出来，他是用放大镜仔细观察帛画照片后所临摹出的，我们可以把那已经相当模糊了的画的内容，看得非常清楚。

画上有一位侧面的成年妇人，腰极细。妇人面向左而立。头后挽着一个垂髻，颇像希腊式，发上有冠，冠上有纹饰。衣长曳地，下摆像倒垂的牵牛花，向前后分张。腰带很宽，衣袖很大。袖上有些繁复的绣纹，可惜不甚清晰。袖口颇小。袖口和领襟都有黑白相间的斜条纹。衣裳也是黑白

第五章　树欲静而风不止

两色，在下裳的白色部分有些简单的旋纹。妇人的两手向前伸出，弯曲向上，合掌敬礼。

妇人头上，在左前面，飞翔着一双凤鸟。面向左，头向上。两翅上张，尾上有两双长翎，向前弯曲，几乎与头部相接触。两脚，一前曲，一后伸，都露着有力的脚爪。鸟的前面又有一条蛇样的动物，头向上，与凤鸟正对。头部相当模糊，左右有两只角。身子略作蜿蜒而竖垂。身子上有环纹六节。有一只脚，脚爪伸向着凤头。这无疑就是所谓"夔一足"的夔了（见图）。

长沙陈家大山楚墓出土帛画上的云纹绣衣梳髻贵族妇女

郭沫若根据该摹本上所绘的兽仅一足，将此动物定名为夔，并把该画定名为《人物夔凤图》，其中的内容则说成是正义与邪恶的斗争，凤代表正义，夔代表邪恶。他在文章中总结性地说：

陆式董摹本

要得天下安宁，论理必须经过斗争。如果有使天下不安宁的恶灵在宇宙中存在，那么善灵的出现便必须驱逐恶灵，而使之逃遁或至于死亡。凤鸟和恶灵斗争的故事，在古书中我还不曾见到过，但在这幅帛画里面，是很鲜明地表现着的。

画中的凤与夔，毫无疑问是在斗争。夔的唯一的一只脚伸向凤颈抓，凤的前屈的一只脚也伸向夔腹抓。夔是死沓沓地绝望地拖垂着的，凤却矫健昂扬

139

地呈现着战胜者的神态。

的确，这是善灵战胜了恶灵，生命战胜了死亡。和平战胜了灾难。这是生命胜利的歌颂，和平胜利的歌颂。画中的女子，我觉得不好认为巫女。那是一位很现实的正常女人的形象，并没有什么妖异的地方。从画中的位置看来，女子是分明站在凤鸟一边的。因此我们可以肯定地说，画的意义是一位好心肠的女子，在幻想中祝祷着：经过斗争的生命的胜利、和平的胜利。

李正光摹本

就在郭沫若发表此文近30年的时间内，所有的图书报刊凡发表这幅帛画时都采用这个摹本，人们对这个摹本以及郭沫若的推断深信不疑，此画此文在学术界产生了广泛的影响。

直到80年代初，这幅帛画经过科学处理，线条和图像均已清晰可见，这才恢复了它本来的面貌。经湖南省博物馆技师李正光重新临摹后，人们看到原画摹本有许多遗漏和错误，其中最大的错误就是将龙误摹为夔，进而导致了郭沫若对该画主题和性质认识的失误。这幅帛画被研究者熊传薪重新命名《人物龙凤图》后（见图），以后各家均以李的摹本为标准，图名皆从熊传薪的观点。从此，对此幅帛画主题和性质的认识出现了质的飞跃。

朱雀图（甘肃武威出土，此图绘于东汉时期的木案上）

当然，《简报》编写小组的人员，这时尚不知郭沫若此文及由他命名的那幅《人物夔凤图》的错误，况且，这幅图的内容复杂程度亦无法跟马王堆一号墓出土的这幅

第五章 树欲静而风不止

帛画匹敌。根据有些专家的解释，这幅帛画应属古代人引魂升天的铭旌。《周礼·春官·司常》："大丧，共铭旌。"《礼记·士丧礼》："为铭各以其物……书铭于末，曰某氏某之柩。"画的左右和下面都置飘带，上有横杆的位置，并且有用来挂的带子，这正好是铭旌，也称为幡。铭旌是出殡时放在发引行列的前面，落葬后就覆于棺之上。这个习俗，在封建社会的丧葬制度中十分普遍，直至新中国成立后，在南北许多地方仍普遍实行。1959年秋，甘肃武威磨咀子23号墓出土一幅铭旌，除了上面篆书"平陵敬事里张伯升之柩"等字之外，在上端的左右角画了两个圆圈，一个圆圈里画朱雀，一个画苍龙，"四灵"画了一半。看来较早的习俗是铭旌上画日、月，后来风气变了，铭旌上面四灵，但亦要先画上两个圆圈，结果只能画上朱雀和苍龙。跟甘肃武威出土的铭旌有所不同的是，马王堆一号墓出土的这幅T形帛画，除在上面两角增加了日、月、金乌、蟾蜍之外，又画上了太阳和月亮，铭旌上画了太阳和月亮。大约是画工考虑到这样太单调，得更丰富绚烂些，于是发挥他的创造力，不仅在太阳里画了金乌，月亮上添了一只蟾蜍，还在太阳下面增加了一棵扶桑树，在月亮的旁边添上了一个富有诗意的神话故事的主角嫦娥。这幅铭旌上关于日月的部分，看来就是这样画上去的。

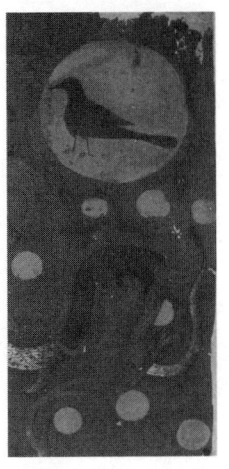

帛画右上方太阳位置

这一幅帛画的主要内容是三段人物画。对这三段人物画，专家们也有几种不同的看法。其中最简单的看法认为都是描写墓主人在家里的生活的三个片段：

上面一段的中间，在两个人的后背，有两个竖着的东西，可能是画的两个阙，或是代表墓主家的大门。蹲在旁边的两个人应是守门的，大约是轪侯家臣门大

一号汉墓出土帛画中部

141

夫的部下，正在当班。按汉代侯国，一般有家丞、庶子、行人、洗马、门大夫；门大夫主要负责守卫工作。

中间一段，正中画着一个身材高大，吃得肥头胖耳，身上穿了绣花或织锦衣服的老妇人，手中拿了拐杖向左立，看来就是这墓的墓主、轪侯的妃子。看她的年龄，同发掘出来的尸体相貌也基本符合。对面跪着两个人，好像在那里向她禀告什么事。这两个人能直接和她谈话，其身份可能是家丞、庶子之类。老妇人后面立着三个侍女，她们是卫护主妇和听候她使唤的。这里所画的就是墓主本人的形象及其生活。

第三段，七个人分站在左右两边，前面放着一排壶、钫和鼎等，后面案上摆有耳杯和壶等。壶和鼎等都是盖着的，耳杯也是摆在一起的，所以不是在那里进食。从整个布局来看，可能是厨房。

这三段画描绘的都是墓主的生活。中间墓主画像，代替了铭旌上所应该写的墓主姓名。

值得注意的是，在画的上部正中，有一个人身蛇尾的画像，位置在日与月之间，应当是个神像。在出土的较大的长沙楚墓、河南信阳楚墓、湖北望山楚墓里，都有木雕的镇墓神。镇墓神手中常握有蛇。按古代对蛇颇多迷信，如刘邦斩白蛇起兵就是。《易经·系辞》："尺蠖之屈以求信也，龙蛇之蛰以存身也。"蛇出入土中，被人们奉为镇神。帛画上人身蛇尾像，很可能就是这之前楚墓里镇墓神的发展，这样更符合人们所想象的神像。在帛画的最下面，有一个矮而肥的人，用两手托着一块板，从他的形象看来，可能是侏儒。《淮南子·主术》："短者以为朱儒枅栌。"注"朱儒，梁上戴蹲跪人也"就是建筑上所说的侏儒柱，在这幅图里侏儒是用以填空和装饰的……

很显然，以上的解释未免有点过于简单，而喜欢寻根问底的专家自是意犹未尽，于是，围绕着这幅帛画又展开了进一步争论，其争论的具体问题是：

关于帛画的内容有八种不同的解释：（1）"天上、人间、地下"说；（2）"蓬莱仙岛、天国"说；（3）"天上、过渡段、人间"说；（4）"天上、人间祭祀、水府"说；（5）"地府或阴间"说；（6）"吉祥"说；（7）"仙岛迎宾"说；（8）"墓主生活"说。对于帛画中的具体图像，也有不同的看法。

1. 人身蛇尾像是谁？

帛画顶部正中那个人身蛇尾像。对他的解释至少不下七种：（1）认为是《楚辞·天问》和《山海经·大荒北经》中所说的烛龙；（2）认为是伏羲；（3）认为是女娲；（4）认为是日神羲和；（5）认为是地母或地府女神；（6）认为是黄帝；（7）认为是南方民族的傩神，或认为是镇墓神。

2. 帛画右上角是九日、十日，还是满天星斗？

有的根据《山海经·海外东经》记载"汤谷上有扶桑，十日所浴，……九日居下枝，一日居上枝"，认为帛画右上角是画的扶桑树，一日居上枝，九日居下枝。有的根据《淮南子·本经训》羿"射十日，中其九"的传说，认为帛画右上角画的是被羿射落的九个太阳，它们来到阴间，所以地府有"九阳代烛"的说法，整个帛画画的都是地下景物；有的认为墓主是南方民族人，右上角画的是南方民族古代关于"九个太阳"的传说；有的认为在日月之间的右上角画的是"满天星斗"；有的认为是画的"北斗七星"，因为《穆天子传》有关于天子葬盛图，画日月七星的记载；还有的根据《楚辞·招魂》"十日代出"的说法，当一个太阳出来的时候，九个太阳在夜间休息，认为帛画画的是夜间休息的九个太阳，一个太阳已经站立在扶桑树巅，准备去换班，而白天正在值班的一个太阳则尚未归来。

3. 关于月亮的神话

帛画左上角画有一弯新月，月里有蟾蜍和兔子，月下有一个飞腾的女人，显然，这是古代关于月亮神话的内容。另外，对这个画面有五种不同的解释：（1）根据《淮南子·览冥训》"羿请不死之药于西王母，羿妻嫦娥窃之奔月，托身于月，是为蟾蜍，而为月精"的记载，认为是画的嫦娥奔月；（2）认为帛画月中已有蟾蜍，则说明嫦娥奔月之时，蟾蜍已早据月宫，因此认为蟾蜍并非嫦娥所化；（3）认为既然月里已有蟾蜍，月下的女子不应是嫦娥，而应是神话传说中"生月十有二"的月神常羲；（4）根据汉魏以来画像石、画像棺、壁画上常见的月神擎月的画像，认为应该是托月女神；（5）认为是苗族神话中的天神"金沙"，传说天神是墓主的灵魂，她正在飞向天国。

4. 裸体巨人是谁？

在帛画的最下部，有一个站在两条大鱼上的裸体巨人，他是谁？有的根据《列子》《山海经》等书的记载，认为是上承蓬莱仙岛的禺疆；有的认为"是祝融，不是禺疆"，因为《山海经》的禺疆是人面鸟身，而"祝融兽身人面，乘两龙"，祝融是火神，他"正举着烹调好了的供品，献与墓主人"；有的认为是地神或地仙；有的认为是鲧，鲧治水不成，死后被罚去服顶托大地的劳役。

5. 是"天门"还是"鬼门关"？

帛画上部有两人相对而立，其背后各有一"山"形物，合起来像一个阙。许多研究者认为这是"天门"或"阊阖门"，守门者叫"阍"，或叫"大司命""少司命"，但有的认为，"是神荼、郁垒与双虎组成的'鬼门关'"。

一幅帛画竟产生了这么多的说法，《简报》编写小组人员感到无所适从，只好斟酌再三，对每一项内容尽可能地择取一个准确的观点。尽管如此，对有些问题还是感到难以取舍。其中最为困难的就是画面最上端的人身蛇尾怪像和右上部那个大太阳下的八个小太阳。

关于那个人身蛇尾的怪象，多数人认为是神话中所说的"烛龙"，依据是，《山海经·大荒北经》曾载："西北海之外，赤水之北，有章尾山。有神，人面蛇身而赤，直目正乘，其瞑乃晦，其视乃明。不食、不寝、不息。风雨是谒。是烛九阴，是谓烛龙。"但有人则根据《楚辞·天问》等史典，认为不是烛龙而是神话传说中的女娲等等。对于根据画左上角那个包含一只金鸟的大太阳和下面可能是扶桑树的周围那八个小太阳，大多数人解释为后羿射日的神话故事。其根据是《淮南子·本经篇》中有"尧之时，十日并出，焦禾稼，杀草木，而民无所食。……尧乃使羿……上射十日"的记载。这个故事分明是说，尧的时候，有十个太阳一同出来，造成地上天天大旱，树木焦枯，为解决这个矛盾，尧便命神箭手后羿射去了九个，只留一个太阳照耀大地。但《简报》编写小组人员却只在画面上看到了九个太阳，显然与

后羿射日（汉画像石，河南南阳出土）

144

传说不符。如果说后羿此时正在对太阳射杀的过程中，或者说已经射杀了一个，但整个画面又看不到后羿的半点影子。那么这个画面到底表现了什么？如果否定了太阳说，认为画面上之物应为北斗七星等，也觉得不尽准确。编写小组人员四处询问有关方面的神话专家，得到的答复同样是各不相同。在举棋不定之时，博物馆方面得知由中央新闻电影制片厂拍摄的关于马王堆发掘以及出土文物的电影已剪辑完成，并由中科院院长郭沫若审查了此片，正式定名为《考古新发现》。郭沫若此前做过长沙陈家大山楚墓出土帛画的考察，对帛画有较深的研究，这次也一定从影片中看到了马王堆汉墓出土的帛画，并对相关的内容有所思考和认识。于是，《简报》编写小组人员抱着试一试的态度，通过书信询问有关争论不休的问题。

郭沫若很快复信给予了解答。他对那个争论不休的人身蛇尾像的回答极为干脆："是女娲，不是烛龙。"同时进一步解释道：说烛龙者多根据《山海经·大荒北经》所载，其实是不正确的。烛龙何能处在天界至高而正中的地位？烛龙之职，在"烛九阴"，屈原在《天问》中已根本怀疑过它的存在："日安不到？烛龙何照？"（太阳哪有照不到的地方，要你烛龙来照什么？）现在画中有日有月，左右并照，更何需乎烛龙的存在呢？我看毫无疑问地应该解为女娲，《天问》中也说到女娲在天上称帝，虽然采取着怀疑的态度。

烛龙华光（明·萧云从作）
原文：日安不到，烛龙何照？羲和之未扬，若华何光？何所冬暖？何所夏寒？
注释：烛龙，神话中的神。《山海经·大荒北经》载："西北海之外，赤水之北，有章尾山。有神，人面蛇身而赤，直目正乘，其瞑乃晦，其视乃明。不食、不寝、不息，风雨是谒。是烛九阴，是谓烛龙。"羲和，神话传说中替太阳驾车的神。若华，若木的花，传说若木生长在日入的地方。
萧云从自注曰："西北有幽冥，无日之国，有龙，衔烛而照之。"取王逸之说，又云："僧繇作《山海经》有此图。"

"登立为帝，孰道尚之？（女娲登位为天帝，是谁倡导而推崇的？）

女娲有体，孰制匠之？（女娲人体而蛇尾，是谁设计而创造的？）"

上两句，旧说指伏羲，或谓指舜、禹，其实说的都是女娲。把上下各两句颠倒一下，意义就很明白了。王逸注引传言"女娲人头蛇身，一日七十化"。女娲曾为至上神的天帝，这是母系社会的反映。后来成为伏羲与女娲，汉墓壁画多作男女双人像，都是人身蛇尾，下体的蛇尾每每是两两交缠在一起的。有时候男女分掌日月，共理阴阳。有时候男女分执规矩，共管乾坤。（古人言天圆地方，规矩以画方圆，故以规矩表示天地。）有时候在男女像之外还配备有小儿像。王逸的儿子王文考（延寿）所作《鲁灵光殿赋》中，叙述到"伏羲鳞身，女娲蛇躯"。可见殿中的壁画上也画有伏羲与女娲的夫妇像，是否交尾，没有明言。鲁灵光殿建筑于汉景帝年间，与马王堆汉墓的年代相距不远。但其地在鲁，所表现的文化意识便大有悬隔。

天帝化为夫妇，这是把民间传说同儒家思想杂糅起来了的结果。儒家思想重男轻女，如《周易·系辞传》《荀子·成相篇》都只提伏羲而不提女娲。南方古代文物，保留着民间传说的成分较多，如《楚辞·天问》与马王堆西汉帛画，便只提女娲而不提伏羲。后来伏羲与女娲并提，是对于儒家思想让了半步，更后全步退让。女娲作为天帝的存在便完全渺茫了。

至于帛画右上方画面所画之物，应为太阳，并非北斗七星。其中之意，应为后羿射日之说，至于传说中的九日为何少了一个，我无研究，兴许那一个是藏到树叶后边去了吧……

郭沫若在解释了《简报》编写小组提出的一切

伏羲女娲帛画（新疆吐鲁番出土。画中的伏羲和女娲，明显带有西域人的特点）

问题后，最后竟以政治诗人的激情和想象说道："作画者对于屈原的批判精神似乎有所继承，他不必有意识地、但却形象化地表现出了人间与天界都是建立在巨大无比的劳动力之上。那位支付着巨大劳动力的巨人，可能就是神话传说中的禹强，但其实可以认为在阶级社会中无分男女的整个被压迫阶层的象征。但从画面看来，那个巨人的阶级意识还没有觉醒。如果觉醒了，他把两手一松，人间与天界即使是男性中心，也都会全部垮台。"

鉴于郭沫若在史学界的权威，编写人员接到答复，遂不再争论，决定按其说法公布，只是在后羿射日的故事传说之后，又加上了一句："是一个藏在树叶后面，还是另有说法，有待进一步考证。"

《长沙马王堆一号汉墓发掘简报》定稿之后，立即送北京交王冶秋审查。王冶秋看后，为慎重起见，又呈报周恩来审阅。周恩来带病审阅了此稿，结果发现"素纱禅衣"原稿有误。他明确指出"禅衣"与佛教有关，这里应改为"襌衣"，同时，周恩来对出土的那幅帛画定为"是我国古代帛画中空前的杰作"改为"前所未见"的杰作。

当周恩来批阅的稿件退回后，王冶秋立即组织人员对原稿的"禅"字进行考证，结果发现确是与佛教有关，而古代有关这类服饰的史料中也明确载为"襌衣"。面对此情，当时的编写人员包括王冶秋在内，无不惊讶与敬佩地说："周总理是天下第一忙人，连一个小点都不放过，可见我们以后的工作也是万万不能大意的。"

《简报》经过修改后，终于定稿，并交付文物出版社出版。同时，经向有关方面请示，《简报》编写小组将有关情况和资料向新华社提供，正式向外界公布。7月30日，新华社向世界发布了如下消息：

长沙市郊出土一座两千一百多年前的汉墓

在这座古墓葬里，从尸体、棺椁到大批的随葬器物，都保存比较完整，是我国考古发掘工作中一项极为罕见的重要发现，对研究西汉初期的历史、文化等方面都有极重要价值。

新华社北京一九七二年七月三十日电 一座距今两千一百多年的西汉早期墓葬，最近在湖南省长沙市郊的马王堆出土。在这座古墓葬里，从尸体、棺椁到大批的随葬器物。都保存比较完整,是我国考古发掘工作中一项极为罕见的重要发现,对研究西汉初期的历史、文化、手工业生产、农业生产以及医药、防腐等方面都有极重要价值。现在,我国的文物、考古和科学工作者正在对这一重要发现进行研究和整理。

这座古墓埋葬女尸一具,外形基本完整。尸体包裹各式丝绸衣着约二十层,半身浸泡在略呈红色的水里。经研究,尸体的皮下松,结缔组织有弹性,纤维清楚。股动脉颜色与新鲜尸体的动脉相似,出土后注射防腐剂时,软组织随时鼓起,以后逐渐扩散。估计死亡年龄在五十岁左右。

墓的结构复杂,从突起地面的墓顶到椁室深二十米。椁室构筑在墓坑底部,由三椁(外椁、中椁、内椁)、三棺(外棺、中棺、内棺),以及垫木所组成。三椁三棺层层套合。木椁四周及上部填塞木炭,厚三十至四十厘米,共约一万斤。木炭外面又用白膏泥填塞封固,厚度六〇至一三〇厘米。可能是由于木炭和白膏泥密封层的防潮防腐作用,以及其他防腐处理,使尸体、葬具以及大量的随葬器物得以保存完整。

这座墓的随葬器物,数量很多,共有千余件,多放在外椁与棺之间。其中有丝织品、漆器、竹木器、陶器以及粮食、食品、明器等等。丝织品包括目前所了解的汉代丝织物的大部分品种,有绢、罗纱、锦、纺、绮等,花纹鲜艳繁缛,制作技术精巧。最珍贵的是覆盖在内棺上的一幅彩绘帛画。呈"T"字形的画幅长两米多,上宽九十二厘米,下宽四十七厘米,角上缀有飘带。帛画内容丰富。整个画面,从下到上.表现了地下、人间、天上的景物。这些景物有的出自神话传说,如"羿射九日""嫦娥奔月"等故事。有的出自当时阶级社会的生活。有的想象,有的写实,线条流畅,描绘精细,色彩绚丽而对比强烈。不知名的画家把这些极为丰富的内容如此完美地组织在一个画面上,实为我国古代帛画中的前所未见的杰作。这是我国现存的两千一百多年前唯一的一件画在丝织品上的绘画珍品。内棺的四壁和盖板上,分别贴有一层铺绒和羽毛贴花绢。铺绒用于镶边,羽毛贴花绢作菱形纹,由金黄色、黑色、翠绿等色彩的羽毛制成。这种装饰在木棺上的铺绒和羽毛贴花绢,迄今还是第一次发现。

竹木器中,主要是木俑、竹简和竹笥(竹制的箱子)三大部分。其中比较珍贵的是一百二十多个身穿彩衣或彩绘的木俑。有二十六个木俑组成了一

第五章 树欲静而风不止

个奏乐歌舞班子,在它们的对面,放置着漆几、屏风、手杖、香囊、奁盒和满盛食物的漆案。竹木器中,还有一个二十五根丝弦的木瑟,一个前后两排,共二十二管的竽和一套十二支竹管制成的音律管,这三件保存十分完好的管弦乐器,为我国古代音乐史增添了实物资料。

漆器有一百八十多件,绝大部分是木胎,光亮如新。彩绘的花纹变化多端,线条勾连交错,构思巧妙,造型异特。陶器的种类很多,长沙西汉墓中常见的陶鼎、陶盒、陶壶、陶钫等,在这墓中成批发现。很多漆器、陶器中,有的盛有糍粑、酱菜、桃、梨、杨梅、瓜、鸡蛋、稻谷等粮食和食品,出土时还可以清楚地辨认出来。随葬品上,有写着"轪侯家丞""轪侯家"字样的封泥和墨书题字。据《汉书》和《史记》记载:"轪侯"是惠帝二年(公元前一九三年)封,传四代即废。墓中女尸极有可能为第一代"轪侯"——利苍侯的妻子。《汉书·高惠高后文功臣表》记载:"轪侯黎朱苍,以长沙相侯,七百户……"(《汉书》的黎朱苍即《史记》的利仓)由此可见,轪侯是汉初诸侯王中一个封地仅有七百户的小侯。他的妻子死后,动用这么多的人力,消耗这么多的财物,这就充分暴露了封建统治阶级的骄奢淫逸及其对劳动人民的残酷压榨。

伟大领袖毛主席指出:在封建社会中,"只有农民和手工业工人是创造财富和创造文化的基本的阶级"。使人民认识自己的历史和创造力,这是一件很要紧的事。马王堆汉墓中出土的大量珍贵随葬物品,出自汉初劳动人民的精心创造,充分反映了我国劳动人民的聪明才智和伟大创造力。几千年以前的地下珍藏,在广大文物工作者和工农兵群众的努力下重见天日了。劳动人民的伟大创造回到了劳动人民自己的手里。

这个尸体和出土的文物,有关单位正在整理和研究。暂时不公开展出。

随着这个电文的公布,在使世人将目光骤然投向东方中国的同时,也引爆了一场关于马王堆汉墓发掘的世界性的大争论。

国内外的论争

马王堆汉墓考古发现的消息公布之后，立即在世界各地引起了强烈的震动。据新华社统计，全球有160多个国家和地区的报纸及其他新闻媒体进行了报道。马王堆汉墓的考古发现，尤其是女尸的面世，成为当年世界上最为轰动的一大奇闻。全人类的目光骤然投向世界东方这块神秘的土地。

在众多予以报道这一考古发现的国家和地区中，最为敏感和关注的当数日本。整个岛国的舆论界、历史学界、美术史学界及万千百姓的热情，被这股奇闻的冲击波煽动而起。东京各大报于7月31日均在显著位置以较大篇幅报道了这一消息。8月1日，各大报晚刊，在头版头条位置或显著位置，以大量篇幅刊登了新华社发的一组有关照片。各电视台也放映了这一组照片，并播放了有关消息。这些报纸说，"2100年前的历史展现在眼前"（《朝日新闻》），"中国的奇迹！栩栩如生"（《产经新闻》），"精巧，灿烂，古代中国"（《读卖新闻》），"保存得如此完整，令人惊讶！（日本的）高松冢不能与之比较"（《东京新闻》）。各报还刊登了日本学者发表的感想。历史学家杉村勇造说："这是了不起的。我感到惊讶！中国古代和战国时代的美术史要重新改写。"东京大学教授、考古学家关野雄看了发表的传真照片说："这是超乎想象的杰作。今后即使再挖掘一万处，也不会再发掘出这样高水平的东西来了。"他说："今后如果进行医学解剖，也许可以知道2000年前上

日本高松冢古坟壁画

第五章 树欲静而风不止

流阶级的人们的营养状况和死因。"又说："盖棺用的'T'字形的绢子，它在绘画史上的意义是空前的。"国立博物馆考古课长、考古学家三木文雄说："女尸能保存这样好，其科学的处理方法之发达，令人感叹！"又说："这真是一起世界性的发现。……湖南地方的诸侯坟墓如此华丽，所以肯定还会有其他更出色的遗迹。希望给中国的挖掘调查以声援。"国立科学博物馆人类研究室室长铃木尚说："这一保存方法，与德川家康的埋葬方法很相似。""可以认为，德川将军的埋葬，受了中国的影响。"另外，共同社8月1日发表的电文，以"和北京猿人并驾齐驱——赞叹长沙发现的古坟"的标题说："中国湖南省挖掘出一座西汉时代的古坟（约两千年前）的消息，在我国引起了巨大的反响。街头巷尾的人们纷纷议论说：这真是中国的高松冢啊！掌握了详细调查结果的研究人员说：这是中国五千年的历史中的一个与北京猿人并驾齐驱的重大发现。"

曾发现奈良时代高松冢的丰永雅雄博士也发表感想说："希望从事调查研究的人以冷静的判断来进行工作。希望无论如何也要保存到后代。"

稍后，日本京都大学东洋美术史名誉教授长广敏雄，在8月3日的《每日新闻》上，满怀对马王堆考古发现的崇敬之情，发表了长文《古代中国的奇观》：

七月三十日北京广播了中国湖南省长沙郊外马王堆地方发现了一座西汉惠帝时代（纪元前198—前188年）的古墓的新闻，古墓的主人推定是轪侯的夫人。看到这些考古发掘的重大发现，真令我为之惊叹不已。

首先令我想起的，是大约十年之前，也就是一九六一年同样是在长沙南郊出土，同样属于西汉时代贵族的一座古墓，它的漆画棺木在中国学术杂志《文物》上（一九六三年二月号）曾评价为前所未有的最完备的楚汉时代的漆画棺木。但是这一次发掘的汉墓棺木，上面丰富多彩的漆画比上次发现的更加完美得多了。

一九六一年发掘的那座汉墓，尸体收藏在两层木椁和两层木棺里面。这次则是三棺三椁。论坚固性，前者不能与后者相比，而且后者棺与椁之间又用厚厚的木炭和白膏泥加固密封，卧于内棺的女尸又用二十层各种丝、绢的织物包裹，下半身浸在红水之中。这种红水多半是水银和朱砂的溶解液。最令人惊异的是，那具女尸的皮下组织还有弹性。

我的看法是，这不是在偶然的情况下保存下来的女尸，因此，如果我的看法是事实的话，那么这就意味着古代中国就拥有很优秀的防腐技术。

早在公元前四世纪，中国的冶铁技术就已经很进步，这已经为考古学家所公认。由于冶铁文化的发展，在此基础之上发展起来的各种土木技术乃至发展了高度的美术工艺水平，也是不难想象的。这一次发掘的汉墓是公元前二世纪中叶之物，也正是中国在文化艺术方面发展中的一个顶点，当然是要予以高度评价的。

另一方面，从这次出土的长沙西汉古墓中发现的外棺棺木表面精巧的漆画和内棺上覆着的绚丽多彩的帛画来看，这两样出土物，也可以说是中国美术史上划时代的巨大收获。

这次重大汉墓发现的所在湖南省长沙地方，原是古代的楚国。郭沫若先生写的历史剧《屈原》的主人公屈原自己演出的爱国至情悲剧的舞台也是在湖南，湘江在长沙之旁流过，以洞庭湖为中心的大小湖泊构成的风物诗也是产生于此地，由于秦、汉等大帝国的兴起，楚国虽然处在失败者的地位，但是楚国的文化，是春秋战国以来一直能连绵地独自保持着。这次西汉轪侯夫人墓所表现出来的文化和美术有如路标一样，充分显示出楚国灿烂文化这一巨浪的光辉。

就在这篇长文发表之后，许多报刊跟着发表了一系列论述马王堆汉墓的长篇论文，将普通、简单的报道引上了更深层次的研究和探讨，使马王堆汉墓发现的热潮久持不下。在这股热浪推拥下，日本《朝日周刊》竟别出心裁地插办了一份《轪侯报》，进行不定期地出版发行，这份报纸对马王堆汉墓的发现、发掘以及出土器物，做了详尽而全面的报道。不同学科、不同领域的专家学者也乐此不疲地纷纷撰文，对墓的建制、年代、墓主人的身世和身份等，做了大胆的探索和设想。有人认为，墓主人是第一代轪侯之妻，有的则认为属于第二代或第三代，其中著名学者和光大学美术史教授宫川寅雄则横空出世地认为墓主人是轪侯利苍的女儿，嫁给了第一代长沙王吴芮的儿子吴臣，成为王妃。其理由是：轪侯是列侯，要治国，而他的封国是湖北浠水，死后不可能埋在长沙。即使西汉时期诸王列侯有"多居长安"，"不就

第五章 树欲静而风不止

国"的习惯，也只能是为长沙相的轪侯利苍本人死后葬长沙，其妻子应葬在原封地，也就是湖北浠水，且轪侯本人葬长沙的可能性不大。另一条理由是，轪侯利苍当时出任长沙相，处于一人之下，万人之上的峰尖地位，有资格把女儿嫁给第二代长沙王。其次，从这座墓的规模形制以及棺椁、殉葬品等来看，也应是王妃一类的身份。至于墓中出土的"轪侯家""轪侯家丞"等铭文和封泥，自然是王妃死后由娘家送来助葬的礼品……

就在日本学者大炒马王堆汉墓并呈火爆之势时，中国国内更是热闹非凡，除了那些争相一睹女尸风采的普通群众街谈巷议和新闻媒体的纷纷报道外，考古学界、历史学界、文化艺术界、医学界及其他学科、部门的各路学者凭借身在中国的特殊条件，或亲赴长沙考察，或凭借各种发掘资料，围绕这一重大发现，也展开了激烈的论争。

北京大学历史系教授张传玺，在亲赴长沙考察后，首先对日本学者宫川寅雄的论点发难，声称宫川寅雄的说法是一个错误的论断。其根据是吴臣死的时候，利苍还没有当长沙王国的相，到吴芮的孙子，也就是吴臣的儿子当长沙王时，轪侯利苍才当相。既然此前未当相，其他理由自然就不能成立。

张传玺教授在否定了宫川寅雄的观点后，在长沙考察期间，还受湖南省博物馆的邀请，对马王堆汉墓的墓主问题谈了自己的看法。他用平直的白话说道：

利苍这个人的来头，可能是楚国贵族的后裔。《汉书》注讲姓利的是楚国公子封于利，当时贵族以封地为姓。利苍可能为其后。秦末农民起义，利苍是否参与了？没有记载。据推论可能参与了，属于项羽的一部分，在项羽的军队中当将，在楚汉战争中投降了。这样推论的根据是：《汉书》记载汉初封了143个侯，是分批封的，每批都有共同的特点，共同的功劳。项羽的部将投降过来所封的侯都编在一起。项它是项羽手下的上党郡太守，投降后，刘邦封他平皋侯，位次121号，食邑580户。并且注明"功比轪侯"。意思是以轪侯为标准。轪侯位次120，食邑700，和项它位次紧挨在一起。显然也是投降过来的。他们这些人封地的位置也靠在一起，都是河南南部到湖北一带。利苍封侯的时间：《汉书》记载为惠帝二年以长沙相侯。不确。他封侯应在刘邦在世之时。因汉初王国相地位很高，如曹参原是王国相，一下子就提升为中央丞相。所以都是先封侯，后当相。直到汉武帝时才有先当相后封侯的例子。

至于利苍封轪侯后，到任长沙相前这一段干什么去了，不知道，也许就在湖北当郡守。

轪侯的世系：第一代轪侯利苍是长沙国的第二任相。第一任相叫吴郢。（当时不叫相，叫柱国。）吴郢封义陵侯。

第二代轪侯叫豨，没有当长沙相了。接替利苍当长沙相（第三任）的是河南一个都尉越。豨干什么去了不清楚。但他的儿子后来在中央当大官，他不会什么官也没有当。很可能还在长沙任职。

第三代轪侯彭祖，景帝中六年到中央当太常，直至死。《汉书》搞错了，搞成了"轪侯吴利"。

第四代轪侯扶为东海太守，因过错废。

一号墓墓主人究竟是第几代轪侯的妻子，我们倾向第二代。

第三、四代可以排除，因都在别地当官，第三代当太常，是中央九卿之一，官很大。

为什么说是第二代轪侯而不是第一代，有三个理由：

1. 封泥有三种，大量为轪侯家丞，个别为"右尉"等，列侯家办事的人有五个等级，如家丞、洗马、门大夫……家丞为头头。主人死了。他检验送葬品，合乎道理。

"右尉"可能为轪侯国的一个尉。轪侯国的地域是一个县（轪县），这个县的县令与列侯不是臣属的关系，不同于诸侯王和诸侯相。所以轪侯与轪县县令不发生太多关系。大县设左、右尉，小县只设尉。轪是大县，因此设了右尉。每年租子由轪运至长沙，可能由右尉押运，民伕，也由右尉押送，与轪侯发生关系多。因此有两个箱子上是"右尉"的封泥。在所有封泥中，只看到轪侯国人物的活动痕迹，而无长沙王国相府官僚的活动痕迹。因此，似为轪侯不当相时所葬，可排除第一代，保留第二代。

2. 这个墓和砂子塘汉墓比较，埋葬制度，棺椁、器物都差不多，基本是同时代的。但封泥不同。这座墓封泥为家丞，砂子塘墓封泥为"家吏"，家丞与家吏是否有时间先后问题？因汉朝制度在文帝时才正规化，列侯家丞五人以家丞为首的制度也从这时才正规化。在此之前，可能"家丞""家

第五章 树欲静而风不止

吏"混用。因此，可以认为两墓同时代，但砂子塘稍早，也可能只早几年。如果这样，也可排除第一代轪侯，保留第二代轪侯。

3．泥钱。文帝时才用半两，这墓所出均为文帝半两，而利苍在高后三年即死了。因此，可以排除第一代轪侯。

困难的问题是：死者是女的。我的推论是以男女年岁、死亡时间差不多的假设为前提的。

其实，张传玺的论断是故宫博物院著名文史专家唐兰论点的延续和补充。在张传玺到长沙之前，《文物》月刊社曾邀请各路专家，针对马王堆汉墓的考古发现，组织过几次颇具规模的座谈会，张传玺属于首批被邀请的专家之一。也就在这几次的座谈讨论中，唐兰曾向张传玺就墓主问题说："我认为，这座墓葬应定名为西汉轪侯妻辛追墓。因为出土遗物中在奁里有一方印，上面写的是'妾辛追'三字，辛追显然是墓主的名，姓什么就不清楚了。"

"墓的时代我认为是汉文帝时。死者应是第二代轪侯豨的妻子第三代轪侯彭祖的母亲。因为她死时五十来岁，既不可能是彭祖的祖母，也不可能是彭祖的妻。墓里随葬品没有金银铜玉等，这就是我确定墓在汉文帝时的原因。根据《史记·孝文本纪》，文帝在做生圹（霸陵）时就不许放金银铜锡等，而单用瓦器以表示他的所谓敦朴。汉代皇帝在即位后不久就做生圹，当时王侯们当然要遵守他定

唐兰（中）与王冶秋（左一）、郭劳为（左二）、谢辰生（右二）、冯先铭（右一）等文物局人员在香港（引自《回忆王冶秋》）

155

的制度，不敢超过。轪侯狶死时是文帝十五年（公元前165年），他的妻子的死当在其前后，正是这个时候。如果说是第一代轪侯利苍（黎朱苍）的妻子，则利苍死在高后二年（公元前186年），早于此21年，当时还不会有这种情况。而第三代彭祖的死，在景帝后元三年（公元前141年），晚于此24年，第二年就是武帝元年。日久玩生，这种制度已不会严格遵守，只要看武帝时中山靖王墓，随葬铜器之多，就显然不同了。从这点上，我们可以肯定这个墓的时代是公元前165年前后。"

唐兰的观点恰与张传玺的论断不谋而合，另外几名专家对此观点也纷纷提出了相同的看法。一时，关于墓主属于第二代轪侯之妻的论断占据了上风。但是，也就在这几次的论战中，也有为数不少的专家、学者表示对唐兰、张传玺等人的观点不敢苟同。其中著名历史学家陈直在这次讨论会上认为：从《史记·惠景间侯者年表》记载中可以看出，轪侯利苍以长沙相侯七百户，惠帝二年四月封，以吕后二年卒，受封共计八年。《汉书》作轪侯朱仓。今本《汉书》作黎朱苍，司马贞在唐时所见，尚不称为黎朱苍，或系别本。疑朱为利字偏旁相似之脱文，黎字隶书或写作梨，上半从利。今以史汉两本及司马贞所见《汉书》别本稽合考之，利仓或作黎仓，朱字则为衍文。太史公与惠帝时代相近，当以《史记》作利仓为是。利姓在汉代极少见，与利几皆为西汉初期之列侯（利几见《史记》高祖五年纪）。利苍当为长沙王吴臣及吴回之相（长沙王吴芮都临湘，即今长沙市），因身任要职，故不就封轪国，家属死亡，即在长沙埋葬。但嗣侯利狶等，可能至轪县食邑居住。观于《汉书》侯表，记宣帝元康四年利苍玄孙之子竟陵簪褭汉再绍封侯国，知利苍子孙由轪县迁至竟陵占籍。本墓中所出竹简，其字体虽用草隶书，其假借字，仍多沿用战国楚书诡异之古文，正属于西汉时期作品，因此认为轪侯利苍妻子之墓，比较合理。

著名历史学家杨伯峻也提出了同陈直基本相同的看法，并在陈直论述的基础上，又较为详尽地做了补充。他认为马王堆一号汉墓墓主是轪侯的妻子，是毋容置疑的。但是第一代，还是第二代、第三代，则难以判断。从两方面看，可以基本肯定其为第一代轪侯妻子的坟墓。其理由是：

从这座墓的营造和随葬物来看，所耗费的人力、物力和财力是巨大的。轪侯的妻子尚且如此，若轪侯本人的丧葬，又将怎样呢？以一个七百户的小

第五章　树欲静而风不止

侯，未必能有这种隆重。因此他认为，这种奢侈豪华的埋葬，主要由于墓主丈夫之为长沙国相，次要才在于他之为軑侯。《后汉书·百官志》说："汉初立诸王，因项羽所立诸王之制，地既广大，且至千里。又其官职，傅为太傅，相为丞相。又有御史大夫及诸卿，皆秩二千石。百官皆如朝廷。国家唯为置丞相，其御史大夫以下皆自置之。"

按照杨伯峻的解释，西汉初年诸侯王国的丞相，或叫作国相。又省称相。据上所引文，王国的官，只有相是由皇帝任命的，所以相在王国诸官中地位最高，《汉书·百官表》说，"诸侯王，丞相统百官"。因之国相的人选是很重要的。汉朝初年，刘邦的亲信，很多人都任过"国相"。《汉书·曹参传》说曹参为齐相，《韩信传》说陈豨为代相，《郦商传》说郦商"受梁相国印""受赵相国印"，都可以证明。诸侯王的相国不但统率该国的大小官吏，治理百姓，还可调动军队。曹参做齐相，齐国安定，史官不归功于齐王，而归功于曹参。刘邦要陈豨监护边疆军队，便叫陈豨为代相，陈豨因此调动边疆军队造反。这都可以说明国相权柄之大。《栾布传》说栾布做了燕相，至将军，高兴地说："富贵不能快意，非贤也……于是尝有德，厚报之；有怨，必以法灭之。"栾布早已做过将军，他之所以"快意"，就是由于做了燕相。为一国之相，竟能如此作威作福，生杀予夺，一切任性，一个小侯哪能与之相比！总之，作为长沙王国的相，剥削范围和对象要比七百户的軑侯多若干倍，剥削的方式也可以多种多样，因之，他的剥削所得总量必然比他食邑所得量高出若干倍。只有这样，才能对他家属的丧葬有如此巨大的浪费。

杨伯峻就自己的观点继续解释道，从"竹笥外面全部用染色的绳子缠缚，并加封泥……封泥文字多数为軑侯家丞，个别作右尉"等也可以看出，軑侯妻子的埋葬，费用虽然大半出其丈夫为长沙国相剥削所得，但名义仍以軑侯为光彩。而经纪丧葬人员，既可以有軑侯的属员，也可以有长沙国相的属员。"軑侯家丞"就是作为軑侯的属员，"右尉"就是长沙国相的属员。这就可以说明墓主丈夫的身份，既是軑侯，又是长沙国相。第二代、第三代軑侯是不是可以继续做长沙国相呢？在汉朝，侯爵可以世袭，官职不能世袭。从现存两汉史料来看，子孙继承父祖的官职，并无此例。当然，也有可能第二代或者第三代軑侯在某一时候被皇帝任命做长沙国相，但这只能

一号墓西边箱北部竹箱出土情形。竹箱叠压三层,排列整齐,上压7只,中层16只,下层10只,共33只

一号墓出土的竹箱。个别大的箱子长69.5厘米,宽39.5厘米,高21厘米。外用绳有规则地捆扎,有的箱内还用黄绢衬里

是一种假设。高后时,做长沙国相的是醴陵侯越,(见《汉书·功臣表》),已不是轪侯了。那么,这一墓主的身份,为第一代轪侯的家属,是最合理的解释了。

就在各路专家、学者为马王堆汉墓发现的女主人到底属于第几代轪侯之妻争论不休时,有一位叫陆甲林的大学历史系教师,又像当初日本学者宫川寅雄一样,横空抛出一个令四座皆惊的观点,使得争论双方不得不暂时罢阵收兵,竖起了耳朵细听陆甲林的论述。陆甲林以"长沙马王堆一号汉墓墓主人究竟是谁?"为开语,接着说道:

许多同志根据一部分出土器物上有"轪侯家丞"的封泥和"轪侯家"的朱书,认为应是轪侯的家属或是轪侯的妻子。我认为仅凭这些,根据似不充分。理由如下:

1. 漆器上书写他人名字的情况过去早已有过,多半属于他人赠送的随葬品,如长沙西汉刘骄墓中,随葬的漆盘书写他人名号"杨主家般(盘)"。由此可以看出,书写"轪侯家"的漆器,也可释为该物为轪侯家赠送。

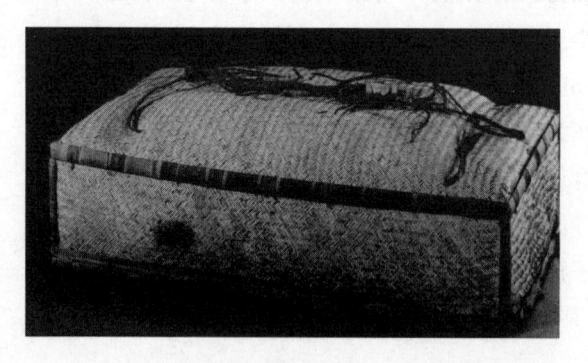

2. 从出土实物资料表明墓主人的身份应超出于轪侯妻子之上。

①这座汉墓封土高约二十多米,折合汉尺相当于7丈。

第五章　树欲静而风不止

按汉律规定"列侯坟高四丈"（《周礼》郑氏注），轪侯是"四姓小侯"，属列侯之一，其妻子坟高只能是四丈，即便略为超出，也不可能如此之高。

②按汉之棺椁制度为天子五棺三椁，诸王、三公四棺二椁，九卿诸列侯三棺一椁……。据此，轪侯的妻子只能三棺一椁，而一号汉墓四棺二椁，则应属于王公一类家属的棺。

③《后汉书·礼仪志》：天子"以木为重，高九尺"，一号汉墓棺椁通高2.8米，合今尺为8尺4寸，折汉尺相当于9尺，接近于皇帝的标准。

④汉代棺饰据《后汉书·礼仪志》记载："诸侯王、公主、贵人皆樟棺洞朱云气画。公、特进（侯）樟棺黑漆。中二千石以下坎侯（䋚䋺）漆。"轪侯顶多相当于中二千石。因此轪侯妻子的棺饰应为䋚䋺漆，不髹朱，也无云气画。但一号汉墓棺内部均髹朱漆，第二、三层棺面均饰云气画，全属第一等。

⑤《汉官仪》称："天子十二旒，三公九（旒），卿、诸侯七旒。"轪侯同于九卿和列侯，其"车旗、衣服、礼仪皆以'七'为节"（《周礼·典命》），现在这具女尸缠着九道丝带，说明她只能是后妃或王公家属一类人物。

⑥据《后汉书·舆服志》称："公主、贵人、妃以上，嫁娶得服锦、绮、罗、縠、缯，采十二色，重缘（缘）袍。特进列侯以上，锦、缯，采十二色（袍）。"轪侯属列侯，其妻子的礼服在品种上只能服锦、缯而已，不能服绮、罗、縠诸品种，但一号汉墓的丝织品则绮、罗、縠、锦、缯等品

一号墓墓主入葬示意图

159

种样样俱全。因此，从丝织品上也可证明墓主人身份应在"公主、贵人、妃以上"。

3．据《太平寰宇记》载，"在（长沙）县侧十里"有"双女坟"，"双女墓即汉长沙王葬程、唐二姬之冢。坟高七丈"。这段记载同马王堆汉墓的实际状况完全相符。其相符点为：①在墓的年代上，汉长沙王葬程、唐二姬时代与一号汉墓定年为西汉年期相符。②在墓的外形及高度上，两墓"坟高七丈"与马王堆东西两冢均"高约20多米"相符（当时七丈折合现在的六丈多）。③在墓主的身份上，程、唐二姬的身份与现有坟高，棺椁及随葬品的规模、样式均相符。④在墓的方位上，县侧十里与该墓在东郊距市中心约四公里也完全相符（当时十里折合现在四公里多）。⑤马王堆有东西两冢，大小差不多，因墓的方向正北，两墓即是西左东右。若是夫妻关系，按"古时尊右"的惯例应是西女东男；但现在从东土冢挖出来的却是女尸，故证明其不是夫妻坟，而与"双女坟"的记载相印证。

程、唐二姬同是汉景帝的妃子。《史记》《汉书》均称："长沙定王发，发之母唐姬，故程姬侍者。"程唐二姬之间有这样一种特殊关系，因之，她们死后并葬于"双女坟"也就有其可能。这具女尸出自东土冢，即右墓，按古时尊右的惯例，当然应为程姬。程姬是皇妃，同时又是三个诸侯王的王太后，我们现在所看到的葬仪的样式规模，以及豪华的随葬器物，与文献记载相互印证，均同程姬的身份相符。

程姬为什么会死葬长沙？我认为她可能是由于应唐姬之邀出访做客，突然染疾身亡而落葬长沙的。

至于墓中某些竹笥和陶罐上有"軑侯家丞"的封泥，可能由于程姬或唐姬死于汉景帝末年，这时第三代軑侯彭祖被调任太常，掌宗庙礼仪，负责主持皇帝、后妃等皇族显贵的丧仪，故像验收查封竹笥、陶罐等随葬品这一类具体"小事"就自然由"太常（寺）丞"也即"軑侯家丞"来办理了。

根据以上分析，我认为马王堆一号汉墓墓主是汉景帝的妃子程姬。

就在陆甲林这横空出世的声音辗转半年之久，最后终于通过《文物》月刊传出时，时间已悄然进入了1973年的9月。原来论争的双方以及静观战局、跃跃欲试的后备力量，都无心掉头再次恋战了。因为此时中共湖南省委常委会，审议并通过了发掘长沙马王堆二、三号两个汉墓的请示报告。这个报告在上报国务院后，很快得到了周恩来总理的批准。不难想象的是，为此争论不休的那个女尸的真实面目究竟如何，一定会在二、三号汉墓的发掘中，得到一个令人信服而满意的回答。

周恩来：另外两个墓可否发掘

1971年4月10日，原在日本名古屋参加比赛的美国乒乓球队应邀来到北京机场。两天后，中美乒乓球队在北京举行了一场友谊赛。14日，周恩来亲自出面接见了美国代表团成员，并说道："请你们回去把中国人民的问候转告美国人民。中美两国人民过去往来是很频繁的，以后中断了很长的时间。你们这次来访，打开了两国人民友好往来的大门。"这次比赛，标志着轰动一时的"乒乓外交"由此开始。同年7月9日，美国国家安全事务助理基辛格博士飞临北京，和周恩来等中国领导人进行了秘密会晤。

1972年2月21日，美国总统尼克松抵达中国。当他走下北京机场的飞机舷梯，伸出那只有力的大手时，快步迎上来的周恩来对尼克松说："你把手伸过了世界最辽阔的海洋和我握手。我们之间有25年没有交往了。"两个小时后，在中南海一间普通的书房里，尼克松、毛泽东两位巨人的手又握到一起——中美关系由此揭开了新的一

王冶秋陪同尼克松参观故宫，尼克松忍不住用手触摸地动仪模型

页。事后，尼克松回忆说："我从未想到对中国的主动行动，会以乒乓球队访问的形式求得实现。"

此时的尼克松可能没有想到，自周恩来重新开始控制了中国政局之后，他在谋划"乒乓外交"的同时，也在策划一场新的"文物外交"。在他亲自支持、批准下，国务院图博口调集全国各地的文物精粹，于1971年7月，在故宫正式举办了"'文化大革命'期间出土文物展览"，引起了国内外的震动。这次展览不仅揭开了中国文物保护工作新的一页，同时也打开了中国这块"神秘土地"的一扇窗口，为中国的外交工作的开展做出了积极贡献。正因为如此，周恩来在进一步酝酿策划着如何将出土文物展览办到国外去的同时，对适逢其时发现的马王堆一号汉墓文物的出土情况格外关切。当拍摄马王堆汉墓发掘的电影《考古新发现》剪辑完成后，尽管江青、姚文元等人在审查中，以"会影响破四旧、立四新，对在全国刚刚推广的火葬制度极其不利"等种种理由"建议将出土的女尸就地火化"，但周恩来还是顶着巨大压力，做出了"影片予以通过，在国内外公开发行、放映"的批示。也就在这个批示下达的同时，他通知外交部和王冶秋，让其召集各国驻华使节，观看这部影片，以使他们对中国的灿烂文化有一个更深入的了解。这时的周恩来下定决心，要全方位地实施他的外交战略，让世界走进中国，让中国走向世界。

自美国总统尼克松访华并取得圆满成功之后，北京更是宾客盈门，一批批外国元首纷纷前来中国与周恩来会晤。自二战之后一直看美国眼色行事的日本，对中美关系的悄然变化竟毫无察觉，直到美国运动员从他们国家的名古屋飞临北京时，竟还做出了"中美建交还要再等十年"的笨拙而错误的判断。1971年7月16日，中美双方同时向世界发布了"尼克松总统将于1972年5月以前的适当时间访问中国"的消息后，日本方面才如梦初醒。他们怎么也没有想到中美关系会发展得如此快捷。于是，日本政府为美国没有事先透露那些暗中的外交活动而深感恼火的同时，又不得不紧随美国其后，慌慌忙忙地采取补救措施。

事实上，从50年代起，周恩来就一直对日本做工作，希望两国建立一个愉快的合作关系。因为中国的技术革命需要日本，而日本也需要中国的能源及产品市场。为了寻求这种合作，当新中国成立后，周恩来曾向外界确认，

162

第五章 树欲静而风不止

中国不向日本要战争赔款，因为"日本人民也是战争的受害者，日本的赔款无疑会转嫁到这些受害者的头上……现在我们必须揭开历史上新的一页"。

但是，日本却迟迟不肯将友好合作之手伸过海岸。直到美国人的手臂即将伸过"世界最辽阔的海洋"时，才匆忙做出了极其被动的抉择。

从1972年夏季到秋天，周恩来连续接待了几批日本代表团或叫先遣团，因为这几批代表团的到来，都是为其首相田中角荣的正式访华做铺垫的。对于日本政府采取的外交行动，周恩来表示出极大的热情，他拖着带病的身体，倾尽全力予以接待。就在这个夏秋之交，以日中文化交流协会理事长中岛健藏为首的代表团到达北京时，周总理想起了他的"文物外交"战略和马王堆汉墓的考古发现。于是，他让秘书和有关接待部门联系，请他们专门安排一天的时间，让中岛健藏和王冶秋会见，并让王冶秋在陪同参观故宫等文物单位时，详细介绍新中国成立以来，在考古发掘和文物保护方面所取得的巨大成就。同时告知，这天晚上，自己将以东道主的身份请日方代表团吃饭，并一起观看关于马王堆汉墓发掘的影片《考古新发现》。

根据中方接待部门的安排，中岛健藏率代表团全体成

1974年10月，王冶秋（右四）陪同日本文化特使中岛健藏（左四）及夫人（左二）游览故宫时留影（引自《王冶秋文博文集》）

员，于8月19日会见了王冶秋等人。在王冶秋的陪同下，日方代表团参观了故宫、中国历史博物馆、长城等文化古迹。其间，王冶秋当然没有忘记自己的使命，尽可能地将新中国成立以来，对文物保护和考古发掘方面所取得的成就做了介绍。

傍晚，周恩来如约来到日方代表团下榻的京西宾馆，在跟中岛健藏等一一握手问候后，转身问站在身边的王冶秋："影片准备好了没有？"

"准备好了，就在宾馆的小会议室放映。"王冶秋回答。

周恩来在落座的同时，又问道："马王堆汉墓出土的文物保护得怎么样？"

在他身边随之落座的王冶秋答："已经采取了不少措施，丝织品已全部剥离、清理出来，现正在进行技术性处理。漆木器正在做脱水处理，帛画已由上海的专家裱好了。"

"嗯，无论如何要将这批文物保护好。"周恩来对王冶秋的汇报满意地点了下头，接着说，"文物工作过去是康老（康生）主管，现在康老病了，住在医院里，只好由我来抓了。"

"请总理多做批评指导"。王冶秋谦虚地说。

"不能只做批评，有了成绩更要表扬嘛！"周恩来微笑着说完，又转身和中岛健藏等人交谈起来。

宴会结束后，周恩来对日方代表团成员们说："你们远道而来，很辛苦啊，今天晚上，我们给大家准备了一个小节目，请大家看一部长沙马王堆汉墓发掘的影片。这个墓发掘的情况新华社已做了公开报道，你们已经早知道了。我听冶秋同志说，你们对马王堆汉墓的发掘还在报刊上展开了讨论，气氛很热闹啊。这样很好，可以增加中日两国人民的友谊和对彼此文化的相互了解嘛。这部片子已开始在国内外发行了，可能你们还没有看到，这次就先睹为快吧。"

周恩来说完，客厅里响起了热烈的掌声。大家在接待员的引导下，向小会议室走去。

《考古新发现》的影片很快放映起来，周恩来坐在中岛健藏和王冶秋之间，一边看着小型银幕上的画面，一边不时地和两人小声交谈。

当电影画面从长沙城外景转到马王堆汉墓发掘现场时，周恩来问："这

第五章 树欲静而风不止

个墓旁边的那个大土包，是不是女主人的丈夫轪侯的墓？"

"据考古人员估计，很可能是。不过，在这座埋葬女尸的墓旁边，还发现了一座墓，看不出有多高的封土，很可能也属于轪侯家族的一座墓葬。你看，就在这个墓口的左边一点。"王冶秋指着影片的画面说。

周恩来看了看说："这另外两个墓可否也进行发掘？"

"要是能发掘，再好不过了。现在出土的那具女尸，真实身份尚未搞清楚，学者、专家们为此争论得很厉害，有的说是第一代轪侯的夫人，有的说是第二代甚至第三代，还有的传说是长沙王刘发母亲的双女冢，日本有专家则认为是轪侯的女儿。各种说法看起来都有些理由，又不能完全让人信服，若真要弄清楚，看来还得将这个墓发掘后才知道。"王冶秋小声地解释道。

"像这样重大的发现，应该将墓主人的身份搞清楚，那样才更有说服力嘛。你和湖南省委商量一下，看能不能发掘，要是可以发掘，就打个报告给我。"周恩来的用意已很清楚，但又不可能说得过于直白，毕竟这墓葬的发掘之事还要尊重下属部门的意见。王冶秋心领神会，带着惊喜的心情立即回答道："明天我就和湖南省委的同志商量，让他们尽快打个发掘报告上来。"

周恩来不再作声，眼睛盯着银幕。考古人员发掘土层的场面很快过去，接下来就是开椁取物。周恩来稍微转了下身说："这么壮观的发掘场面，怎么只有几分钟的镜头，是不是再加一些考古人员掘土的画面？"

"当时这个墓没有引起重视，前段发掘情况几乎没有拍摄，后来拍摄时没有向我反映，听说拍电影的胶片也不行。要是他们及时向我反映，我可以找新影解决。看来这是个无法弥补的遗憾了。"王冶秋深感内疚地回答。

"以后再发掘，要注意这方面的事情，力争将考古人员的劳动场面全面反映出来，不要留下太多的遗憾。"周恩来平和地叮嘱着。王冶秋点头答应。

电影的画面在不住地转换，周恩来边看边不时地侧身向中岛健藏做着介绍。

影片很快出现了考古人员开棺取尸的画面，周恩来再转身问王冶秋："棺材里的水化验出来了没有，是不是古人有意放入的防腐剂？"

"经湖南医学院的初步鉴定为钙盐与磷酸盐，还有部分挥发性的有机酸。至于是古人有意放入的防腐剂，还是外部渗入，或是尸解水本身形成的，现在还没有搞清楚。"王冶秋答。

"下次发掘，在开棺前就把针插进去，把水抽出来化验。2000多年前的东西现在搞不出来，是不是说明我们现在的医学水平落后了？"周恩来继续问道。

王冶秋略做沉思，说道："不是医学水平落后了，而是大多数医疗设备不够先进，化验得不精确，也就不好做结论。"

此时，电影画面出现了医务人员用一部小型X光机对女尸的胸部做透视检查，王冶秋接着说："你看，像这部X光机就显然是落后了。上次在招待各国驻华使节时，就有人讥讽我们仍在使用只能送入博物馆的机器。"

"可以考虑从国外订购一批先进的医疗设备嘛，中国科技的落后是暂时的，我们是发展中国家，以后会慢慢赶上去的。"王冶秋望着幽暗的灯光下总理说话时那刚毅而又充满信心的表情，心中不禁翻起一阵热浪。是的，中国科技的落后是暂时的，也许在不远的将来就会像伟人毛泽东说的那样，"赶上和超过世界先进水平"。只是，目前的中国需要尽快营造一个能让每一个人都发挥智慧和创造力的良好的政治环境。

电影放映结束了，室内的灯光重新亮了起来，众人起身离座。中岛健藏面带意犹未尽又十分激动的表情，握住周恩来的手说："非常感谢总理阁下的盛情，使我们能在这里看到这部电影。百闻不如一见，马王堆汉墓的发掘，确是世界上罕见的奇迹，它让我们真正看到中国古代灿烂辉煌的文化，是那样源远流长。可以确信，这部电影若在日本上映，肯定会再次引起轰动，并掀起一个新的马王堆古墓研究热潮的。在此我代表全团的人员再次向总理阁下表示感谢，同时，我也冒昧地提出一个请求，是否能让我们亲临长沙，看一看这世界上伟大的发掘现场和珍贵的出土文物？"

面对中岛健藏提出的要求，周恩来似乎早有准备，他以不失风度又不致伤害对方面子的口气委婉地说道："这个嘛，请冶秋同志明天和湖南方面联系一下，看那边准备的情况再定好不好？"

王冶秋点头答应着，陪同众人向室外走去。

由于国务院内定要等马王堆出土文物的保护工作稳定之后，才能对外开放，而目前文物正在紧张的处理和保护的各种试验阶段，显然不宜对外开放。中岛健藏的要求最终没有得到满足，只好带着无尽的遗憾离开了中国。

"程咬金"砍来第三斧

正当王冶秋根据周恩来总理的意图，开始和湖南省委联系，商讨如何发掘另外两座古墓之时，想不到又一份"内参"飘然落到了自己的办公桌上。

长沙马王堆汉墓出土文物保护研究工作情况和问题

新华社长沙讯 湖南省长沙马王堆汉墓大批珍贵文物的保护、研究工作取得显著成绩，也存在一些急需解决的问题。

做了四件工作

一、六七月间，中央新闻电影制片厂、北京电视台等单位拍摄了黑白和彩色电影，文物出版社、人民画报、人民中国、湖南图片社、新华社等单位拍摄了一批黑白和彩色照片。

二、八月间，出版了附有照片的《发掘简报》，写出了八万多字的《发掘报告》初稿。

三、完成各种丝织品、漆木竹器、陶器、乐

湖南省博物馆工作人员正在想办法保护墓中出土的丝织品

器的绘图任务。

四、对出土文物做了初步的整理、保护和研究。丝织品方面，大型彩色帛画已由上海博物馆裱制出来；十多件完整的衣服暂时存放在摆有防霉剂的陈列柜内；尸体上缠裹的衣服，目前大部分已揭开并清洗出来，有些已粘贴在丝网上；有几块较大的丝绸已夹存在有机玻璃内。漆木竹器方面，彩绘外棺、中棺的加固与封护处理工作即将完毕；半数漆木器放置在大小不同的玻璃缸内，既能慢慢脱水，防止干裂，又因放有防霉剂，没有发霉现象；其余漆木器都放在潮湿的防空洞里；一张大竹席保护较好。尸体早已转移到湖南医学院，浸泡在药液中，没有起什么特殊变化。

急需解决的几个问题

一、关于保护用具问题。最珍贵的彩色帛画早在五月份就裱制出来了，至今没有封存起来。刚从上海回来的研究人员说，上海的工厂现有模具不能生产保存帛画所需要的大块有机玻璃，两块拼接又难免有痕迹，单制模具要多花一千多元，认为不符合节约的原则，准备去北京另想办法。十多件完整衣服，到八月底一件衣服也没有装箱存放，原因是制箱遇到一些问题。还有占半数的百来件漆木器因为缺乏玻璃缸，仍敞放在防空洞里，常有发霉、生虫现象。

包括帛画在内的全部丝织品，都摆在省博物馆二楼陈列室，有的丝织品已起霉斑，丝鞋等物已变形。

二、关于棺椁恢复原状及盖房砌围墙问题。棺椁板开始露天叠放在一起，现在盖起了简陋的木棚。因木棚小，长椁板仍伸露在外，有的椁板已出现裂缝。目前省委已决定把陈列棺椁的房屋建在长沙市烈士公园内（省博物馆在此），但还没有动工。

三、关于大批珍贵文物的复制和展览问题。马王堆汉墓在国外引起强烈的反响，估计一些外宾会提出参观的要求。日本人肯定会要求来参观。因此，需要加紧整理、复制文物，迅速解决棺椁恢复原貌及盖房等问题，赶紧筹备文物展览。

四、关于尸体存放问题。据省博物馆同志说，周总理曾指示把尸体作化

第五章 树欲静而风不止

工处理后，放在冰室内，但是这里没有这样的条件。现在尸体放在湖南医学院五楼一个普通房间内，尽管浸在药液中，但因室内温度高不利于保存。这个学院有防空洞和地下室，院领导同志怕惊动群众，引起麻烦，不敢移动。

　　五、关于统一认识加强领导问题。这批文物的整理、保护、研究工作，需要考古、医药、化工、纺织、农林、蚕丝等各研究部门的密切配合。北京、上海、湖南的许多科学研究部门都先后派人前来了解情况，取样回去研究。但是直到今天，只有湖南医学院等少数几个单位写出了研究报告，有的单位对这项工作抓得不紧，有的只把研究结果口头通知一下，没有提供科学的书面资料，这样就影响了发掘报告的定稿。在这个问题上，目前缺乏统一领导，明确任务，按时按质完成。

（湖南分社记者何其烈）

在这份"内参"的左上角，有李先念副总理的批示：

请吴庆彤同志转王冶秋同志，克服困难，把所有问题找有关部门解决。解决不了，应找有关部门给予支持。

王冶秋看完，坐在办公桌前怔愣了一会儿，然后点支烟抽着，嘴里不住地喷吐着烟雾，眼睛不住地在这份"内参"上打转。又是这个驻长沙的新华社记者何其烈，自马王堆汉墓发掘以来，这个"程咬金"就不断地横空杀来，而每一次都搞得自己很被动和窘迫难堪。这已是他砍来的第三次板斧了。世传"程咬金"共有三斧子半的招数，看来说不定哪一天，这最后也是最厉害的半招会接着砍来，让你招架不及。嗨，这个"程咬金！"王冶秋有些愠怒地想着这个有些多管闲事的何其烈，但又觉得这是一个新闻工作者职责之内的事情，从新华社的角度考虑，对这样一个勤奋而有责任感的记者，应该大加表扬鼓励。但若站在自己角度上考虑，这一次无疑又陷入了工作上的被动。更让他担心的是，在马王堆一号墓文物清理的最紧张时刻，湖南省博物馆的一个老技工，率人悄悄沿着当初三六六医院官兵挖掘的另一个防空洞，戳开了一号墓旁那个外表看起来不起眼的墓室（即后来定名的三号墓），并使棺椁暴露出来。此事被王㐨、白荣金知晓后，写信反映到考古所，考古所的王仲殊找到自己说了此情。这才命令湖南方面立即停止行动，并悄悄将开口封了起来。看来此事这个何其烈尚未觉察，否则，此事若被他捅出来，问题就严重了。王冶秋想着，在有心迁怒何其烈而不能的情况下，心中的怒气就不可避免地要发泄在湖南方面，如果湖南省委或博物馆，能及时地将情况报告国务院图博口，事情自然要主动得多。想到这里，他准备先向湖南方面了解具体情况，再按照李先念副总理的批示，想办法解决问题。

正在这时，借调到故宫帮助筹办出国文物展览的湖南省博物馆馆员高至喜，在完成任务之后准备回长沙。王冶秋借此机会，专程来到故宫武英殿找到高至喜，针对新华社的"内参"，谈出了自己憋在心中的话：

一、据新华社反映，长沙马王堆汉墓出土的女尸，放在湖南医学院的一个楼上，房间温度很高，很容易使女尸损坏。总理在此之前已批了要转移冰室，不知为什么没有照办。如果这具女尸真的损坏了，由谁负责？你回去后转告省委的有关负责同志，是否将女尸尽快转移到冷藏室，但温度不能太高，也不能太低，以保存好为准则。据说老太太穿的鞋子也变形了，不知变成了什么模样。新华社反映的这个情况，先念同志批了，要我了解一下，看与哪里挂钩，请哪些单位和部门帮助解决比较可行。

二、马王堆汉墓4月份就发掘出来了，详细情况人家新华社在"内参"上发布了，我才知道。直拖到5月底，崔馆长才送个材料给我。我是主管这项工作的，中央领导同志问我这个墓的情况，我却不知道，弄得很被动。

三、出土的帛画要重新装裱一下，上海博物馆裱的不能卷，不好保存。中国画传统的保存方法就是要能卷。另外这幅帛画还要临摹复制，可以用照相临摹，不能老是看原物。因为帛画见了阳光，上面的颜色就会自动脱褪。如果确定复制，北京条件比较方便，看省委同不同意运来。如果能运来，我打算复制两份，一份给你们馆，一份留北京展出。

四、文物保护工作，要请张瑞同同志统一抓一下，要全盘考虑。这个墓的发掘已轰动世界了，出土的文物无论如何要保存好。向李振军同志反映一下，将具体保护措施搞个方案报国务院请示一下，处理不了的问题，可由国务院出面同有关方面协商解决。已经处理和保护起来的文物，要根据变化情况及时写报告反映，三五天或十天八天写个简报发过来。不然新华社反映到

第五章　树欲静而风不止

前面，我们就被动。

五、馆内的围墙要向省委反映一下，希望省委下决心解决。另外还要搞个陈列库存放女尸，现在那个不行。这个新建的陈列库最好在地下，使温度比较稳定，这样才能保护好。文物复制的要赶快复制，听说小扇子也变形了。

六、展览暂时不要开放。日本来的客人中岛健藏要去看，我们说现在正做文物保护的试验，怕带进细菌去，算是给挡回去了。下个月日本首相田中角荣还要来北京访问，是否要去看，这要总理决定。发掘报告的图版部分，在9月20日之前无论如何印不出来。北京市委第一书记吴德同志批了要新华印刷厂印，但把所有其他杂志停印也印不出来。所以我让他们先印帛画，搞四开的十二张，作为礼品送田中首相。否则单送那本简报太不像样了。

七、研究工作要跟上，不要闹笑话，这次写的简报太长了。棺材里的水先说是红色的，现在又说是棕黄色的。原来说是三椁三棺，现在又说是二椁四棺。不知怎么搞得。弄得很被动。

八、如果湖南省委同意发掘另外两个墓，总理这边看来是同意的。以后发掘要做好一切准备才能搞，准备不好不要开工。玻璃瓶管也要赶快挂钩订购。待把这些工作准备好后，再向国务院打报告，经批准后再动工发掘。

……

高至喜回到长沙后，将王冶秋的意见以书面形式，向博物馆和省委做了汇报。这时，无论是博物馆还是省委，都为马王堆汉墓发掘后许多问题得不到及时解决而感到头痛。王冶秋的意见，无疑又加重了他们的思想压力。从这个意见中可以看出，女尸要转移，帛画要重裱，围墙问题要解决，地下陈列室要建立，文物要复制，二、三号汉墓要发掘，保护工具要订购……真可谓千头万绪，混乱如麻。而每一件事、每一个问题，都是一环扣一环地亟待迫切办理，不能稍有延误。最令人心焦的还是那具女尸的转移问题，省委常委们为此又召开了几次会议，均未找到妥善的解决办法。因为像要求的那样既不热、又不冷且保持恒温的地方，在长沙实在找不到一处。于是，此事只叮嘱医学院"对老太太多加关照，有异常情况立即报告"，便不了了之。

女尸转移无着，其他问题还是要尽可能地解决。原省博物馆坐落在由长沙市主管的烈士公园内，公园和长沙市领导听说博物馆张罗着要在此地给女尸建一个陈列室，自是不能同意，并以"烈士公园不能摆放女尸""为革命抛头颅洒热血的烈士，绝不能跟一个封建贵族老太婆为伍"等种种理由，加以阻挠并声言，如果要为女尸建陈列室，就将博物馆驱逐出去，让其到岳麓山去重新建馆，绝不能因为一个封建地主阶级的女尸，而玷污了烈士圣洁的芳名。省委领导经多次出面动员说服，总算使长沙市和公园领导们勉强同意，将博物馆已占住的部分划出，让其垒砌围墙，独立门户。这个多少年悬而未决并争论不休的难题，算是画上了一个句点。省博物馆不失时机地快速将围墙砌了起来，单独开辟了门户，心里才算踏实许多。

因为发掘二、三号墓和建立地下陈列室等重大问题，需要进一步研究后打报告审批，博物馆领导除安排保护和复制部分文物外，急需要做的，就是按照王冶秋的意见，将帛画送往北京重新装裱。

由于帛画长2.05米，宽近1米，无法卷起，又不能随便裹挟。负责护送的侯良和张耀选（从故宫博物院请来的裱画技师），只好请木匠做了一个长方形的木箱，将帛画小心地放于其中，以便保护。谁知这个木箱抬到长沙火车站，准备运往北京时，列车服务员见其状甚异，恐有不测，要求侯良等人打开检查。鉴于帛画是属于国家极其珍贵的文物，需要秘密押送，以免让不法之徒趁机截获抢劫。侯良等人只让服务员验看介绍信，不肯打开木箱。谁知那扎辫子的女服务员却坚持己见，寸步不让。在眼看列车要启动的情况下，侯良只得找到列车长说明情况，列车长方同意将箱子放在卧铺底下，并叮嘱："不要影响别人休息。"于是，人和帛画总算进了车厢。一路上让侯良等人胆战心惊的事故没有发生，谁知帛画运到北京车站后，又遇到了麻烦，因为是国庆前夕，警卫部队检查甚严，一看侯良和张耀选抬了一个长箱，生怕有不良企图，拦住不准出站。开始说是文物。当时，知道文物为何物的战士实在不多，他们坚持要开箱检查，后来拿出介绍信，说明是奉周总理指示上送的，才予放行，这一下耽误了半个多小时，使故宫派车来接运的人，等得十分焦急。几经周折，总算将此画安全运到了故宫。

此时日本首相田中角荣将要抵达北京做国事访问。鉴于马王堆汉墓在日本引起的轰动效应，同中岛健藏一样，田中首相很可能会提出亲眼看一看马

第五章 树欲静而风不止

王堆汉墓的发掘现场和出土文物。仍然是出于对文物保护工作尚未完成的考虑，周恩来不打算安排此事。为照顾情面，周恩来决定采取王冶秋的意见，编一部彩版的《西汉帛画》作为国家礼品相赠。这个指示正式下达后，王冶秋向湖北咸宁"五七"干校发出紧急调令，调在那里接受劳动改造的原文物出版社青年编辑黄逖火速回京，主持《西汉帛画》的编印事务。

当黄逖接到调令匆忙回京时，时间已十分紧迫。由于文物出版社正在恢复中，黄逖不得不暂借人民美术出版社办公，形成了上班在人民美术出版社，查阅资料要到沙滩红楼，修改文章不是在王冶秋家中便是在工厂机器旁的局面，黄逖就是在这种情况下穿梭似的来回奔跑，不分昼夜，不顾疲劳。由于马王堆出土的帛画前所未见，专家众说纷纭，修改文章的难度很大。如帛画的用途，著名美术史专家启功解释为遣车前"招魂归来"的幡画，而唐兰、商承祚等专家则断定是墓室出土遣策中一片简文写的"非衣"。黄逖查阅资料后对上述二说未做取舍，而是根据《史记》《汉书》有关"引魂"的记载，结合汉初好鬼神的思想，考虑到帛画可能是出殡时用以"引路"的，表示"引魂升天"的意思。后来翻阅《简明不列颠百科全书》，在介绍这幅帛画时也采用了这个观点，认为是"寓有导引死者灵魂升天之意"。由于此前发表的《马王堆一号汉墓简报》中，关于帛画内容的论述，主要是采用郭沫若的意见，而大多数专家在这次编写的《西汉帛画》中，依然坚持自己的观点。故此，黄逖不得不找到王冶秋要解决郭沫若留下的悬案。文章中启功把帛画中的"人面蛇身"怪神形象，考释为"烛龙"，郭沫若不同意这个看法，遂在这次编印的校样上改为"或谓乃伏羲，西汉以前文献中多单提伏羲，亦人首蛇身，到东汉始并画伏羲与女娲，使成为夫妇，以代表阴阳，故画中此神，以说伏羲较妥"。当这个结论做出之后，黄逖又查到闻一多的《伏羲考》，书中有关伏羲和女娲有蛇身的明文记载，"至早不能超过东汉"。面对这个难题，黄逖决定当面请教王冶秋，听取这位领导者的意见。当黄逖来到黄化门王冶秋家中并说出此事时，王冶秋考虑片刻，让自己的妻子、文物出版社负责人高履芳打电话，请人找来闻一多先生的那篇文章仔细阅读起来。后来，又让高履芳给郭沫若写信询问。不久，郭沫若在这封信的回批上表示对神话未做过研究，同意删去上述那段文字，但提出了"为何日月并存又有烛龙"的问题。由于时间过于紧迫，黄逖已无暇再去寻找资料，

173

只能暂用"烛龙"一说，把郭沫若提出的问题作为存疑处理。

《西汉帛画》不到一个星期就出版了。此时田中已来华，毛泽东主席接见田中首相时，将《西汉帛画》和《楚辞集注》等作为礼品，亲手赠送给了田中。田中首相看后喜不自禁，当即表示要买一万份带回日本，让其他官员也看一看中国这举世无双的珍宝图。

毛泽东在中南海接见田中角荣并赠送书籍画册

为弥补田中首相不能亲往长沙马王堆参观的遗憾，在王冶秋的撮合下，周恩来同意田中首相到故宫博物院，参观侯良刚从湖南运来的马王堆汉墓出土的帛画，并指示由郭沫若陪同讲解。田中首相在遗憾之中总算得到了一点意外的补偿和安慰。

第六章 解剖大行动

西汉孤魂

美籍华人李政道再开参观之先河，李先念陪同外宾赴长沙，女尸解剖势在必行。湖南方面的报告，李先念、周恩来的批示。解剖前的技术大讨论，郭沫若夜不成寐，致信长沙。解剖开始，初生牛犊不怕虎的彭隆祥横刀立马，又一个奇迹出现。

李先念：还是要尽早行动

日本首相田中角荣完成了对华访问回国不久，著名的诺贝尔物理学奖获得者、美籍华人李政道又偕夫人来到了北京。

周恩来在中国政坛上的地位逐渐稳定之时，他开始为如何使中国真正实现"现代化和繁荣"的伟大目标而奔波努力起来。也就在中美关系即将冰释的前夜，周恩来暗示中国的科学界，要做好与美国接触的准备。他认为与美国打通关系，其意义不只体现在政治上，同时体现在科技和经济上，中国将会获得高新的技术来补充自己的不足，以便更快地实现现代化。他在暗示中国科学界的同时，也间接地向美国的华裔科学家发出了邀请的信息。他多次表示了和原国民党将领杜聿明说过的话："凡是爱国的中国人，我们都需要。""我们在美国有不少科学家，必须争取他们的合作。"为了迎接这个时代的到来，周恩来多次提倡和督促中国科学界，首先把基础科学和理论研究工作抓起来。1972年9月11日，周恩来曾在给几位科学院学部委员写的一封信中再次强调："这件事不能再延迟了。科学院必须把基础科学和理论研究抓起来。同时又要把理论研究与科学实验结合起来。高能物理研究和高能加速器的预制研究，应该成为科学院要抓的项目之一。"

就在这封信发出后不久，李政道归国探亲了。而杜聿明将军的女婿，另一位诺贝尔物理奖得主、美籍华人杨振宁，也将继李政道之后回国访问。正是在这样的时代背景下，当李政道通过有关接待部门婉转地提出，能否让其亲眼看一看轰动世界的马王堆汉墓发掘现场和出土文物时，周恩来在征求了王冶秋等人的意见后，给予了特殊的批准。

根据周恩来的批示，湖南方面将存放于医学院教学楼的女尸又秘密运回博物馆，使李政道的长沙之行心满意足。

第六章 解剖大行动

继李政道参观之后，由于马王堆汉墓出土的大部分文物已得到处理、保护，盛放在玻璃棺中的女尸，在天气逐渐变冷的情况下，不会有太大的腐蚀性变化，国务院决定，一切存放于博物馆的文物，可挑选出一部分予以陈列，专门接待外国贵宾。

1972年11月22日晚，在国务院副总理李先念和湖南省委第一书记华国锋的陪同下，尼泊尔首相比斯塔夫妇来到湖南省博物馆，参观马王堆汉墓出土的文物。当参观女尸时，李先念问博物馆的陪同人员侯良："女尸这样能不能长期保存？"

侯良回答："不能。"

"有什么变化吗？"李先念又问。

"有些变化，比刚出土时干了些，看起来好像瘦了一样。"侯良答。

"噢？！"李先念有些惊异地仔细望着玻璃棺中的女尸，接着说道："有没有办法避免？"

"唯一的办法就是要建一个具有空调设备的文物仓库。"侯良答。"那你们就尽快打一个报告来吧。"李先念说着陪同外宾走出大厅来到院中。

借李先念同其他几位省委领导在院内说话的机会，侯良趁机对陪同前来的李先念的夫人林佳湄说："医学专家认为女尸必须解剖才能长期保存，可湖南医学院于今年10月份就将报告报给国务院了，到现在也不见批复，前几天省革委会又转报了一份，您能帮我们催一下吗？"

林佳湄听罢，略一思索说："可以，我帮你们问一问。"

林佳湄回到北京后，对国务院有关人士说："我们到了长沙，看到马王堆老太太变瘦了，需要赶快解剖，听说人家的报告早送来了……"国务院有关人士听罢，急忙查找送来的报告，但最后还是没有找到，林佳湄再将此事告知李先念。

"是不是这份报告还在王冶秋那里，待我查问一下再说吧。"李先念听后说。

第二天，李先念亲自向王冶秋过问湖南方面请求解剖女尸之事。王冶秋回答："我正在组织有关部门的专家讨论，看是不是需要解剖，怎样对女尸保护更有利，现在专家们的意见还不统一，待讨论出结果后马上呈报您批示。"

"如果解剖能更有效地解决女尸的保护问题，还是要尽早行动。"李先

177

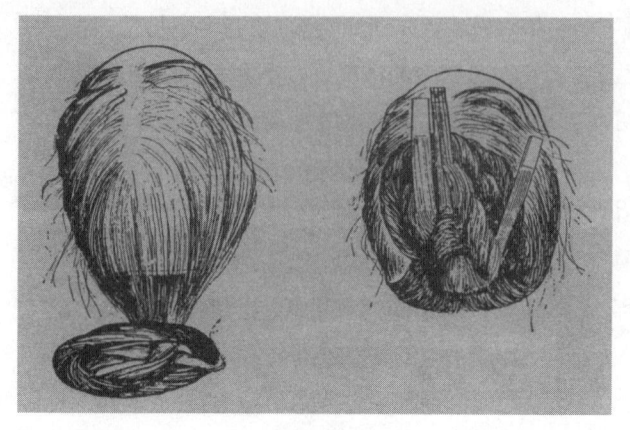

墓主的发式

念指示道。

事实上，自马王堆汉墓的发掘成果公布之后，就有许多国外的科研人员，提出要对女尸进行解剖研究的问题，其中最活跃的仍是日本人，他们不但呼吁解剖，而且还通过民间协会向周恩来游说，希望能帮助中国一起研究女尸，或能得到女尸的三根头发带回日本研究。在要求未果后，又提出要一根头发，研究人的生命率问题。当这一根头发也未能如愿时，又改为要8厘米或4厘米，但这个看来微乎其微的要求，也最终被周恩来否定了。有些外国人直接或间接地向中国提出，愿出高额经费和先进设备，将女尸运往国外保存和研究。对此，周恩来指示："中国人要争这口气，一定要自己保存、研究好这一国家至宝。"

正是鉴于这样的情况，王冶秋在接到湖南方面要求解剖女尸的报告后，觉得事关重大，若稍有疏忽，就会造成不可弥补的损失和很坏的国际影响。他在迟迟下不了决心的两难中，邀请了部分专家、学者对这一问题进行讨论，而讨论的最后结果是，大多数专家、学者，包括王冶秋本人也同意解剖女尸。

11月27日，王冶秋将湖南方面的报告连同自己和多数专家"同意解剖"的意见，送至李先念办公室。

关于马王堆西汉女尸解剖问题的请示报告

中华人民共和国国务院图博口：

今年四月底长沙马王堆一号汉墓的尸体出土以后，我院

第六章 解剖大行动

曾进行了解剖学、组织学、微生物学、爱克斯线学和化学等几方面的考察，并于七月写出了《长沙马王堆一号汉墓尸体医学研究报告》，已呈报待审。在进行上述的研究工作中，由于要求不剖开胸腹腔，故对尸体的内脏器官未做直接的检查。自今年七月三十一日《人民日报》报道了长沙马王堆一号汉墓发掘情况和放映了专题的电影以来，引起了国内外高度的重视，对这具两千一百年前的古尸，尤感兴趣。为了使这具古尸的研究工作更为全面，我们考虑有必要对尸体的内脏器官进行更全面的补充研究，将研究结果再次上报。为此，我们建议对尸体进行开颅和剖开胸腹腔，取出脑和内脏器官，再进行病理学、组织学、病原学等方面的检查。在取出内脏器官后，可在体腔内填塞消毒敷料并置放防腐剂，再缝合切口，恢复尸体外形的完整。这种处理，对长期保存尸体的躯壳，亦更为有利。

湖南医学院革命委员会
一九七二年十月廿五日

【附件】

湖南省革命委员会文化组：

今年十月二十五日已向国务院图博口呈报了《关于马王堆西汉女尸解剖问题的请示报告》及《长沙马王堆一号汉墓尸体内脏器官补充检查方案》，尚未获批示。

我院在前一段的一号汉墓古尸的医学研究工作中，人民解放军军事医学科学院和中国医学科学院的几位专家同志亲临长沙指导和检查我们的工作，提出了宝贵的意见，使我们获益不少。由于我们对古尸的研究工作缺乏经验，又限于技术条件和设备条件，因此在下一阶段对古尸的内脏器官补充检查中，迫切需要病理学、解剖学、组织学等专家前来长沙指导并和我们一起工作，使这项古尸的研究能符合国家的要求。为此特请转报中央委派有关专家前来指导。一待国务院图博口批准了我院已呈报的《马王堆一号汉墓尸体内脏器官补充检查方案》以后，即请启程前来长沙。

湖南医学院革命委员会
一九七二年十一月十四日

国务院图博口：

现将湖南医学院革命委员会的报告转报，请批示。

湖南省革命委员会文化组
一九七二年十一月十六日

由于李先念亲自到长沙看过女尸，了解具体情况，所以当王冶秋将报告送来后，未做过多的犹豫，当天即批示道：

拟同意，请总理批示。在长沙去看过尸体，已在逐渐变干，他们也曾提出解剖。

李先念
1972年11月27日

当秘书组将李先念批示的报告送给总理批示时，周恩来却不在办公室。当他身患癌症并做出暂不动手术的决定后，医生们便采取用中药来烧灼膀胱瘤的方法治疗。此时他正躺在医院治疗室的床上，忍受着病痛和治疗的折磨。

两天后，当周恩来从医院刚刚回到中南海西花厅的家中，江青等人再次提起了"伍豪叛变"事件，并弄得沸沸扬扬。

早在1970年，一个号称"首都五一六红卫兵团"的红卫兵团体，从历史档案中查到有关伍豪（周恩来曾用化名）和其他243名共产党员所谓退党的证据。"中央文革小组"最激进、最活跃的成员王力、关锋、戚本禹等三人，在审阅了"证据"之后，如获至宝，并想借此一举扳倒周恩来。于是，这个"证据"连同一封揭露的信件，很快传到毛泽东的手中。毛泽东看后没有任何反应。此时的王、关、戚三人自是不甘心泥牛入海，便再次写信向毛泽东提及。想不到毛泽东的批复竟是："此事早已弄清。是国民党造谣诬蔑。"原来这是几十年前，很多共产党领导都知道的国民党捏造的一桩臭名昭著的诬陷事件。

此事虽然悄然平息，周恩来听到消息后却感到很震惊，为避免再次被自己的政敌陷害，遭到不测，他不得不从繁杂的政治事务中分出精力来翻找自己保留的材料，全部寄给毛泽东过目，并在附信中说："我一直忙于处理四川省和内蒙古的问题……今天才有时间查阅以前上海报纸上登载的一些材料……"毛泽东看完这些剪报后，重新退给了周恩来。

想不到时隔两年之久，"伍豪叛变"事件，再度被江青等人翻腾出来。刚从医院回来的周恩来，不得不再次为自己被指控做事实上的辩护，并为"以免今后某些别有用心的人再造谣……"他将曾寄给毛泽东的材料，全部送至中央档案馆保存，这一诬陷事件才又算告一段落。

经历了这一番肉体和精神上的痛苦、折磨之后，周恩来才得以重新坐到办公桌前。这个时候，他看到了李先念批示的报告。

周恩来拿着报告反复端详，迟迟不肯做出抉择。当他拿起电话，详细向王冶秋问了专家们讨论的情况，以及解剖与不解剖的利弊后，才极为慎重地批示道：

王冶秋同志：

请邀有关同志和专家再议一次。如同意，即请提出一个工作小组名单，协助湖南医学院进行报告中所提的和追加各项安排和调度。

周恩来
1972年11月30日

王冶秋接到周恩来的批示后，看到"再议一次"的叮嘱，不禁为总理在这样艰难的处境下，依然保持临危不乱，以及认真、慎重态度和一丝不苟的处事原则所感动。世人皆说"诸葛一生唯谨慎"，此时的周恩来不但吸取了诸葛孔明的这个政治家鲜明的特点，并且同样具有"鞠躬尽瘁，死而后已"的悲壮精神。现在，马王堆出土女尸解剖与否的重担将由自己挑起，撇开国家民族利益不谈，即使是单从为总理分忧解难这一点，也应将此事办好。当然，这一切，又是和国家民族的荣辱紧密相连的。

为避免专家们不能身临其境，只是坐而论道、隔靴搔痒的缺憾，王冶秋决定将这"再议一次"的会场移到长沙去，让大家亲眼见见女尸的形体后，再做最后切合实际的结论。

在王冶秋的组织下，湖南方面的领导、各路专家、学者于12月6日云集长沙湖南宾馆，从当时留下的一份记录看，前来参加的人员有湖南省委书记李振军，政工组副组长马琦，中科院考古研究所所长夏鼐与王仲殊，解放军军事医学科学院病理研究室副研究员刘雪桐，中国医学科学院张炳常，北京医学院谭增鲁，中山医学院郭景元、陈以慈、沈其卫，湖南医学院张世林、李亭植、彭隆祥、吴洁如、刘里侯、袁恬莹、王福熙、曾庆善，湖南省革委会文化组副组长张瑞同与文化组干部万发章、俞兴堂，湖南省博物馆崔志刚、侯良，北京科学教育电影制片厂吴本立、雷振林，新华社湖南分社何其烈，以及湖南电影制片厂、湖南电视台、湖南画报社、湖南新闻图片社的摄影师与记者等共四十余人。

为使大家对马王堆汉墓出土文物及女尸有个切实的了解，12月7日上午，在东道主李振军与马琦的组织率领下，各路人员到省博物馆，观看马王堆汉墓出土的已被处理、保护起来的部分文物。面对眼前那光芒四射、神奇绝伦的件件珍品，参观者无不连连赞叹，即使是见多识广的专家，也被眼前的瑰宝和那具鲜艳如生的女尸折服，有的学者当场发出了"能亲眼见到这样珍贵的极品，即便是明天就向马克思那里报到，也无任何遗憾"的感叹。

在参观的人群中，原本就沉默寡言的一代考古巨擘夏鼐，越发显得沉默，他在静静地看着，也在静静地思考着。长沙这块土地，对他来说既熟悉又陌生，20多年前，他曾率领一个考察团，亲临这座城市做过考古发掘。那时的他正处于血气方刚、踌躇满志的盛年，也正是一个学者创造伟业的最佳时期。但是，他的长沙之行，虽有相当重要的收获，

夏鼐（右）与王㐨、白荣金（左）在马王堆发掘现场

却没有发掘到惊人的珍贵文物。令人扼腕叹息的是，他与马王堆汉墓中那个女人失之交臂了，如同一位率部出征的将军，与束手即擒的敌方最为重要的首领擦肩而过。而此时轰动世界的马王堆汉墓发掘的荣光，就自然地不再在他的头顶闪亮，这不能不说是一件憾事。自他上次走下马王堆那高大的封土堆，至现在重返长沙观看这座汉墓出土文物的20年间，由于其政治地位的变化与"文革"的浩劫，使他不再有单独主持一个考古项目发掘和研究的机会。他的人生就是在那繁乱的行政、业务组织与蹲牛棚的政治洗脑中慢慢度过了。现在，他已进入了人生的暮年，华发已爬满了两鬓。尽管如此，当年未能发掘马王堆汉墓的遗憾，未能阻止他在考古学上所达到的无人能与之匹敌的顶峰地位。正如日本著名考古学家通口隆康在他后来所著的《夏鼐先生与中国考古学》中所指出的那样："夏鼐氏担任考古研究所所长历二十年。其间虽然也经历了'文化大革命'的考验时期，而他之所以能保持了中国考古学界的顶峰地位，是由于他高尚的人品以及专心一致力求学问上的精进。他不仅对于国内考古学，而且对国际上考古学方面的知识之渊博，涉猎范围之广泛，作为一个考古学者来讲，也是无人可与之匹敌的。他研究的范围，重点之一是西域考古学。考古工作者要研究西域，仅仅具备中国考古学的知识是不够的，而必须是通晓西方的学问。例如对于新疆所出丝织品以及中国国内出土的东罗马金币和萨珊朝银币的研究。我想，大约除他之外没有人可以胜任的吧……他不仅是中国考古学界中最有威望的人，在国际方面也是享有很高声望的、少有的考古学家。"

很显然，夏鼐心中产生的遗憾，绝不是来自个人功名的建立，而是来自一个著名考古学家对事业征程得与失的反思与总结，一旦得知自己失去的恰是民族的福音，他会迅速转轨以示庆贺，并在心灵中真诚地感到慰藉。当他来到玻璃棺前，仔细观察了女尸的形体后，对身边的专家和工作人员说："1951年我来长沙挖了一百多座墓，和这个老太婆失之交臂了，这对我和我们的考古调查发掘团来说是件遗憾的事情，但对文物保护来说，又是件喜事。那时条件没有现在这么好，要是真遇到了这个老太婆，还没有办法保护。现在发现好，从中央到地方的领导都很重视，保护条件也好了，老太婆可以长期地保存下去了。"当这座汉墓的发掘工作刚刚结束，夏鼐即告知湖南省博物馆领导："要用这一墓葬珍贵的资料，趁热打铁地把发掘简报和正式发掘报告编写出来。"为此，夏鼐特派黄展岳、王世民两位中年专家及四位绘图人员，赴长沙协助工作，并对他们修订改写的《长沙马王堆一号汉墓》给予精心指导和校审，使之得以在1974年出版。这个报告的编写和出版，是十年"文革"浩劫中，文物工作者冲破重重阻力出版的第一个大型考古发掘报告。它的出版对后来文物考古事业起到了极大的推动作用。夏鼐为此所倾注的热情和给予的支持，自然是功不可没。而在即将进行的关于女尸解剖与否以及如何解剖的讨论中，夏鼐再次以他渊博的学识和高度的责任感，展示了宽阔的心胸和人性的光辉。

郭沫若：此事日本人已注意到

专家、学者们对马王堆汉墓出土文物及女尸进行了一个上午的观察之后，于12月7日下午至9日上午，在湖南宾馆会议室围绕女尸是否解剖以及如何解剖的问题，先后展开了四场热烈的辩论。就在这次极其精彩的辩论过去20年之后，仍能从当时拍摄的电影和录音磁带中，听到如下坦诚和见识非凡的声音：

李亭植：我们写了请示解剖的报告，可能认识不完整，所以请中国医学科学院、解放军医学科学院、北京医学院和中山医学院等兄弟单位来协助这一工作，共同研究，非常必要。我们初步研究，从颈部到小腹要大打开，但缝线能不能保存几百年是个问题，因此有的同志主张用不锈钢丝或牛皮筋当缝线，要以如何保存好为前提，这就要大家讨论一下为好。

刘雪桐：我讲三点看法：

一、解剖是有利还是有弊，还是既有利又有弊？新尸体为了保存是要拿掉肠胃，古尸已定型，保存不一定非割开不可。虽然割开和氧气、强光接触不利，是否很大不利也不一定，因为已经过防腐及强光照射（拍电影），所以解剖对保存尸体没有影响。

二、对保存尸体的外形有无影响？如果肌肉很糟，保存几年就会裂开。

第六章 解剖大行动

缝合最好是用丝线，因为几十年来都如此，或用合成纤维，当然也可以丝线与合成纤维共用。里面用脱脂棉填充，用三段或四段埋藏缝合法就可以。

三、解剖后如何处理？这可以找几个历史长的医学院来考虑。我的意见是：

甲、固定液不要经常换，用甘油、酒精、福尔马林1∶2∶4比例的混合液，用3%的甲醛、用90%的酒精均可，但用甲醛应优先考虑；乙、用防霉剂或麝香草酚；丙、用有机玻璃密封，以免跑掉空气。

此外，还要订立定期的保护制度并存放在低温避光的地方。

张炳常：解剖后，女尸躯壳可能更好一些，开了膛，防腐液接触面更广泛一些。女尸躯壳会不会变形不敢说，因为支架是好的，脏器拿了还要填充棉花、纱布等，这些填充物保存20年没问题，时间更长了就不敢讲，坏了是否可以再换。

今后保存，还是要浸泡在药液中，不过这里和北方不同，气候潮湿，容易发霉。用有机玻璃固定看行不行，国外有用这个办法的。

陈以慈：解剖在科学上的问题是很大的。水泡也是个问题，孙中山的尸体是泡坏了，我院存放的尸体泡久了不好解剖，高分子物质不易变，要注入尸体内也可以使它不变，解剖前要做全面检查，看有无注射口，应力争解剖。

夏鼐：2000多年前的古尸能保存这样好，我们估计不足。这个工作是空前的。我们这次解剖要从

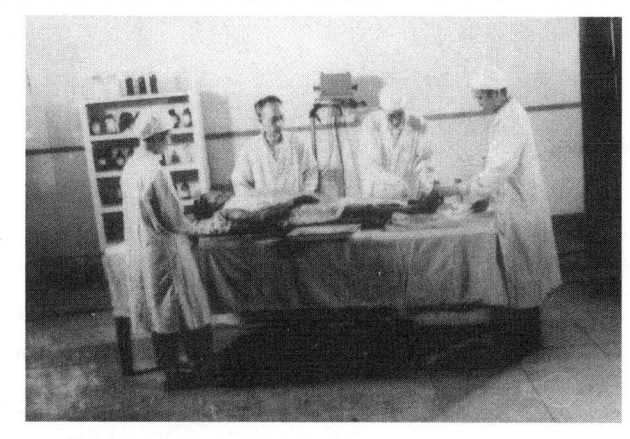

1972年，王鹏程（仪器左侧）、刘里侯（仪器右侧）等人在检查马王堆一号墓出土的女尸。（引自《考古新发现》纪录片）

各方面去探讨，不仅要把她死因探明，而且要通过古尸解剖研究，探明我国古代劳动人民在防腐上的伟大成就。这个尸体不仅中国注意，外国也注意，我们到阿尔巴尼亚去，放映了《考古新发现》的片子，他们说："以前听说中国很古老，怎么古老法不知道，看了这个电影才知道很古老。"尸体在考古发掘时经常碰到，但遇到保存这样好的还是第一次，木乃伊是放在沙里，让它干了取出来，去掉脏器，缝合后保存，胃、肺等装入罐子另外保存。北欧挪威等地，过去把活人砍死，用泥包围起来放在水里，现在挖出来还是很好的，解剖后胃中还有青菜等食物。古代内脏取出比较容易，新尸有细菌，古尸没有了，不动也可以。原来我是不主张解剖的，但今天看了女尸，又听了大家发言，我认为可以解剖，从考古方面说，一是能保存，二是能增加对古代的知识，如寄生虫等，什么时候开始有，可以考证。从研究方面说，打开来好一些。皮肤不皱和解剖关系不大，主要是看皮肤破裂没有？我们给阿尔巴尼亚修羊皮书，有机化学所主张用高分子，但说会老化，后来认为还是用真丝好。定陵出土的东西用有机物涂了，几年之后，丝织品老化了，碎了。所以缝线还是用真丝好。有些内脏在解剖前是否先照一下，估计可能拿不上手了。

谭增鲁：孙中山的尸体坏了，这是协和医院搞的，列宁的（尸体）保存了五十年，也有变化，鼻子有些干了，脸也瘦了，绝对不变是不可能的。我是考虑皮肤的韧度如何，为了保险起见，可打小口，取出部分脏器做试验。小口应取在腹部，不要在胸部，以免把骨头搞断了。解剖后，尽可能用福尔马林浸泡为好，容器要好，可考虑从下面进液上面出液。

郭景光：我们处理过明代尸体，400多年了，韧性很强，很好缝合。可以考虑是正面开刀还是侧面开刀，切口可以用黏合剂粘起来，我们用丝线缝，十几年了没变化。浸泡液混浊了不行。考虑蛋白会不会溶解出来。明尸脏器是泥团样，所以X光片要多照几张，血管淋巴管可注射造影剂后用X光观察一下。

李振军：马王堆汉墓出来后，国家领导非常重视，王冶秋同志亲自抓，2000多年前的东西，保存这样完整，过去没听说过。凡来长沙的外宾都要求看，特别是日本人，所以很有研究价值。这次请各单位来，冶秋同志亲自主持会议，这对我们是很好的促进。我代表省革委和省委对同志们表示感谢。今天这是一论，还有两论、三论的，这个议题是要不要解剖？是大解还是小解？或是钻探？好处何在？怎么解剖法？需要做些什么准备？必须一切齐备了再动手，这样把解剖措施想得很完善再动手，要逐项研究落实。搞好了对下一个墓的工作有好处。

第二次座谈会于8日上午举行。根据到会专家的意见，先由湖南医学院彭隆祥、肖剑秋、吴洁如等分别从解剖学、组织学、X光学、微生物学和化学等方面，对尸体前段研究的情况做了详细介绍，并看了X光片。接着，会议就尸体解剖问题，继续进行讨论。

王冶秋：如有不同意解剖的，也可提出意见。总理批示要再议一次，是从政治上考虑的。总理对马王堆出土的文物很关心，每次碰面都问这个事。二、三号墓可以挖，但要做好准备工作，首先要搞一个库房，明年七月份建成库房，还要很好总结一下挖一号汉墓的经验教训。

总理批示后，省委很重视，成立了领导小组。李振军同志挂帅。这是一件大事。要想周到一点，只能做好，不能做坏，搞不好影响很坏、很被动。前提是保存尸体，同时也做些医学研究。日本有两个专家提出要一根或半根尸体的头发做研究，我们没有给。总理对我说：中国人要争口气，自己研究，不让外国人插手，千方百计把工作做好。

总理几次问棺内水的情况，我说几个单位都做了研究，没有肯定的结论。

有人造谣说尸体的鼻子坏了，传到了外国，完全是造谣。我这次看只是瘦了一些，但比以前白了些。

夏鼐：解剖不解剖，哪个有利？一方面是研究，一方面是保存，我想不解剖不一定比解剖好保存，主要是打开了缝的问题，缝位能否保持20年？几十年没有把握。是否内脏取出，头颅不打开，否则不好参观。

山东鲁王朱檀的尸体还好，他们把它埋了。其实尸体过去历代都有记载，过去没有想到这一方面的问题。医学界能宣传一下，对今后工作有好处。

我是外行，但是我觉得有些工作还是要做的，比如外表观察要做。没打开前，X光照片再搞一下。我看到第一次的照片就不行，太模糊，当时不知是尸体本身问题，还是照的技术问题。第二次清楚多了。凡不清楚的地方，这次要更好地拍照。要找好的设备，因为这是表示我们国家技术水平问题。

有些骨头小的地方看不出，是否再照一下。有些数字要测量，她身长1.54米，腿骨多长？比例如何？可以看出是正常还是病态？头的长度宽度也要知道。为了保存汉代人的各种体质资料是必要的。比如头发，日本要一根或半根进行研究，我们有一大堆都没研究。头发可以切片，有不同的类型，可以做些观察。

外国人有古代病理学研究，一是研究死的原因，那是法医学上的问题。这个女尸我们也希望知道她死的原因，也可能是什么传染病，但一般的病理病态会有的，如关节炎等，有些痊愈了，但还可以看得到。凡X光能看到的地方都要研究，这样可以使我们知道什么病在什么时候就有了。比如梅毒在明代末年才有，美洲的印第安人原无此病，是欧洲人到美洲后才有的。过去此种病在中国叫广东癌，肺结核也是这样。我们要借此机会都搞一下，积累一些很好的资料。

血型，A、B、O，按说有机体保存得好还可以找到。当然也不一定找得到。但过了这一段，以后再搞就不行了。

刘雪桐：关于解剖对尸体保存的关系有三种看法，即解剖对保存有利；解剖对保存没影响；解剖对保存基本上没影响。另外就是全部解剖还是部分解剖。

根据这个情况，我有几点建议：

一、解剖前还要收集哪些资料？还有哪些工作要做？要考虑。比如血型就是一个问题，技术措施要跟得上。全部骨骼要拍一下，要给人类学研究提供一些资料，否则国外那些不友好的人会挑眼。

这些资料一是科影需要一部分，一是作为资料保存，以便今后研究。我同意有几个内脏，如心、肝、右侧肾，除了拍整体，还要拍断层的，钙化点再拍一下定个位。说明2000年前就有了肺病。

搞一部分血管造影，这对解剖互不干扰，对于研究医学史有好处。

二、解剖的目的、提法、估计是否准确？如果事先想的课题太多，将来会落空。可以排一下队，有些东西必须拿到，这要从脏器保存情况、血管位置、组织结构、组织化学和细胞结构等方面考虑问题。

三、建议用同位素对骨和发进行有关方面研究工作。

第三次座谈会的中心议题是讨论湖南医学院提出的解剖方案。会前，专家们看了方案。会议开始时，王冶秋提出了这次解剖的一些基本原则。然后展开了讨论。

王冶秋：湖南医学院的同志提出了解剖方案，希望大家多发表意见，然后进行修改。这次解剖有一个前提：2100年的古尸要完善地保存下去，又要取得一些研究资料。

彭隆祥：对于方案的制订，汇报一些想法。

第一个方面：我们印了一个参考文献目录，意图是反映国家的科学水平，但由于占有的资料少，文献收集不全面，恐怕达不到这样的目的，请专家们提出补充。

第二个方面：解剖方案。共拟了108项，包括了解剖的全过程。

其中有几个问题需要说明：

1. 为减少尸体感染，消毒要严格，时间力争不要太长。

2. 除做常规组、化、微生物检查外，可能要做一些大切片。

3. 为了取得完整科学记录，电影与照相要互相配合，需要一部分显微摄影。

4. 需进行体表检查的项目，就我们考虑到的，已全部列进去了，不知有没有遗漏。日本人说在四分之一根头发上也要做文章，这文章怎样做？请专家们指教。

5. 腹腔切口准备做丁字形。切口太小，掏取脏器不方便。切口可稍大点。解剖后缝合，用纱布包缠，不影响外形完整。

6. 颅腔要不要打开，需稳妥考虑，因这与外形完整关系很大。

7. 下胸腔要揭开，否则心、肺不好取出，胸腔揭开后，关闭时可设法将骨头胶合起来。

李亭植：我们没经验，这个方案是按常规解剖的程序安排的。关于切口的大小，由于我们主要是找病理、组织学的依据，如果不大切口可以达到目的，我同意不大切口。有的同志认为只在腹部切口，向上通过横膈膜掏胸腔内组织，可能弄不清原位。我认为位置不是重要的。有的同志提出要大切口。这样拍电影方便。我们主要也不是为了拍电影。

张炳常：我们拍的《考古新发现》国外有反映，人家注意到我们使用的是20年代的X光机。这次解剖，技术、方法、设备各方面都要注意这个问题。关于研究骨髓的问题。日本的幸沼六郎教授是研究肿瘤的。他访华时做过一次学术报告。他们利用一个奈良时代的古尸（距今一千来年）抽出骨髓进行培养，得到了一些小颗粒。他们把现代人的肿瘤取下磨碎培养，也得出同样的颗粒。他认为这就是病毒。他给我来信建议，将2100年的这具古尸骨髓也进行一些研究。

关于头发的研究问题。我们有个搞同位素的同志讲：拿破仑被流放到太平洋的孤岛上去之后，神秘地死去了。当时人们都认为他死得可疑，极有可能是被谋杀，但又找不到证据。若干年之后，有人根据他保留下来的一绺头发用同位素研究，发现他是砷中毒死的。据说是拿破仑的一个卫士兼助手，将室内糊墙的纸全部涂上砷物质，拿破仑慢慢通过呼吸中毒身亡了。

这是几个例子，目的是说明一定要利用新技术新方法，如同位素、荧光显微镜、电子显微镜等。

刘雪桐：方案的前31项都是必要的。这包括：

1．X光检查，做全身骨骼摄影和断层摄影。

2．口腔牙齿检查。建议口腔科写一个专业性报告。

3．耳鼻检查，写出专业性报告。

4．皮肤检查，写出专业报告。

5．眼，根据目测，写出一个专业性报告。

6．生殖器，请妇产科医生写一个专业性报告。

7．头发，如果要搞汞测定，可用最先进的中子照射的方法。北京有两个单位，太原有一个单位可做。

沈其卫：人体的一般测量要尽量详细。对这个2100年前的人体进行全面测量，可为人类学提供材料。

日本人重视对头发的研究可能是与研究肿瘤免疫力有关。动物中是选纯种进行肿瘤免疫力试验。而在现代人中选纯种不容易，这具2000年的古尸提供了一个难得的实体，是否企图通过头发来了解纯种人有些什么特点，在肿瘤免疫力方面收集材料。还有，血型也可以从头发中鉴定出来。

夏鼐：是否可在脑上打个洞，或者从鼻孔和眼眶进去掏脑内物？若内脏还成形，也要用玻璃瓶保存下来，将来与尸体一道陈列。科学材料不一定强求齐全。

王冶秋：这次解剖既要保持尸体的完整以利长期保存，又要取得科学资料，如何搞，我有几点建议：

1．解剖之前，其他能做的工作先走一步，如X光检查等。

2．这次解剖的目的是弄清内脏器官保存情况。如能进一步摸清是什么病死的更好。现在项目太多了，是否可减少，不一定求全。把主要要解决的问题明确，如能达到了解保存程度这就很有价值了。

3．取样后，有些可在这里检查，有些可送到有关单位解决。

4．切口不要大。先在腹部切口，然后探查，再决定下一步措施。如把胸腔打开，脊椎骨打断，头也开了，以后就不可收拾。脑盖骨不要锯开，可开小孔，开小窗。

5．工作顺序先外后内。需要什么器材，我们打电话请国务院办公厅帮助解决。

6．外部检查也要确保尸体安全。不要怕别人说我们设备落后，周总理讲过多次：我们是发展中的国家。最好能在湖南医学院一家解决问题，不要把老太婆东搬西运。

7．拍纪录片要服从尸体安全。

8．要一样样落实，不能老是坐而论道，空谈不但误国，也会误解剖一事的。

9．外部检查，不要上报了，可以一面做外部检查，一面快速把解剖方案订出来。

10．拍电影不要光太强，不要拍得太久。最好把参加工作的同志在同一时刻都请来，同时会诊。不要经常折腾。

方案可搞两个：一是外部观察的，不要再报了；一是解剖的要上报。

当天下午，会议秘书组根据专家们讨论的意见和王冶秋、夏鼐以及李振军、马琦等人的指示，很快整理出一份请示报告，电传北京。

关于马王堆汉墓出土尸体解剖方案的请示报告

国务院：

遵照周总理十一月三十日关于"马王堆一号汉墓"出土尸体解剖问题的

指示，国务院图博口王冶秋同志来到我省，召集了有中国医学科学院、中国人民解放军军事医学科学院、北京医学院、中山医学院、湖南医学院及中国科学院考古所夏鼐等同志参加的"马王堆汉墓"出土尸体解剖座谈会。省委书记李振军同志、政工组副组长马琦同志出席了会议。会议决定，这项工作在王冶秋同志指导下、在省委领导下进行，并成立了领导小组及解剖工作组。领导小组由李振军同志任组长，马琦同志任副组长。解剖工作以湖南医学院为主，中国医学科学院、中国人民解放军军事医学科学院、北京医学院、中山医学院等单位六位同志协助。会议经过充分讨论，制订了如下解剖方案：

一、尸体解剖必须在确保尸体外形的完整，更有利于长期保存的前提下进行。在解剖前后的全过程中，首先要高度重视尸体的最大可能程度的完整性，同时又要努力取出脑和内脏器官、组织，通过病理学、组织学、病原学、组织化学、电子显微镜等方面的检查，针对尸体组织结构的保存程度、尸体为什么能防腐、今后如何保存尸体、尸体原有的病理变化和死亡原因等医学问题，做进一步的探讨。

二、为了保证尸体外形的完整及有利于尸体长期保存。解剖前要做好思想、组织具体计划、物资等各项准备工作。保证解剖顺利进行。解剖场地、用具进行消毒。解剖中每一项操作都要轻细，切忌猛力牵拉。

三、解剖前，先由眼科、耳鼻喉科、皮肤科、妇产科、口腔科及放射科医师，在尸体表面对尸体进行全面检查。重新拍摄全身X光照片，进行断层摄影，探讨内脏保存情况，使体内解剖更有的放矢。详尽收集人体测量资料。

四、决定不按病理解剖常规严重破坏颅骨完整性的开颅方法，先在颅骨额骨鳞部手工操作进行钻孔，孔直径为三厘米，通过小孔探查，吸液取组织检查，用膀胱镜或直视观察颅内情况。如发现保存有脑组织，结合X光检查所见。再从颅骨适当部位锯开小窗，取出脑组织。为了保存眼外形，也不从颅内破坏颅骨切取眼球后半部检查。

五、检查胸腹部，先从剑突下腹正中做十五厘米的切口，观察内脏情况。如果腹部内脏还保存，又不便从十五厘米切口内捞出，研究腹部内脏又有重大意义，则再将上述切口向下延长，但最多达耻骨联合上。胸部心、肺，从划破膈肌，通过腹腔取出，不切断胸部肋骨取心、肺。通过腹部切口可拍摄电影记录，证实内脏的原位状态。不破坏脊椎骨的完整性，因而不切取脊髓组织。

六、解剖工作者、电影工作者及其他有关同志，在统一指挥下，严格分工，紧密配合，有计划有步骤有秩序地进行各项工作。既要认真收集各种科研材料，又要力争尽早结束尸体在空气中的暴露时间，减少尸体被微生物污染的机会，缩短被强光照射的时间。

七、在取出内脏器官后，在体腔内填塞消毒敷料并放置防腐剂。选择经久耐用的丝线，采用外科缝皮的技术，认真细致将手术切口缝合好。在几个院校交流经验后，确定一种经过较长时间考验行之有效的防腐固定液的配方，将尸体浸泡于这种防腐液的玻璃棺内。尸体存放于湖南省博物馆。除检查应用外，保留部分内脏标本，与尸体一起供陈列。建立制度，规定检查指标，定期更换防腐液。责成湖南医学院解剖学教研组定期派人来检查尸体保存情况。坚持进行长期保存尸体的科学研究。当否。请审示。

湖南省革命委员会
一九七二年十二月九日

12月10日上午，国务院值班室将记录稿送至总理办公室。周恩来看罢，不再犹豫，当即批示：

急送沫若、西尧两同志阅。如有不同意见或应注意事项，请郭老批注。西尧以电话告冶秋同志。

周恩来
1972年12月10日

当日，郭沫若批示：

没有不同意见，请注意探求致死的病因。并注意免受尸毒的感染。

郭沫若
1972年12月10日

早在1972年6月，白荣金奉调自长沙回到北京后，在王仲殊带领下，曾到什刹海西面郭沫若的住处，汇报过马王堆汉墓发掘的情况。当时郭沫若就曾提出要防止尸毒侵袭，不要损害发掘人员的健康。如今对此事仍念念不忘，并特意叮嘱，这让参加讨论的专家、学者深为感动。

就在周恩来、郭沫若批示的当天晚上7时20分，国务院文化组组长刘西尧办公室值班人员电话告知了在长沙的王冶秋。第二天上午，正当大家在会议室讨论解剖的具体方法以及拍摄电影与照相等注意事项时，王冶秋兴致勃勃地走进会议室，将一份电话稿高高举起说："西尧同志办公室用电话传来了郭老的一封信。"说着，便大声宣读起来：

刘西尧同志：

关于马王堆的尸体解剖，我想起来一件事，即吸取骨髓进行血型的鉴定（O型、A型、B型等）。此事日本人曾注意到。

一般管状骨的两端是创生血球的地方，骨髓在骨管中想来还保存得相当良好。如就一支上臂骨或下臂骨的两端开孔取髓，便可进行检验。这样既可保存尸体的原状，也有可能鉴定出二千多年的古人的血型，为尸体解剖增添一项成果。

郭沫若在做西汉古尸有关情况的演讲

如认为可以，请电告长沙。
　　顺致
　　敬礼！

郭沫若
一九七二年十二月十一日晨

当王冶秋读到信末的日期时，故意将"晨"字拉长了语调，读得又重又富有感情。在座的几位医务人员不禁感慨地说："郭老以为老太婆已走上手术台了，看来昨天是夜不成寐啊！""到底是学过医的，对医学这么精通和细心，不愧是我们的老前辈啊！"

彭隆祥请缨上阵

既然解剖方案已被批准，并引起那么多中央领导和科学界前辈的重视与关注。王冶秋自是不再坐而论道了，他要组织医务人员进行具体、紧张而又周密的部署，从当时留下的一份解剖备忘录中可以看到：

12月11日以前，湖南医学院组织五官、皮肤、妇科等有关人员开会制订对女尸的检查方案。放射科等有关人员制订X光检查方案，检查解剖场地。落实运输工具、用具和保卫工作。解剖工作小组制订对女尸长期保存方案，对解剖现场进行布置，制订具体实施解剖程序，摄影器材运至解剖场地进行布置。

解放军一六三医院崔锡增医师正在对女尸进行X光检查

12月12日上午，将

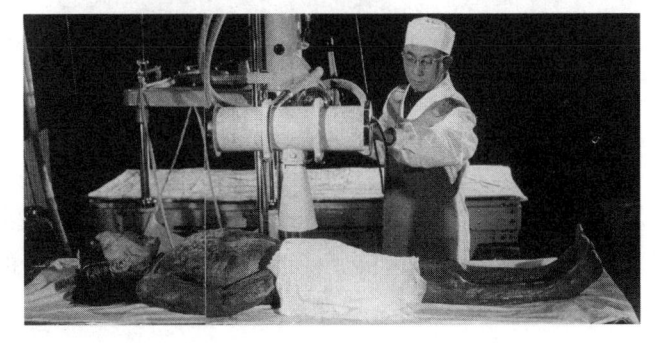

女尸脱水、五官、皮肤、妇科等人员对尸体进行检查，做详细记录，拍摄电影和照片等。

下午，尸体秘密运往一六三医院进行X光检查，拍摄电影、照片。

12月13日，集体看X光检查照片，补充修改解剖程序，拍摄电影、照片。

12月14日上午，确定解剖人员，再次到现场做最后准备。

下午，对女尸解剖正式开始，手术在博物馆二楼陈列室悄悄实施。

根据事先确定的解剖程序，首先是做开颅手术，主刀者为湖南省医学院附属第一医院神经科主任曹美鸿，为确保手术后不影响女尸的外观形象，曹美鸿及其助手根据原定方案，选择头顶后半部，在头发中先分理出一条马蹄形弧线，然后操刀，沿弧线熟练地切割了大半圈，再轻轻地揭起带发的头皮翻向一边，如核桃壳一样的黑色颅骨顿时显现出来。几位现场的医务人员俯身细察头皮，发现有少许红褐色块状物。从这块状物分析，似是脑出血或脑部受外力打击出血后的残迹。那黑色的颅骨，有中毒的疑点，因为人体中毒后，骨骼或轻或重地都将显示出黑色的症状。但从颅骨尚无丝毫破损这点来看，外力创击致死的因素不大。这两种判断的结果最终是否成立，还要待日后详细研究才能搞清，目前要做的是尽快实施手术。

曹美鸿放下手术刀，从助手手中接过一柄类似木匠使用的钻具，在女尸的颅骨上刺刺啦啦地钻起孔来。当六个孔沿着弧线

女尸开颅手术现场。左起：王福熙、刘里侯、曾嘉明、彭隆祥、曹美鸿（彭隆祥提供）

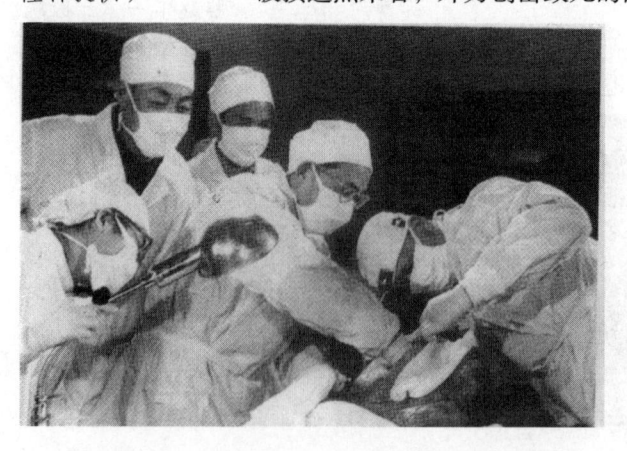

第六章 解剖大行动

排列着钻完之后,他放下钻具,接过一根布满锯齿的细钢丝,将一端伸入孔中,再探索着从另一个孔伸出来。曹美鸿用双手分别捏住钢丝的两端,开始熟练地拉起据来。可能颅内较空,曹美鸿在拉锯时,女尸的脑壳随之左右摇晃摆动。这时有人提醒:"轻点,别将老太婆的脖子扭断了。"助手听到提醒,抢步上前用双手按住女尸的后脑勺,脑壳遂不再晃动。约半个小时后,一块掌心大小的骨板被锯了下来,里边随之露出了灰白色、极像平时见到的皮蛋内部那层薄膜一样的网状物,细看上去,这层网状物要比皮蛋的薄膜光滑、亮丽得多。未等曹美鸿开口,周围就有医务人员喜形于色地说道:"哎呀,硬脑膜保存得这样好,看来脑髓也是好的。"谁知话音刚落,曹美鸿伸出指头向下一按,硬脑膜随即凹陷下去,已完全失去了弹性。看到这种状况,众人预感到不妙,在一旁观察的刘里侯像突然想起了什么似的说:"女尸浸泡在福尔马林液体里,脑袋总是像葫芦一样浮在上面,我用手按下去,它又浮上来,当时我就觉得女尸的脑壳比较空,可能没有脑髓了。"

刘里侯不幸言中。当曹美鸿用手指将硬脑膜戳破时,里边露出了一堆白色絮状物,整个脑髓如同一盘豆腐渣了。

尽管如此,此次开颅的收获还是有的。当曹美鸿将脑髓用医疗工具合盘掏出后,经用仪器观察,脑组织保存基本完好,如呈淡黄色的大脑分叶等尚可分辨。大脑镰和小脑幕一清二楚,甚至连小血管进入矢状窦也清晰可见。由于以上的状况,医务人员初步排除了脑出血等致死的原因。

由于脑髓还要继续供医务人员做详细的观察和研究,且以后还要保护和展出,曹美鸿在将脑壳内全部检查完毕后,把锯下来的那块骨板重新放回原位,以钢丝固定,把开颅时翻到一边的那块头皮放回到骨板之上,细心缝合。当这一切做完之后,再将女尸的头发抹回原处,遮住那个马蹄形缝口。开颅手术到此结束。接下来要做的,便是剖腹手术。

由于当初湖南医学院用老式X光机拍出的照片模糊不清,大多数专家认为女尸的内脏已自溶如泥,很可能取不出一件完整的器官了。其态势和道理应该像捕获的鱼一样,倘若变质腐烂,总是先从内脏开始。但当12月12日下午,将女尸运往解放军一六三医院,用先进的X光机检查之后,所拍出的光片与先前大不相同,内脏器官大部分尚可辨认,只是形体大为缩小、变薄。由此判断内脏保存完好,所有的专家和医务人员都喜出望外。可这次当专

197

家们观看了开颅的结果后,对女尸内脏究竟是好还是坏的问题,又在心中打起鼓来。解剖工作不得不暂时停止,专家们开始现场讨论,并提出了三种假设:一是内脏完整;二是变薄变脆;三是像脑髓一样,溶化如同豆腐渣。根据以上三种不同的情况,专家们在讨论后提出了不同的对策。不管出现何种情况,专家们都能有所准备地予以应付。

应付方案制订之后,由谁主刀的问题又成为讨论的焦点。出于多方面的顾虑,现场的几位老专家相互提名又相互推诿,谁也不愿甘当先锋。湖南医学院病理教研组的青年助教彭隆祥见此情形,自告奋勇地说道:"各位前辈、老师、兄长不要再谦让了,让我来主刀吧。"众人一看有这样一个"初生牛犊不怕虎"的愣头小伙子愿意效劳,自是喜出望外,经李振军、马琦、王冶秋等人同意后,彭隆祥大步走上了手术台。

若干年后,已成为国内外著名医学教授的彭隆祥,对不断前去采访他的记者回忆当初这个举动时说:"有人认为我自告奋勇地做解剖女尸的主刀,是'初生牛犊不怕虎',有的人认为我一时头脑发热,犯了青年人好冲动的通病,还有极少数不友好者,把我的做法私下里议论是'胡闹台'。其实,各种说法都不准确。我1951年入湘雅医学院也就是现在的湖南医学院就读。过去湘雅医学院是美国人出资办的,相当有名气,国内医学界曾有'北协和南湘雅'之说。1956年毕业后,我被留校担任人体组织解剖学的教学工作,后来转教病理解剖学。1960年到中国军事医学科学院进修电子显微镜学。1964—1965年,在中山医科大学进修病理解剖学,到马王堆女尸解剖时,我已40岁,任湖南医学院病理学教研组主任,其间已做了200多例的尸体解剖手术,并有了相当厚实的基础。至于职称是个低级的助教问题,'文革'

踌躇满志的彭隆祥在医学院办公楼前(彭隆祥提供)

第六章 解剖大行动

中大多数知识分子都是如此，凡在院校教学的统称为老师。也正是马王堆女尸的解剖和研究之后，在拍摄电影《古尸研究》的解说词中，才有了在'文革'中遁寂了几年的教授这一提法。为了这个提法，制片厂专门请示郭老，郭老又请示总理，周总理明确表态'可以称教授，适应国外的叫法'，从此教授一词才在死亡中得以复活，国外在报道中也以教授相称。如日本的《朝日新闻》就称我院的王鹏程老师为王氏教授。……尽管主刀是我，但对马王堆女尸整个解剖和研究，是众多的领导、专家、学者共同努力的结果，可以说是集体智慧的结晶。"

从彭隆祥简短的经历中可以看出，他的自告奋勇，并非头脑发热和不自量力地"胡闹台"，而是有将这出戏演好的足够的力量才得以自信登台献艺的，接下来的事实充分证明了这一点。

当助手刘里侯用蘸酒精的棉球擦洗女尸的腹部时，发现腹壁较之一般的尸体要厚，且有一定的硬变和韧性，这说明老太婆死前是十分肥胖的。厚厚的腹壁呈现出黄色或黄褐色，皮肤、皮下脂肪、肌肉、腹膜层次清楚。腹壁有蜂窝

夏鼐与彭隆祥在女尸解剖研讨会上交谈（何其烈摄）
1972年12月，在马王堆古尸解剖前，夏鼐专门找彭隆祥谈话，指点彭进行古病理学研究，并当场写出一串参考文献目录，供彭查找、学习，彭隆祥一直把这个目录珍藏至今。古病理学（paleopathology）系病理学的一个分支，此前彭隆祥没有做过古尸科研，对古病理学知之甚少，经此次夏鼐鼓励和指点，才开始接触这门学问。夏、彭长沙之晤，决定了彭隆祥日后在医学领域的研究方向和主攻目标。1985年，彭隆祥赴美参加古病理学年会，在会上报告了马王堆西汉古尸解剖、研究成果，引起广泛瞩目，之后彭被吸收为美国古病理学学会会员。此后又经过数年学习和临床实验，彭隆祥终成国内外著名的古病理学家

199

夏鼐提供的古病理学参考文献

孔，似是天长日久脂肪渐渐消融的结果。

酒精擦过，早已操刀在手的彭隆祥凭着多年积累的解剖经验与娴熟的技术，手起刀落，很快将腹部切开。出乎所有人意料的是，腹腔内的脏器完整无缺，只是略微缩小、变薄了些。正在众专家思索着这看似完好如初的脏器能否触动，或能否经受得住剥离时，只见彭隆祥放下手术刀，双手插于腹腔内，一下将内脏器官全盘托出。众位专家见状惊喜异常，禁不住伸出手指试探着触摸，不但脏器柔软、润滑，而且还感到了温热，似是一个活人的内脏。尽管触摸者深知这温热不是来自脏器本身散发而是与外部物质渗透有关，但依旧觉得这是世界解剖学史上罕见的奇迹中的奇迹。

经过了多少个日夜的讨论与准备，想不到仅用了半个下午就轻松而迅速地解剖完毕。专家们望着丰硕的解剖成果，诙谐地说道："咱这是拿蛤蟆摆虎阵呀！"

彭隆祥重新将切口缝合，所取出的内脏器官分别放在几个玻璃缸内封存之后，专家们又对女尸的其他器官分别做了详细检查和取样，然后带着大功告成的喜悦撤离手术室。

第七章

八方风雨会长沙

西汉孤魂

各路专家云集长沙，华国锋亲临会场参加讨论。关于墓主人死因逐渐清晰，穿越历史防腐术的长廊，祖国医学源远流长。面对女尸解剖以及意义非凡的科学研究，中国医学科学界再次向世人展示了自己的科研成就。

❀ 华国锋：若吊颈而死，颈部多充血

12月15日下午，王冶秋、李振军、马琦等再次在湖南宾馆组织召开会议。此次会议的主要内容是听取病理解剖、X线、眼、耳鼻喉、口腔、皮肤、妇产七科的初步检查结果汇报。同上几次会议不同的是，不久即将上调中央而很少在马王堆汉墓的发掘与女尸解剖等问题上参与意见的湖南省委第一书记华国锋，也特地赶来参加了会议。

当七个学科的医务人员，将初步检查结果提交会务组做了汇报后，与会人员开始对一些尚未解决的问题展开了讨论，其讨论的要点是：

郭景元：古尸解剖结果证明保存很好，比我们原先的想象和看X光片的印象好得多。肺、肝原是最容易腐败的器官。现均保存完好。因而是否放了防腐剂，需要认真考虑。棺内水超过一般人体重，不可能全部由人体排出，同时又不能从外部渗入，因此很可能是放了防腐剂。全身骨骼黑色发绿，是否与酒泡有关？致死病因还不能做出结论。但可以排除下面几种可能性：腹膜炎、胸膜炎、脑膜炎、中风、脑出血、肿瘤、外伤、慢性病。我认为因心脏病变致死可能性大，希望特别注意冠状动脉。中毒的可能性还不能完全排除。建议今后解决以下几个问题：尸体为什么能保存？尸体保存到什么程度？这种状态的古尸叫什么名称？血型？病变？死因？有无寄生虫？临床各科提出的问题。建议进行以下几项工作：标本分开，一一照相记录。切片检查。中毒化验，即验汞砷等。验血型，可用心血管、肌肉或毛发鉴定。胃内容的检查。

谭日强：从古尸外表看，左边乳房、腿比右边要大，左手伸直，右手五指中有两指微屈，是否右边偏瘫？舌伸出嘴

外,是否为中医所讲的"重舌"?

华国锋:帛画中画的这个老太婆拄着拐杖,出土器物中也有手杖,各科检查都证明死亡年龄不超过五十岁,若无病变,不会拄拐杖。

夏鼐:这具古尸保存完好是空前的。原先估计不足。下面谈几点意见:观察情况,资料性的东西必须准确。分析部分可以保留不同的看法。血型的鉴定如无血球,也可用血清。内脏要很好用药水保存,和尸体一并展览。

沈其卫:这次解剖从中央到省委都非常重视。湖医的同志做了很多工作,以后还有大量工作要做。下颚骨脱白可搞空气摄影。死因不像是慢性病,而像是暴死。心脏是研究的重点,肝、肾脏也重要。舌骨在X片下看不太清楚,是否是因吊颈而使舌骨破碎?

华国锋:若吊颈而死,颈部多充血。棺内水肯定不会是人体排出的。讲外面渗透进去,也站不住脚。

刘里侯:棺内很可能放了酒。前次骨髓穿刺吸出了些液体,用玻璃瓶收集了。后来我误将它做酒精消毒,有很浓的气味,但比较黏。这尸体与酒精浸泡的尸体相似。结缔组织与神经血管容易分离,关节可以稍微动动。指甲问题,下午再次观察,脚指甲确实没有,手指甲大部分没有,只左手小指靠内侧,右手大拇指靠外侧有一小块。

谭曾鲁:这次解剖要解决三个问题:保存状况。尸体保存很完整,内脏除脑组织外,基本上保存了外形,这是轰动世界的了不起的事情。这个问题可以解决了。致死病因,到目前为止,还只是推测。

1972年12月,华国锋(右三)、王冶秋(右二)、杨大易(右四)在女尸解剖现场

恐怕不是慢性病，而是急性病。肺病虽有三处钙化点，但一般不会死人。肿瘤可能性不大。希望集中考虑心脏，注意冠状动脉是否硬化或破裂？至于防腐问题，从尸体解剖情况看类似灌了酒，通过肠子向外渗透。还需考虑是否有中毒或头部击伤致死的可能。

赵海波：死因，现在结论还太早。现做一些初步分析：尸体一边大一边小，到底是偏瘫还是包扎？下颚脱白是病变还是包扎？我倾向于是包扎所致。舌头为什么伸出嘴外？是因为体内有短期腐败，气体向外压迫，由于包扎很紧，所以这种气体虽不多。但冲力大。结果把舌冲到了嘴外。颈部未见吊颈痕迹。皮肤异常情况是生前病变还是死后变化？联系到脑中物发霉，可能是死后的变化。可以考虑是否有微生物的生长。还要研究她死亡的季节，我认为不是很冷的时候。头部未见砸伤或棒伤痕迹。没有头皮损伤或皮下出血，头皮上毛发均完好。脑皮内有铁锈色物质。是否是血液分解残存物质？

李亭植：这次解剖能按原定计划完成，主要是由于中央重视和关怀。各地专家大力协助，使工作能顺利进行，我代表湖医的同志向外地专家表示感谢。

华国锋：我是来学习的。这具尸体有很重要的意义，中央领导同志、总理很重视、很关心。2000多年尸体保存这样完好全世界没有。前段电影一放，香港100多万人看了。日本记者上次来一定要看，没让他们看。只接待了三个代表团。巴卢库、宾努、比斯塔他们来了，讲安排参观马王堆文物，都高兴极了。日本直接从电影拍下镜头展览卖票赚钱。这次解剖总理亲自批示，王冶秋同志坐镇，还请了各方面同志参加。郭老更是关心此事。如能把解剖材料很好整理，又会轰动世界。在科学研究上，这是一极好机会。

由于中央领导同志关怀，各地同志来了，又加上湖南医务人员共同努力，解剖情况很好。你们过去不相信内脏保存如此完好，我们更不敢相信，以为一定乱糟糟的。经过大家努力取了出来，进行研究，可以说明很多问题。要感谢北京和广州的同志。解剖只是把东西拿出来了，还有很多研究工作。仅这意义说，后面任务很艰巨，要努力做出更大的贡献。

有些问题不能过早做结论，如死因。科学研究要实事求是，从很多证据来说明问题，通过这次解剖可得出很多研究成果。这个成果是多方面的、综合的。有医学方面的，也有考古学方面的。希望大家开动脑筋想想有哪些研究项目，哪些是重要的，哪些是次要的。当然在研究过程中会遇到一些新的问题。将来发表的报告，要代表中国的科学研究水平。

讨论中有争论是好事。但事实一定要搞清楚，要切合实际，要扎实。没正式查明的东西根本就不要说。

还有些工作也要配合上，如丝绸的保养问题，还要继续研究。听说用有机玻璃夹封的丝绸有的也变脆了。湖南能做的湖南做，不能做的请别的省市协助。

继这次会议之后，王冶秋又组织各方人员进行了几次大的讨论，制订了女尸解剖后的研究方案和研究项目，即对女尸的防腐处理、皮肤研究、头发研究、X射线研究、死亡年龄、组织化学检查、电镜检查、血型鉴定、蛋白质研究、核酸研究、脂类研究、寄生虫研究、铅汞测定、微生物检查棺液分析、病变死因、尸体类型和中草药考证等等。鉴于湖南医学院在人力和医疗器械以及技术上的不足，王冶秋和湖南省革委会的领导在经过协商后，决定由国务院出面向全国各地有关单位求援。1973年年初，求援报告送往国务院。

关于长沙马王堆一号汉墓
女尸解剖后科学研究方案的请示报告

国务院：

根据长沙马王堆一号汉墓女尸解剖问题座谈会的精神，我们决定由湖南医学院抽调四十多名干部和科研人员，成立了研究组织机构，设立了临床、中医中药、放射、化学检验、病理组织、病原、解剖、防腐和秘书九个组。各组分别提出了研究项目，经综合讨论，并征求北京、广州与会同志的意见，拟从以下几个方面做进一步的研究。

1. 女尸保存的程度；
2. 女尸的病理变化及死因探讨；
3. 有关墓内中医中药的研究；
4. 女尸及内脏标本保存的防腐措施；
5. 女尸防腐原因。

通过这一研究，既要反映我国劳动人民创造古代文化的光辉成果，又要反映出现代医学科学技术的发展水平，以达到"古为今用"的目的。方案中有五项须请七个兄弟院、所协助研究，请求国务院能及早指示他们予以帮助。

特此呈报，请批示。

湖南省革命委员会
一九七三年元月三日

附《长沙马王堆一号汉墓女尸解剖后科学研究方案》（前四略——作者）

五、需上级有关单位协助解决的问题：

1972年10月25日湖南医学院上报国务院图博口的女尸内脏器官补充检查方案中，曾提出"如能采取到内脏组织，将寄送中国医学科学院、中国人民解放军军事医学科学院、上海第一医学院病解教研组、广州中山医学院病解教研组、苏州医学院病解教研组等单位协助进行病理鉴定、审查"。这次解剖中，为了保存全尸及内脏器官的完整性，仅取出极少量组织做检查用，待制片观察后再请有关单位协助鉴定。

有以下项目拟请有关单位协助研究的：

1. 用超薄切片，电子显微镜检查。
2. 用"中子活化法"测定头发中砷、汞、铝的含量。
3. 用X光衍射法，分析头发内角蛋白的结构。
4. 用氨基酸自动分析法测定棺液及体液氨基酸种类。
5. 用光谱分析法，分析骨质呈褐黄色的因素。

据了解有以下单位能做上述项目中的某些检查或测定：

中国科学院物理研究所、上海有机化学研究所、中国科学院原子能研究所、冶金部有色金属研究院、上海生化研究所、中国科学院生物物理研究所、华东物质结构研究所或其他单位。

这份报告上报不久，即在周恩来的批准指示下，很快以国务院第五号文件的名义向有关单位转发。

国务院批转湖南省革委会

关于长沙马王堆一号汉墓女尸解剖后

科学研究方案的请示报告

上海市、广东、江苏、福建省革委会、总后勤部、卫生部、冶金部、燃化部、中国科学院：

国务院同意湖南省革委会《关于长沙马王堆一号汉墓女尸解剖后科学研究方案的请示报告》，现转发给你们，请告所属有关院、所，积极协助湖南省做好这一科学研究工作。此项研究工作，由湖南省直接同有关院、所联系。

中华人民共和国国务院

（签　章）

一九七三年一月十五日

随着这份报告的转发，一个关于女尸及其相关问题研究的社会科学与自然科学的大协作正式到来。

他杀，自杀，病亡？

1973年3月初，以女尸研究为主要内容的各学科专家，分别从全国四面八方汇集长沙。此次参加的科研单位、医学院校共53个，科研人员多达83人。其单位是：

北京：中国人民解放军军事医学科学院、中国科学院生物物理研究所、二机部401所、冶金部有色金属研究院、中国科学院遗传研究所、卫生部中医研究院、中国医学科学院、燃料部石油化工研究院、中国科学院植物研究所。

上海：中国科学院上海生物化学研究所、中国科学院上海有机化学研究所、上海实验生物研究所、上海寄生虫病研究所、上海生理研究所、上海生物制品研究所、上海第一医学院、上海市公安局。

长沙：湖南医学院、湖南省冶金研究所、冶金工业部矿冶研究所、中南三〇九队、湖南省劳动卫生研究所、湖南省地质局实验室、湖南省中医药研究所、湖南中医学院、湖南师范学院、湖南省博物馆、湖南省药材公司、中国人民解放军一六三医院。

武汉：武汉医学院。

广州：中山医学院。

南京：南京药物学院。

福州：福建7701研究所。

在这35个单位的83人中，其中有不少为国内外著名的专家、学者。如中科院上海生化所的王应睐，武汉医学院的武忠弼，解放军医学科学院的刘雪桐，湖南医学院的李亭植、潘世成（女）、王鹏程、陈祜鑫、吴洁如（女）等，都在各自研究的领域取得了国内外瞩目的成就。在这道临时形成的灿烂星河中，可谓明星闪耀，大家云集，确有八方风雨会长沙之势。这是中国考古史上未曾有过的辉煌景观。各地来长沙的专家、学者，配合湖南医学院及长沙其他的参与单位，进行了各个方面的协作和研究，使女尸在解剖学、组织学、微生物学、寄生虫学、病理学、化学、生物化学、生物物理学、临床医学，以及中医中药学等诸多学科，都取得了丰硕的研究成果。通过肉眼和病理组织、电镜观察X射线、寄生虫学研究、毒物分析等，对女尸的死亡年龄、血型、疾病、死因等诸方面，做了如下鉴定结论。

年龄：

1．利用骨骼哈弗氏管的测定推断，对照陈康颐主编的法医学关于"根据骨骼推测年龄"的数字依据，推断女尸生前年龄约为50岁。

2．利用X线检查推断女尸生前年龄为40—50岁。

3．妇科检查推断女尸生前为更年期妇女。根据中国古代医学记载妇女绝经期的年龄为49岁，近代资料报道为45—52岁、国外资料为45—50岁的不同数字，推断女尸生前年龄为45—52岁。

4．从女尸的病理变化推断，女尸生前年龄为50岁左右。

综合以上各种不同推断，其结论是女尸生前为50岁左右。

血型：

采用抑制凝聚集试验法，测出女尸头发与组织具有明显的"A"型物质，故断定女尸血型属于"A"型。

汞、砷含量：

根据碘化钠晶体探测器测定，女尸的含汞量比现代人高达数百倍。在骨组织中含铅量较高。

肠、胃解剖：

共发现内有138粒半形态饱满的甜瓜子。

其次，根据多种学科的检查诊断，女主人生前共患有下列疾病和损伤性症状：

一、动脉粥样硬化症。

二、冠状动脉粥样硬化性心脏病（简称冠心病）。

三、多发性胆石症（胆总管内、肝管内、肝内胆管内结石）。

四、日本血吸虫病。

五、第四、五腰椎间的椎间盘脱出或椎间盘变性。

六、右桡、尺骨远端骨折，畸形愈合。

七、左肺上叶及左肺门结核性钙化病灶。

八、两肺广泛性炭末沉着。

九、胆囊隔畸形。

十、会阴二度撕裂的疤痕（说明生育过，曾有裂伤）。

十一、肠道蛲虫及鞭毛虫感染。

十二、体内铅、汞积蓄。

既然墓主人生前患有如此多的疾病和损伤性症状，到底哪一种是导致她死亡的原因？医务人员经过分析、研究认为：

首先应排除吊颈而死的可能，因为女尸颈部没有绳索勒痕，就不能推断是吊颈而死。

尽管女尸头部皮层有瘀血的痕迹，但检查头部和全身未见机械性损伤，故也就排除了被外力—棒子敲死的可能。

从毒物化验来看，女主人生前有慢性汞（水银）中毒，但不是因中毒死亡。因为在女主人所在的西汉初期，由于生产技术的局限，尚未生产出能使

209

在侯良主持下，墓主食管与胃中的六粒甜瓜子被种植在湖南省博物馆院内。瓜子发芽生长后，因环境不太适应，未等结果就枯萎了

她急性中毒死亡的"升汞"。女主人体内之所以有汞存在，主要是平时慢慢吞食下去的水银。据考古学家考证，西汉"炼丹"技术已盛行，多数贵族都以吞服"仙丹"而梦想长生不老，因"仙丹"主要是由汞制成，人吞服后就会慢性中毒，但这种慢性中毒不能致人猝死。因而，体内中毒不是女主人死亡的直接原因。

既然排除了自杀、他杀和中毒死亡的可能，女主人的死因到底是什么？

通过系统解剖和病理检查发现，女尸皮下脂肪、肠系膜脂肪、腹膜后肾周脂肪及结肠脂肪均较丰满，显示古尸死前营养状况良好。骶、背部没有褥疮，不像长期卧病而死。全身未见肿瘤，亦未见其他慢性消耗性疾病（如空洞性肺结核）的病变。消化道各段内均发现有甜瓜子，反映了患者临死前不久尚能从容进食。若把上述几点联系起来思索，可以认为女尸的病死过程，不像一个慢性缓进过程，很可能是一个急性骤发的病死过程。也就是习惯上所说的急死或猝死。或者是说在出现症状或体征后立即或24小时内死亡。根据古尸食管、胃、小肠及大肠中还留有不少甜瓜子的事实来看，女主人的死亡当在发病后24小时以内。

是什么症状引起了女主人的急死或猝死？通过先前的诊断可知，女主人具有多发性胆石症，由于结石嵌顿引起胆绞痛的可能性很大。胆绞痛的急性发作，促发冠状动脉痉挛，引起心肌缺氧加重，以致发生猝死。其发病机制早经动物实验所阐明，是由于胆道疾患急性发作时，通过内脏大神经与上段胸神经的联系而发生迷走神经反射的缘故。

急性胆道疾患亦有急死病例。著名医学专家陈康颐等就曾指出："个别病例，当大的胆石通过胆管时，或坏疽性胆囊炎穿孔时，可发生猝死。"由于女尸组织切片无法看到炎性细胞成分，故因胆总管及肝管结石阻塞引起急性梗阻化脓性胆管炎的可能性难以判断。

由于胆总管乏特氏壶腹处有结石嵌顿，有引起急性出血性胰腺炎（坏死）的可能性。但对女尸的肉眼观察未见胰腺出血及脂肪坏死，胰管内未见逆流的胆汁；切片胆色素染色阴性，镜下胰腺各部未见出血，故可排除因患急性出血性胰腺炎致死的可能性。

女尸全身多处动脉粥样硬化，但大、小脑表面及各切面未见出血征象，镜下左、右大脑中动脉未见粥样硬化病变，大、小脑各部位含铁量，经化学分析及光谱测定没有显著差别，故可排除大量脑出血所致的急死。

在医务人员列出的女尸众多的病症中，有一种陌生的疾病，那就是日本血吸虫病。过去讲述中国的血吸虫病的历史时，都援引国外的资料，这次，通过对马王堆汉墓女尸病理学、寄生虫学等方法的研究，在其体内发现了日本血吸虫虫卵，这说明远在2100多年以前中国就有日本血吸虫病的存在了。

其实，血吸虫在人体寄生已有悠久的历史。1910年，Ruffer氏在检查埃及的木乃伊时，从3000—4000年前木乃伊的尿路结石的核心检出钙化的埃及血吸虫卵，从公元前1200—1090年的木乃伊肾脏切片中也检到埃及血吸虫卵。可惜Ruffer氏没有对此病给予命名和深入研究。

日本血吸虫由于1904年首先为日本学者桂田氏发现并命名，故称为日本血吸虫，此种寄生虫在人体寄生并不限于日本，在中国及菲律宾均已有悠久历史。

《周易》卦象上有"山风蛊"，《周礼》庶民有掌除蛊毒之官。医经云："腹中虫者，谓之腹内中蛊之毒也，自外而入，故内中，自内而蚀。故曰虫。"许慎《说文解字》虫部云："蛊腹中虫也，从虫从皿。"故著名医学专家范行准认为，远在公元前16—前15世纪，中国已有类似日本血吸虫病的记载。

隋代巢元方所著《诸病源候论》（公元605—610年）记载，"江南有射工毒虫，……夏月在水中，人行水上及以水洗浴，或因大雨潦时，仍逐水便流入人家，或遇道上牛马等迹内即停住。初得时，或如伤寒，或似中恶，……或恶寒热，四肢拘急，头痛、骨悁……""自三吴已东及南诸山郡山县，有山谷溪源处，有水毒病，春秋辄得……""水间有沙虱，其中甚细，不可见，人入水浴及汲水澡浴，此虫着身……便钻入皮里……初得时，皮上正赤，如小豆黍粟……""初得恶寒，头微痛，目匡疼……"从地理分布、感染季节、感染方式及途径和症状来看，公元600年时及以前，中国已有日本血吸虫病的流行。

1905年，Cattto氏在新加坡解剖死于霍乱的一名福建籍华侨尸体，在其肠系膜静脉中检获了日本血吸虫成虫。同年，Logan氏在湖南常德，从一名18岁的农民粪便中检出日本血吸虫卵。从此为中国有日本血吸虫病的流行取得了寄生虫学上的证据。

而此次从女尸检出日本血吸虫卵，使中国有日本血吸虫病流行的历史推展到2100年以前。

马王堆一号汉墓女尸在湖南长沙出土，死者生前在长沙居住。2100年前洞庭湖的范围远比今日为广，当时长沙县的乔口、云凝均属洞庭湖滨。洞庭湖的钉螺滋生已有悠久历史，如1881年Heude氏即曾在湖边采集到钉螺。因之，死者在长沙或附近的日本血吸虫病疫区接触疫水，并受到感染，是极有可能的。但是，从各种迹象来看，她死于日本血吸虫病的可能性仍然不大。

当这几种可能全被排除之后，最大的可能就是由于冠状动脉堵塞严重，加上胆石症急性发作为诱因，反射性引起冠状动脉痉挛，导致急性心肌缺血，而由于这种情况造成猝死的可能性最大。

根据国内外有关急死和尸检研究的文献报告，猝死的发生率均以冠心病患者为最高，而且冠心病的病例，不论其是否已经发生了急性心肌梗死或冠状动脉血栓形成，猝死都是最常见的死亡形式。武汉医学院附属二院1972年统计冠心病350例，其中猝死发生率占冠心病死亡病例的45%，死于休克者占24%，死于心衰者占15.5%。国外Mower1964年统计一组冠心病急性心肌梗死1101例中死亡的138例，其中猝死于心律失常者占56%，死于心衰者占27%，死于休克者占17%。这些数字足以说明猝死在冠心病病死形式中所占的比重。

在中国医学文献里，没有冠心病这个病名，但很早就有类似冠状动脉粥样硬化症的描述。最早提及类似冠心病的医学文献是战国至秦汉时期公元前5世纪的《黄帝内经》（包括《素问》和《灵枢》）。在《灵枢》中说道，

"真心痛，手足青至节，心痛甚，旦发夕死，夕发旦死"。汉代张仲景在《金匮要略》一书中写有"胸痹不得卧，心痛彻背……"的记载。这些记载生动地描述了现代所称的冠状动脉粥样硬化所引起的心肌梗死与心绞痛中的症状。国外在古尸研究中，1909年Shattock用冰冻切片观察到麦伦普塔赫（Merenptah）法老的主动脉有钙化。1911年Ruffer研究埃及木乃伊血管时，观察到3000年前埃及人，不仅有血管钙化，而且有和现代完全相同的动脉硬化现象，但未见古尸冠心病的材料。意想不到的是，医务人员这次从马王堆一号汉墓女尸的研究中，却获得了2000年前中国古人患动脉粥样硬化症、冠心病等的现代科学证据。

当然，冠心病的死亡原因较复杂，据现代研究，常见与心室纤颤以及心律紊乱、长期顽固心衰、心源性休克、心脏破裂等有密切关系，其他严重并发症亦可导致病人死亡。关于这具女尸，上述病理生理变化无客观资料可供查考，从病理形态来看，未见心衰、心脏破裂、室壁瘤及大块陈旧性或新鲜型心肌梗死的表现，但心肌有多发性小灶性梗死后瘢痕形成，冠状动脉粥样硬化的程度相当严重。按国内外有关冠心病猝死病例的尸检材料说明，猝死病例的心肌不一定有相应的严重改变。故此，大多数研究者认为，冠心病的猝死，大多并非由于急性心肌梗死或冠状动脉血栓形成，而是由于某些诱因，如情绪波动、急性绞痛或迷走神经反射等促发冠状动脉强烈痉挛，在关键部位上引起急性心肌缺血，骤发重型心律紊乱心跳顿停致死。

——这或许就是女主人死亡的真正原因。

穿越历史防腐术的长廊

马王堆汉墓出土女尸的死因得以解开，但对这个女人死后历2000余年而不腐的谜团，却仍是外界以及研究者热切关注的焦点。到底是怎样的防腐奇术使她的尸身历千年而不朽？在人类历史的长河中，关于尸体防腐问题，许多不同宗教、不同信仰的国家和民族，都曾创造过自己的传统方法和技术。但是，能够达到像马王堆汉墓女尸那样历2000多年而肌体组织不腐，且细胞清晰可见，关节不僵直，肌肤有弹力，肤色润泽有光的尸体，却是世所罕见。一些地处沙漠或干燥地区的国家，虽然也有几千年的尸体保存下来，但大多是枯干的木乃伊。具有悠久文明史的埃及，就曾发现过距今5000多年的木乃伊。在埃及的首都开罗博物馆，至今尚保存着完整的拉美西斯二世的尸体。这位著名的法老死于公元前1213年，出土于1881年，在地下度过了漫长的3094年。这具木乃伊出土时皮肤呈白色，经专家鉴定，拉美西斯二世在90岁左右死去，死亡原因为蛀牙疼痛。遗

拉美西斯二世木乃伊

憾的是，由于木乃伊出土后保护不力，在重新面世的100多年里，受到腐蚀的程度，远远超过了出土前埋于地下的3000多年。不过，类似的木乃伊虽说也是稀有的文物珍品，但不是绝品，不少国家的博物馆都有类似的木乃伊保存。而马王堆汉墓出土的软湿尸体，历时如此久远而保存这样完好，这在世界上所有保留的尸体中，还没有第二具可与之相提并论。

中国古代尸体防腐的技术到底产生于何时，史料未有确切的记载，但从流传下来的有关古代丧葬制度的记载和现代考古发掘的实物来看，早在商周时期，对死者尸体保存长期不腐的观念，便在人们的心中萌芽了。这个观念表现在丧葬制度中不但讲究棺，而且还注重椁的制造和应用，棺椁的木质要求具有芳香防虫作用的樟、松、柏、桐、楸等木。与此同时，葬者的墓穴也要求有一定的深度，这样做的一个重要目的，就是为了延缓或避免尸体的霉烂腐败和化为灰烬的进程。《礼记·檀弓上》曾对这种做法总结性地记载道："夫子制于中都，四寸之棺，五寸之椁，以斯知不欲速朽也。"当中国的历史进入奴隶社会后期和封建社会早期，丧葬制度越发繁荣隆重，"家弥富，葬弥厚"的风尚蔓延于整个社

会，前文多次提到的秦始皇帝陵"穿三泉，下铜而致椁。宫观百官，奇器珍怪徙藏满之……以水银为百川江河大海，机相灌输。上具天文，下具地理……"就是那个时代最有代表性的例证。在厚葬风尚众多的目的中，其中一个极其重要的因素，就是使死者的身躯能够长久保存，完整不朽。在这个强烈愿望的驱动下，中国古代防腐技术达到了相当高的水平。这一点，无论是古代史料的记载，还是现代考古发掘，都得到了充分的论述和验证。

请看如下几段记载：

元嘉中，豫章胡家奴，开昌邑王冢，青州人开齐襄公冢，并得金钩，而尸骸露在岩中俨然。

据推算，"元嘉"应为公元438年，而齐襄公却死于公元前686年，其间相距1124年，可见齐襄公的尸骸历经千年而未朽。

愍帝建兴中，曹嶷发景公及管仲冢，尸并不朽。缯帛可服、珍宝巨万。

管仲墓（作者摄）

曹嶷其人其事散见于《晋书》。据载，他先是王弥的部下，在建兴中，为刘聪治下的青州刺史，后受晋室平东将军、安东将军等官衔，明帝时为石虎所害。他曾割据青州，身居临淄。临淄为春秋战国时齐国的都城，当时齐国的君臣多埋葬于此。关于曹嶷掘冢的具体时日，据《刘聪载记》当为建兴三年，即公元315年。而《史记》记载，管仲死于周襄王八年，即公元前645年。另据《左传》载，齐景公死于周敬王三十二年，即公元前490年。由此可看出，从发掘至管仲入葬相距960年，距齐景公入葬805年。这样长的时间，不但尸体未朽，而且随葬衣帛还可以穿。如果事先不做尸体的防腐处理，是不可能出现这种奇效的。

（建兴三年）六月，盗发汉霸、杜二陵及薄太后陵，太后面如生。得金玉彩帛不可胜记。时以朝廷草创，服章多阙，敕收其余，以实内府。

据《史记》载，薄太后死于汉景帝二年，即公元前155年。她的坟墓被掘是在公元315年，其间相距470年。从这段记载可以看出，薄太后墓中的尸体与殉葬品，不但像管仲和齐景公那样完好，而且由于晋愍帝的朝廷刚刚创立，连穿衣都成问题。当这个墓被盗贼挖掘并掠走大部分衣物后，剩余的殉葬品还能拿到朝廷重新应用。由此可见对墓中物品的保护方法是极其高明的。

汉文帝刘恒霸陵

吴景帝时，江陵掘冢，取板治城，后发一大冢，内有重阁，石扇皆枢，枢转开合，四周激道通事具高可乘马，又铸铜为人数十枚，长五尺……。

破其棺，棺中有人，鬓已斑白鲜明，面体如生人。棺中有白玉璧三十枚藉尸。兵人带出死人，以依冢壁，一玉长一尺，形似冬瓜，从死人怀中出，堕地。两耳中及鼻中有黄金如枣，此则骨骸有假物而不朽之效也。

吴景帝在位时在公元258—262年，江陵掘冢之事，看来就发生在这一时期的某年。只是所掘之冢的主人不知葬于哪朝哪代，也不知其姓名，故其时间的间隔就难以准确断定了。不过书中误将那墓中的玉和黄金说成是骨骸不朽之效，则是没有道理的。其防腐的秘密一定不在金玉，而是在别的方面，只是盗贼们尚未察觉而已。

下面再看有墓主身份、姓名的墓葬被掘之事。

晋义熙九年，盗发故骠骑将军卞壶墓，剖棺掠之，壶面尸如生，两手悉拳，爪生达背。

史载卞壶被杀于晋成帝咸和三年，即公元328年。坟墓被掘在晋安帝义熙九年，即公元413年，其间相距85年。在这样不算太长的时间内，"面尸如生"当是可信的。但后面的记载"爪生达背"，也就是说入葬之后，指甲还在像树根一样不断生长，以至到达于背，就显然有些离奇了。不过类似这样离奇的事，史书记载却屡见不鲜，其中有这样一个故事：三国时期魏灭吴后，魏国的一个叫吴纲的南蛮校尉，在安徽寿春地方见到了一个东吴的老汉，老汉惊愕地对吴纲说："你的身材相貌很像长沙王吴芮呀！只是个头稍矮了点。"吴纲听后大惊，忙说："吴芮乃是我十六世先祖，已死400多年了，你怎么看得出我的相貌像他呢？"老汉说："40年前，东吴在临湘（长沙）欲修孙坚庙，因缺乏木材，就挖了长沙王吴芮的墓，取出棺椁作为建庙的材料。当时我参加了掘墓之事，当棺椁打开后，曾亲眼看见吴芮的尸体面目如生，衣帛完好呢！"

以上这个故事的来源散见于多处，其中郦道元《水经·湘水注》引郭颁《世语》的原文是：

魏黄初末，吴人发芮冢取木，于县立孙坚庙，见芮尸容貌衣服并如故。

吴平后，与发冢人于寿春见南蛮校尉吴纲曰："君形貌何类长沙王吴芮乎！但君微短耳。"纲矍然曰："是先祖也。"自芮卒至冢发四百年，至见纲又四十余年矣。

以上记载在裴松之所著的《三国志·诸葛诞传注》中也曾征引：

……纲矍然曰："是先祖也。君何由见之？"见者言所由。纲曰："更葬不？"答曰："即更葬矣。"自芮之卒年至冢发四百余年。纲，芮之十六世孙矣。

吴纲曾为诸葛诞长史，著名的《三国志》曾两次提到过他的名字。《吴志·孙亮传》也有关于他的记载。看来他所遇之事也许有些事实根据。他的祖宗吴芮为西汉初年汉高祖刘邦亲自封赏的第一代长沙王，死于公元前201年，墓之被掘当在黄初六年或七年，即公元225年或226年，其间相距420多年。在此期间，作为吴芮的尸身及衣物被埋葬于"广逾六十八丈"（郦道元《水经·湘水注》）的墓穴内，没有腐烂变朽是极有可能的。但那个参与掘墓的老汉，在相隔了40多年之后，还能看出吴芮的第十六代孙跟死者的相同与差异之处，则未免有些夸张和编造之嫌了。

另据郦道元《水经·沔水注》以及《三国志·刘表传注》、《太平御览》引《从征记》等记载：

（襄阳）城东门外二百步刘表墓，太康中为人所发。见表夫妻，其尸俨然。颜色不异，犹如平生。墓中香气。远闻三四里，经月不歇。今坟冢及祠堂犹高显整顿。

表死后八十余年，至晋太康中，表冢见发。表及妻身形如生。芬香闻数里。

表子琮持四方珍香数十石着棺中，苏合消疫之香毕备。

从以上记载可以看出，刘表夫妻的尸体不但历80余年没有腐烂，而且在墓被掘开后，还有香味传出很远，据此可以推断，其尸体不坏的原因，当与这防腐的香味有很大的关系。

如果说史料记载的各种近似传奇的古代未腐尸体，由于早已淹没于历史的滚滚烟尘之中而无法详考，现代考古发掘中确也有类似的实例发现。如1956年考古人员在扬州发掘的明代太仆寺卿盛仪和他妻子盛彭氏的墓，曾发现死者保存了完整的外形。1957年在广州发掘的明南京工部尚书戴缙夫妇的合葬墓，亦发现其中尸骨保存完好。就在各地专家、学者云集长沙，对马王堆一号汉墓女尸及相关文物进行研究时，在湖北江陵凤凰山一六八号汉墓中，考古人员又发现了一具完整的男尸。经初步鉴定："身长1.657米，体重52.5公斤，浸泡在棺液中，下为绛红色堆积物。尸体外形保存基本完整。……全身无一根毛发，皮肤基本完整。……肌肉有弹性，颅骨很结实，硬脑膜很完整，且有光泽，脑膜血管清晰可见，十二对脑神经几乎都能辨认。脑髓尚在，重达970克，占整个颅腔的五分之四。内脏保存也很好。……体腔液无细菌，并且可能有一定的抑菌作用。"

由此可见，古代保存较好的尸体并非虚构，且保存的方法已达到一定的科学水平。但从已发现尸体保存程度之完好、历经年代之悠久结合起来评价，马王堆汉墓出土的女尸，确是无可比拟的。

尽管追求尸体的不朽已成为封建社会帝王将相、达官贵人竞相追逐的目标，但不是所有的追求者都能达到预期的目的。除了避开古代兵燹及盗墓者的破坏之外，墓葬和尸体之所以能保存，还有一个不可忽视的外部条件，这个外部条件包含的内容是多方面的，假如有一点疏忽或纰漏，都将前功尽弃。《后汉书·刘盆子传》叙述西汉末诸陵墓被挖掘后的情形时，总结经验似的说："有玉匣殓者率皆生。"但从现代考古发掘中，发现有以玉衣为殓的，尸体却没能保存下来。1968年考古工作者在河北满城发掘刘胜和其妻窦绾墓，只得到两套保存完整的金缕玉衣，而尸骨却早已腐烂如泥。足见古代文人所总结的经验，只不过是一厢情愿的想象罢了。

既然连史书中那经验总结式的防腐方法都不能生效，那么，一具尸体得以长期保存的秘密到底是什么，马王堆汉墓女尸的出土是否就是打开这秘密之门的一把钥匙？

◎ 关于女主人暴亡之后的推断

通过历史文献和考古发掘来看，人死亡之后，其尸体防腐方法能否取得成功，处理好尸体当是一个最为重要的关键。特别是死后及时处理与否，尤其显得重要。因为人一旦死亡，其组织、细胞等都失去活力，并在其本身固有酶、酵素作用下发生分解，使各器官变软、液化、自溶。由于肠胃道细菌和体表的细菌大量繁殖，使肌肤身躯腐败霉烂，并在不长的时间内化为乌有。因此，要想使尸体保存下来，就必须做到延缓和阻断自溶、腐蚀的发展进程，而这个进程中的第一步也是首要的一步，就是对死者尸体的及时处理。

前文已提出，马王堆汉墓出土的女尸，在医务人员进行的病理解剖中，发现其胃肠道内有138粒半形态饱满的甜瓜子，由此推断她是在吃了甜瓜之后较短的时间内猝然死亡的。但在这个女人死后，对其尸体做过怎样的处理，丧仪情节又是如何，这些都缺乏可供研究者分析的具体记载。尽管如此，研究者还是普遍认为，尸体的处理与葬仪，不会超凡脱俗地远离其生活的时代，也就是说不会脱离从奴隶社会遗留下来，而封建社会前期广为盛行的那套《周礼》的范畴，其葬仪及殉葬品的制度也应和《周礼》《礼记》所记载的内容差别不大。因此，在没有直接证据的情况下，只有利用这些间接证据推断女尸采取防腐措施的可能性。

按照《周礼》和《仪礼》等规定，从人死亡到埋葬，大体可分为如下几个步骤：

一、香汤沐浴和穿戴包裹。所谓香汤沐浴就是用香汤和酒擦洗死者的尸体。这个程序为历代奴隶主、封建贵族所重视。周王室的制度更为严格，在专门设有主祭祀的官员中，有一种称为小宗伯的官员，在小宗伯之下设有郁人和鬯人两种差役。郁人专门管理用郁金香草酿黑黍成酒，或用郁金香草煮汤和以黑黍酿酒的人；鬯人则是专门负责用芬香的鬯酒沐浴尸体。《周礼·小宗伯》载："王崩，大肆，以秬鬯渳。"郑司农云："大肆，大浴也。"贾疏："……必用秬鬯者，以死者人所恶，故以秬鬯浴尸，使之香也。"《周礼·鬯人》载："大丧之大渳，设斗，共其衅鬯。"郑玄注："斗，所以沃尸也，衅尸以鬯酒，使之香美者。"贾疏："……此鬯酒中兼有郁金香草，故得香美也。"

从史料记载中可以看出，用这种香汤和酒来给尸体沐浴，不仅可以去秽使尸体变得"香美"，可能还有一定的消毒作用。如果在入殓前对尸体喷洒上鬯酒，则更有利于封棺后加速棺内的氧耗和建立缺氧条件。

当沐浴完毕后，紧接着要进行的就是穿戴。《礼记》载："绞纻衾帽，死而后制。绞者，交束之名也；纻者，坚急之称也；衾者，单被也；帽者，小敛衣，故设帽以掩形也。"由此可以看出，要求把洁净的内外衣和单被等紧紧捆贴尸体，借以掩盖体形面容之暴露。

正如马王堆一号汉墓女尸那样，脸部覆盖面罩，身上穿贴身衣，外面包裹各式丝织衣着、衾被及丝麻织物共二十多层严密包扎。这种死后的穿戴和严密包裹的功能，除防止昆虫侵入尸体口鼻外，还有助于隔离空气，对阻滞尸体的早期腐败具有一定的作用。

二、采取降温措施。尸体沐浴后，为了防止腐败以应瞻仰，周代已广泛应用了冰冻处理的办法，据《礼记·丧大记》载，"君设大盘，造冰焉，大夫设夷盘，造冰焉……"郑玄注："此事皆沐浴之后。""先内冰盘中，乃设床于其上。"从冰盘之大小，盛用冰之多少，用冰时间的规定，都可看出等级的森严。最高统治者帝王死后盛冰用大盘，汉代的大盘长一丈二尺，宽八尺，深三尺（西汉之一尺相当于23.1厘米）。可见处理一个帝王的尸体，至少要用六立方米的冰。一个尸体放在六立方米的冰块上冷冻，自然会产生较好的防腐败、防自溶的效果。用冰时间，规定在仲春之后，秋凉而止。马王堆汉墓出土的墓主，作为贵族夫人，死后采用类似这种"寒尸"的降温方法是可能的。

三、及早入殓封棺。《礼记·王制》中载有："天子七日而殡，七月而葬；诸侯五日而殡，五月而葬；大夫、士、庶人三日而殡，三月而葬。"由此看来，作为轪侯的夫人，死后停尸的时间不会很久，殓（包括小殓大殓）应在死后五天之内。而在死后的第五天就应把棺封起来加以存放，然后择吉埋葬。根据一号汉墓的墓坑工程和墓葬规模来看，估计在入土以前至少需要有几个月的准备时间，所以殡而待葬的时间可以比较长些，但也不能排除尽早埋葬的可能性，如《汉书·文帝记》师古注："自崩至葬凡七日也……"如果葬得迟，则把尸体封存在密闭性能很好的棺具里，是入土前保存尸体的一个重要措施。前文已介绍，马王堆一号汉墓所用的棺具质量很高，用梓属木材制成，棺壁和顶底均系整板，四层套棺的里外两面均髹漆，内棺的盖口还用胶漆封固，所以棺的密闭性能是很好的。在这样棺具内能保存尸体原因的可能是：当尸体入殓封棺以后，就处于密闭的条件中，由于棺内空间为包裹着的尸体和殓装等塞满，故棺内留存的空气很少，尸体初期的腐败过程和棺内物质的氧化过程很快就耗掉棺内的氧气，从而形成了缺氧条件，尸体初期的腐败过程就可能延缓并最终停止下来。在密闭的棺具内能达到缺氧和接近无氧状态的佐证是：经过化验发现，女尸组织中尚保存有较多的长链不饱和脂肪酸，棺液中不饱和的亚油酸的量也保存得较多，这与女尸皮肤上尸蜡状物（也是不饱和脂肪酸居多）的形成联系起来看，棺内的缺氧状况应可肯定。为什么在棺内形成缺氧条件后尸体的腐败过程会延缓并最终停止下来呢？可能的解释是，当棺内建立缺氧条件后，腐败菌中的需氧菌不宜生存而逐渐死亡，厌氧菌可以生长繁殖，但由于尸体的蛋白质、脂肪以及殓装的丝蛋白的不断分解而产生许多有机酸，使棺内环境变为酸性（这可从棺液的分析中得到佐证），那些厌氧菌以后也不适于生存而最终死亡了，尸体的腐败过程终于停止。1956—1957年考古人员在广州清理的明代戴缙夫妇合葬墓，发现两尸的保存状况都比较好。根据墓中的文字记载，两尸都是死了之后停棺三年多才下葬的，可见棺封密固，已达到防腐作用。

四、汞、砷与酒精的应用。中国古代应用水银以防尸体腐败的记载，甚至多于香药防腐，而仅次于玉、金等物质。《艺文类聚》引《吴越春秋》说："（吴王）阖庐死，葬于国西北，名虎丘。穿土为川，积壤为丘。……冢池四周，水深丈余，椁三重，倾水银为池，池广六十步。"《史记·秦始皇本纪》记载："七月丙寅，始皇崩于沙丘平台……棺载辒凉车中，……九月，葬始皇骊山。"墓中"以水银为百川江河大海，机相灌输，上具天文，下具地理"。"关东贼发始皇墓，中有水银。"20世纪70年代的考古钻探证实了文献记载，说明秦始皇的丧葬用了大量水银。运载尸体的辒凉车，虽然兼程而返，但由沙丘到九原时处炎热的夏天，又行程3000里，才发现尸体有了臭味，也充分说明了当时防腐的处理是有效的。周密在其所著《癸辛杂识》中，记载了一个"杨髡发陵"的故事，其中有杨琏真伽发掘宋陵，把宋理宗之尸倒悬树间，沥取水银句。杨琏真伽系一位西藏喇嘛，元世祖用为江南释教总统。他于公元1285年发掘宋帝王将相在钱塘、绍兴之陵墓一百多处，盗取殉葬财物无数。宋理宗之死在公元1264年，说明经20多年尸体未腐。而未腐的原因是死者的尸身是经水银灌注处理过的，或尸体浸泡于水银池内，或经水银灌注于九窍和肠胃，因而也就有了"倒悬树间，沥取水银"的动作。这个故事清楚地告诉后人，理宗之尸经20余年而不化，同汞处理关系是十分密切的。

马王堆一号汉墓女尸在地下历经2000多个寒暑，肌肤、内脏、形体、颜色仍十分完好。达到如此防腐固定效果的因素当然是多方面的，但经过发掘之后的化学鉴定，在尸体处理上明显特点有二：一为汞处理，二为浸泡。因为这座墓棺液沉淀物含有大量硫化汞、乙醇和乙酸等物，而棺液中硫化汞等在尸体的防腐固定上的作用也是较明显的。西汉时，社会上风行服石以求长生不老的习俗，这在统治阶级内更是十分普遍，汞、砷等丹剂当时尤为常用，由此引起慢性中毒甚至造成死亡者并不少见。汞、砷中毒是通过破坏细胞代谢造成的，细胞内外汞、砷的沉积也会对活细胞起到固定的作用。该尸体之所以能保存2000多年，与此不无密切的关系。李时珍在探索水银的作用时，引用了晋代葛洪和唐代寇宗奭的资料指出："水银得铅则凝，得硫则结，得枣肉研则散……灌尸中则后腐。""金汞在九窍，则死人为之不朽，况服食乎？"这段记载对于棺液和尸体内含有较大量的汞、铅当是个有力的说明，也对这具女尸之所以能完整保存有赖于汞的作用，又是一个有力的佐证。

马王堆汉墓女尸出土时，手中握有花椒、茅香、桂皮、高良姜等药物。据分析，这些药物多系芳香辟秽之药，也可能为死者生前用于治疗"心腹冷痛""心痹症"等病症之用，由于手中握药量不多，对防腐的作用应该是不大的。

五、马王堆一号汉墓的尸体和存放在椁室中数量很多的丝绸、漆器、木俑、植物种子、水果、中草药等随葬品之所以被保存下来，其间必然有着共同的保存条件。然而，尸体还有不同于随葬品的特殊保存条件，即尸体是居于椁和四层套棺保护之中，棺内空间远比椁室空间为小。尤其内棺是密闭的，尸体又为棺液所浸泡着，但保存尸体的这些特殊条件必须在保存整个墓葬的共同条件下才能长期起作用。如果没有一个密闭的墓室，随葬品中大量有机物必然很快腐烂，棺木也会腐朽，最后尸体也难免烂掉。因此，尸体入

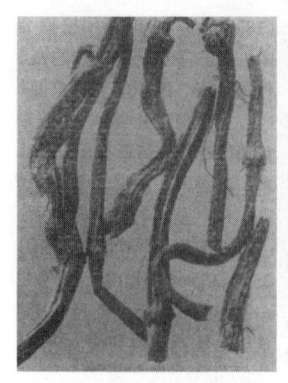

西汉孤魂

一号墓出土的用茅香制成的中草药　　一号墓出土的用佩兰制成的中草药　　一号墓出土的多种药材

土以后得长期保存的基本条件是一个深埋于地下的密闭的墓室与密闭的棺具结合在一起。这样才有可能使入土前保存在棺内的尸体，在入土后得以继续保存下去。

从春秋战国到秦汉时期的丧葬制度来看，是极为重视深埋的，特别是最高统治者，墓穴都很深而大，并要求做到不泄漏气息。如《太平御览》引《家语》和《酉阳杂俎》中，分别有"墨子葬法……掘地之深下，无漏气发泄于上""贝邱县东北有齐景公墓。近世有人开之，下入三丈，……拨石，复下入一丈，便有青气上腾，望之如陶烟，飞鸟过之辄堕死，遂不敢入"的记载。像以前所说的"管仲冢""吴芮冢"等都是古代发掘中足以说明强调墓穴深而有利于棺椁、随葬品、尸体保护的例证。

马王堆一号汉墓为竖穴土坑墓，从坑口到坑底深16米。如果加上坑口上面的封土，就深达20米。位于墓坑深处的墓室，其周壁（前、后、左、右、顶、底六个面）均用白膏泥筑成。白膏泥又称瓷泥或陶土，黏性强、可塑性好，用来构筑墓室的周壁，就具有较好的密闭性能。墓室周壁白膏泥的厚度除底面为15厘米外，其余五面均厚达100—130厘米。在白膏泥的内面还衬有厚为40—50厘米的木炭层，共约一万斤。白膏泥和木炭层把椁室紧紧包住，四层套棺居椁室的中央。墓室筑成后，墓坑再用五花土分层夯实，填满。可以坚信的是，像这样一个位于地下的密闭的墓室，是能够有效地同地面的大气隔绝，不受气候变化的影响而保持相对恒温（18℃左右）的，这样既隔断了光的照射，又能防止地下水流入墓室。如此一来，就能排除许多外来的物理的和化学的坏损因素，为保存整个墓葬创造了条件。同时，由于密闭，引起了墓室内环境的变化，逐步地向着不利于腐败菌生存的方面转化，这个转化的首要条件是缺氧。封墓之初，墓室内的空气、温度、湿度等条件是可以让腐败菌生长繁殖的。以后，墓室中的氧气就逐渐为随葬品中大量有机物（特别是那些禽肉、兽肉、鱼类、蛋类等容易腐烂的食物）的腐败过程和一些物质的氧化过程所消耗。又因为内棺是密闭的，所以这种氧的逐渐消耗过程是在墓室内的棺外空间（椁室）中进行的。氧耗逐渐导致墓室内的缺氧。缺氧条件形成后，需氧菌就受到抑制。

当墓室中具备了缺氧条件时，在18℃左右的相对恒温和一定湿度的条件下，厌氧菌就开始繁殖起来。在椁室中存放有丝麻织品、漆器、木俑、乐器、竹笥、竹简等有机物，特别是大量的食物、植物种子、中草药材等，在甲烷菌的作用下就产生可燃性气体——主要是沼气。当一号汉墓的白膏泥层被捅开之初，曾经有气体喷出，燃烧试验时呈蓝色无烟火焰。这就证明了墓室中积聚了大量可燃性气体，也就是平时习称的"火洞子"墓。

新中国成立前，长沙地区盗墓成风。比较大一点的古墓大都被盗。据湖南省博物馆工作人员高志喜调查了解，在长沙被掘的成百上千的古墓中，至少遇到八座"火洞子"

长沙子弹库楚墓出土的帛画《人物御龙图》

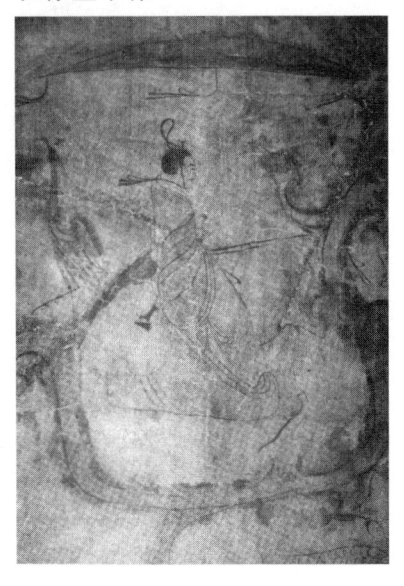

墓。其分别为：

1. 缯书墓。此墓位于长沙市南郊的子弹库。1942年被掘。墓深约6米。椁室周围和上面填塞有白膏泥，厚约0.3米。墓的形制不大，椁室放随葬物的空间呈曲尺形，即有"头箱"和"边箱"。缯书（又名帛书）置于头箱中部，右侧为一似龙的木兽（也有人称之为"木寓龙"），下垫芦席，左侧有一竹笥，内有黑色泥金板。"边箱"内有穿衣圆身木俑24个，带柄的戈、矛和铜剑、漆羽（起泡）漆盘及陶制明器鼎、敦、壶各两条。可以推断该墓的年代在战国中期或稍早。掘墓者凿开椁盖板后，即有一股带硫黄味的气体冒出来，用火柴一点即燃，火焰高1米多，声如雷鸣，轰一下，又停一会儿。后用畚箕盛泥土堵住椁板上的洞口火才熄灭。椁室内无水。棺椁壁板上有一种黄色泥状物黏附着，很似青苔，用手一摸，满手皆是。此墓棺未打开，尸体可能还保存着。如果进行发掘，对于研究女尸和发掘马王堆二、三号汉墓可能提供一些有益的资料。

2. 广济桥五号墓。位于长沙市东南郊，即现在省银行干校内。1940年被掘。墓深约8米。墓室长3.46米，宽2.1米。有内棺、外棺和一个椁室，有"头箱"和"边箱"。木椁周围填的是黑色泥土，黏性不如白膏泥，厚仅14—36厘米。在这种黑色泥土中夹杂着有许多黑色小斑点，与赤铁矿相似。有人说是硫黄，但无硫黄气味。防腐效能胜过白膏泥。掘墓者苏三伢子凿开椁板后，弯腰持蜡烛照看墓内有些什么东西，蜡烛距椁板还有1米多，突然起火，苏三伢子当即被烧伤。这次掘出的器物有：漆羽觞、漆盒、漆盘、木俑、

长沙子弹库楚墓出土的帛画《人物御龙图》摹本

铜剑、铜矛、铜戈等物。铜器如新铸的一样。26年之后，于1956年对该墓又进行了清理。出土有木俑、木剑、木刀、竹筒、竹篓、玉环、铜镞、肉脯、丝袋、空花丝带、织锦、皮条与马鞍形皮革制物及鼎、敦、壶等陶器。丝织品保存情况良好；皮条韧性强，难以撕断；肉脯还可看出肉的纤维。尸体被扰乱，骨架分离，仅存上肢骨、下肢骨、盘骨等部分。据湖南医学院鉴定，死者为男性。

3. 左家塘44号墓，位于东郊左家塘。1941年8月被掘。墓的规模不大，放随葬物的地方仅有一个"边箱"。据掘墓者回忆，当掘至青灰色膏泥时，刚挖一锄，锄洞内就流入了水，突然一股强大的气体从此冒出，水溅到了掘墓者脸上。用火点之即燃。有硫黄气味。棺已凿开，尸体用丝绵被、袍等包裹，再用丝带捆紧。棺内无水，但比较湿润。棺椁板上有一层"黄苔"，厚仅0.1厘米。当时从墓室内取出铜剑两把，铜戈、铜矛各一件，铜鼎两件，铜盆两件，这些铜器上有新铸时的火斑痕。还有木匣24个，漆羽觞四个，箭20多支，放在一个雕花竹矢箙内，以及陶器鼎、敦、壶等。保存情况都好。事隔23年，于1957年4月，考古人员对此墓进行了发掘，又出土有龙纹玉佩、铜带钩、铜砝码、木剑、木戈、竹弓、木镇墓兽。保存情况仍好。特别是棺内的绢、锦等多种丝织物，色彩鲜艳，保存情况与马王堆一号汉墓所出土的丝织品差不多。人骨架还完整，交给了湖南医学院处理。

4. 帛画墓。位于长沙市东郊陈家大山。1949年2月被掘。掘到接近白膏泥时有一种较松散的似豆豉的泥巴，掘墓者吸烟时突然起火，后用泥土把火熄灭。白膏泥厚约0.3米。棺椁较小，仅有一个"头箱"放置随葬物。出土物有漆杯、丝带、假发及陶器鼎、敦、壶、勺等。鼎内有羊骨。有名的《人物夔凤帛画》即出土于陶敦内。头箱内无水。棺未打开，现在情况不明。这是"火洞子"中最小的一个。

5. 嵩山镇墓。位于长沙市东南郊十里嵩山镇。1936年1月被掘。挖至六七米深的地方，有一种富黏性的灰黑色泥土，厚约1.3—1.6米。当掘墓者揭出一块椁盖板时，"忽轰然有声"，有火喷出，"高达五尺余，嗤嗤作响"，"顿时满坑皆火，燃烧达五分钟始行熄灭"。内出木俑五个，陶鼎四个，内贮羊、猪、鸡骨。还有敦、壶、盒等陶器，有剑、矛、勺、梳、篦等木器，以及漆羽觞和铜镜。尸骨尚未腐朽，稍有错乱，而失其头。有断矛深入髀骨。

此外，在南门劳动广场，烈士塔塔基下及子弹库各发现有一座"火洞子"墓，椁室内均无水。南门劳动广场"火洞子"内的尸体也用丝帛包裹，保存情况不明。烈士塔基下的墓内尸体，当时包裹甚紧，未看尸体保存情况，1958年发掘时发现有头发、头骨及四肢骨。子弹库的那座墓棺未打开，尸体情况不明。

类似这样的"火洞子"，历史上多有记载。王充在《论衡·死伪篇》中记叙王莽时"改葬元帝傅后，……发棺时，臭憧于天，洛阳丞临棺，闻臭而死。又改葬定陶共王丁后，火从藏中出，烧杀吏士数百人"。王充在论述这一现象时指出，"臭闻于天"，系"多藏食物腐朽猥发，人不能堪毒愤"而造成洛阳丞之死，"未为怪也"。"火从藏中者"，"非丁后之神也"。"见火，闻臭则谓丁、傅之神误矣"。可见在汉代，王充对火坑墓之形成，已经给予了科学的解释。这种火坑墓在班固的《汉书》里，所记大致相同。马王堆一号汉墓自然也属于这种"火坑墓"的一座，并和此前发现的八座"火洞子"的墓葬有许多相同之点，例如：它们建造年代相近，且都是木椁墓，也用白膏泥筑成密闭的墓室，把木椁紧紧地包裹在里面；在墓室里都积聚有可燃性气体，在盗墓中都曾燃烧过；随葬品的保存情况都比较好，铜器、漆器均完好如新；丝织品也都保存较好，色彩鲜艳。由此可见，一个密闭的墓室内积聚可燃性气体同随葬品的保存良好是有一定的联系的，而墓室的密闭性是同构筑墓室所用的材料——白膏泥的黏性和可塑性是分不开的。至于这些"火洞子"墓中的尸体保存完好与否，对盗墓者来说并非兴趣所在，故高至喜本人在调查中无法获得准确的判断。新中国成立后对这些古墓重新进行清理时，距当初的被盗至少亦有二三十年的时间了，墓中仅存尸骨，更无法做进一步考证了。

马王堆汉墓女尸之所以保存得如此完好，自然有多方面的因素。但除了对尸体做及时防腐处理外，在入葬后用白膏泥封闭，加上深埋和填土紧密夯筑，使之有一个恒温、恒湿的环境，也应是不可缺少的重要因素。根据长沙地区过去考古发掘的经验证明，凡是使用白膏泥的古墓，棺椁就能保存，否则就腐蚀无存。用白膏泥封闭的厚薄，与棺椁及随葬物的保存程度成正比。如长沙左家公山十五号墓，是战国中期墓葬，椁的上下四周均填满了白膏泥，椁板上面厚达1.2米，椁板下厚0.8米，周围厚度为0.3—0.5米。该墓墓室内积满了水，并非所谓"火洞子"，但保存情况也好。竹、木、漆、皮革制品，都保存较好，只有丝织物多残破。棺内有清水。尸体保存较差。出土时的情况是："身上尚存有腐化的肌肉残余，面貌还隐约可辨，全身用薄的丝帛包裹着，……遗骸除牙齿脱落一颗外，骨架经湖南医学院解剖科检查，认为绝大部分完整、精密的高度为1.579米……死者为男性，年龄约在35岁左右。头骨内的脑髓大脑约保存三分之二，而小脑近保存全部。更令人惊奇的是头骨内尚有视觉神经存在……"棺打开后，用手在肌肉上一按就有一个洞，起出骨架后，肌肉就都不存在了。再如杨家湾六号墓，是战国晚期墓。椁板上的白膏泥厚60厘米，底下厚36厘米。"棺内满贮清水，遗骸全身为黑色糊状物所掩盖，经清理后见人骨架除小部分被腐蚀外，大体保存完好，仅头骨浮动转向左上角，其他位置尚无多大变动"，"头壳内尚有一块小脑没有腐蚀，死者年龄大约没有超过30岁，当系女性"。其他器物的保存情况与上墓大体相同。

特别值得注意的是在发现的这些墓葬中，较少使用那些白膏泥的，则只有残缺的椁底板而找不到一点骨骼了。至于根本没有用白膏泥的墓，所有纤维物质则已腐蚀殆尽。如在新中国成立前后，或盗掘，或正式考古发掘的4000多座较小的楚墓、西汉墓、东汉砖室墓，以及两晋、南朝、唐、宋墓，尸体均已腐蚀无存，个别墓的棺上的漆皮也只能见到一点痕迹了。其他竹、木、漆、皮革、丝织物，几乎全部腐烂了，甚至连痕迹也没有。一般的铜器也一触即破，只有陶、瓷、金、银、玉、石、水晶、玛瑙等器物保存较好。这个奇异的现象，在即将发掘的马王堆三号墓中也将得到确切的反映。

由此可见，使用白膏泥密封，加上深埋和填土夯筑紧密，以保存好棺椁，这是保存好马王堆一号汉墓女尸的一个最为重要的前提条件，也是女尸历千年而不腐的最具决定意义的因素。

神秘棺液的来源

当盛装女尸的内棺被打开后，几乎所有的发掘者都对棺中那茶色的液体表示不可思议，当时除认为这些棺液可能会对女尸起到防腐作用外，对其来源感到神秘和难以捉摸。直到女尸出土的几年之后，研究者们对棺液的性能及来源问题依然争论不休。

从发掘的资料来看，马王堆一号汉墓棺椁之中均有贮液，其分布特点是：椁室内贮液深约40厘米，内棺液深20厘米，奇怪的是椁室和内棺壁上均未见其他水线，而在外三层套棺之间，也均无液体贮留，并且棺壁亦未见渍水痕迹。内棺的液深虽少于椁室的液深，但由于内棺居全部葬具的中心位置，故棺液的液面实际上高于椁液的液面。为什么在各层葬具之间只有椁室和内棺贮有液体，而在中间的几层棺中都没有贮存液体？这个奇异的现象，需要从两者的具体情况来加以分析判断。

发掘人员通过肉眼看到的是，棺液呈棕黄色，微浑；而椁液基本无色，透明。两者的外观明显不同。借助仪器从无机分析的结果来看，棺液和椁液有着显著的区别，而椁液和墓坑水的积水则比较近似。

彭隆祥在实验室做马王堆一号墓棺液的研究

需要说明的是，马王堆一号汉墓发掘的时候，正是长沙地区的多雨季节。在挖掘墓坑的过程中，坑内曾有雨水流入，形成积水。当墓室顶部的白膏泥挖开以后，也曾下过雨。因此可以认为，椁液主要是在发掘过程中，外部水从墓坑渗入椁室而形成的。

至于棺液的来源问题，

第七章 八方风雨会长沙

显然是不能用椁室中水位升高而灌进棺里去解释的。这不仅因为在椁室的壁上找不到高于（内棺）棺液水面的渍水痕迹，而且在四层套棺之中，除内棺以外，其余外面的几层棺并无积液。另外，从内棺的制造和棺盖胶封的严密程度来看，也几乎没有棺外的水直接流进内棺的可能性。或许正因为这个不可能出现的现象，不少医务人员及各学科专家才认为棺液是一种液态防腐剂，是在封棺之前就注入棺内的。因为从马王堆一号汉墓用白膏泥构筑的密闭墓室和髹漆的棺具来看，不易为水渗透。从外面的第二层棺（黑地漆绘棺）至内棺之间，都留有一些空隙，而这些地方均无水存在。事实上，内棺髹漆较厚，封闭严密，水是渗不进去的。特别是过去所见到过的"火洞子"墓内均无水，如果不是在封棺之前就注入了防腐溶液，则难于解释为什么只在内棺中贮有液体而外面几层套棺中并无积液的奇异现象，也难于解释尸体保存的完好程度。

但是，湖南医学院的王鹏程、彭隆祥、刘里侯等医学专家，以及其他学院的部分专家则持不同的观点。他们认为棺液不是在封棺之前注入棺内的液态防腐剂，而是在埋葬后由于墓室中湿度大，气相水分子——水蒸气慢慢地渗入棺内凝结而成的结果，这些水分子经千百年长时间的积聚才贮存到80升的容量。作为这种看法的补充是，在封棺前可能在棺内喷洒了一些酒或药酒，这样更能说明棺液分析中测得的乙醇和乙酸。但后来形成的80升棺液的水分，主要还是从棺外渗入的，而非封棺前就注入的防腐液。

持这种观点的王鹏程等人还认为，从棺液的有机分析来看，除含有种类很多且含量丰富的氨基酸以外，从防腐作用角度来看，还含有0.11%乙醇、1.03%乙酸和其他一些低分子有机酸。乙醇和乙酸是从哪里来的？特别就80升棺液中含有1.03%乙酸来看，则其总量已达800多克。如果设想当初在棺内喷洒了一定容量的酒，则比较容易解释从酒变为乙酸。这种做法从中国古代丧葬制度的记载中可得到证实。另外从化学变化来说，除乙醇可以转变为乙酸以外，丙酮酸、脂肪酸、甘氨酸都可以转变为乙酸。丙酮酸、脂肪酸可来自尸体组织，而甘氨酸是蚕丝蛋白中占比例最大的一种氨基酸，亦是棺液中含量最多的氨基酸之一，它主要来自尸体身上穿的大量丝织殓衣中丝蛋白的分解。至于棺液中的乙醇，也可能从尸体身上穿的、裹的那些织物中所含的淀粉（这是丝麻织物的纺织中所用的浆料）的酵解而来，而且碳水化合物的发酵也可以在缺氧条件下进行。此外，不能排除棺液中的乙醇还有一部分可来自尸体的乳酸。

棺液分析和微生物学试验表明，棺液中所含的有机酸是棺液具有微弱抑菌杀菌作用的重要因素。其来源可以从尸体本身的脂肪蛋白质及殓装蚕丝蛋白的分解做出解释。因此，不能证实棺液是封棺前就注入棺内的液态防腐剂。

棺液既然不是一种液态防腐剂，那么棺液的水分究竟是从哪里来的呢？湖南医学院的王鹏程以及大部分研究者认为其来源是：第一，从尸体内部释放出来。据医学上的记载，成人身体所含水量约占体重的60%—70%，人死后，在组织的自溶、腐败过程中由于蛋白质、脂肪的分解和体液外渗必然会释放出一部分水分，即所谓"尸解水"。一号汉墓出土的女尸在死时的体重无记录可查，故不能从体重直接算出当时其体内所含的水量。但从解剖前尚保留有34.3公斤的体重来看，可以推测从尸体本身释出的水量还是比较有限的。因此，总量为80升的棺液，其中应包含有"尸解水"，但不可能全部来自尸体，还应有其他来源。第二，是墓室内潮湿的水蒸气（气相水分子）经棺壁进入棺内，不断地凝结于"尸解水"，经千百年长时间的积聚，才达到了现在80升的总量。为了说明这个问题，持这种观点的研究者做了如下解释：1. 水蒸气为什么会不断地凝结于"尸解水"？2. 水分子能否透过棺壁？3. 墓室内的水蒸气是哪里来的？这几个至关重要的问题，经过他们严格的分析和研究后得出：

1. 当空气里的水蒸气同可潮解的固体物质开始接触并在它的表面生成少量溶液时，这种初生成的溶液，含有很浓的溶质，故其水蒸气压便小于空气中水蒸气的分压，这时空气中的水蒸气就会继续凝结于这些溶液之中并使固体物质进一步溶解。只有当溶液的浓度减少至一定程度，并使它的水蒸气压和空气中水蒸气的分压相等时，这一过程才会停止。棺液形成的原理基本上也是这样。当"尸解水"在棺内开始产生时，也是一种含有多种溶质且浓度比较高的溶液，即相同于潮解过程中开始形成的溶液那样。如果棺外空间中的水蒸气（气相水分子）在透过棺壁使棺内空间保持较高的湿度时，则棺内空间中的水蒸气就会不断地凝结于"尸解水"而成为棺液，并使棺液的容量不断增加。可以设想，在棺液的容量不断增长的过程中，棺内各种有机、

232

无机溶质还可能继续溶解进去。因此，只要棺外水蒸气能不断进入棺内，则棺内水蒸气就可以不断地凝结于棺液。

2. 尽管马王堆一号汉墓的棺具是四层套棺，但在探讨水蒸气能否透过棺壁时，可以当作一层棺壁来看待，因为其中的原理是一样的。

从出土的情况看棺壁的基本结构是三层，即内外两面各为一层漆膜，中间层为木质。在潮湿的条件下，木质能吸水这是人所共知的。棺壁能否为水蒸气透过，关键一点是漆膜能否吸水和能否透过水分子。而棺具上髹的漆，无疑是来自漆树的天然漆。这天然漆原是一种高分子化合物。从化学上分析，由高分子化合物形成的薄膜，其分子之间总有一定的空隙，这些空隙正好成为水分子渗透的通道。漆膜的渗水性，同漆膜本身的厚度、针孔性、局部厚薄不匀等情况有关，也同周围环境的温度、湿度、压力等条件有关。关于这一点，湖南造漆厂此前曾做过这样的试验：在温度为20℃—25℃和湿度为75%的条件下，用天然漆干燥72小时后形成30微米厚的漆膜，置入蒸馏水中浸96小时，测得其吸水率为6.33%。除此之外，日本的化学家松井悦造也提供了与这次研究相关的实验数据：漆膜厚为1毫米，面积为1平方厘米，当两侧压差为10毫米汞柱时，其透湿度为$2-3\times10^{-7}$毫升/秒，透湿数值与天然橡胶膜相同。不仅如此，漆膜的透水性还可以从马王堆汉墓以及其他墓葬出土的棺具和漆器的一些现象来加以判断。在出土之初，它们都含有较多的水分，其体积膨胀，重量大，经过一段时间后则重量减轻，有的漆器甚至因失水而明显干缩和变形。所以不论从实验上或出土漆器的现象上来看，都证明漆膜能为水分子透过。因此水蒸气可以透过棺壁是毋庸置疑的。

棺外的水蒸气（气相水分子）为什么能不断地通过棺壁进入棺内空间呢？这主要是由棺外与棺内的空间中水蒸气分压之差相关。在棺外空间保持较高湿度的条件下，由于棺内存在着凝结水蒸气的"尸解水"（或较浓的棺液），则棺内空间的水蒸气分压总是小于棺外空间（墓室内）的水蒸气分压，故气相水分子在运动中从棺外进入棺内的总比从棺内到棺外的为多。

棺外水蒸气除了通过棺壁进入棺内的途径外，还不能排除直接通过棺具的缝隙进入棺内的可能性。诚然，那些质量很好、榫合严密的棺具，在当初可能是密闭性能很好或可称为"不漏气"的。但在埋入地下经过相当长时间以后，因棺木吸收水分引起棺盖和棺壁各部分不同方向和不同程度的膨胀，

一号墓棺椁结构纵剖面图

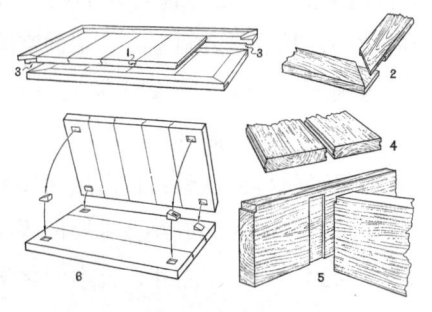

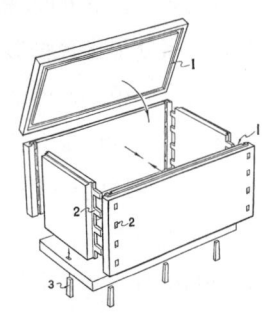

一号墓棺椁榫结构示意图。1.边缘加接 2.对角扣接 3.底部槽口扣接 4.沟槽暗榫 5.闷合落槽暗榫 6.四角落暗哨

一号墓棺榫结构示意图。1.子母扣 2.半肩明榫 3.落梢榫

因而在接缝处再产生缝隙（特别是在盖口处产生缝隙）也是可能的。只要一旦有了小缝隙，棺外的水蒸气进入棺内并凝结成棺液的过程，就会大大地加速。想来马王堆一号墓的内棺也不是铁板一块，产生人的肉眼几乎看不到的缝隙是正常的。

根据棺液是由墓室内水蒸气透过棺壁凝结于"尸解水"而形成的这一设想，就可以解释为什么只有内棺中积有棺液，而在外面的几层套棺中并无积液的现象。这是因为外面几层棺中不存在"尸解水"那样可以凝结水蒸气的溶液，所以外层棺中只有较高的湿度而没有液态水的积聚。

3. 如前所述，一号汉墓的墓室，是用一定厚度的白膏泥筑成的，它具有不透气的密闭性能，并能阻挡地下水流进墓室。但是，据测定，白膏泥本身的含水量就达10%—20%。因此，只要墓室里存在有吸水物质或存有空间，白膏泥中所含的水分子就可以向墓室内蒸发并为吸水物质（如木炭层）所吸收，而墓室外土壤中的水分就可以渗入白膏泥层，来补充白膏泥中失去的水分。当木炭层吸收水分子到达一定程度时，墓室内的湿度就会逐渐增加，以后的湿度必然越来越大。一号汉墓出土的木炭经湖南省博物馆干燥处理后，失重达38%，这也可间接说明墓室里的湿度已经达到了相当的高度。在雨水季节，当土壤中含水量高于白膏泥所含的水分时，水分子往墓室内的移动就会加快，因此可以断定，墓室里的水蒸气主要是来自周围土壤中的水分。

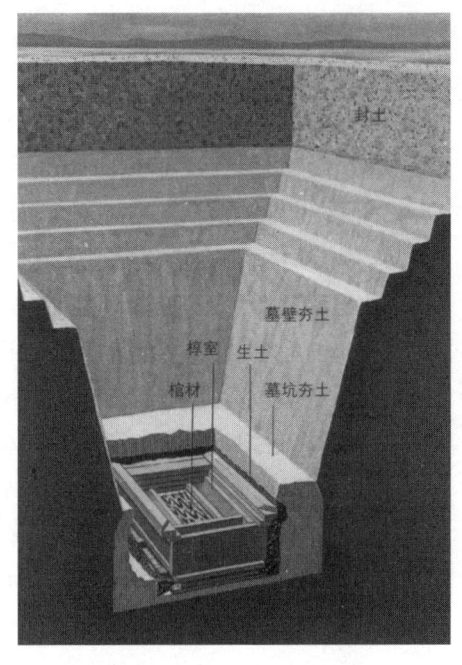

一号墓剖面示意图

西汉后期以后封建统治人物的一些墓葬，其墓室多用砖或石砌成。明、清等朝代，多用糯米煮汁拌沙子和石灰来构筑墓室（"浇浆墓"）。构筑的材料虽有白膏泥、砖砌、石砌、"浇浆"的不同，但都不能防止水分子的渗透。1956年在扬州发掘的明代盛仪和盛彭氏墓都是"浇浆墓"。经南通医学院试验，这种"浇浆"如浸在水中，仍然能为水渗透。从短时间来看，尽管水分子透过墓室的壁是很缓慢的，但从千百年的长时间来看，进入墓室内水分子的总量就相当可观了。由此可以说，棺内的神秘液体其实并不神秘，它只是外部渗入的水分罢了。

至于棺液对尸体是否真的有防腐作用，研究人员通过化学试验得出的结论是：

棺液的微生物分离培养试验未见细菌和真菌生长；尸体胸、腹腔中抽出液的微生物分离培养也是阴性；抑菌、杀菌试验表明，棺液具有微弱的抑菌、杀菌作用。或者说，棺液的防腐性能不大。究其原因，是由于棺液是埋葬后墓室内的水蒸气渗入棺内凝结于"尸解水"经长时间积聚而成的，不是封棺前就注入的。因此，棺液无助于抑制尸体的早期自溶、腐败。但当棺液逐渐积聚到能够浸湿尸体时，对尸体的长期保存就开始产生作用了。特别对于形成一种全身润泽，软组织有弹性，部分关节稍可活动，骨骼脱钙，外形完整，内脏俱在，保存完好的特殊类型的尸体，更有其特定的作用。需要说明的是，棺液只能在密闭的墓室和密闭的棺具这一基本条件下才能长期起作用，倘若棺木一旦腐朽，棺液必随之流失，自然也就起不到作用了。

除上述外界种种条件外，尸体本身的内在原因，如各种器官、组织、细胞的结构特点、功能和生物化学特性等，也决定着器官、组织、细胞本身自溶、腐败过程发生的先后缓急之不同，就尸体的保存而言，这也是一个不容忽视的因素。如果这些条件缺少任何一项，马王堆汉墓女尸要想保存得如此完好，几乎是不可能的。

第八章

余波不绝

西汉孤魂

马王堆汉墓女尸研究，遭到江青的横加指责。随着传媒的鼓动，再次引起世界瞩目。周恩来总理放心不下，再做指示。晴朗的天空突爆闷雷，郭沫若答日本记者问的传言，不祥的预兆，幕后的感慨与采取措施。杨振宁来华，陈列室加快了筹建的步伐。

江青：我对这个女人不感兴趣

　　1973年6月，对马王堆汉墓出土女尸的科学研究已进入收尾阶段，云集长沙的专家在初步完成了自己所承担的研究任务后，经科研领导小组批准，开始陆续返回原单位。电影制片厂的摄影师也完成了拍摄任务打道回府，开始进入后期制作。新闻单位的记者完成了采写的一系列稿件，只待新华社的通稿发出之后，便要在自家的报刊上大显身手，欲对这一科研成果从不同的角度做全面的报道。与此同时，新华社湖南分社的记者何其烈同两名助手，经过几个昼夜的字斟句酌，终于完成了首次向世界发布的新闻稿件。这个稿件最先经过湖南省委和马王堆汉墓古尸科研领导小组的审查修改后，由何其烈于7月上旬赴京送新华社审定。

　　新华社领导审看何其烈的文字稿和随身携带的几十幅反映科研人员和科研成果的图片后，很是满意，决定对这一空前的全国性科学大协作的成果，给予尽可能详尽的报道。除对何其烈等人撰写的近2000字的文字稿全文发布外，还要选出十幅照片配发，以图文并茂的形式加重稿件的分量和对这次科研成果宣传的力度。

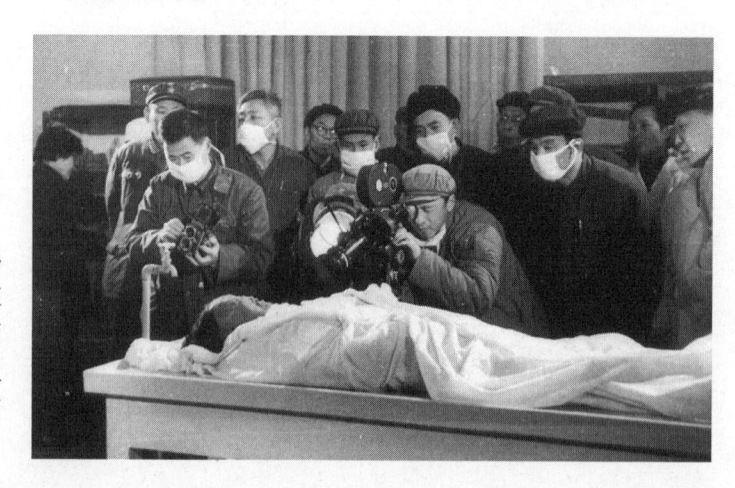

北京科学教育电影制片厂导演雷震霖（前右）及摄影师徐真正在拍摄马王堆西汉古尸（雷震霖提供）

第八章 余波不绝

就在新华社决定送稿由国务院和中央领导最后审查定夺时，北京科学教育电影制片厂已完成了电影《西汉古尸研究》的制作，并提交中央宣传部门审查了。

此时，掌握和控制中央宣传舆论大权的"中央文革小组"领导之一姚文元，接到请其审查影片《西汉古尸研究》的报告后，一时不知该如何处理。他知道，对这个马王堆汉墓女尸的解剖科学研究，是周恩来总理一手促成的，而江青曾对周的热情表示过极大的不满。在周恩来与江青处于对立的情况下，他不得不格外小心谨慎。在对此事的处理感到极其为难的同时，他决定还是先看看江青的态度再做最后计较。于是，姚文元挂通了钓鱼台江青办公室的电话，极其小心地询问江青是否愿意和自己一起审查《西汉古尸研究》的电影。江青刚听了几句，就怒不可遏地回答说："我对这个死女人不感兴趣，是那边的事，我不管！"

"你听我说。"姚文元刚要解释几句，江青却连珠炮似的呵斥说："你不要跟我说了，有些人正事不干，整天围着这个死人转，到底他们想干什么？这事你要管你就去管，不要找我。"电话啪地挂断了。

姚文元像当头挨了一记闷棍，拿着话筒半天没醒过神来。他知道江青话中的"有些人"是指周恩来而不是自己，但心情还是有些沉闷。既然江青如此反对此事和支持此事的周，自己理应好自为之，不要去蹚这趟浑水，速将这个刺球踢给别人才是上策。想到这里，他在报告上只签了自己的名字，不表示同意，也不表示不同意，只让秘书私下打电话告诉电影制片厂领导，说自己很忙，无暇审看此片，算是做了交代。

电影制片厂领导见姚文元不表态，感

姚文元

239

到事情有些严重，只有请郭沫若出面审查后再上报国务院审批。对此事备感兴趣的郭沫若看完影片后，说了句"很好！"算是通过。在电影制片厂领导的要求下，郭沫若答应在上报国务院时私下做一做副总理们的工作，尽量不为姚文元等人的态度所动，在审查时给予大胆肯定。果然，当李先念、纪登奎等审查时，影片未删减一个镜头而顺利通过。此时，湖南省委第一书记华国锋已调到国务院任副总理，当然也要请他审查。华国锋在观看了影片后，有一种说不出的高兴和成就感，因为这毕竟是周总理亲自主抓的、发生于他主持湖南工作期间的一件震惊世界的大事。但是，向来不苟言笑的华国锋，早就知道江青、姚文元等人与周恩来、李先念等人之间水火不容的矛盾，他凭着敏锐的政治嗅觉，或明或暗地知晓了江青、姚文元等人对马王堆汉墓发掘及科研的态度。为此，不得不谨慎小心地行事。当影片观看完毕后，他除做了送国务院其他领导审阅的口头批示外，极为明确地指示电影制片厂领导，务必要将自己当时在长沙女尸解剖前后座谈会上的镜头全部删去——就在那次座谈会上，王冶秋和夏鼐分别坐在他的两侧，电影摄影师在拍摄座谈会全景的同时，格外给予了他和王冶秋、夏鼐等交谈、发言的几个特写镜头。华国锋出于极为复杂和微妙的考虑，坚决指示将这一组镜头删掉。电影制片厂领导尽管不忍割舍，但最终还是毫无条件地服从了。之后，影片经过周恩来总理亲自审查后，获准通过，并同上次拍摄的影片一样在国内外公开发行。在此之后，这部《西汉古尸研究》的影片获得了两个国际大奖。

尽管这部影片经历了一点风险和小小的波折，但毕竟无伤大局，并有了令人满意的结果。相对而言，新华社送审的稿件就没有如此幸运了。

由于姚文元已摸清了江青的脉搏，当新华社的稿件送来审批时，他想重演审查影片时和稀泥的故技，但新华社毕竟是中央宣传口直接领导的单位，作为这个宣传口的负责人，他必须对这份稿件有一个明确的批复，且这个批复又必须是迎合江青而压制周恩来的。这个大的方向定下之后，他以圆滑中包含锐锋的笔调批道："此事会影响目前中央在全国施行的火葬政策，不宜扩大宣传，照片不发。"

新华社领导接到姚文元的批示，如冷水浇头，顿时凉了半截。有意要按这个批示处理，但新闻工作者的良知与新华社所肩负的重大宣传使命，使当时的新华社主要领导吴冷西又觉于心不甘。在这种情况下，决定将稿件再送

第八章 余波不绝

周恩来总理审阅。为不致使病中的总理陷于被动，稿件中附上了姚文元的批示。但此时的吴冷西也许没有意识到，这份姚文元批示在先的稿件，还是让周恩来陷于了两难的境地。

自从上次江青等人重新提起"伍豪叛变"事件未果后，又从理论上对周恩来发动了新的攻势。这时的周恩来在摆脱了林彪集团的阴影之后，在中国政坛上面对的强大敌手就是江青以及江青的追随者姚文元、张春桥、王洪文等后来被毛泽东亲口定名的"四人帮"。"四人帮"抵制周恩来的主要办法，是不断地在其谈话中寻找其理论错误。周恩来在讲话中曾把林彪与极"左"相提并论，"四人帮"则引用毛泽东的最新指示"林彪的错误不是'左'的错误……他是形'左'实右"来攻击周恩来，并极富联想地提出周否定"左"，实际上就是否定"文化大革命"。谁都知道，"文化大革命"是毛泽东亲自发动并一直被其本人认为是极端正确的运动，否定"文革"，也就等于反对毛泽东本人。按照当时的政治理论，谁反对毛主席，不但要被批倒批臭，还要招来杀身之祸。面对"四人帮"步步进逼的锐锋，周恩来没有用全部的精力来应付，但不得不谨慎而小心地尽量避开刺来的锋芒，一边做着战术上的周旋，一边将大部分精力投入到对中国未来蓝图的勾画中。

正是在这样的背景下，新华社的稿件连同姚文元的批示被送到了周恩来的办公桌上。

此时的周恩来早已知道江青等人在马王堆汉墓发掘和研究上的抵制情绪与不合作的态度，面对姚文元的这个批示，使他更加清晰地意识到对手的心理状态。就他的指导思想而言，中国人不但要干出成绩，也要将这些成绩宣传出去，干预宣传对中国的发展和在国际上树立形象具有同等重要的意义。但在马王堆汉墓发掘与研究的问题上，面对对手的牵制掣肘与敌视，他思虑再三，最终还是做出了让步。他在做出让步前那复杂的矛盾心理与内心的痛苦，已无法为外人知晓，人们只是看到他的批示这样写道："一、新闻简化，专门名词改为通俗语；二、解剖照片也可不登日报。"

新华社领导接到周恩来的批示后，尽管心中不太痛快也不太理解，但也只好按这个批示处理了。既然照片不能登载在日报之上，照片的播发已无太大的意义。于是，新华社在决定不发照片的同时，将原稿件删减大半，很不情愿又无可奈何地向世界发布了如下消息：

我国科学研究人员对长沙马王堆汉墓女尸进行了解剖
这次解剖，为科学研究进一步提供了丰富的资料

新华社北京一九七三年七月十九日电　我国科学研究人员最近对长沙马王堆一号汉墓女尸进行了解剖和初步研究。结果查明：这具距今两千一百多年的尸体，不仅内脏器官完整，而且主要病变尚可确认。这次解剖，为我国古代医药、防腐以及其他方面的研究，进一步提供了丰富的科学资料。

解剖发现，女尸硬脑膜完好，但脑组织已散碎呈渣滓状。腹壁的层次分明。各内脏器官完整，但体积均已缩小。食道、胃及大小肠内有甜瓜子一百三十八粒半，说明墓主人是在吃过甜瓜不久死去的，死亡时间当在瓜熟季节。用电子显微镜观察，女尸的某些组织微细结构保存良好。从女尸肌肉、胃、肝、骨、头发等取样测定血型，证明为A型。

经过各方面检查，死者生前患有多种疾病。冠心病严重，左冠状动脉一部分管腔几乎完全阻塞。全身多处动脉粥样硬化。胆总管内有一块像蚕豆大的胆结石，肝管内也有一块像黄豆大的胆结石。死者年龄五十岁左右，脂肪丰满。皮肤没有褥疮，看来系因急病而死。根据上述病症推断，由胆绞痛引起冠心病发作而致死的可能性最大。X射线检查，死者第四腰椎间隙变窄，左上肺有结核钙化病灶，右前臂骨折畸形愈合。此外，在女尸的直肠和肝脏内，还发现有鞭虫、蛲虫及血吸虫卵。妇科检查，说明死者生前曾生育过。

科学家们认为，这具女尸之所以保存得这样好，有多方面的原因，其基本的原因是密封深埋，造成一个长期缺氧的环境。

棺内液体是酸性。含汞化物，有轻度抑菌作用。

马王堆一号汉墓女尸经过解剖后，仍然保持了原来的外形。内脏器官等已制成标本，与尸体一并做了防腐处理，妥善保存。研究工作正在继续进行。

北京科学教育电影制片厂已将这次解剖过程拍成电影。

第八章　余波不绝

周恩来：至少要把老太婆保存200年

当新华社将女尸解剖和研究的专稿播发以及电影制片厂拍摄的《西汉古尸研究》在全国发行放映之后，在国内外又掀起了新的一轮"马王堆热"。世界报刊纷纷转发新华社的消息，某些大国的科研情报部门，在将目光投向东方中国的同时，也以或明或暗的方式，加紧了对这一科研成果内在秘密的更深层次的探询和研究。在文化生活极端贫乏的20世纪70年代的中国，电影《西汉古尸研究》的放映，自然地引起了广大民众的热烈欢迎和喋喋不休的街谈巷议。

就在这股"马王堆热"中，周恩来对马王堆出土文物特别是女尸的保护问题，总是放心不下。在一次接见法国外宾的活动时，他和王冶秋再次相遇，并关切地问道："马王堆的仓库（陈列室）的建设问题解决得如何了？"

"自今年5月份动工以来，进展还算顺利，就是一些钢制品比较缺乏，我已给他们牵线搭桥，现正在上海等地加紧订购。"王冶秋答。

"女尸有没有变化现象？"周恩来又不放心地问。

"没有异常变化，看来新配制的保护液是靠得住的。"王冶秋再答。

"仓库要抓紧建设，争取尽早地将女尸放进去，古代科技那样落后还能保存2000年，你们要研究一下，至少也要使这个老太婆再保存200年，不要我们这代人看完就坏了，要设法让后人也看一看，不然我们无法向子孙交代。"周恩来很是严肃地说着，王冶秋自是点头答应尽量抓好这一文化珍宝的保护工作。

事实上，就在马王堆汉墓女尸解剖之前的座谈会上，王冶秋就主持讨论了女尸如何长期保存的问题。也就在这次讨论中，专家们认为这具女尸出土前就浸在棺液内，是一种前所未见的"湿尸"，并且出土后，又经过半年以上的福尔马林药液浸泡，故今后长期保存的办法，仍以采用药液浸泡并结合物理条件为宜。会议初步确定了两种可供选择的保存液：第一种是用5%的甲醛溶液；第二种是用甲醛、醇、甘油等按一定比例配成的混合液。在使用哪一种更为理想的问题上，专家们认为第一种保存液的优点是全国各医学院校普遍应用，并有数十年行之有效的经验。但其缺点也较明显，那就是它有使尸体标本变硬、变脆、变色的不良效果。尽管第二种保存液有可能克服第一种保存液的缺点，但是几种化学药物配合在一起，也有可能彼此影响和产生化学变化，对女尸的保护造成不良的后果。鉴于两种方法各有所长，又各有所短，这次讨论没有最后确定，作为一个悬而未决的问题暂时挂了起来。

之后，王冶秋通过苏联、越南两国驻中国大使馆联系，企图得知列宁、胡志明两人遗体保护的配方，但对方均以保密为由，没有告知。在这种情况下，王冶秋不得不再次指示湖南方面尽快想出一套可行的办法。1973年1月27日，湖南医学院女尸研究组邀请上海第七军医大学的有关专家赴长沙，共同对女尸保存液的问题再次展开讨论。这次讨论的结果是，扬弃上次提出的第一种，保留第二种。不过，这第二种方法也不能马上采用，需确定各药物的配制比例，还要做进一步的研究和试验，倘试验成功，方可应用。之后，湖南医学院多次召集病理、人体解剖、化学等方面的专业医务人员，对第二种方法的配制比例进行研究和试验，取得了较为理想的效果。

尽管效果颇为理想，但作为女尸主要保护单位的湖南医学院和湖南省博物馆，仍不敢贸然行事。为了慎重和确保万无一失，1973年3月20日，湖南省博物馆、湖南医学院，联合邀请北京自然博物馆、上海自然博物馆、云南昆明动物研究所等单位的有关专家，再次赴长沙对女尸的保护问题做了探讨。这次探讨再度肯定了第二种方法的可行性，北京自然博物馆的专家还以他们用甲醛溶液加甘油、酒精等配方药液，保存杧果三年基本无变化的实例来推测这种方法的可行程度。昆明动物研究所的专家建议博物馆用人造琥珀（透明塑料包埋标本）保存尸体，并要对女尸出土后的一系列照片和标准色谱，进行定期对比检查，以便于观察尸体及内脏标本外形颜色等变化。上海自然博物馆的专家认为女尸脂肪组织会发生变化，保存办法还要进一步研究和试验……继这次讨论之后，湖南医学院对提出的问题，又先后进行了几次研究和试验，至1973年6月，正式确定女尸不用人造琥珀而用有机玻璃做棺封存，其内脏用有机玻璃瓶密封保存。当然，在这玻璃棺和瓶内放有适量的防腐液，由于这种针对马王堆女尸而配制的防腐液，不同于以往对现代尸保存液的配方，具有独特的功效，从而避免了一场使老太婆"减肥"（脂肪大量游离出来）的恶果。以后的事实将越来越清晰地证明了这一做法的正确与合理。正因为如此，当1976年中国政坛巨星陨落——一代伟人毛泽东溘然长

第八章　余波不绝

逝后，中央确定参与毛泽东遗体保护的，绝大部分是在马王堆汉墓出土女尸的保护中做过研究和贡献的专家。

郭沫若：这是一件荒唐透顶之事

就在马王堆一号汉墓女尸的科研工作初步完成，专家们分别撤出长沙之时，王冶秋也奉命返回北京，开始紧张地筹备赴日本的中国出土文物展览。

根据周恩来"文物外交"的指示精神，此前的一个月，也就是1973年5月，国务院图博口首次组织了赴法国巴黎的"中华人民共和国出土文物展览"。这次展览的成功，使中国具有远见的领导更加清醒地认识到"中国文物出国展览不仅使各国人民看到了中国悠久的历史文化艺术和新中国考古发掘的新成果，而且也使各国人民看到了中国人民真正的生活。它不仅含有艺术意义，而且含有政治意义"。正是出于这多重意义的考虑，继赴法国巴黎展览的号角吹响之后，中国文物界开始了频频赴国外展览并行使"文物外交"的战略进攻。这次赴日本的文物展，同样具有浓厚的政治宣传色彩。

6月10日，中国出土文物展在日本东京博物馆开幕。由于这次展览带去了56件马王堆汉墓出土的文物和部分照片，展览一开始就引起了日本各界的广泛瞩目。其中香港《大公报》派驻日本的记者李

1973年6月，中国文物代表团在日本九州博物馆参观中国铜镜。左起：史树青、贺亦然、高至喜、王冶秋（高至喜提供）

245

1973年6月，中华人民共和国出土文物展览在日本东京国立博物馆展出，其中有长沙马王堆一号汉墓出土的文物50件。此为湖南省博物馆人员高至喜（上右）协助日本馆方人员布展马王堆汉墓出土的丝绵袍（高至喜提供）

捷于6月12日从东京发回的电讯稿上这样写道：

中国国务院文物事业管理局局长王冶秋这次率领中国出土文物展览团到日本后，成为受到注意的新闻人物。各报刊的新闻记者追踪他，学术界人士不断地找他讨论，希望他多谈谈中国考古界的现状，并了解中国怎样发掘、保护出土文物等问题。

由于广大的日本人民对中国文物，尤其是马王堆汉墓中的两千一百年前軑侯夫人尸体何以仍能保持栩栩如生怀有极大的兴趣。王冶秋不得不一再就马王堆的汉尸问题向日本报界和广大日本人民做出解答。

日本考古学界和广大民众早在去年七月马王堆汉尸消息发表后就表现出极大的兴趣。等这批彩色照片在日本报上发表后，人人争睹，啧啧称奇，又一次形成新的热潮。后来《考古新发现》这部纪录影片在日本上映，观众看到軑侯夫人尸体肌肉还有弹性时，不禁失声惊叹，这是第三次高潮。现在马王堆汉墓有关文物五十六件正在东京展出，大量的彩色织锦、漆器、食物，加上王冶秋率领的代表团到东京出席文物展开幕式，又一次引起了人们关心的高潮。

六月十日，王冶秋应邀在NET电视台公开谈马王堆汉墓和中国考古学界等问题。这次电视广播采用两人对话的方式。另一位是日本著名学者、和光大学美术史教授官川寅雄。

这次电视对谈中，对于軑侯夫人的生前若干情形又有了新的透露……

第八章　余波不绝

日本万千观众通过电视荧屏在看到王冶秋与宫川寅雄两位知名人物风采的同时，也听到了他们之间对话的内容。王冶秋在回答了宫川寅雄提出的马王堆汉墓女尸的死因、血型等提问后，还对宫川寅雄提出的女尸生前身份是一位王妃（宫川寅雄此前已在日本《轶侯报》上发表过这个论点的文章）的论点给予了否定。之后的日子，在回答其他日本记者提问时，王冶秋以同样的论调否定了在日本民间已盛传起来的女尸生前是王妃的说法。但在否定的同时，王冶秋还以中国人的思维方式补充道："从出土的文物来看，我们认为女尸生前是某一位轶侯的夫人，到底有没有一点是王妃的可能，看来只有等到二、三号墓发掘之后，才能做确切的证实了。"

王冶秋的谈话看来无懈可击，但前来采访的记者可能觉得女尸生前仅仅是一位在中国历史上不著名的轶侯夫人，无论是地位还是经历都不够耀眼和奇特。为使采写的稿件更具轰动效应，有些记者开始以王冶秋认为女尸生前为长沙王王妃的身份向外报道，有的在王妃的报道中又进一步地掺入、演绎出颇具传奇色彩的故事。这些故事在日本报刊不断出现后，又通过新闻媒体传到香港，而后又莫名其妙地传到中国内地。当王冶秋一行结束了在日本的文物展览返回北京后，关于马王堆汉墓出土女尸生前的身份和经历，在不断的传说中又有了新的变化，且王冶秋的名字也改换成了名声更大的郭沫若。稍后，在北京、长沙、上海、杭州等地，一份份《郭沫若答日本记者问》的油印稿，像那个时代特有的地下爱情小说一样，在街头巷尾四处流传。一时，《郭沫若答日本记者问》的内容在大江南北成为妇孺皆知的

油印小报上绘制的马王堆一号墓出土女尸解剖图

奇闻。中国大地开始刮起了郭沫若答日本记者问的旋风。这股旋风的刮起，使郭沫若在女尸研究上的贡献黯然失色，倒是在另一方面名声大噪。

若干年后，从保存于湖南省博物馆侯良手中的一份流行的油印稿中可以看到，当年《郭沫若答日本记者问》的内容是：

在马王堆西汉古尸解剖后不久，我们的近邻东瀛——日本国派出了强大的记者采访团来到中国。记者们提出了三个刁钻古怪的问题，让接待的王教授回答。这三个问题确实难以回答，一是："作为七百户侯爵之妻，怎么会享受仅次于皇太后的丰厚陪葬？"二是："为何'贵妇人'右小臂有陈旧性骨折？"三是："当时，贵国并没有甜瓜，为何死者肚里有甜瓜籽？"王教授颇为难，便来个"金蝉脱壳"之计，说："这几个问题我尚未考证，还是请郭沫若院长回答你们。不过郭院长近几天很忙，要过几天才能请教诸位。"

王冶秋（左）与郭沫若（右）（引自《王冶秋文博文集》）

日本记者以为难倒了中国学者，心里很得意。

王教授把此事向郭沫若做了汇报。郭沫若说："我1938年抗战时在长沙和周总理等救过灾民，曾听过一个中年人在街上讲过马王堆的故事，不知此人还在否。我们不妨去私访一番。"第二天，两人悄悄来到长沙，在古城的小巷深处，城郊民房里私访，终于访到了那个人。此人这时年近八旬，思路清晰，耳聪目明，谈起马王堆之事，便说："我是墓主的后裔，姓王。先辈留下这段故事传家，我未敢相忘。"于是，便滔滔不绝地讲起了关于墓主人身世的故事。

郭沫若和王教授回到北京后，便接受了

第八章 余波不绝

这批日本记者的采访。记者们又搬出那三个问题,想难倒中国的最大考古权威。

没想到,郭沫若摆了摆助听器,微微一笑,说:"尊敬的先生们,我讲一个故事,解答你们这三个问题。"他很文雅地抿了一口茶,便娓娓地道开了。

故事发生在我国西汉的初年。汉文帝在位。其时,天下太平,百姓安居乐业。只是,汉文帝为一件事苦恼。原来,他虽然有三宫六院,却没有一人给他添个"龙子"。当时,汉文帝的后宫里有一名宫女,名叫马彩娥。她生得面如涂丹,肌如凝脂,唇红齿白;身材生得增一分嫌高,减一分过低。总之,她的美貌使嫦娥自愧,令王母生嫉。她又能歌善舞,琴棋书画无所不能。一日,汉文帝招待功臣,大摆筵宴,令宫中乐伎表演歌舞助兴。马彩娥一出,顿时宴场生辉,大臣们有的酒到口中没吞下喉,说笑的惊得合不拢嘴,汉文帝一见,顿时如入醉乡……

阳陵陵园内仿汉宫中宫女塑像

这一夜,汉文帝便将这宫女留宿了。

第二天清晨,百官齐集待漏院。朝见时辰已到,就不见宣召。正当大家疑惑不解的时候,金銮殿珠帘一卷,内侍宣喝,众官来到丹墀前,只见汉文帝红光满面,神采奕奕,安然地坐在龙榻上。

你说汉文帝为何误朝?原来,在欢幸之夜,汉文帝只有肉欲,恨不得一口吞了马彩娥。可马彩娥显得格外持重有礼,她先是跪驾,感谢皇帝宠幸之恩,然后又大大方方告诉汉文帝:如果就尽为床第之欢,那是没意思的,人生最难得的是心相知。汉文帝吃惊地看着这位娇艳的宫女,自知她非一般红粉可比拟的,便依从了她。马彩娥一时弄管玉笛为汉文帝吹几曲,一时又轻舒玉指,弹奏古筝,其声时如高山

249

流水，时如疾马奔腾，喜得汉文帝心花怒放。他顿时觉得"六官粉黛无颜色"了……第二日清晨，宫女早早地起得床来，为皇帝准备了上朝的一切。可汉文帝掀开被子，伸了伸懒腰，拉着马彩娥的手说："再陪我睡一会儿。"马彩娥红着脸，跪在榻前说："陛下，该早朝了。"皇帝摸着马彩娥稚嫩的脸蛋，说："早朝？唉，真烦人啦！我真想带着你找个山清水秀的地方，隐居起来，过一个山野村民的生活。只要有你在身边，我就心满意足了。"宫女忙跪下，请罪道："妾有罪啊！""罪从何来？"马彩娥道："陛下，古人说过'皮之不存，毛将附焉？'您不当皇帝，会有人争皇帝当的。到时您还得服人家管，您会过得自在吗？妾也要被人蹂躏的。更可怕的是，您为一女子竟丧失天下，天下人岂不耻笑您'为了美人丢江山'，更会说妾'妖迷惑主'啊！妾岂能担得起这个罪名？"

皇帝瞪着两只吃惊的眼睛，想不到绝代美人竟有如此眼光。真不愧为女中丈夫，他不得不认定这是自己的红粉知已。

皇帝一个骨碌从床上爬起来，正要喊太监来伺候，却被宫女的玉手挡住了嘴巴，她撒娇地说："让我来伺候您。"皇帝穿上衣服，洗漱已毕，喝完宫女亲手熬煮的人参燕窝汤，便准备上朝了。临上轿之前，他深情地对宫女说："朕要封你为贵妃，你要帮朕出力。"宫女连忙跪伏在地谢恩，说道："小女子出身卑微，实有负陛下隆恩。我的名分无所谓，只祈求上苍保佑陛下在位时政通人和，造万世之功，名垂青史。让祖宗在天之灵欣慰，让天下苍生安慰，仰慕陛下圣德。"皇帝双手扶起宫女，哈哈大笑，说："子真贤德也！"

从此，皇帝和这马彩娥就这样偷偷地来往。皇帝和卑贱的宫娥相爱这是与封建伦理道德

汉文帝刘恒像

第八章　余波不绝

大相径庭的，可汉文帝还是和他的"红粉知己"如胶似漆。

一天晚上，文帝发现马彩娥眼眶外有泪痕。便追问她。马彩娥长跪不起，带着哭腔说："贱妾已怀上了陛下的龙种啦。"说罢，泪如雨下。汉文帝拍着手笑道："爱卿请起，寡人正愁没人继承祖传基业，你肚里要是个龙子，岂不解下了寡人心头一块铅吗？何苦要哭呢？喜才好呀！"说罢，双手扶起马彩娥。马彩娥垂泪道："此事万一被皇后得知，必赐小妇人一死。我死自不足惜，比起那些三宫六院，住一辈宫廷，尚不见得陛下一面，算是万幸来。只是可惜了陛下的亲骨肉……"汉文帝听罢，在地上来往踱着步。他忽然笑道："啊，有了，过几天送你一件宝贝。"说罢，搂着彩娥上床歇息去了。

三天后，汉文帝将一个表黄色，上绘盘龙图案的布卷交给马彩娥，马彩娥展开看了看里面的字，立即双膝跪下，向汉文帝叩了三个响头。

这件事被皇后知道了，她妒火心中烧，可是慑于皇帝的威严，又毫无办法。她在痛苦、失望之余，和"皇后党"几个大臣密谋，要加害于这宫女出身的贵妃。一个两鬓斑白的大臣说："娘娘暂不可造次，陛下与那贵妃日下正是如胶似漆之时，像泼冷水、棒打鸳鸯的事只会使他更加反感。陛下一怒之下，对我们都不利。您想，他只想有个亲生儿子为他继承大业，而您目前又没生出来，他能不焦急吗？如果您逼他，他会下手的！"

"您是说他要废我？"

"娘娘知道了，臣不敢多言。"

"唔，呜……哇！"皇后哭了起来。

"娘娘请保重凤体。"皇后被大臣提醒，也自知失态，连忙掏出香帕拭泪。她自知眼泪救不了自己。自己身无所出，按照宫中的规矩，自己被废已属必然。她觉得事不宜迟，得想办法了。

一个尖嘴猴腮的大臣说："娘娘别急，我虽不才，愿略施小计，不仅使娘娘地位稳如泰山，将那宫女结果了，更可让娘娘便宜捡个龙子。这叫移花接木之计。"接着便如此这般地和皇后耳语了一番。一席话说得皇后哈哈大笑。

一行人都连连伸出拇指，直夸那大臣的计策"甚妙"。

时隔不久，宫中传出正宫娘娘也"怀孕"了。汉文帝暗自庆幸"吉星高照",他被皇后瞒在鼓里,丝毫不知这是一个大阴谋。

这日,皇后带着宫中诸多嫔妃、婕妤前来看望彩娥。只见皇后笑吟吟地对彩娥说:"你上了万岁爷的龙床,就是我的妹妹,何况你还怀着陛下的亲骨肉呢!若是生个儿子,说不定还要做皇太后呢!"马彩娥只当皇后是好意,便诚心相待。

正宫娘娘命太监在御花园附近打扫一个偏僻的小房子,让马彩娥搬到此安居,每天饮食从厚。她还经常前来和马彩娥闲聊。

且说皇后假怀孕两个月后,首先向皇太后报喜,博得了皇太后的欢心。几个月后,皇后又把汉文帝与马彩娥的秘密有意地泄露给了皇太后。皇太后大怒,赐马彩娥三尺白绫,让其自缢。皇后先将皇太后的旨意扣下来,等待着时机。

经过十月怀胎,那日,马彩娥突然觉得腹内阵痛,正宫娘娘闻讯后急忙赶到。她吩咐心腹太监,如果生的是女孩,便立即将她投入古井;假如是男孩,便要好好侍候。

结果,马彩娥顺利地生下一男婴。孩子满月那天,正宫娘娘突然对彩娥说,要把孩子抱给皇太后看看,好让太后回心转意,从而赦免她,并立孩子为太子。善良的彩娥哪里知道正宫娘娘的诡计,孩子被抱走后再没有抱回来。

就在孩子被抱走的当晚,彩娥听到了敲门声。她爬起来,打开门,只见一个太监,手握明晃晃的钢刀。这一下,吓得马彩娥魂飞魄散。那太监将马彩娥推进屋里,掩上门,低声对她说:"我是来救你出虎口的。正宫娘娘怀孕是假,夺子杀你是真。她们的阴谋蓄谋已久。我老汉不做昧良心之事,特地告诉你。"

太监说罢,立即拉着马彩娥出门,将她送到胭脂河边。临别时,太监再三叮嘱:"你的儿子已改名刘启,是未来的皇帝,你一定要活到太子登基。"

马彩娥悲愤地离开皇宫,坐在太监事先准备好的大木盆内,按着太监指点的方向顺水而下,在胭脂河的拐弯处,发现城墙旁有一架竹梯,便弃盆登岸,顺着梯子爬上了城墙。事有凑巧,城墙上有一条绳子,她用绳子把腰身缠着,一端系在城垛上,两眼一闭,顺着绳子溜下去。没想到,绳子腐朽

第八章 余波不绝

了,中间断裂,马彩娥摔下城墙根,右小臂骨折了,顿时昏死过去。

城墙下有一条平坦的沙石路。这日卖豆腐的年轻人王二喜,挑着豆腐挑子借着朦胧的晨光,从这儿经过,往城里赶去。他撩起肩头上的葛巾擦了一把头上的汗,一时眼睛没注意,一脚踹到一个软绵绵的东西,一个趔趄便摔倒了,哗啦一声,豆腐甩了一地。他定睛一看,地下躺着一个青年女子,他摸一摸其身子,温热如常,气息呼吸均匀。"救人一命,胜造七级浮屠",他背起这昏迷的女子,匆匆回家去。

这女人便是马彩娥,王二喜将她背回家中。一碗热豆浆灌下去,马彩娥慢慢地睁开双眼,看到这身边的一切,顿时明白了是眼前这位卖豆腐的年轻人救了自己。她哭道:"你干吗救我,怎么不让俺死?呜呜呜……"王二喜安慰马彩娥道:"大姐,你想开点,做人各有各的喜怒哀乐。就说我卖豆腐吧,没见过世面,没吃过山珍海味,没住过高楼大厦,没穿过绫罗绸缎,可一边卖豆腐,一边跟人家讲笑话;一个人走在路上,没有人和我讲话,便自己唱几首山歌寻开心;如果哪一天卖豆腐不错,兜里有几个零钱,就打壶烧酒,炸几块豆腐,对着月亮,自斟自饮,酒足饭饱之余,便倚着劈柴睡一觉;没有余钱剩余之时,我就煮一大碗豆渣,吃得饱了,又去推磨烧水做豆腐,图个无天管,无地束,自由自在。皇帝的日子恐怕也没有如此轻悠吧?"

王二喜的话正刺着了马彩娥心中的伤疤,惹得她号啕大哭。这倒让王二喜吃惊了,他手脚无措地徘徊着。马彩娥见此,反倒过意不去了。她先感谢了王二喜的救命之恩,接着又说了一番自己编造的身世:姓马名彩娥,年方21,尚未婚配。原在一大户家当丫鬟,因不堪主人虐待,逃出虎口,不想被摔得这样。王二喜安慰她说:"你先将息一些日子,容身子复原了,我再送你回家去。"

两个月以后,马彩娥身子恢复了。她帮王二喜缝补浆洗,替她推磨烧火……王二喜好不快活。两人再也分不开了。

转眼18年过去了。王二喜两鬓斑白了。马彩娥被街市的环境陶冶得如一个典型的民妇了。只有那双眼睛中的希冀光芒没有消失。这日,王二喜卖完豆腐回家,告诉马彩娥:老皇帝驾崩了,新皇帝登基了。新皇帝讳启字,是老皇帝的独根苗,今年18岁。马彩娥听罢,顿时脸上泛起少有的春色来,搬

咸阳，汉景帝刘启及其皇后王氏同茔异穴的合葬陵园——阳陵一景

出珍藏的一瓶好酒，炒了几个荤菜，和王二喜干起杯来。王二喜很吃惊，不知马彩娥葫芦里卖什么药。吃完饭，马彩娥以命令的口吻对王二喜说："你到皇宫去，皇帝是咱们的啦！"

王二喜大吃一惊，说："你疯了？"马彩娥从贴身的衬衣里拿出汉文帝刘恒赐给她的金书，说："你拿这个去，叫新皇帝来见我。"王二喜一见，只见上面写道："彩娥之子，寡人真骨脉也！"王二喜一想到她迷离不清的来历，便明白了个中缘由。

且说汉景帝刘启登基不几天，这日，正在上早朝。众官刚刚退去，身边只有一个贴心的老臣在旁侍候。突然，一个老太监模样的人，在金銮殿前大声叫唤："刘启见我！"

汉景帝听到来人竟敢直呼自己的名字，顿时大怒："该死的家伙，竟敢冒犯寡人！"便大叫道："把来人宣上殿来！宣上来！快点！"

尽管说皇帝金口玉言，说的话如铁板钉钉，可他的话在那老太监模样的人面前失灵了。只见那人站在金阶下就是不动，反而大声嚷道："刘启下来见我！"汉景帝听了，气得暴跳如雷，拍着御案，大叫道："反了反了，快给我拿下这厮，斩讫报来！"只见那个白发苍苍的老臣连忙出来劝阻。他觉得这个人来得蹊跷，且举止不同凡响，肯定是有机密事要禀告皇上。只是怕皇上不予理睬，故出此激将法引起皇帝的注意。一旦处置失当，岂不误了大事，便斥退身边的内侍，向汉景帝耳语道："万岁爷息怒。来人气度不凡，出言也不凡。依老臣之见，还是见上一面为好。如果是个狂妄之徒，不怕他飞到天上去。万一他来有机密之事相告，杀了他

第八章 余波不绝

岂不是有损社稷？"

汉景帝见是自己所依赖的重臣求情，便强压住怒火，命"来人在金銮殿旁的小阙房内见"。他们来到小阙房，来人并不下跪，反而大大咧咧地张目四望。汉景帝冷冷地说："说吧！"来人也倨傲地回答："我是你爹！"

汉景帝真想开怀大笑："这家伙真疯了！不妨再看看他下面的把戏！"便问："何以为证？"

来人不慌不忙，从怀中掏出汉文帝所赐的金书，递给汉景帝说："有先帝所赐金书为证。"说罢，脱下太监服，对汉景帝说："我并非太监，本名王二喜，家住东郊城门外，以卖豆腐为生。18年前的一天早晨……"他将救马彩娥的事说了一遍。

汉景帝听罢，原来心中稍熄的火气又冲了上来，这家伙竟侮辱寡人不是汉家正宗，可恨可恼。他从朝靴中拔出一柄短剑，朝王二喜的胸膛刺来。王二喜侧身一躲，那老臣遮身一护，汉景帝扑了空。王二喜被逼急了，便道："你……你少半截小脚趾，是你娘有意咬下的。"这一句话顿时把汉景帝惊得目瞪口呆，短剑叮当一声落地，他那心中的怒火被王二喜这一下浇灭了，"是啊，怎么就不看先帝的金书呢？"他看罢金书，顿时双膝跪地，大哭"可怜的母后"。

大臣和王二喜劝了好一会儿才将汉景帝劝住。他终是个懂事的人，知道此事传出去，自己的皇帝威望便一落千丈，便叮嘱王二喜："这件事你知我知娘知，再不能对旁人提起。"

当晚，月上柳梢，汉景帝青衣小帽，带着一个贴身的小太监，悄悄步出皇宫的后门，来到城东的王家，探望生母。母子相见，自然别有一番催人泪下的场面。

汉景帝告诉马彩娥，他准备杀掉假太后，立她为皇太后。马彩娥含着泪劝说儿子道："你杀太后，天下的黎民百姓知道你是宫娥所生，这与'天子'两字不相称。且太后党的那一帮人一旦跟你捣乱，你的江山就坐不稳了。为母的岂能为自己的名位富贵而让儿子受苦，让汉家江山被人蹂躏？只要生前你常来看我，死后祭扫亡灵，我就心满意足了。"

后来。汉景帝果然经常偷偷出来探视生母。王二喜家也在汉景帝的恩赐下，换下了穷貌，变得富丽堂皇起来，这自然引起了旁人的注目。马彩娥怕

255

走漏风声，对儿子不利，便对儿子提出回湖南老家居住的要求。

汉景帝将继父王二喜封为"七百户"侯，派他去长沙为官，并赏赐许多金银珠宝，沿途派人护送他和妻子去上任。

汉景帝非常孝敬父母，大凡贡品珍肴，都要送给母亲尝。这年秋天，国外使节献给景帝一批甜瓜，景帝派人送到长沙。

谁知马彩娥食后不久，却因心脏病急性发作辞世。马彩娥死后，汉景帝为她举行了隆重的葬礼，并采用了当时最先进的防腐措施。墓穴是马彩娥生前由景帝派人修好的，比皇后浅三尺，比侯爷夫人深三尺……

郭沫若以"诸位满意我的回答吗？"结束了这次提问的解答。

当这个显然是从《太平寰宇记》等史书记载的"双女冢"演绎出的故事被《星期天》《楚风》等报刊转载或选载后，一时风靡华夏。而报刊的转载最初被郭沫若知晓时，向来颇具浪漫风味的郭老，只是当作一个荒诞的笑话一笑了之，并未放在心上。只是半年之后，这个故事不知通过何种渠道传入江青、姚文元等人的耳朵，问题就严重起来。江青在一次文艺座谈会上，杀机毕露地说道："有些人满脑子的封建帝王观念，利用一切机会不择手段地宣扬封建资产阶级思想，有的人不敢明着宣传，就来暗的，四处兜售他的地主资产阶级的人性论，报纸上不敢发表，就打印小册子，还要以什么答什么日本记者问的形式来替他贩卖资产阶级黑货打掩护，这种人已经滑向了革命群众的对立面，很快将会成为人民的敌人……"

尽管江青没有指名道姓地提到郭沫若和那份《答日本记者问》的油印稿，但其剑锋所指已十分明显。事后有人偷偷将江青的这个谈话告知了郭沫若。郭沫若一听，只说了句"这实在是一件荒唐透顶之事"回复了报告者的好意，仍未放在心上。当报告者走后，郭沫若静下心对刚才的事一琢磨，突然觉得事情非同小可。此时已是1974年春天，马王堆二、三号墓已经发掘，女尸生前的身份已得到证实。而这时"批林批孔"正在全国盛行，若真的被江青扣上个什么帽子，后果自是不堪设想。当年历史学家吴晗不正是因一曲《海瑞罢官》而走上"文革"开刀祭旗的绝命之路吗？前车之鉴，犹在眼前。此事万万不能掉以轻心。在一阵惊慌之后，他决定找王冶秋，以国家文物局的名义下发一个文件，正式澄清事实真相。面对郭老的请求和面临的险局,王冶秋答应一切照办。如是,一个以《郭沫若没有答记者问》为标题的文件很快拟就出来,并下发全国各文物部门,以示澄清。令王冶秋和郭沫若都没有想到的是,越是想澄清,越是混乱不清,《郭沫若答日本记者问》再度风靡起来,传播比以往更加广泛和热烈。在连续的担惊受怕和万般无奈中,有人给郭沫若献出奇计,请他暗中和新闻界联系,以不暴露身份的方式公开辟谣,这样或许能使事情有些转机。郭沫若见无更好的办法可施,只好答应一试。在经过一番秘密策划后,由王冶秋出面和湖南省委领导联系,先在故事的发源地进行试验,然后再见机行事。湖南省委自是同情郭沫若的处境,表示给予解脱困境的支持。于是,《湖南日报》于1974年7月22日,以读者来信的方式登载了外人很难详知内情的文章:

听故事要有阶级斗争的观念
——关于马王堆出土汉墓的"故事"答读者问

编辑同志:

夏夜纳凉,我常常听到人们在闲谈中讲故事。有些故事听了很受教育和鼓舞,但也有些故事内容荒诞不经,可是因为情节曲折离奇,所以讲的人有声有色,听的人也津津有味。我听到一个关于在长沙马王堆发掘的西汉女尸生前经历的一段"故事",情节很离奇,而且宣扬了剥削阶级的思想,听了觉得很不是滋味。可是讲故事的人却说他看过打印的材料,说这个故事是确实可靠的。不知究竟如何,请予答复为感。

——读者

调查附记:我们收到读者的这封来信后,走访了本市有关文物管理研究部门的同志。他们说,他们也听到过类似的故事和看到过类似的打印材料。他们认为,这是对马王堆出土的历史资料进行捏造和歪曲,并借此散布剥削阶级的思想毒素,是当前意识形态领域中阶段斗争的一种反映,必须进行辟谣,并注意消毒。

他们拿出了大量的文献、文物资料向我们介绍当时的时代背景和有关人物的身世。资料证明,马王堆一号墓出土的西汉女尸是二号墓中的死者利苍之妻。当时长沙王是异姓诸侯王之一。利苍就是长沙王的丞相。他并于汉惠帝二年（公元前193年）被封为轪侯。轪侯夫妇这两个墓的葬式也是符合当时当地的习俗和礼仪的，这就足以说明，目前在流传的这个坏故事，是毫无根据的。这个坏故事所编造的情节还宣扬了孔孟之道，鼓吹"忠、孝、节、义"，兜售地主资产阶级人性论，贩卖阶级调和论，是乔装打扮的封资修黑货，必须加以抵制和批判。

可见，在纳凉阵地上，也同其他思想文化阵地一样，充满了两个阶级、两种思想的斗争。无产阶级思想如果不去占领，资产阶级思想必然要去占领，这是阶级斗争的规律。我们一定要认真学习马列和毛主席著作，不断地提高阶级斗争和路线斗争的觉悟，增强识别能力，做意识形态领域里的反腐蚀的尖兵，进一步为巩固无产阶级专政而努力战斗。

·编者·

这篇文章发出后，在郭沫若、王冶秋等人的共同努力下，有几家地方报刊分别进行了转载和摘载。随着媒体的传播，"郭沫若答日本记者问"的传闻逐渐消解，深为传闻所累并差点走上政治祭坛的郭沫若本人至此心中的一块石才砰然落地。

杨振宁：怎么会落到美国人手里去了

自诺贝尔物理学奖得主、美籍华人李政道来华访问之后，另一位诺贝尔物理学奖获得者、美籍华人杨振宁博士偕夫人杜致礼，于1973年7月中旬来到中国，并受到周恩来总理的亲切接见。

在招待杨振宁夫妇的宴会上，周恩来对杜致礼说："我跟你是首次见面，可跟你的父亲杜聿明先生是老朋友了，因此，跟你和杨先生也算是没见过面的老朋友了吧。"杨振宁、杜致礼夫妇在致谢的同时，周恩来又回忆似的说："我曾对杜聿明先生说过，我们在美国有一批十分宝贵的华裔科学家，必须争取他们的合作，凡是爱国的中国人我们都需要，现在你们终于回

第八章 余波不绝

来了⋯⋯"

席间，周恩来和杨振宁夫妇相互交谈了中美两国科学界的一些情况，当话题转到中美两国的文化交流时，杨振宁说："我在美国看到了许多关于长沙马王堆汉墓考古发掘的报道，李政道先生回美国时跟我说，他还亲自到长沙参观了那个出土的2000多年的老太婆，说是跟活的差不多。他带回去十几份《马王堆一号汉墓发掘简报》，还送给了我一份。我看后觉得这实在是一个世界性的考古发现。"

周恩来与邓颖超在人民大会堂接见杨振宁（右一）、杜致礼（左三）夫妇

"是啊，我正准备给你介绍呢，这确实是一个轰动世界的考古发现。每有外宾来北京，大都提出要去长沙看老太婆，因为长沙方面文物保护问题正在解决，有些我答应了，包括李政道博士去的那一次，有些则挡回去了。不过，你们若是有兴趣可以去看一看，毕竟是我们的祖先留下来的文化遗产嘛！"周恩来真诚而热情地说着。杨振宁夫妇自是格外感激总理对自己的看重，当场表示愿意到长沙看一看马王堆汉墓出土文物。

7月20日下午，杨振宁夫妇来到湖南省博物馆。由于湖南方面早接到国家文物局的通知，说周恩来总理介绍杨振宁夫妇前往长沙，参观马王堆汉墓出土文物。湖南省委专门通知博物馆并指定由侯良具体负责接待。杨振宁夫妇来到博物馆接待室做了短暂休息后，便怀着浓厚的兴趣开始参观。

当杨振宁看到光亮如新的漆器时，问："这是实物还是复制品？"

"是实物。"侯良答。

"太了不起了，我还以为是复制品呢，跟新的几乎没有一点差别。"杨振宁惊讶地说。

259

"像这样完好如新的漆器的确是不多见的。"侯良解说着。

当大家来到陈列女尸的玻璃棺前时,杨振宁看着问道:"看来李政道先生跟我说的没有错,这个老太婆历2000年而保存得这样完好,确是罕见的奇迹……不过,她的嘴为什么会张开?"

"据医学专家研究分析,这是一种'巨人观'现象。人死入葬之后,由于缺少氧气,细胞发生自身溶解并导致组织自溶。尸体内的细菌与尸外来的细菌在尸体内急剧繁殖,并分泌出大量的分解性有机物,如蛋白质、酶等,从而引起尸体腐败。就在这个腐败过程中,产生大量的气体,挤压全身的组织内脏器官,并使全身出现肿胀、张口、伸舌、眼球突出等现象。法医学称这些早期腐败的现象为'巨人观'。如果死者是孕妇,发生这种'巨人观'现象后,气体的压力会将胎儿挤出来,医学上叫作棺内分娩。当然,我们看到的是一个50多岁的老太婆,是不存在棺内分娩的问题的……"侯良有板有眼地解说着,杨振宁不住地点头说:"想不到这里头还有这么多的学问。"

参观结束后,出于对著名物理学家杨振宁以及他的夫人、国民党著名将领杜聿明将军的女儿杜致礼的敬仰之情,侯良专门请杨振宁夫妇两人到接待室,跟王㐨、高至喜、熊传薪等考古工作者进行了座谈。侯良请杨振宁对正在兴建的陈列室等提些意见。杨振宁并不客气,很坦诚地问:"你们是否打算搞一个电影放映厅呢?"侯良回答说:"我们有这个打算,不过目前由于经费、场地等问题,一时可能实现不了。"

杨振宁说:"前天晚上我在北京看了《西汉古尸研究》这个电影。拍得很好,好像侦探小说一样,步步深入很有意思。我参观过世界上很多大的博物馆,它们都有电影放映厅,观众可以在参观实物之前或之后,看一下电影,两相对照,再看实物时,一般的东西就可以不看少看,而可以重点参观。这样就可以看得更深入、更仔细一些。"

"我们争取努力去做吧。"侯良答。

"现在这个展览是否对外开放?古尸是否公开展出?"杨振宁又问道。

侯良解释说:"因文物保护工作正在进行,目前暂时只对内开放,古尸是否公开展出,尚未决定。"

杨振宁接着说:"我也听说是专门拿给我们看的,我想将来对公众开

第八章　余波不绝

放，看的人一定会很多，你们这样的陈列室可能还容纳不了。"他略做停顿又说："古尸要不能展出，是否能搞一个复制品呢？我想要做一个复制品让大家看看也是好的。"

"现在我们正在想方设法处理和保护出土的丝织品、漆木器等文物，一时还难以做复制的事。"侯良答。

这时，在一旁坐的高至喜插话说："我们想请杨先生谈谈有关漆器脱水和丝织品保护方面的意见。"

杨振宁笑笑说："这不是我研究范围内的问题，不过我想把漆器放在玻璃缸内，把空气抽掉，再充入氩或氖等惰性气体，这样漆器里的水分就会蒸发出一部分到空气中来，使用原来的水分去接近漆器，使其内外湿度取得平衡，可以使它保持原状，不过这是我的一种想法。"在座的考古工作者听了这个说法，甚为赞赏，看来真不愧为物理学家，一下子就谈到点子上去了。

杨振宁接着说："我在美国俄亥俄州克利夫兰市的博物馆里。看到了那件从长沙出土的漆绘双蛇，它摆在大门前一个玻璃缸里，现在保存得还很好，我没问他们使用的是什么办法。不过，据我所知，那里有一个姓陈的广东人，专门管理中国的文物。他在这方面一定有经验。我回美国后，可以要他直接写信来谈谈，或者由他告诉我，我再写信来。"杨振宁说着拿出笔记本记录了侯良的姓名和通信地址。

"杨先生对丝织品的保养问题有什么好的建议？"王予问道。

杨振宁说："我在美国没有看到这样的丝织品，不过此次在北京，王冶秋先生带我去看了最近长沙出土的战国帛画，画上的人物有些像屈原的样子。"

"您说的是长沙子弹库战国墓出土的人物御龙帛画，"高至喜解释着，"新中国成立前长沙出土的一件战国缯书就是这个墓里的，这个缯书后来流落到美国去了，去年我在日本听说缯书是在一个医生手里。"

"是什么时候，怎么会落到美国人手里去的？"杨振宁有些吃惊地问。

"这个事情说起来话就长了，"高至喜略做沉思，继续说道，"三四十年代，长沙一带盗墓成风，许多墓葬被盗掘一空。长沙子弹库的一座大型楚墓被四个土夫子盗开后，发现其中除了大宗财物还有一幅缯书。土夫子们将墓中的财物瓜分完毕后，又将缯书卖给了长沙一个叫唐鉴泉的古董商。这唐

261

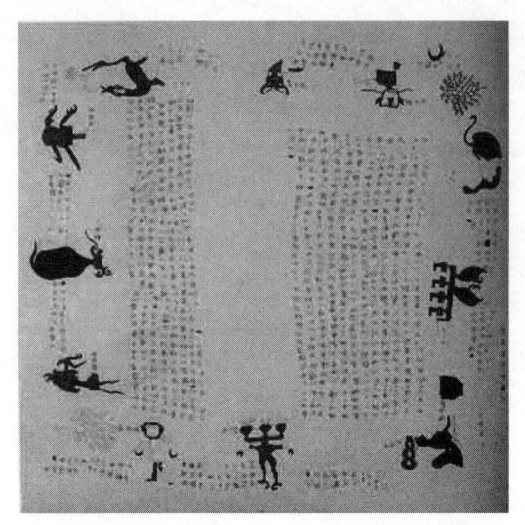

长沙子弹库墓地出土的楚缯书

鉴泉原是一个上门裁缝，1927年开始在长沙东站路开业，并挂了个'唐茂盛'的招牌，百姓常呼他为'唐裁缝'。就在这期间，他看到长沙盗墓风起，做古董商比较能赚钱，于是就将裁缝铺子辟出半间开始兼营古董。几笔生意做成后，这唐裁缝干脆专门经营起古董生意来了。他每天周旋于土夫子，也就是盗墓贼和文物界之间，并渐成气候。到了1942年冬，在重庆的考古学家商承祚接到了唐裁缝的去信，唐声称自己手里有一幅缯书想出售，问商要不要。商承祚见信后，即托在长沙的友人沈筠苍前往唐处了解详情，并有购买之意。正当沈唐两人反复议价之际，长沙著名的古董收藏家蔡季襄从外地回到了长沙。当他闻知唐裁缝有一缯书要出售时，便前来观看。这蔡季襄对文物见多识广，一眼就看出这幅缯书的巨大价值。于是捷足先登，抢在沈筠苍前边将缯书买了下来，并对其悄悄研究。1944年4月，日军发动豫湘桂战役，长沙失守。蔡季襄退避湘中的安化县，继续对缯书研究。并于同年8月完成了《晚周缯书考证》一文，以自己刊印的石印本首次向外界披露了缯书概况。缯书文字及图像，为其子蔡修涣临绘，这篇文章的原本现在我们省博物馆收藏。从蔡氏研究的原本看，这幅缯书无疑是罕见的珍宝。遗憾的是，这一珍宝却在1946年被美国来长沙的古董商柯克思（M. John Hadley Cox）借去后久无下落。蔡氏父子几经追问，这个名义上的古董商，实际上的文化强盗柯克思，早在抗战爆发的前几年，便以雅礼中学教师的身份，打着文化考古学者的招牌，在长沙掠夺出土文物。他多次在盗掘现场指挥，有时还睡在墓中等候天明，然后将盗掘文物席卷而去，这次面对蔡氏父子的追

第八章 余波不绝

问,他声称缯书已丢失,最后以廉价的赔偿私了了。而实际情况是,缯书被柯克思偷偷带出了国门,先藏于美国康涅狄格州耶鲁大学图书馆,后来转到了一个医生手里。"

高至喜讲完,杨振宁自言自语地说:"一个医生手里,这个医生会是谁呢?"停顿片刻后,他突然提高了声音说:"我知道了,一定是在赛克勒(Sackler)手里,此人不是以行医出名,而是以收藏古物出名,我跟他很熟悉,回美国后,我可以去找他。让他归还中国不太可能,问问他怎样保存的还是可以的。问明情况后我一并写信告诉侯良先生吧。"

赛克勒

座谈结束后,由侯良陪同杨振宁夫妇乘车前往长沙城郊五里牌马王堆现场。路上,杨振宁的情绪非常好,显得格外健谈。在车上,他满怀感慨地说:"中国这个国家历史悠久,尤其是它的文化一直以固有的形式保存到现在,这真是了不起的事,其他几个古老国家的文化到后来都变了。我对考古很有兴趣,我在国外听过很多这一方面的学术报告,他们对中国的考古,尤其是考古技术都认为是了不起的,比如说中国科学院考古研究所在某地发现一个古代的战车,除了铜配件外,木头都变成灰了,但他们能想办法把这些木头灰取出来拍成照片,根据照片再复原战车。"

"您说的是在河南辉县,中国最有名望的考古大师夏鼐发掘的战国时期的战车吧?"侯良问道。

"是啊,中国确实有很了不起的考古人才,没有他们,这些珍贵文物几乎是不可能再见到的了。我回到中国来,每次都要去看一些文物,前几年去了安徽,去年又到了陕西,我在半坡博物馆看到四五千年前,中国的老祖先就会用尖底罐打水,就懂得了力学的运用,这实在是了不起的事情。他们叫我去看武则天的墓,那里交通不便,我们先坐吉普车,

263

因为下大雨，车子走不动了，我决心很大就下车走路，地上有很深的泥。那个墓听说很坚固，那些盗墓的盗不了。有个盗洞里有一个人的骨架，据说原来是个盗墓的，死在里面的。刚才听了高先生的介绍，看来这盗墓的不只是陕西有，长沙也有。"

"不只是有，而且还很普遍，长沙四周几千座古墓几乎全部在新中国成立前被盗掘一空了。"侯良补充道。

"这是民族文化的一大损失啊。"杨振宁长叹一声，不再说话。

待参观结束后，侯良拿了两册《长沙马王堆一号汉墓发掘简报》送给杨振宁，杨说："我已经有了一本，是上次来的李政道先生转送的。"一直沉默不语的杜致礼，这时却以开玩笑的口气说："最好能再给我们一本，因为他是小资产主义。有一本他拿到办公室去了，我在家里来个客人想看看都看不到。"这一席话惹得陪同人员都笑了起来。

当侯良将杨振宁夫妇送到湖南宾馆临分别时，杨振宁很是感激地说："谢谢你们今天给我介绍得如此详细，今后我们应该保持联系，因为像马王堆汉墓的事，全世界都应该关注它。"

杨振宁走后，侯良和其他发掘、修复人员，热切盼望杨振宁的来信，以便尽可能地借鉴外国文物收藏者保护文物的经验。但不知出于何种原因，一直未得到回音。

王冶秋：要是原子弹命中，再厚也不行

就在各地人员云集长沙，对马王堆汉墓出土女尸进行解剖、研究之时，一个规模庞大的文物仓库，也正动工兴建。

早在1972年夏天，王冶秋第一次赴长沙阻止参观女尸的风潮后，就曾对这个老太婆未来的居处有所考虑，只是那时事情太乱，头绪太多，一时还无力有过多的精力投入。直到这年年底，王冶秋再赴长沙主持女尸的解剖、研究时，才正式向湖南方面谈了需建造一个文物仓库，也就是文物陈列馆的想法。湖南方面当然求之不得。但考虑到当时的经济状况，对建造一个什么样

的仓库没有思想准备。或许在他们看来，能盖几间像样的房子，将出土的文物连同女尸保护起来就算不错了。想不到王冶秋却语出惊人，在谈到他的构想时说道："我曾在日本看到几个文物库房，全部是空调设备，里边保持恒温、恒湿，对文物保护很有好处。我们要建造库房，是否也要采取这种方法？我看要想将这个老太婆保护好，非采取这样的方法不行……"

王冶秋在办公室查看资料（引自《回忆王冶秋》）

湖南省委的领导听罢这话，在惊喜之余又不无忧虑地说："要建恒温、恒湿的空调库房，当然是再好不过，但就湖南省的经济状况而言，要从文化建设经费中拿出这笔钱，不说要吐血，也等于生一场大病。"

"这个当然不能由湖南方面全部承担，需要中央出面解决。湖南方面做些协助性工作就可以了。如果这个计划省委的领导同志感到可行，就研究个具体方案，向国家计委和国务院打个报告审批。我想中央是会支持的。"王冶秋很有几分把握地向湖南省委领导解释和督促。

既然如此，湖南方面自是乐意抓紧行动，在经过一番策划、研究后，于1973年元月初向国家计委递交了报告。接着，国家计委于1973年元月29日报告国务院，全文如下：

关于湖南发掘马王堆二、三号汉墓
要求建设文物仓库问题的请示报告

先念、登奎、国锋并国务院：
关于湖南发掘马王堆二、三号汉墓要求建设文物仓库的问题，我们和图博口王冶秋同志、湖南省计委副主任戈华同志进行研究报告如下：

一九七二年总理曾两次询问关于发掘马王堆二、三号汉墓问题，此后湖南省委认真做了研究，王冶秋同志专程去长沙会同有关单位商讨了汉墓发掘、古尸保存和文物陈列等问题，为了长期保存汉墓古尸和古代文物，拟建设两千平方恒温恒湿有空气调节设备的文物仓库并已提出初步设计方案。

经研究，我们意见：遵照伟大领袖毛主席"古为今用"的教导，搞好汉墓古尸、文物的科学研究工作在学术上有重要价值，拟同意建设文物仓库，拨付建设经费一百万元（大致可行），如有不足由湖南省自行解决。所需机电设备数量不多，计委物资局已同意按措施项目予以安排。

报告如上，妥否请批示。

这份报告上报后，华国锋、王洪文、余秋里、苏静等中央和国务院领导，看后只做了圈阅，未做批示。纪登奎做了"同意"的批示。最后由主管国家财经工作的副总理李先念做了"拟同意，登奎同志批"的指示。

1973年2月6日，国家计委革命委员会向湖南方面下发了批文：

关于建设马王堆汉墓文物仓库的复文

湖南省革命委员会：

报告悉，为了保存、研究马王堆汉墓女尸和出土文物，经国务院领导同志批准同意，在1973年基本建设投资中拨付100万元建设文物仓库，所需机电设备由一机部计委物资局负责安排。

湖南方面接到批文后，加紧了文物仓库的设计和前期筹备工作。1973年2月中旬，受湖南省委的派遣，侯良和湖南建筑设计院副总工程师刘鸿庆、工程师蒋虔生等三人赴北京，专门向王冶秋汇报有关库房的设计等问题。

在王冶秋的办公室，刘鸿庆将图纸拿出来说："仓库的技术图纸已经完成，请王老审批后再施工。"

王冶秋将图纸慢慢展开，平铺在办公桌上仔细地看了一遍，然后抬头谦

第八章 余波不绝

虚地说:"这事应该完全由湖南省委来决定,我对技术设计方面是外行,只谈点个人的看法吧。"王冶秋转身一边给侯良、刘鸿庆等三人倒水,一边说:"这个墓出土的文物,特别是那个老太婆,已经轰动世界了,不能只保存20年、30年就完了,所以这个建造库房的工程要抓紧。我的意见是尽快建起来,先将老太婆迁进去住着,免得在外面总让人提心吊胆。还有一些其他问题,要等二、三号墓发掘之后才能解决。"

"我们也是这种想法,尽快将库房建起来。将老太婆迁入后,准备将温度控制在4—9℃左右,同时在玻璃馆内浸入防腐液,即采取双保险的方法,以利于保护和参观。"侯良说。

王冶秋轻轻点点头:"实行双保险,这个办法好,我看可以定下来。"

侯良刚要说什么,王冶秋接着问:"报警器是老的还是新的?"

"是最新购置的电子设备,现在已在文物陈列室试用了,效果还不错。"侯良答。

"电子设备也不能解决一切问题,安装时要注意,不要让人一进去就发现有报警器。那样容易使坏人钻空子。这样的事例不是没有,故宫珍宝馆就曾装了个报警器,一个晚上小偷进去时,小心地绕开了报警器的捕捉范围,所以就没有报警。直到这个小偷偷了几个金印、金碗匆忙逃跑时,由于慌不择路,触及了报警器的捕捉范围,派出所人员才随着报警声包围了罪犯。现在的报警器白天不起作用,只能夜晚用。要是白天发生了盗窃案怎么办?所以最近公安部已准备研制新式设备了。也许等我们的仓库建成后,这种新式设备就研制出来了。"王冶秋说到这里又问:"你们对防震问题怎么考虑的?"

"据地震部门研究,长沙不易发生大的地震,我们准备以三等人防设施进行施工,在防地震的同时也防备原子战争。"侯良回答。

"可以,要是战争打起来,原子弹直接命中,仓库的墙壁再厚也不行。只要能防冲击波就可以了。"王冶秋在肯定的同时,像突然想起了什么,接着问:"这个仓库有没有厕所、衣帽间?周总理第一次到中国历史博物馆,发现没有厕所和衣帽间,对此做了批评。后来博物馆把办公室改成了厕所。人民大会堂就好在厕所多、电梯多。但也有不足的地方,那就是窗子太高,擦玻璃很不方便,电梯的质量也不够理想,经常卡住,小平同志有一次到大会堂开会，被卡在电梯里好长时间出不来。你们搞的这个仓库用不着电梯，但要在后面加一个楼梯，凡群众活动场所，对于前后门、厕所都要注意。看起来这是些小事，但从方便群众这一点来考虑事情并不小，是大事。还有休息室，你们搞了多少个位子？"

"我们准备搞40个位子。"副总工程师刘鸿庆答。

王冶秋思考了一会儿对刘鸿庆说："40个，我觉得太少了。像上次美国的基辛格博士来华，一行是18个人，但加上照相的和机组人员，合起来就是六七十人。要是来个总统，只是记者就有上百人，随从人员就更多了。所以你们只搞40个位子，总不能让人家轮流休息吧。我看可以搞两个接待室，一边要高级一点，另一边水平可相对低些，但位子一定要多些，否则不好办。除此之外，地面上的门可以多开一些，冬季放些暖气，其他时间采用自然通风就行了。其他附属建筑怎么办？是不是也是你们院来设计？"

"是由我们院设计。"刘鸿庆答。

"既然由你们设计，那就要考虑一个西晒的问题。中国历史博物馆西晒问题就没有解决好，开馆的第一天就热昏了好多人。周总理对此事也做出过批评。所以西晒问题一定要

位于湖南省博物馆的马王堆汉墓出土文物专题馆

想办法解决好。至于里头的设备可以学一学首都体育馆,那里面的许多东西实际上是泡沫塑料做的,比较轻便,凡是几个人都抬不动的东西可以淘汰,我建议你们几个人到首体、人民大会堂等地方去考察一下,吸取它们那些优秀的东西,争取将这个仓库建成既现代化,又有典型民族特点的一流建筑……"

王冶秋说完,让自己的助手彭则放写了几封介绍信,让侯良等人分别到首都体育馆、人民大会堂等地进行了实地考察。半个月后,侯良同刘鸿庆、蒋虔生回到长沙,将王冶秋的意见和考察的情况向省委做了详细汇报,并根据省委的指示对设计图纸进行了全面的修改。1973年5月,马王堆汉墓出土文物陈列馆正式动工兴建,在湖南、上海、北京等相关部门的协助下,中国历史上第一座具有恒温、恒湿设备的也是当时亚洲最大的现代化陈列馆,终于在1974年5月建成,在使马王堆一号汉墓及后来二、三号汉墓出土的数千件珍贵文物及女尸得以妥善保护的同时,也为国内外千百万群众进行观瞻提供了一个方便、舒适的环境。

第九章 发掘三号墓

西汉孤魂

　　三号墓发掘在即，周恩来亲自点将，李振军受命主持全局。遗落在封土中的遗物，地下珍宝辉煌灿烂。夏鼐密令"智多星"出山，王振江不负大师所望，献出绝技，众人皆叹。墓坑内爆发不祥的纷争。石兴邦匆忙赴长沙欲圆陈年旧梦，想不到再一次痛失良机。

周恩来点将

当马王堆一号汉墓出土女尸的研究成果得以公布,出土文物保护仓库正在紧锣密鼓地兴建时,湖南省委又加紧了发掘马王堆二、三号汉墓的准备工作。

1973年9月5日,湖南省委书记李振军委托省委宣传部副部长张兰明,主持召开了第一次马王堆二、三号汉墓发掘准备会议。对省博物馆此前提出的《马王堆二、三号汉墓发掘研究方案》做了讨论:

一、经费问题。经过预算评估,两座汉墓的发掘经费需12万元,科研经费10万元,两项共22万元,请求国家文物局拨给。目前急需4万元以便着手准备,在国家文物局未批准下拨之前,拟报请省财政厅暂时垫支。

二、物资材料。发掘两座汉墓需木材100立方米、钢材5吨、水泥4吨、油毡100卷、砖5万块、平瓦1万块、楠竹1400根。此项均报请省计委解决。

三、发掘劳动力。拟雇农村劳动力50人,作为基本劳动队伍,报请省劳动局拨给指标。另外组织部分大、中学校学生和解放军战士参加义务劳动,并请省军区和省市教育局给予支持。

四、古尸研究。假如两座汉墓中的尸体尚存,以湖南医学院为主,请上海、北京等有关研究机构协助。由湖南医学院尽早提出古尸研究方案,所需科研经费一并提出分支预算。

根据这次会议讨论制订的方

1973年9月15日,周总理陪同法国总统蓬皮杜参观大同云冈石窟,总理右边是王冶秋,左边是李治国(王可提供)

案，湖南省革命委员会很快向国务院提交了《关于长沙马王堆二、三号汉墓发掘工作的报告》（内容基本与以上讨论方案相同，此处略——作者）。根据国务院领导的指示，此报告转国家文物局研究后再上报国务院领导批示。

此时的国家文物局局长王冶秋正陪同周恩来总理和法国总统蓬皮杜在山西大同参观云冈石窟。待他回到北京后，看到了国务院转来的报告，遂立即和有关领导进行了研究。研究结果刚刚确定，王冶秋又于9月28日率中国文物工作代表团赴英国伦敦，参加"中华人民共和国出土文物展览"并出席开幕式。就在要去北京机场前，王冶秋指示工作人员务必于第二天上午10点以前，将这个研究意见报告国务院华国锋办公室。

9月29日上午9时，华国锋接到了这份报告：

国家文物事业管理局
对湖南马王堆二、三号汉墓的发掘方案的意见
（73）文物字第181号

国务院：

遵示对湖南省革委会关于长沙马王堆二、三号汉墓的发掘方案，进行了认真的研究，提出如下意见：

一、组织领导。发掘工作在湖南省革委统一领导下进行，我局可派人参加领导小组协助业务工作，但不能担任副组长职务。

二、技术力量。以湖南省博物馆、湖南医学院等单位为主，我局文物保护科学技术研究所派人参加。外省各协作单位，拟在国务院批准此方案后，由我局协助湖南进行联系。电影拍摄工作应请北京科学教育电影制片厂原《西汉古尸研究》影片摄制组继续承担。

三、发掘经费。拟先补助五万元以便开始工作，待具体项目报来后再逐项研究核定。

四、时间安排同意在今冬明春发掘二、三号墓。

以上意见，如无不妥，请批转湖南省革委会。

时任国务院副总理的华国锋接到报告后，当即提笔写道："拟同意。请

总理、洪文、先念（暂不送）、登奎同志批示。"

纪登奎、王洪文接到华办转来的报告与批示后，分别做了"同意"的批示，即由秘书将其转至总理办公室。周恩来于同一天做出了如下批示：

此事请待王冶秋同志回京后，偕同国家文物事业管理局、科学院考古研究所和各地有关科研单位和医学科研及医务人员前往长沙协助省委办理此事，并请文化组派科教电影制片厂、新影，总政派八一制片厂担任影片摄制工作。务期这次发掘工作，要取得比上次更多的成绩和收获。省委李振军同志任组长，王冶秋同志、科学院考古研究所、医学科学院、上海科研单位各出一人连同省委宣传部张兰明同志为副组长，成立小组，订出切实可行而又不遭损失破坏的计划，经省委批准后再开始发掘。

共二十多万元，可以满足其需要，要预制一些设备和化学药品等。

当周恩来的批示返回到华国锋办公室时，华国锋在做了

1973年11月，马王堆二、三号汉墓发掘领导小组组长李振军（左一）、副组长王冶秋（左二）、夏鼐（前排）及湖南省博物馆负责人崔志刚（右一）在发掘现场（高至喜提供）

第九章　发掘三号墓

"要派强的同志去加强领导小组"的补充批示后，将报告转至国家文物局。

1973年10月底，王冶秋率文物展览团从英国返回，他将国务院领导的批示亲自用电话向湖南省委书记李振军做了通知后，即着手联系北京各有关单位及人员赴长沙参加发掘、研究等事宜。湖南方面从周总理的亲自点将和周密考虑、布置中，意识到中央给予的支持是何等的巨大。在备受鼓舞的同时，也加紧了发掘前的筹备工作。

根据周恩来、华国锋的指示，经王冶秋、李振军与各有关单位协商，湖南省委常委会批准，一个阵容强大的"长沙马王堆二、三号汉墓发掘领导小组"正式成立。其成员为：

组　　长：湖南省委书记李振军
副组长：国家文物局局长王冶秋
　　　　　中科院考古研究所所长夏鼐
　　　　　湖南省委宣传部副部长张兰明
　　　　　中国医学科学院院长黄家驷
　　　　　上海市生化研究所研究员王应睐
组　　员：解放军军事医学科学院副研究员刘雪桐
　　　　　北京科教电影制片厂负责人吴本立
　　　　　国家文物局文物处处长陈滋德
　　　　　湖南省计委副主任孟起
　　　　　长沙市委副书记苏明
　　　　　湖南省文化局副局长张瑞同、徐千里
　　　　　湖南省公安局副局长齐振赢
　　　　　湖南省机关事务管理局局长邓宴如
　　　　　湖南医学院党委书记张士林
　　　　　湖南医学院革委会副主任李亭植
　　　　　解放军三六六医院政委方建林
　　　　　湖南省博物馆第一副馆长崔志刚
　　　　　湖南省博物馆副馆长侯良

领导小组下设发掘和科研两个办公室，分别由张瑞同、徐千里担任主任。在办公室下又设立了秘书、宣传、施工、业务、安全保卫、接待、古尸科研七个组。除此之外，还特地邀请了中科院考古研究所、国家文物局文物保护科学技术研究所、燃料部石油化工研究院综合研究所、中国医学科学院、解放军医学科学院、中科院生化所、上海市科技组、北京科技电影厂、中央新闻纪录电影厂、八一电影制片厂、北京电视台、国家外文局、人民画报社、文物出版社、湖南省地质局、气象局、微生物研究所、化工研究所、地质局实验室、电视台、图片社、湖南日报社、湖南画报社以及新华社湖南分社等25个单位近百人，参加发掘、科研活动。

当各路考古发掘、科研单位的专家和新闻工作人员云集长沙后，发掘领导小组在总结了前次发掘的经验与教训的同时，根据周恩来"订出切实可行而又不遭损失破坏的计划"的指示，特别制订了马王堆二、三号汉墓发掘、科研的具体实施方案：

一、田野发掘：

1. 发掘顺序。由于三号墓在一年前已部分暴露，为免使文物遭受损失，拟先挖三号墓，后挖二号墓。在发掘三号墓的同时，把二号墓的封土堆推掉。三号墓拟于11月中旬开工，日夜两班，预计12月上旬结束田野清理工作。如果三号墓文物丰富，古尸保存完好，保护文物科研工作任务繁重，则二号墓的填土下部的起土工作和墓室清理工作推迟到明年。反之，则紧接着开挖二号墓。二号墓预计以三个月时间完成田野清理工作。

2. 施工方法。为保证考古资料的完整性、科学性，主要采用人力发掘，辅以部分机械施工。除二号墓的封土用推土机铲运机去土、两墓填土用新式起重机做垂直运输和棺椁用吊车之外，其余均用人力施工。

3. 施工力量。雇请民工50人，请湖南师范学院历史系师生43人（两批共86人）、长沙市部分高中学生和部分解放军战士参加义务劳动。请省机械化施工公司承担机械施工任务。

4. 安全措施。为了保证施工安全，当挖至墓口时就在墓坑上搭建防雨棚，墓壁适时打撑加固，防止塌方事故，保证文物清理工作顺利进行。

二、资料收集：

这次发掘应严格按照科学方法进行工作，要特别注意取得下列资料、数

第九章 发掘三号墓

据和标本。

1. 发掘之前对墓葬外形、地貌进行测量，绘制等高线图，取得整个墓群的地形土层资料。

在发掘土方的过程中要注意测量墓口和现代地表的高度。

2. 封土、填土部分：

（1）绘制封土堆、夯土层的平、剖面图，做好照相、文字记录。

要注意研究三个墓的先后关系。

（2）收集封土、填土中的动、植物、陶片等遗物的标本。在原来地面（墓口周围）土层中取土壤标本（取样数块。每块约1立方厘米），以便做孢子花粉分析。

（3）测定填土不同深度的温度、湿度。收集不同深度的填土标本。

3. 墓室部分：

（1）绘制墓室、棺椁的平、剖面图、结构图和出土器物分层平面图与各椁室的剖面图。

（2）逐室细心清理出土器物，做好器物出土情况的详细记录。器物编号要详尽准确，防止错乱。拍摄文物出土情况的彩色和黑白照片，特别要拍好整个墓室和文物出土情况的照片。某些重要现象，在底片冲洗前，不要改变状况，以备补照。

（3）漂浮或沉积在椁水内的零散物品，力求在未搅动前查清其部位，进行记录，然后再细心捞取。

（4）出土文物中还呈现新鲜颜色的动、植物遗存，要及时拍摄彩色照片，做好色谱记录，尽量设法密封保存。

（5）在打开棺椁之前就要用钻小孔等方法取得椁室、棺内气体、液体的标本和温度、湿度、气压的科学数据。

（6）收集不同类型的木炭和白膏泥的标本，注明其出土部位，并测定其湿度。在挖至白膏泥层时，设法穿进白膏泥层取得椁外的气体标本和气压数据。

（7）对出土文物的研究、鉴定和用同位素^{14}C测定墓葬年代等，由省内外有关科研单位承担。

三、古尸科研：

1. 二、三号汉墓如古尸尚存，解剖和科研工作以湖南医学院为主，并邀请北京、上海的有关科研单位、医药院校和省内有关单位共同完成此项任务。参加研究的单位和地区应适当集中，以减少不必要的重复，具体项目如何分配，根据各单位人力、科研设备情况商定。

2. 在清理尸体上的衣着以后立即称量体重，进行体表和X光照片检查。并在保持尸体外形和内脏器官完整的条件下进行解剖。具体操作步骤和要求参照一号墓古尸解剖的经验。取出的内脏作为标本，以供陈列。尸体缝合后按一号墓古尸保存办法保存，定期检查。

3. 科研总题目仍为保存程度、保存原因、病变死因、中医中药等。重点应放在尸体保存原因方面的研究，并注意加强对神经系统和酶的活性的研究。

4. 尸体研究具体计划由湖南医学院另行拟订。

四、文物保护：（略）

随着这个方案的制订和实施，一个新的轰动世界的考古发掘活动，再次拉开了帷幕。

遗落在封土中的遗物

按照既定的《长沙马王堆二、三号汉墓发掘、科研实施计划》，发掘领导小组办公室从1973年11月中旬起全面展开工作，并于13日召开了发掘动员大会。会上，李振军、陈滋德等分别做了长篇演讲，号召所有的考古、科研人员搞好此次发掘和研究，"为社会主义事业做出新的贡献"。与会的考古工作者和科研人员纷纷表示"一定努力搞好这次发掘和科研……"，无论是领导者还是工作者，都对这次发掘充满了信心。

由于马王堆从外表看上去只有两个大土包，所以在发现一号墓之前，人们就认定这里只有两个坟墓，也就是历史上流传的"双女冢"等原因。要不是1971年解放军三六六医院的官兵，在挖防空洞中意外地发现了掩埋在一号

第九章 发掘三号墓

墓封土下的另一座大型汉墓，也许在很长的一段时间内，这座墓还将不被外人知晓。正是这个具有破坏性的发现，在使考古人员意外得知的同时，也将这个一号墓身旁不显眼的墓葬编为马王堆三号，而离一号墓稍远些的那个明显的大土包则编为二号。

马王堆三号墓发掘现场（傅举有提供）

为了获取准确而翔实的资料，在正式发掘之前，发掘领导小组派出部分考古人员，在三号汉墓范围内，用洛阳铲钻孔，取出不同层次的泥土，由湖南省地质局、气象局派来的专家收集样品，分别做土质、地温、湿度等测定。除此之外，又在三号墓东侧用争光10型钻土机钻了深度为9米的圆孔，以便做长期定点观察、测量深层地温变化。当这一切完成之后，发掘于11月19日正式开始。

这次发掘，无论是环境、条件以及人们的心情，都与前次有天壤之别。此时的长沙地区刚刚进入晚秋季节，城内橘子红熟的橘子洲头，游人往来不绝。站在马王堆高大的土冢上，远眺碧空原野，淡淡的白云下，清澈见底的浏阳河缓缓流淌，起伏的山峦，红叶似锦，秋色灿烂，一派"万山红遍，层林尽染"的蓬勃美景。奉命前来的各地考古、科研专家、发掘队员、民工、院校师生、解放军官兵、新闻工作者等几百人和从湖南省机械建筑公司调来的两台红旗100型推土机及操作手，云集在马王堆前，等待发掘号令的下达。

1973年11月19日上午9时10分，湖南省委书记、马王堆二、三号汉墓发掘科研领导小组组长李振军，拿起铁锹来到三号墓前。随着几十架照相机、摄影机的蜂拥而上，李振军掘下了第一锹土，随即宣布："二、三号墓的发掘正式开始。"

为了加快发掘进度，在考古发掘程序允许的范围内，先用两台大型推土机将三号墓的上层封土推掉，直至露出了一个方向正北的墓口为止。这个墓口南北长16.3米、东西宽15.45米，形制与一号汉墓大体相同。发掘人员用手沿墓口往下挖了一段后发现，三号墓在一号墓南4.3米处，原一号墓的封土堆由北向南倾斜，复压在三号墓上。三号墓高7.8米的封土中，其顶部2.5—4.3米是棕黄色土质。在这堆积层以下，是厚度为20—30厘米的封护一号墓墓口的白膏泥层。白膏泥下才是三号墓的原封土。从一、三号墓的地层关系推断，三号墓的筑造和入葬年代应早于一号墓。

当一、三号汉墓的关系被弄清之后，接着进行的将是严格意义上的考古发掘。发掘人员除一号汉墓发掘时的原班人马外，又增加了湖南省博物馆馆员、具有丰富考古发掘经验的高至喜、傅举有等人。由于高至喜此前在北京帮助国务院图博口筹备"出国文物出土展览"时，其出色的才华已被王冶秋和众多的专家认知，所以这次在面临二、三号汉墓的发掘中，王冶秋特地向发掘领导小组提议，让高至喜任考古组组长，主持发掘事宜。副组长由中科院考古研究所的王㐨和湖南省博物馆的周世荣两位专家担任。根据领导小组规定，一切考古发掘人员，必须听从高至喜、王㐨、周世荣三人的指挥和调遣。

在高、王、周三人的指挥下，发掘工作紧张而有秩序地进行。来自湖南师范学院历史系的80名师生、解放军工程兵某部近30

一号墓、三号墓打破关系剖面图

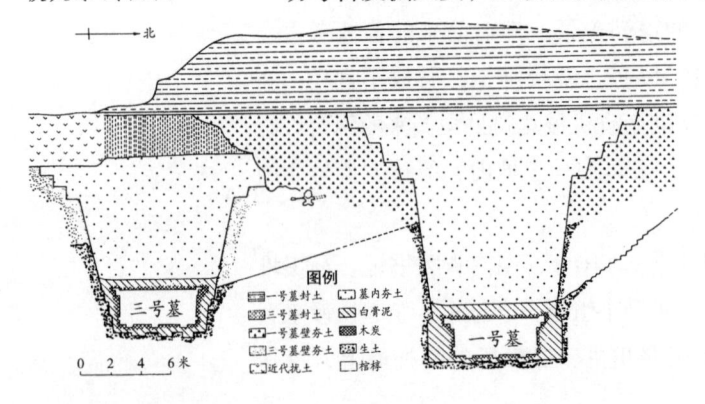

第九章 发掘三号墓

名官兵连同50名民工,分为三班,昼夜不停地运转。整个发掘工地人声鼎沸,机声隆隆,热闹非凡。除发掘人员外,众多的科研人员也云集现场,密切注视着自己所需要的资料,争相采样和收集标本。三个电影制片厂已成立了联合摄制组,声称要拍出新闻片一本,纪录片四本和科教片六本,并在拍摄和制作上大大超过此前所拍的一切电影纪录片。11月21日,电影、电视摄制人员乘坐由广州军区派出的军用直升机,专门拍摄了长沙地区的外景和马王堆全景。发掘工地也从不同角度搭起了三个高高的摄影架,摄影人员上上下下,忙碌异常,仅从施工前的原貌到发掘过程,摄像机就拍摄了四千多尺胶片。一些摄影记者也拍摄了大量照片。凡在发掘过程中所有新发现的迹象,都没有逃脱新闻工作者的视野。

一号墓、三号墓模型

鉴于一号墓发掘的后期曾遭到万人围观的困扰,故此次在发现墓室文物之前,在施工现场架设了铁丝网,白天晚上都派有民兵和由省军区派的官兵武装警卫。工作人员都颁发了出入证和特别通行证,因此,虽然人员众多,但秩序井然,工地上出现了一派新的气象。

继华国锋之后出任中共湖南省委第一书记的张平化,省军区司令员杨大易对这一发掘工作表现出了极大的热情,曾多次到现场视察和指导。省委书记李振军、国家文物局局长王冶秋及考古研究所所长夏鼐等,亲自领导了整个发掘工作。在不长的时间里,发掘人员就挖到了墓室,从发掘的情况看,墓室内填土上层为经过风化的暗红色网纹红土(长沙俗称嫩朱加子土),下层为朱加子土、白膏泥混杂的五花土，夯层为30—50厘米，下层发现清晰的夯窝，直径5.8厘米，未见有盗洞。墓口之下为三层台阶（比一号墓少一层）。从墓口至第一层台阶高40厘米，以下每层高70厘米，宽1米左右，稍有倾斜，台阶为网纹红土版筑。三层台阶之下是稍向内收缩的竖穴，竖穴口东西宽9.24米、南北长10.2米。墓口东西宽14.8米，南北长16.3米，略小于一号墓（一号墓墓口南北长20米，东西宽17.9米）。在北面发现墓道，道口被一号墓破坏。墓的方向为北偏东4.5度。墓口至白膏泥层深约6.5米。

就在考古人员沿着墓道继续下挖时，突然在墓道的土壁上，同时发现了两个洞穴。这两个洞穴有电线杆子洞一样粗细，相距2米左右。望着这两个黑乎乎的窟窿，考古人员先是大为吃惊，心想是不是遇上了盗洞。但仔细观察，又不像盗洞，因为盗洞不至于这样细小。有人猜想是老鼠洞或獾洞，但鼠或獾的洞又没有这样大。正在大家争相猜测、争论时，毕业于中央美术学院美术史系的考古队员陈慰民走过来看了看说："这不是盗洞，也不是鼠獾洞，很可能是守门的偶人洞。"

"什么是偶人洞？"有人问。

考古人员在墓道内往洞中灌石膏以还原木雕偶人像　　考古人员用石膏还原的木雕偶人像显露

第九章 发掘三号墓

"现在一时说不清楚,你们去弄些石膏来,用水和成浆,浇灌进去看看再说。"陈慰民吩咐道。

负责施工组工作的侯良带着两个人,到三六六医院骨科要来了一部分速凝石膏并很快和成浆,在陈慰民的指导下灌入洞中。可能石膏浆和得太稀,灌入后久不凝固,陈慰民对考古人员说:"你们先在洞的四周慢慢挖,等石膏凝固后全盘端出来。"

约两个时辰,洞穴四周的土层全部被挖出,石膏浆已经凝固。陈慰民观察片刻说:"可以端上来了。"

几位老技工按照陈慰民的吩咐,极其小心谨慎地将石膏从土里端出来。这时,大家果然看到了两个形同人状的雕塑"偶人"。只见东侧的"偶人"高约1米,头戴鹿角,跪在地上,两手左右平伸。西侧的"偶人"也呈跪坐状,高高的鼻梁,圆睁的双眼,使人望而生畏。正在工地的八一电影制片厂摄影师不失时机地拍下了提取的全过程。

"嗨,你怎么知道是这种东西?"有人望着出土的偶人,禁不住问陈慰民。

陈慰民的表情显得很平静,淡淡地说:"我在学校学外国美术史时,曾遇到过关于偶人的事,是古希腊还是从古埃及的墓葬中出土过,记不清了,但脑子里有这根弦。所以这次见到这两个洞便想到这个方面上来了。现在看来这两个偶人原是用木块缠绕草绳,外边敷草和泥而成,头部则是用木块雕成的。由于年久日深,木块烂掉了,就成了今天见到的这两个洞穴。"

"搞这么两个木头人放在这里做啥?"有一年轻的考古队员问道。

"可能是幽冥世界的守门人。"陈慰民依旧淡淡地说着。

"我们在此前发掘的楚墓中,也有类似的镇墓兽,它们是不是一个类型的,为什么古人要在墓中放这类东西?"有人仍余兴未尽地问着陈慰民。

陈慰民轻轻摇了摇头说:"对这个问题我还没有研究,待会儿夏鼐老师来后,请他给我们解释吧。"

一个小时后,夏鼐从湘江宾馆同王冶秋一道来到发掘工地,考古人员讲了偶人出土的经过后,让夏鼐解释刚才的问题。

夏鼐望着大家投来的崇敬的目光,沉思片刻面对大家说:"这个讲起

283

《招魂》插图
（清·门应兆作）
原文：魂兮归来，君无下此幽都些。土伯九约，其角觺觺些。敦脄血拇，逐人驱驱些。参目虎首，其身若牛些。此皆甘人，归来归来，恐自遗灾些。

解释：幽都，指阴间的城府。土伯，地下魔怪之王。约，又作肑，即肚下的肉。九约，指肚下九块肉，像牛乳一般。觺觺，角尖锐的样子。敦脄，可能是一种地下魔怪的名称。血拇，血淋淋的指爪。驱驱，跑得很快。参，同三。此，指土伯、敦脄。甘人，把吃人当作品尝美味

来很复杂。不过简单地说是与死者生前的信仰、观念有关。人死后，孤单一人，进入那阴森恐怖的地下世界，想起来是十分可怕的。因此，人们就制造一种保护亡灵的明器，叫作'刍灵'。据《礼记·檀弓》记载：'束茅为人马，谓之刍灵，神之类。'这种用茅草扎成的'刍灵'，大概是护卫亡灵最早的明器。后来，刍灵逐渐发展为方相。《后汉书·礼仪志》记载：出丧的时候，'方相氏黄金四目，蒙熊皮，玄衣朱裳，执戈扬盾，立乘四马先驱'。《周礼·夏官·方相氏》也记载：'方相氏，掌蒙熊皮，黄金四目，玄衣朱裳，执戈扬盾，帅百隶而时难，以索室驱疫。大丧，先柩，及墓入圹，以戈击四隅，驱方良。'据汉代郑玄解释说，方相氏之所以要蒙上熊皮，是为了'惊驱疫疠之鬼也'。所谓'时难'，是'四时作方相氏以难却凶恶也'；所谓'先柩'，就是人死出丧之日，用车子载着'方相氏'，作为先驱前导，这是因为'丧所多有凶邪，使之导也'。如汉朝蔡质写的《汉官典职仪式选用》记载：汉'阴太后崩，前有方相车'。所谓'方相车'，就是载着'方相'的车子。所谓'以戈击四隅驱方良'，方良乃是幽冥世界中的厉鬼，方相用兵戈驱走墓中的厉鬼。《风俗通义》也说：'方相氏，葬日入圹，驱魍象。'魍象是厉鬼方良的别名。一般在葬礼完毕后，'令方相立于墓侧以禁御之'（《风俗通义》），或者像这个墓一样，埋在墓室入口处的两

侧。《幽明录》记载：'广陵露白村人……得一朽烂方相头，访之故老，咸云：尝有人冒雨送葬，至此遇劫，一时散走，方相头陷没泥中。'方相在墓中的作用就是驱逐厉鬼，保护墓中亡灵。方相当时俗称魌头或触圹。这个墓墓室入口处两侧的偶人，可能就是方相氏，作为镇墓之用。"

夏鼐说到这里，稍做停顿，又补充道："不过有人认为，墓室门口的偶人应叫土伯。根据宋玉的《招魂》中说：'魂兮归来，君无下此幽都些。土伯九约，其角觺觺些。'汉代王逸解释说，'地下幽冥，故称幽都。''言地有土伯，执卫门户，其身九屈，有角觺觺。'也就是说，土伯是守护幽都门户的卫士。从宋玉《招魂》的描述看，这个墓的偶人，的确很像土伯。偶人头上有长长的鹿角，'其角觺觺'，就是头上的角长而尖锐。兽角在先秦和汉代是勇敢和力量的象征。如南方楚墓中出土的镇墓兽，头上均有鹿角，显得很威武。'其身九曲'，马王堆三号墓的偶人，身子是用草绳拌泥土缠绕而成的。这不正是'九曲'吗？另外，宋玉所记乃南方楚国的风俗，而西汉初期的长沙国是楚国故地，所以在墓中设立'执卫门户'的土伯，很可能是汉初仍然沿用楚的葬俗。"

最后，夏鼐总结似的说："方相也罢，土伯也罢，这两个跪坐在墓室门口的偶人，是幽冥世界的守门人，则是确定无疑的。"

夏鼐讲到这里，众人无不为这位考古大师渊博的学识所折服。侯良等人将两个偶人用车运往博物馆，其他人则继续向下发掘。

当发掘人员将墓穴中的网纹填土清理之后，出现了一层网纹红土与青灰白膏泥的混合层，在这混合层的上部，发现了一片瓦片，从瓦片的特征来看，是一片汉瓦。几乎与此同时，在墓坑的一角，又发现了一枚铜钱，是西汉文帝时使用的四铢半两钱。这类铜钱在以前发掘的墓葬中曾不断出现，因此无须详细鉴别就很容易被考古人员一眼认出。尽管大多数考古发掘人员对此不以为意，但前来参加发掘的国家文物保护研究所的徐毓明（外号老夫子），还是坚持小心翼翼地将这枚铜钱捡起，并盛放在一个玻璃器皿中。

继这枚铜钱之后，在混合层的中部，相继发现了几十片碧绿的树叶、一段青色的竹子和许多小竹片，这些2000年前的树叶和竹子，仍旧保持着青绿的颜色，联想到一号汉墓那具完好女尸的保存，可见这白膏泥的防腐性能是何等神奇。更为神奇的是，经科研人员借助电子显微镜观察，这些古代

周世荣在封土中发现一段青色竹子（周世荣提供）

三号墓封土中出土的铁口木臿

竹片的细胞，其形状和结构都与新砍伐的鲜竹几近相同，不过，这些树叶和竹片，在出土一段时间后，由于受到空气的侵袭，很快变干、变黄、变黑了。尤其重要、也是让考古人员自三号墓的发掘以来首次感到振奋和激动的是，在墓坑的北壁，发现了一把完整如新的木柄铁臿，这是在国内考古史上首次发现。几乎就在铁臿发现的同时，又发现了一个两边有提手的圆形竹筐。显然，无论是木柄铁臿还是圆形竹筐，都是2000年前人们用以筑墓的主要工具，只是不知当时筑墓者出于怎样的一种原因，将这两件工具遗落在填土中，留给了后人一个考察研究的机会。

铁臿，现代称为铁锹，全长139.5厘米，若按汉代的尺寸计算，约为6尺左右，重量接近1.5公斤，拿在手中摆动，其轻重颇感合适。铁臿呈凹字形，经鉴定为铸铁制成，刃宽13.5厘米，高为11厘米。臿口柄和臿面（木叶）是用一整块化香树料制成。其通身的制作颇合乎科学原理，在着力点的设计上，臿口的左肩比右肩稍宽，左肩部位伸出一块三角形的角踏，便于着力。同时臿面窄长，适合切挖膏泥、塘泥等板实的黏土。在平衡的设计中，左肩低于右肩，这样可将压力分散，使得木柄与臿面连接处不易折断。另外在臿面上清楚地刻着一个"五"字，似为工具

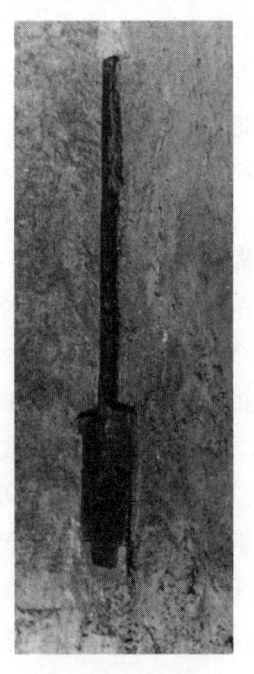

第九章　发掘三号墓

劳动者使用铁臿的情形

扬子山着帽着帻着巾短衣农民陶俑，中间为持臿者

的编号。关于这种木柄铁臿的使用，在文献中多有记载。如《韩非子·五蠹篇》中曾有"禹之王天下也，身执耒臿以为民先"的记载。《史记·秦始皇本纪》中也有"身自持筑臿"句。《汉书·沟洫志》在描述汉武帝太始二年开凿白渠时，借助民间编传的一首歌谣，称颂白渠"溉田四千五百余顷"的功绩和工程现场的情景，其歌词中就有"举臿为云，决渠为雨"的美丽诗句。但是，随着时间的流逝，这种在古代农业建设中曾发挥过巨大作用的劳动工具，渐渐被新的

周世荣测量于封土中发现的一个圆形竹筐（周世荣提供）

劳动工具替代，它的自身却沉入历史的烟尘之中。后人只能偶尔从砖刻上看到它的形貌，而未曾见到过实物。20世纪50年代，在河南陕县三门峡庙底沟的仰韶文化遗址中出土过一种舌形石铲，残长29厘米，安上木柄，样子与作用都和臿差不多，这可能是臿的原始形状。在西周—战国的考古发掘中，曾出土过一种凹字形的铜或铁

的器物。铜的多出土于西周春秋遗址中，湖北蕲春毛家咀一座西周木构建筑遗址中出土过一件铜质的凹字形器。铁的多出土于战国中晚期的遗址或墓葬填土中。过去由于缺乏这种器物的完整资料，往往称为"斧"或"锛"。其实，它们当中有的应是臿的铁口（或铜口），只是由于天长日久、木柄腐朽了。直到这次在三号汉墓中出土，人们才看到它本来的面目，并发现这种铁臿在今天的江南水乡，仍然有人在使用，只是整体形状略有改变罢了。

至于在填土中发现的那个竹筐，出土时已被泥土压扁，其中有半边残缺不全。尽管如此，考古技术人员还是根据它的整体形状做了较为准确的推算，筐的口径约为43厘米，通体用楠竹青篾编结，其编结方法为周身用20道筋篾和9道绞篾编成人字形交叉绞口。筐孔较大，边沿上有对称的绞篾提手两个，通体结实牢靠，显然是装土载土的实用工具。

从墓坑整个填土中，可以看到一层层的夯窝，夯窝直径都为5.5厘米左右，应为铁制夯锤夯筑而成。这种夯锤后来在二号墓的发掘中得以出土。木柄铁臿、竹筐、铁锤，整个墓葬的筑造，都是靠这样简单的原始工具建成的。据发掘人员推算，建造这样工程浩大的墓葬，估计用工不会少于十万个。据汉武帝时的规定，列侯死，"国得发民輓丧，穿复土，治坟无过三百人毕事"。如果按照这个规定的最高数字估算，300个穷苦农民就要为这三座墓葬整整地干上一年。这样的情形就不能不令人想起史书中那"今夫徭者，揭镢臿，负笼土，盐汗交流，喘息薄喉"的凄婉悲怆的挽歌。

又见木棺

在国家文物局文物处处长陈滋德的具体指挥下，三号墓从1973年11月19日到12月13日，经过参加发掘的部队战士、学生、民工以及考古人员25个昼夜的奋战，从墓口已下挖了6.5米，共取土1800立方米，终于见到了苦苦追寻的白膏泥。

对于二、三号墓的发掘，显然跟一号墓的发掘有了极大的差异。一号墓的发掘经费共6000元，而二、三号墓增加到20万元，根据预算还差9万元，

第九章 发掘三号墓

湖南省委为此专门补写了报告，再请国家计委拨给。就在二、三号墓发掘的25年后，参与发掘的著名考古专家王㐨回忆说，仅二、三号墓所用的新闻采访车费就达2万元以上，可见当时的阵势是何等庞大。

就在三号墓白膏泥出现前后，各地专家、学者再次从四面八方涌入长沙，仅前来参加文物研究的就24家，参加古尸科研的多达27家，摄影、照相19家，几乎国内所有有点影响的科研和新闻单位都派人赶赴长沙参加了这个号称"大兵团作战"的考古发掘。

当然，造成二、三号墓与一号墓的发掘有巨大差异的原因，不只是考古和文物价值本身，重要的是其间已掺入了极为浓厚的政治色彩。正是因为有了政治色彩的注入，二、三号墓的发掘才显得如此大气、如此热闹、如此超凡脱俗和轰轰烈烈。这一点，从发掘领导小组办公室在发现三号墓白膏泥后制订的工作计划中便可见到。这个计划其中的几条是：

一、以批林整风为纲，加强路线教育，充分发动群众。从开工以来，各组基本上是这样做的，如电影摄制组学习了总理的批示，深深感到党和国家对考古工作十分重视，从毛主席革命外交路线的高度来认识这一工作，就更感到意义重大。开拍以来，三个厂的同志积极主动，协作配合很好。湖南师范学院的师生，批判了林彪的英雄史观，在实践中进一步懂得了奴隶创造历史的伟大真理，保证了发掘工作的顺利进行。今后，我们要继续坚持以批林整风统率发掘工作，发动广大群众，从路线高度深刻认识这次发掘工作的重大意义。拟在开椁前再召开一次全体工作人员大会，进一步统一思想认识，提高路线觉悟，增强全局观念，大家一条心，拧成一股绳，为了一个共同的革命目标团结战斗。

二、切实做好防止群众围观的工作。保卫组与当地公安机关密切联系，做好防止围观进行劝阻的方案，准备一定的骨干力量，一旦有群众围观迹象立即出动，进行维持秩序和劝阻工作，严防阶级敌人趁机进行破坏和捣乱。

在这种思想的驱使下，挖掘白膏泥之前，领导小组又召开了一次全体发掘、科研人员大会。会后，除对古尸的科研计划按实际情况进行了修改外，又在三号墓的上空搭建了长宽各16米、高6米的防雨棚，棚内再搭建一个四周有护栏的摄影架，以做照相人员之用。棚下开挖了一道排水沟，并安装一部水泵，时刻准备抽出从棚上淌下的雨水。除此之外还调来两台大型汽车和一部起重机，以做运载白膏泥、木炭、文物和起吊棺椁之用。

同一号汉墓一样，三号墓椁室的周围，也是用青色白膏泥和木炭封闭。青色白膏泥一般厚度为60—70厘米，个别地方薄至10厘米。将挖出的白膏泥捏在手中，只见绵软胶黏，形如面团。经考古人员推断，筑墓时可能是把白膏泥晒干锤碎成粉，用水调成糨糊状，再灌在木椁周围，用木炭吸潮，这样就形成了一个密闭整体，因而可以有效地防止地面水和地下水的渗入。由于墓室内形成了长期缺氧和压力增大的条件，又可以有效地抑制细菌和微生物的活动，因而墓内的有机物得以长期保存。但是，令考古人员大为吃惊的是，在三号墓室南部竟发现一处宽10多厘米、长100多厘米的地方没有青色白膏泥，这个意外发现，使考古人员大为惊骇，若没有这层白膏泥，外部空气很容易带着细菌乘虚而入，将对棺椁内的文物造成侵蚀，假如棺椁再密封不严，里边的尸体就很难完整地保存下来。考古人员想到这里，不敢再过多地想下去，只好怀着忐忑不安而又有些侥幸的心理继续下挖墓室外的木炭。

当厚度为15—30厘米的大宗木炭被挖出之后，露出了一张嫩黄色看上去光亮如新的大竹席。竹席的编织方法和现代常见的编织工艺几乎相同，上面分布着红黑相间的人字纹几何图案，面积约25平方米。将竹席轻轻揭掉后，巨大的椁板显露出来。从外形看去，木椁保存完好，考古组长高至喜拿起一把铁质锤子轻轻敲打，椁板传出清脆的响声，这说明木质没有腐朽，内外仍坚实如故。面对此情，考古人员因白膏泥的遗缺而悬起的心又慢慢放了下来，大家怀着亢奋的心情开始研究打开椁室的办法。

此时，发掘领导小组的李振军、王冶秋、夏鼐、黄家驷等早已来到墓室四周，经过一番详细的研究，领导小组决定采取中科院考古研究所专家白荣金提出的"木楔打开法"进行开启，这种方法是用几块小型木楔先沿着椁板的缝隙插入，然后用铁锤慢慢敲击木楔。直至椁板之间露出较大的空隙，然后再用铁锹、铁斧等工具插入空隙，将四个顶头分别咬合着的椁板一层层撬开。这座墓的椁板共有三层，分为一层顶板和两层盖板，顶板极薄，厚度仅为6厘米多一点，盖板每层厚20多厘米。当这三层椁板被拆除之后，露出了竖立着的八块厚度为19厘米左右的椁壁板，就是这八块椁壁板，构成了深1.15米的棺室和四个边箱。这个椁室的布局跟一号墓基本相同，只是总体看来要小一些。棺室长2.61米，宽1.22米。外棺为素棺，没有刻画图案和贴丝织印花，只是涂了一层深棕色的漆。仔细察看棺的形体，发现其侧板与顶头之间漆皮脱落，并有微小裂缝。整个外棺长2.57米，宽1.16米，高1.13米，其规模比一号墓的外棺要小得多。南边箱宽41厘米，北边箱宽94厘米，长均为2.87厘米。东西两边箱的大小相同，均为宽62厘米，长2.63米。同一号墓一样，四个边箱装满了琳琅满目的各种形状的珍贵殉葬品。

考古人员撬起椁板

椁室打开之后，各种与发掘、科研有关的领导、专家纷纷围上前观看，几十家新闻单位的记者也蜂拥而至，争相抢拍和做各种文字记录。受发掘领导小组委托，国家文物局文物处处长陈滋德，面对19家单位摆开的摄影机、摄像机、照相机的镜头，神采飞扬地站在椁室的一侧发表现场讲话："这座西汉墓，保存下来的文物是极其丰富的，其中不少是罕见的。下一步要抓紧清理文物，做好古尸出土后的科研准备工作，以实际行动，取得比上次更大更好的成绩，绝不辜负中央领导和周总理的期望……"就在陈滋德慷慨激昂发表演讲的同时，整个椁室内外人头攒动，群情激昂，一片喜悦和欢腾气氛。但是，此时的陈滋德和大多数前来的发掘、科研人员，也许并没有完全意识到，大家所期盼的古尸出土已经不可能存在了，一切为此展开的科研准

考古人员协力掀开三号墓的椁板（傅举有提供）　　三号墓的椁板被吊起

291

备将付诸东流。这一点，似乎只有夏鼐大师对发掘的前景有所预料，他站在椁室旁侧，轻声对他的爱徒王㐨说："我有一种预感，当这部电影正式放映时，陈处长所说的古尸出土和科研等话语，将被删掉。"王㐨听罢，一时没有反应过来，以为是夏鼐大师对如此兴师动众和演戏般地搞考古发掘表示反感，当内棺打开之后，才真正明白这位大师此番话并非如此。事实上，当这部电影拍成并公映时，陈滋德那关于古尸出土的话果然被无情地删掉了。

尽管夏鼐大师对棺内的一切已有所预见，但毕竟木棺尚未打开，里边情形到底如何，还不能做确切的结论。为吸取一号墓未能及时收取棺液的教训，发掘领导小组决定在清理边箱中的文物之前，按照早些时候周恩来总理对王冶秋的嘱咐，对木棺进行钻孔提取棺液。因为若不采取钻孔提取的方法，而是将棺盖打开之后再提取，里边的棺液就会由于遇到空气而发生变化。当初发掘一号墓时，就是因为棺盖揭开进入了空气，里边的棺液才由透明液体变成了有色液体，从而造成了研究中的困难和混乱。对于三号墓在木棺上钻孔的问题，早在11月23日就成立了钻孔取样试验小组，并将钻取方法在11月28日做了模拟试验，这次钻孔自是轻车熟路。科研人员先用几块木板盖在边箱上做成桥状，然后人站在"桥"上，把早已准备好了的钻头，对准木棺的东南角向下钻去，随着一阵刺刺啦啦的声响，钻头很快进入棺内。紧接着，科研人员将真空泵的皮管插入棺内，将棺液抽入真空的装置中，以备化验和研究。当这至关重要的一个环节做完后，考古人员才开始正式清理椁室内四个边箱中的文物。

❀ 地下珍宝知多少

由于椁室内的四个边箱均有一米多深，里面的文物层层叠压，极易弄乱捣碎，考古人员显然不能像进湖摸鱼一样，将两只脚踏进去弓腰四处摸索提取，唯一的办法就是将身子趴在边箱边，一件件小心地提取。当提取到边箱的底部时，再找来绳子拴在腰上，或让人从背后拽着，或将绳子的一头拴在墓室外的木桩上，几乎将整个头和身子都伸进边箱中进行提取。尽管这样看

第九章 发掘三号墓

起来极为费力和辛苦，但作为考古人员似乎非如此不能称作考古发掘。好在令人庆幸的是，巨大的墓室也给考古人员创造了较为宽松的提取空间，在这个空间中，几名考古专家一个边箱一个边箱地清理。从当时负责器物的编号和指挥提取的主要人员白荣金留下的一份记录中可以看到，其具体清理的经过是：

12月11日上午清理东边箱，午前近底，暂停（下面已无完整器物）。

11日下午，清理南边箱，未完，近底，停。

11日晚，杨大易司令员到现场指挥，陈滋德宣布清理西边箱，至夜，未完，停。

12日上午清理完西边箱。

发掘人员从三号墓椁箱中提取随葬器物　　边箱中露出随葬器物
（傅举有提供）

12日下午把东、南两边箱底清理干净。

12日下午清理北边箱,至午夜,四个边箱清理全部结束。

由于清理时间的紧迫,以及出土器物的繁多复杂,使当时在现场的摄影、文字记者很难准确地记录下各件文物出土的先后顺序,而后来的传记作者就更难以准确描述了。故此,这里且按由考古人员后来编撰的三号墓发掘简报尽可能简单而又全面地做一叙述:

1.兵器

墓中出土兵器共38件。计有弓、弩、矢和矢箙、兵器架、剑以及戈、矛等。这些兵器是一号墓中所没有的,其中:

弓4件,分别出于北边箱和南边箱。其中有髹漆木弓2件。一件全长1.45米,中部平直,两端弯曲,用两块木片叠合绕线髹漆而成,髹漆后再密绕丝线。此弓与弩伴出,当是弩弓。另一件木弓全长1.42米,弓弦尚存,由四股丝绳绞合而成,径0.5厘米,长1.17米。另有竹弓两件,一件长1.26米,一件残长1.13米。

弩2件,出于南椁箱西部。弩臂为木质髹漆,雕刻卷云纹,髹漆后又锥画(针刻)云气纹。形制与战国弩机相同。廓和机件用灰黑色牛角做成,当是明器。一件通长68厘米,另一件通长61厘米。

矢和矢箙,与弩同出于南边箱。矢箙是用木做成的梯形扁盒,上大下小,两侧伸出尖锥形木柱。内盛芦苇秆箭12支,长68.5厘米。北椁室也出箭12支,全长82.4厘米。箭镞均为角质,做二棱形。

兵器架一件。上部是长方形木板,下部是带方座的八方形木柱,通高87.5厘米。板面用红、黄、绿三色画粗犷有力的云气纹。并附加5个挂钩。钩上横置带漆鞘的角剑一柄,剑长79.1厘米。

另外还出土有带鞘角剑和格、珌用玳瑁包镶的木剑共3柄。带木柄角质戈、矛各一件,以及铜剑首、铜剑格、铜带钩等。

2.乐器

共5件,其中:

瑟、竽各1件,出于西边箱。瑟,木制,全长1.16米,宽40厘米,高8厘米,25根弦,已残破。竽,竹制,22管,保存较差。其形制、大小均与一号墓所出无异。

琴1件,出土于北边箱西部。木制,上髹黑漆,保存完整。全长62.3厘米。由面和底两部分组成,底长51厘米,面、底之间有一个"T"形槽。尾部短而窄,头部长而宽,头部的岳有7个弦孔,弦已腐朽脱落。头端的琴面上有弹奏时摩擦的痕迹。

箫(?)2件,同出于东边箱57号漆方奁内,卷在竹简的中心。竹制,管状,保存完整。一件长24.6厘米,另一件长21.2厘米。上端有竹节,下端中空。竹管的一面用刀削成平面,上有大小不同、间隔不等的洞眼6个,背面近中部也有一个洞眼,近竹节处有一个长方形吹口。琴和箫都是首次发现的西汉乐器。

3. 漆器

共316件(不包括髹漆的兵器和乐器),其中:4个边箱都有出土。器形有鼎、盒、壶、钫、盆、盘、卮、匕、勺、耳杯、耳杯盒、奁、匜、案、几、屏风、箕等。其中数量最多的是耳杯,达174件。其次是盘,68件。鼎有6件。

漆器大多是木胎,少数是夹纻胎和竹胎。花纹装饰方法有漆绘、粉彩、锥画(针刻)三种,漆绘占绝大部分。花纹的图案比一号墓更为多样,特别是锥画花纹多动物和人物形象。

多数器形与一号墓所出风格一致。具有特色的是,15件漆奁中,双层奁占了5件,且有2件长方形双层奁是一号墓所未见。东边箱的57号长方形奁,长达60.2厘米,通体黑素

马王堆三号墓椁箱中的漆器

马王堆三号墓南椁箱内提取的大漆盘

无纹饰，底层间为五格，内盛竹简、帛书、帛画及蚌属等，还有一只青蛙。北边箱的一件长方形奁满布粉彩云气纹，先用白色凸起的线条勾边，然后用红、绿、黄三色勾填漫卷的云气纹，色彩灿烂，极为华丽。另外，南边箱出土6个从小至大叠放着的漆盘，其中5个为平盘，最大的一个盘，直径73.5厘米，高13厘米，腹稍鼓。上述成套的大型漆盘及漆器装饰方法上的锥画和粉彩都是年代最早的代表性产品。

漆器上的文字与一号墓所出相同。部分器物上朱书"轪侯家"三字，多数器物书有"君幸食""君幸酒""石""四斗""二斗""九升""七升""四升""二升""一升半升""一升"等文字。

三号墓内北椁箱出土的具有"东方维纳斯"之称的木制歌俑

4. 木俑

木俑共104件，分着衣俑、雕衣俑、彩绘俑、桃枝小俑四类。其中：

桃枝小俑仅2件，出于中棺和内棺之间的缝隙中，系用桃树枝稍事劈削而成，当作"辟邪"之用。

着衣俑包括歌舞俑、乐俑、侍俑三种。歌舞俑和乐俑17件，出土于北边箱的东间，有的歌唱，有的起舞，有的吹竽、鼓瑟或弹琴，还有的敲击10个一组的编钟和编磬。侍俑8件。大的4件，全出于北边箱的西间，高73.5厘米，女性，着绣花丝绸袍服，面庞、发饰和体形的雕刻技巧较高。小的4件，高38厘米，着青绢袍，彩绘缘、领和袖，有冠，出土于北边箱西间通往东间的门侧，以及西边箱的北端，疑是守门小吏。

雕衣俑4件，也出于北边箱的西间，雕刻出衣纹和层次，然后再加彩绘。

彩绘俑共73件，多数出于北边箱的东间，少数出于西间，当是受椁内积水漂浮所致。形态与一号墓所出相似，仅服饰花纹稍异。不同的是，此墓所出的彩绘俑，男性形象比女性形象要多。

第九章　发掘三号墓

5．竹笥

共50个，东边箱出22个，南边箱出12个，西边箱出16个。形制和编织方法与一号墓所出相同。出土时已严重腐朽。

竹笥用棕色麻绳缠缚，并加封泥印和系挂木牌。尚存有文字的封泥七八个，除一个文字不同（但残缺不全）外，其余均为"轪侯家丞"。木牌均已脱落于竹笥附近，木牌上墨书笥内所盛物品的名称。

根据初步清理并参照木牌文字，笥内盛放的随葬品可分三类：

（1）食品，共38笥。从骨骸和形迹看来，肉食品有鹿、猪、牛、羊、狗、兔、鸡、鹌、鸭、雁、鹤、鱼、蛋等，农产品和水果有豆、枣、香橙、梨、柿（？）、菱角、梅、果核等，还有粮食制品。

（2）中草药和香料，共2笥。现可辨认的有桂皮、花椒、茅香、高良姜等数种。

（3）丝织品，共10笥。其中2笥盛衣服，已完全朽烂。8笥盛成幅丝织品，大部分成为碎片。

墓内出土的骰子

1972年河南灵宝县张湾村三号汉墓出土的博戏图，生动地再现了当年的博戏生活

三号墓内出土的博具

6. 丝织品

主要出土于椁室边箱和内棺内。边箱中以竹笥内出土的为多。棺内主要是覆盖和包裹尸体的衣衾（关于内棺中的详情后文另叙——作者）。另外在棺室里，内棺上以及某些器物的边缘上都有一些丝织品。此墓出土的丝织品保存较差，颜色暗晦，不如一号墓所出质量完好。

经初步清理，这批丝织品的种类与一号墓所出大致相同。计有绢、罗、纱、锦和绣等。其中以锦最为突出，起绒锦的数量很多，其他锦的花纹也较复杂，如豹纹锦、几何纹锦、对鸟纹锦等，这些锦是一号墓没有发现的。现在保存较好尚能识别的物品有锦枕、香囊和丝履等。另有成幅的丝织品15卷左右。特别引人注目的是北边箱出土的粉彩长方漆奁中，盛放了一顶保存完整的漆缅纱帽，编织精工，通高27厘米，宽约15.5厘米，是罕见的珍贵文物。

7. 其他

博具一套，出土于北边箱的西部。由博局、筹码盒等组成。博局，木制，近方形，长45.5厘米，宽43.7厘米，厚2厘米，由四块梯形和两块等腰三角形木板拼成，正面髹黑漆，上有规矩纹。四角有剪贴的鸟形装饰，周围绘一道朱漆。筹码盒，木制，髹漆，长、宽均为24.9厘米，高17厘米。盒底四角有足。盒内间呈方形、长方形和椭圆形的格子，里面存放角质方形块状、箸状的筹码和角制环首刀，木制的削、锛等小工具。盒面上锥画栩栩如生的动物图案。骰，木制，出土时位置已移动，十八面，每面都有字。竹简中记载有"博局一""博一具"，当即指此。

在北边箱出土的漆奁中放置有刷子2件，铜镜1件，角镜1件、角梳、篦各2件、木梳、篦各2件，环首铁削1件。铜镜为弦纽、圆座、窄边，云纹为地纹，龙纹为主纹，直径18.9厘米，具有楚镜风格。角镜刻方连纹，纽有丝带，直径10.8厘米。角篦，宽5.5厘米，有66个齿。

此外，北边箱还出土镂空三角形纹陶熏炉2个，一个涂锡，内有少许茅香和高良姜；一个彩绘，内有黄色粉状物。又有涂锡陶灯和木灯各1件。

当然，以上并不是出土文物的全部，而清理工作也没有这样简单，仅凭几句话就可一笔带过。其实就清理工作而言，尚有许多是记录或描写的故事，而关于墓中出土文物的一个极其重要的部分，则与一个人的逸闻趣事有极大的关联。就在马王堆三号墓发掘过去20年后，几乎所有参与这次发掘的人员都还清楚地记得此人一段极其精彩的表演。这个人的绰号叫"智多星"，本名叫王振江。

"智多星"王振江出山

就在三号墓的椁室打开之后，夏鼐大师看到边箱中的文物有的已经腐朽变质，有的凌乱不堪，做到保持原状地提取已是极其困难。而此时三号墓的发掘，由于采取"大兵团作战"的战略战术，发掘领导小组的领导，已很难对整体给予控制和调遣。云集长沙的各路专家，谁都有自己的一套理论和办法，谁也不想听谁的指挥和调遣，谁都想亲手提取文物，过一把第一个发现者的瘾。整个发掘现场就是在一种热闹与相互抵牾中，使一些不该损坏的文物竟在提取中遭到了损坏，造成了无法弥补的损失。

鉴于此情，夏鼐大师向发掘领导小组建议，再次强调加强统一指挥和统一领导，所有专家都要听从考古组安排的同时，又让王予要通北京的长途电话，让中科院考古研究所文物修复组组长王振江火速赶赴长沙，协助现有人员提取墓中的文物，准备解决即将遇到的特大困难。当然，夏鼐在这个时候突然提出此议，心中还有一个未能说出的想法，这就是让王振江到来后，同白荣金和王予密切协作，尽可能地在发掘现场发挥考古所的作用，也好证

王振江在家中向作者讲述当年发掘马王堆三号墓提取器物的故事（作者摄）

实强将手下无弱兵的这句古训。事实上，当时中科院考古所的整体实力，在国内外是公认的，无论是学术研究还是在技术上，都堪称国内最顶尖的一支队伍。而后来由于种种复杂原因，这支队伍江河日下，跌于低谷，甚至无法跟地方队抗衡。这个令人深思的话题，暂且不提。只说王振江接到电话，自是不敢怠慢，立即乘坐火车赶赴长沙，然后进入发掘现场。

此时的王振江尽管只有43岁，但已在中科院考古研究所从事了22年的修复工作。当年仅21岁的他于1951年进入考古所后，便开始跟随著名考古、修复专家白万玉学习考古技术和出土器物的修复。而白万玉年轻时代是跟随大名鼎鼎的瑞典考古学家安特生在中国西北从事考古发掘，并得到安特生田野考古学和文物修复技术上的真传。尤其在文物修复方面，白万玉具有中西合璧的丰富经验和非凡造诣。王振江正是在这样一位导师的指导下，与伙伴白荣金一道开始了考古发掘和文物修复的生涯。据白荣金后来对圈外人士称，王振江此人生活经验十分丰富，头脑灵活，喜欢钻研，在文物修复技术上多有创造，而对于出土文物的起取更是拿手好戏，堪称一绝，大有令人高山仰止之感。早在1962年，王振江受考古所的派遣，单独到湖北郧县协助湖北省考古发掘队调查、发掘战国墓。也就是这次湖北之行，他了解到湖北省考古队于几年前在郧县一个偏僻的乡村发掘了一个战国时期墓葬，墓葬棺椁尚存，里边有一个呈跪状的骨架半埋在土中。当时的考古队人员对如何将这副骨架完整地提取出来毫无办法，若将棺椁连同里边的人骨一起用车拉到县城博物馆，一是道路难行，再是这棺椁有几千斤重，要想拉走又谈何容

第九章　发掘三号墓

易？在万般无奈中，考古队只好决定暂且封存，待有机会遇到高手再行解决。就在这样的背景下，王振江来了。

当王振江听了考古队人员的叙说后，经过一番琢磨，决定亲自做个示范，将人骨架完好如初地运回博物馆。于是，在众人惊异的目光中，他和一名助手用地板车拉了50斤石膏和一堆稻草，来到了墓葬所在的那个乡村原野。在墓葬的棺椁前，王振江对跪着的人骨架做了测量和察看后，到附近乡村找工具做了一个箱框，将骨架套在其中，用稻草一点点地填入人骨架的上下左右和中间的空隙部位，待填实后，将石膏和成浆，然后倒入稻草和人骨之上，封上箱盖。待石膏浆凝固之后，将下面四周掏空，然后轻轻一撬，人骨即在石膏及木箱的护围中原封不动地脱离了棺椁和棺下的泥土，之后再加上底板，原来看上去是连在一起有几千斤的庞然大物，一下子减轻到只有200多斤。用石膏包裹的骨架被轻易地搬上地板车，两人拉着向县城走去。如果单凭这一点，似乎还显不出王振江特殊的心智和本领。当地板车在崎岖不平的乡间小道上行走时，突然滑入沟中，地板车的车轴断裂，板车连同人骨一同翻转过来。当王振江换了板车重新将躺在沟中的那箱石膏包裹的人骨拉回县城后，将石膏慢慢剥下，发现人骨架依然是墓中出土时的姿势。自此，用稻草和石膏浆固定零散或将要零散的器物，成为他考古修复生涯中最为得意的方法之一。

如果说湖北郧县人骨架的固定与剥离的成功，是王振江出道以来的牛刀小试，那么，他在1965年山西侯马发掘战国墓葬中就大显身手了。就在这个曾因发现春秋晚期的盟誓遗址和盟书而轰动世界的著名考古发现中，几乎在墓葬中所有出土的人骨架，他都是采取湖北郧县农村墓葬中的办法，用稻草和石膏浆凝固后，轻而易举地提取并运回博物馆的。

当然，使王振江声名大振的则是1978年起在山西襄汾县陶寺龙山文化早期墓地的发掘。就在这次发掘中，发现了多种彩绘木器。这是中原地区的考古发掘中所见最早的木器标本，对于研究中国北方漆、木器起源问题，具有十分重要的价值。由于发现的标本埋藏于地下已历4000多年，出土时木胎已完全腐朽，仅仅保留下器表一层极其微薄的彩绘颜料，厚度不超过1或2毫米。要想把这些木器的原型清理出来，并取得较完整的资料，其难度可想而知。在此之前，考古界常常因无法起取而舍弃这类已经朽败的木器遗存。但是，前去参加发掘的王振江凭着先前练就的高超技能和现场探索的方法，终于将已发现的鼓、几、案、俎、匣、盘、豆、豆型器、仓型器等几十件、组器物成功地提取了出来，并基本保持了埋葬时原来的器物形态。陶寺龙山文化早期墓地器物的成功提取，使整个中国考古界为之轰动。王振江在一举成名的同时，也赢得了一个"智多星"的美名。

现在，"智多星"再次出山，来到马王堆三号墓的发掘现场。他将同他的伙伴白荣金、王㐨勠力合作，在这人才济济、专家云集的幽深墓室，做一场足以令四座皆惊的精湛表演。

椁室内西边箱西北角有堆竹简，看上去有几百支，出土情形与一号墓东椁室漆器上的一组散落的遣策情形相似。由于编缀的绳子已经腐朽，竹简已散乱在一些漆器上面。为了便于以后的研究，自然不能像搂草砍柴一样，只要搞到筐里就算完事。而是要按原来的编缀顺序和现状整个地提取出来。这个看似简单的事情，做起来却极为困难。谁都知道，这堆竹简既不能收拢，也不能分散，稍有不慎就会造成错位，而一旦错位，就会给以后的研究造成极大的混乱和麻烦。正是出于这样的顾虑，在场的考古人员大都不敢担当此任。这时，王㐨把目光转向刚来不久的王振江说："老王，你来试试吧。"王振江并不推辞，只说了句"好吧"，便开始准备提取工具。

当工具准备好后，只见王振江蹲在椁板的竖档上，先在竹简裂开的一个最大的空隙中隔上一块薄木板，将原散乱的竹简分成两堆，然后用镊子将一片片棉花蘸水，小心地填入竹简的空隙内充实，直到竹简不再因外界力量的影响而大幅度摆动和错位为止。当这一切做完后，再在两堆竹简的外部分别糊上几层绵纸，当绵纸达到一定厚度时，再在其外部刷上一层薄薄的石膏浆，待石膏浆凝固硬化之后，即形成了两个像鸡蛋皮一样的外壳。由于竹简是在边箱中，箱底比较平整，王振江找来两块薄木板，分别插入竹简的底部，这样，两个完整的"蛋壳"就轻易地被托了出来。待竹简被运回博物馆后，外边的石膏壳极易剥落，一切的绘图、照相、鉴别、研究，也就可以有条不紊地进行了。

经考古研究人员白荣金、周世荣对提取竹简的记录、编排、复原、鉴定，发现王振江提取出的这批竹简共403支，外有6支木牍，共计409支。竹简长27.4—27.9厘米，颜色浅黄，皮色灰绿。木牍长28厘米左右，宽2.5—2.6

厘米不等。根据上面的文字研究得知，出土的竹简和木牍原来是记载随葬品的清单，古时候叫作"遣策"。

"遣策"竹简，逐条具体地记载了随葬物品的名称和数量。其中有关车骑、乐舞、僮仆等侍从，以及所持兵器、仪仗、乐器等物，是一号墓简文所没有的内容。食品、服饰和各种器具方面，也有不少新的内容。经与出土实物初步核对，除"土牛""土马"之类未见实物外，其余大体都能对照起来。但带有"右方"字样的小结文字，此墓所出简文不像一号墓那样多见，而是另外记在木牍上的。

木牍上的小结文字，有三支记的是侍从和车骑，如"右方男子明童凡六百七十六人，其十五人吏，九人宦者，二人偶人，四人击鼓、铙、铎，百九十六人从，三百人卒，百五十人婢"；"右方车十乘，马五十四，付马二匹，骑九十八匹，冒（輬）车一两，牛车十两，牛十一，竖（未成年的孩童）十一人"等等。这些侍从和车骑，大都见于后来提取的棺室东西壁的帛画，没有具体的实物。

有两支小结木牍，记载了盛放各种食品的竹笥、瓦器和布囊的数目，放置的地方及物品来源，如"右方凡用笥六十七合，其十三合受中，五十四合临湘家给"。汉代的"临湘"就是现今的长沙，这对判断死者亲属关系也是很重要的线索。

在这些竹简和木牍中，最值得研究者注意和惊喜的是一支纪事木牍，上面用当时通行的隶书写道："十二年二月冒辰家丞奋移主臧（藏）郎中移臧（藏）物一编书到先選（撰）具奏主臧（藏）君。"从上书的文字看，这是一块告墓牍，也就是墓主入葬以后至"阴曹地府"的报到书或通行证。

古人以为人死之后，只是在阳世间肉体的死亡，而灵魂却要到阴曹地府投胎转世。故当人死亡之后，其有身份的墓主生前的家人或管家，都要写一个到地府去的报到书，与墓主一起入葬。在这种报到书上，一般都要写着死者入葬的时间和撰写者的姓名等。这支木牍的头一句"十二年二月乙巳朔戊辰"，应专指墓主入葬的时间。据考古学家高至喜、傅举有等查阅汉代文献，得知"十二年"以前没有确切年号，由此可知这是汉武帝始创年号以前的纪年。再查阅西汉前期没有年号的纪年，只有汉高祖十二年和汉文帝初元十六年。根据椁室边箱出土漆器上的"轪侯家"的竹笥上"轪侯家丞"的封泥推断，在汉高祖时，利苍还没有封为轪侯，也就是说轪侯这个名称还没有在世界上出现，这就排除了上书的时间是汉高祖十二年的可能。此外，墓中还出土了汉文帝时期的四铢"半两"钱，根据一个普通的常识，在古墓没有被盗的情况下，墓主入葬前已发明、制造或使用的器物，可能被埋入墓中。反之，墓主入葬后才产生的器物，是绝对跑不到墓中的，除非后来因人或动物的活动，混杂进去一些东西。如盗墓时，盗墓者可能将一些工具丢在里面。一个老鼠打洞，可能将一枚晚期的小铜钱带入墓中等等。故此，考古发掘特别是遗址发掘，考古学家特别注意地层中有没有晚期的东西混进去；否则，将影响地层的断代。从墓中出土的钱币看，汉文帝自然晚于汉高祖，如果墓主在高祖十二年入葬，在三号墓未遭盗掘的情况下，文帝时期才产生的四铢"半两"钱，何以会跑到椁室之中？由此可以推断，木牍上的"十二年"应为汉文帝十二年，也就是公元前168年。至于后面所记的"二月乙巳朔"的具体时间，据1972年山东临沂银雀山二号汉墓中出土的元光元年的历谱，知汉初在汉武帝太初改历以前，是行使颛顼历的。颛顼历是我国古代六大历法之一。它以一回归年为365天又1/4日，一朔望为292.499/940日，以立春为一年节气的计算起点。自秦统一中国后，颛顼历成为第一个颁行全国的历法，直到汉武帝时，才被更精确的太初历代替。按照颛顼历的朔闰推算，二月初一应是乙巳日，而木牍上的"戊辰"则是二十四日。整个句子合起来应是该墓主葬于汉文帝十二年二月二十四日。而后面句子中的"奋"字，似是墓主人生前家丞的名字。"主葬君"应是指阴曹地府专司管理那些到地府来报到的官吏。这支看来具有浓厚迷信色彩的木牍，为研究者判明墓主人身份及其一、二号墓下葬的时间关系，提供了至关重要的证据。

　　话题再回到发掘现场。事实上，对于王振江的精湛表演，并不是所有在场的专家都给予喝彩，仍有少数专家对此表示不屑一顾，而仍在各显神通地争相提取器物。当大多数器物被提取之后，抵牾的焦点便落在了本次发掘具有重大意义的东边箱一个编为57号的漆奁中。

　　这个漆奁长达60.2厘米，通体黑素无纹饰，原夹杂在一些漆器中间，从外部形状看，似乎没有什么特别引人注目的地方。当把这个漆奁打开后，里面铺盖着一件丝织品，将丝织品揭去，露出了由五个空格组成的空间。

　　在其中一个空格里，考古人员发现了两卷竹简，从外观上看，其数量少于此前在西边箱发现的竹简，但散乱的程度几乎相似。由于漆奁较西边箱狭小了许多，提取更加困难。鉴于王振江此前在西边箱提取竹简时的高超技术，这两卷竹简的提取，看来还是非他莫属。王振江蹲在漆奁边看了看，见这两卷竹简虽然散乱不堪，但整体关系尚能分辨，从竹简中松散的丝绳看，这应是两卷完整的竹书。

众所周知，造纸术的发明是中国古代对人类文明做出的重大贡献之一，但造纸术的发明是产生于东汉时期的事情。据说是一个叫蔡伦的太监发明的。但20世纪50年代，考古学家程学华在西安灞桥一座西汉的墓葬中，发现了较为粗糙的像麻布和类似纤维制成的纸，从而推翻了蔡伦造纸的说法，并把纸的制造和使用推前了200余年。尽管灞桥纸的发现轰动了考古界和科技界，但从所发现的纸的质量来看，似只是一种雏形，还很难普遍应用，而真正的普遍应用至少在西汉晚期和东汉早期。既然如此，在这之前人们如何用文字记事呢？从考古发掘的实物来看，早在殷代，已经有著名的刻在甲骨上的记载，在以后很长一段时期内，传播文化的主要是竹、帛。竹指的是把竹子削成片，用来写字，这便是所谓的竹简。这种方法的应用，据考证至迟在西周就开始了，到春秋时已十分普遍。如在墨子的书里，就不止一次提到"著于竹帛"。要写成一篇文章或一部书，通常要用许多支竹简。为了不致散乱，也为了阅读的方便，当文章或书写成之后，就要用丝绳或者皮带，按文字的先后次序将竹简编辑起来。这种编就的竹简就称为"韦编"。竹简被编成卷后，称为竹书。由于竹简容字少，体积

三号墓发掘人员打开存放帛书的黑色长方形漆奁

大，所以书写、阅读、携带都不方便。如传闻孔子在阅读《周易》时，曾先后将用牛皮丝带编成的竹书，翻断过三次。据说当年的秦始皇每天批阅的简牍公文，以一石（520秦斤，约合现代50多斤）为度。西汉时，著名的滑稽书生东方朔，曾写过一篇奏章给汉武帝，共用竹简3000支，由两位大汉才抬进宫去。竹书的笨拙与沉重可见一斑。此时，王振江所见到的两卷带有丝绳的竹简，应是竹书无疑。不过没有东方朔弄的那卷书庞大。看上去也就是一二百支的样子。由于年久日深，只看到竹简上有密密麻麻的墨书点，书写文字一时无法详细分辨出来。

王振江对着竹简观察了一阵，感到在这样一个狭小的空间内，显然不宜再用在西边箱提取竹简时，中间填棉花，外部刷石膏浆制成"蛋壳"的老法。必须采取新的提取方法。想到这里，他将自己的老搭档白荣金叫过来，面对竹简共同观察、分析和探讨，终于想出了一个既简单又保险的方法。正在王振江、白荣金两人准备工具的同时，有的专家认为王、白两人已是黔驴技穷，很难想出巧妙的方法予以提取，便主张干脆将漆奁搬出倒扣过来，这样如同竹筒倒豆子，里边的器物全部可以一次性倒出来，免得许多麻烦。这个主张自然遭到了王、白两人和大多数专家的反对，王振江当场表示："我们已经想出了提取方法，现在便可施行。"

主张竹筒倒豆子式提取的专家在依然坚持自己观点的同时，又瞪着怀疑的目光问："你们的办法真的行吗？"

白荣金有些不耐烦地说："你在这里看着，要是拿不出来，我俩立即卷铺盖回家，决不在这里混饭吃。"

见王、白两人态度如此坚决，持异议的专家也不再说话，只是瞪大了眼睛看着王、白两人施展绝招。只见王振江先将四层绵纸用镊子小心地压入竹简的空隙，依然采取固定的办法，然后用一根细铁丝制的形同钩子状的"递线器"，将细线从竹简的底部穿过去又提上来，如此往复，像农村捆柴草一样在两卷竹简的四周分别捆扎了四道，最后将线头打成活结。这样竹简既牢固又可提取了。

"请上眼看清楚了，只一提就可出来。"王振江对众人说着，轻轻往上一提，一卷竹简果然完好如初地被提了出来。紧接着白荣金也提出了第二卷。众人见此在大为惊讶之后，算是真正领教了王、白两人高超的技艺。致

第九章 发掘三号墓

使此事过去20多年，每当提及马王堆三号墓的发掘，考古学家高至喜、周世荣等人，对这一段往事还记忆犹新，念念不忘。

经研究者后来的初步鉴定，王振江、白荣金从57号漆奁中提取的这两卷竹书，由190支竹简和10支木简组成，其记载内容与中国古代最早的医书《黄帝内经》相似。其中第一卷130支的内容为《十问》《合阴阳方》，第二卷67支的内容为《杂禁方》与《天下至道谈》。其中《十问》除了托黄帝与岐伯（俗称天师）的问答外，还记载了夏、商、周以来许多帝王与医家——如齐国的名医文贽与齐国国君的对话，以及其他传说中的人物谈论养生（生理、病理）、服食、呼吸、吐纳及房中术方面的医学理论。《天下至道谈》阐述了"合男女必有则"，也就是男女性交时必须遵守的科学原则。《合阴阳方》则主要是探索男女性交时的生理变化和应注意的事项等。整个《养生方》系汇编性资料，来源于不同的手抄本，如关于男女性交原则中"七损八益"的记载，散见于《素问·阴阳应象大论》等书。由于这些书中对"七损八益"的具体内容记载缺乏和混乱，故历代各家解说不一，争论不休。随着马王堆三号墓中《养生方》的出土，2000年来的不解之谜终于揭晓。从竹书记载看，所谓七损，即：一曰闭、二曰泄、三曰渴、四曰勿、五曰烦、六曰绝、七曰费。所谓八益，即：一曰治气、二曰致沫、三曰智（知）时、四曰畜气、五曰和沫、六曰藕气、七曰寺赢、八曰定顷。

以上七损中的闭、泄、渴、绝等也散见于《素女经》《玉房秘诀》等医书，如《素女经》中记载："百闭者，淫佚于女自用不节，数交失度，竭其精气，强用力泻，精尽不出，百病并生。""气泄者，劳倦，汗出未干交接，令人股

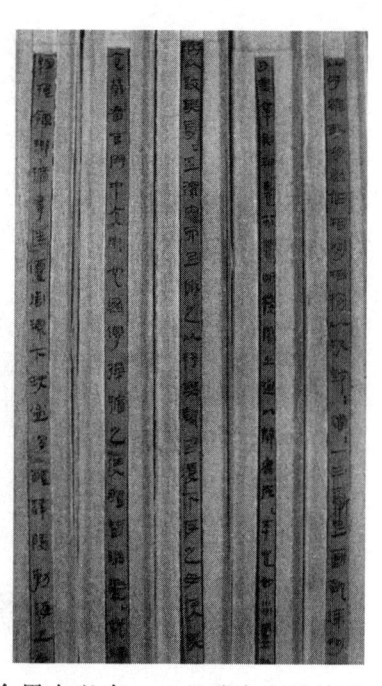

三号墓出土的性医学专著《合阴阳方》部分竹简

热唇焦。""气绝者，心意不欲而强用之，则汗泄气少，令人心热，目窅窅（冥）……"该书还较详尽地列举了各种防治诸"损"的房中导引法，并谈到若"善用八益去七孙（损），则可做到耳目聪明，身体轻利，阴气益强，延年益寿，居处长乐"等等。

过去有医学研究者认为，最早开展性医学研究的是英国一个叫艾利斯（1859—1940年）的医生。有的则认为是美国的玛斯特和约翰逊两位医生最早创立了性科学研究这门学科，其根据是以上两位医生于1960年合著出版的《人类性反应》一书。但从马王堆三号汉墓出土的这部《养生方》来看，早在2000多年前，这门性医学学科已被中国不知名的性医学专家创立出来了。

墓坑内不祥的纷争

当王振江、白荣金两人将竹书提取出来以后，原想里边的文物已经取尽，即使有，也只是一点丝织品之类的文物，不可能有大的收获了，但事实却恰恰相反，就在这个漆奁盛装的竹书下面，却藏匿着整个二、三号墓最大的秘密——帛书，即在丝织物上书写文字的书。

纵观中国文字的历史，从春秋时代起，除以竹木简作为主要的书写材料外，借用丝绸来写书作画的风气也开始流行起来。由于帛书具有写起来便利、看起来清楚、携带方便等优点，所以直到造纸术发明后的很长一段时期，仍被上流社会采用。

当然，帛书较之竹书也有它的缺点或者说短处，那就是价格昂贵。从整个帛书产生、发展、盛行的时代看，似乎只有贵族才能使用，因为一般穷书生是买不起价格昂贵的丝织品的。据说三国时的曹丕，把自己所著的《典论》和几篇诗赋，用帛抄了一份送给东吴的孙权，同时又用纸抄了一份送给孙权的谋臣张昭。从帛与纸所赠给的不同身份的主人看，说明帛书更为珍贵。但是，帛书的另一个缺点就是难以长期保存。由于丝织品极易霉变腐烂，在考古发掘中很难见到。就长沙地区而言，新中国成立后调查、发掘的几千座古墓，没有见到一部帛书，唯一出土的就是新中国成立前被盗墓贼在

第九章　发掘三号墓

长沙子弹库一座楚墓中盗出的一小幅。而这幅世之罕见的珍品，还于20世纪40年代被美国的柯克思席卷而去了（前文已有叙述）。于是，帛书在中国的文物收藏中，成了一项空白。对于帛书内容的研究也就无从谈起了。

这次在57号漆奁内竹简下发现的帛书，大部分叠成长方形，由于年久日深，除发生不同程度的霉变外，幅与幅之间几乎都粘连在一起，提取更加困难，稍不留神就会发生残损现象。

对于这帛书如何提取的问题，王振江、白荣金、王㐨、高至喜、周世荣等人做了一番研究后，决定先在一个漆盘里放上薄薄的一层水，然后由王振江、周世荣用小铁铲一点点地将帛书粘连的部分剥开，再按幅揭起并拿到盛水的漆盘中。这样便可防止丝织品见到阳光和空气后，发生变干、变质、变色的不良后果。当王、周两人将竹简下的帛书全部提取出来之后，令人意想不到和惊骇的是，在这个漆奁中的另一个空格内，又发现了数量更多的帛书和夹杂在其间的帛画。

这批帛书与帛画依然是压在一堆漆器之下，同样的是因年久日深而粘连在一起。这批帛书未等王振江、周世荣等人前来提取，早有一名来自北京的以裱画为职业的裱画老技工耐不住寂寞了。这位老技工赴长沙时未带一件自己常用的工具，即使带来，那裱画工具跟考古工具也是驴唇很难对上马嘴。尽管如此，这位老技工在看到王振江等人用自制的考古工具剔除、隔离、提取帛书时，他也急中生智地就地取材，找来一块竹片，照准漆奁另一空格内那大批的帛书、帛画剔剜起来。待他感到已剔剜得差不多时，又找来一根铁丝用两只手将其弯成钩状，开始蹲下身钩取空格内的帛书、帛画。因当时其他的考古人员都在忙着做不同的事情，没人太注意这位老技工荒唐的举动。当发现时，已经晚了。

此时，那位老技工在经过一阵剔剜和吊钩的折腾之后，已弄出了几幅帛书和一幅帛画，那帛书已被他剔剜得残缺不全，帛画更是支离破碎，惨不忍睹。面对如此令人心痛气恼的情景，考古组的高至喜、王㐨、周世荣和王振江等人，立即当头棒喝，给这位老技工一番严厉的教训后，勒令他立即停止这荒唐莽撞的动作。但这位老技工见众人对自己同仇敌忾般地训斥，自是不甘于臣服，遂和众考古人员争吵起来。国家文物局文物处处长陈滋德闻声赶来，弄清事情真相后，采取了一个和稀泥的办法，让老技工放弃57号漆奁内帛书、帛画的提取,而转入椁室内部提取棺室东西两壁的帛画。这两幅帛画在打开椁室后即被发现,只是由于四周边箱的文物尚未清理,这两幅帛画也就没有得以及时提取。现在,边箱中的文物基本清理完毕,陈滋德始让这位老技工前来提取。在陈滋德的眼中,似乎能裱画的人就一定能成功地提取帛画。

然而,陈滋德错了,裱画毕竟不是考古发掘,换言之,裱画的高手不一定是考古发掘的内行。当那位老技工提着一根竹片和一把剪子步履蹒跚地走进椁室时,事实已经向这位国家文物局文物处处长和所有的考古发掘者做出了一个毫不留情的不祥的昭示。

棺室西壁的帛画为长方形,长2.12米,宽0.94米,由于埋藏时间过久,丝织纤维已发生变化,整体看起来有些模糊,但仔细辨认,尚能分辨出上面画的是车马仪仗的场面,上有车数十乘,马数百匹,人数百个。场面壮观、庞大,无论是人和马都神采飞扬,栩栩如生。数十乘车排成不同的阵势,静中有动,整齐肃严,车与马的配合形成了一股撼人心魄的力量。这幅帛画后来被称为"车马仪仗图"。

棺室东壁的帛画形状、尺寸与西壁帛画基本相同,但内容却有极大的差异。从模糊不清的整体看上去,似有房屋建筑、车骑和奔马以及妇人乘船的多个场面。就是这样美妙绝伦、价值连城的两幅帛画,这位老技工竟大出所有人预料地,声言要用剪子将有图的部分剪绞下来,没有图的部分索性扔掉。这个完全违背考古程序甚至有悖常理的荒唐举动,立即遭到所有考古人员的强烈反对与抵制。老技工见众怒难犯,未敢轻举妄动,只好答应将帛画整体揭取下来。于是,在这位老技工的一阵剔刮剜拽中,两幅帛画很快被扯了下来。

此时,椁室西边箱第57号漆奁中的所有帛书和一幅帛画被王振江、周世荣等提取了出来。由于现场无法将帛书全面展开,所以书中的内容尚不明了,但据初步判断,这些帛书将是记载中华民族进程和人类智慧与成果的极为罕见的史料。它的出现,将在中华文明的宝库中大放异彩,并在中国乃至世界考古史上写下光辉的一页,而后来的事实完全证明了这个预见。事实上,这批帛书随着后来的整理和研究,以无与伦比的史料价值和地位,震撼了整个世界。此时,尽管帛书一时还辨不出记载内容,但一同出土的那幅被老技工钩成碎片的帛画,可大体看出个眉目。只见画面上分布着单个排列的人物,人物男女老少不同,其服饰有的着长衣,有的着短裤,姿态有的静坐,有的两臂前后伸展,有的吸气收腹下蹲,有的屈膝抱腿,个别人物的旁边还有题榜,似是一幅强身健体图。后来这幅帛画被正式命名为"导引图"。

当国家文物局文物处处长陈滋德看到椁室内的帛书、帛画全部提取出来,便对考古组组长高至喜说:"我看将这些帛书、帛画一同交给×师傅(指那位老技工)带回北京故宫文物修复厂装裱吧。"

高至喜听罢,面露难色,但考虑到中央跟地方的关系,没有吭声。在一旁的白荣金、王㐨见此情景,心怀愤懑之情地劝阻道:"×师傅裱画没的说,但裱帛书不行。这些帛书还没有揭开,他不会揭取。如果让他强行揭取,其结果同这幅健身图一样惨,我们坚决反对这种安排。如果非要让他装裱,也应该由湖南省博物馆有关业务同志将帛书揭开后再让他拿去。否则,后果不堪设想。"

陈滋德听罢没有说话,那位老技工却说道:"有什么不可设想的,再破碎的书画,凡到了我的手里,残的能裱全、坏的能裱好,好的会更好。我从事裱画几十年,还没有遇到过不能裱或裱不起来的书画。"说着,有些生气地将身上捆着的一块白布解下在地下展开,随后动手拿起帛书、帛画来。

白荣金、王㐨、周世荣等人在对老技工的这种做法提出了强烈抗议而无效的情况下,又将王冶秋、夏鼐等人请过来解决和裁定。王冶秋见书画被弄得乱七八糟、惨不忍睹,顿时勃然大怒,当场对那位老技工以及陈滋德给予了严厉的训斥。最后,老技工终于舍弃了帛书,而只把出土的三幅帛画拿起来塞入包袱中,气呼呼地提着连夜乘坐火车返回北京。令所有的人都意想不到的是,随着老技工的出走,三幅在世界考古史和美术史上都极为罕见的帛画,再也没有恢复原状的可能了,从而造成了马王堆汉墓发掘中一个无法挽救的悲剧。

石兴邦再失良机

当考古人员发现三号墓椁室中的帛书、帛画时，已是12月上旬。此时暮秋的季节已经逝去，冬天来临了。尽管长沙的冬天没有北方那样冷酷难耐，但依然令人感觉到阵阵寒意。由于三号墓的发掘是三班轮流、日夜兼程地进行，每当夜幕降临，旷野的朔风便开始肆虐地窜动起来，越到黎明时分，朔风越劲，寒气越盛，直把人冻得手脚冰凉，全身打战。再由于连续作战，无论是考古人员、后勤服务人员还是领导、指挥者，早已感到疲惫不堪，痛苦难熬。已是64岁的王冶秋，身披一件军大衣，同夏鼐等人一起冒着冷风寒气，日夜在发掘现场忙上忙下地具体指挥，更觉苦不堪言。而越是处于这种境况，考古发掘越容易因急躁冒进而发生意想不到的事故。

本来发掘现场已开始出现各路专家相互抵牾的情绪，情况有些不妙，此时不知是谁从北京请来一位老教授，听说墓中发现了珍品，尽管自己已是齿摇摇、发苍苍，两眼昏花，举步维艰，但还是要争抢着进入椁室，欲亲手提取几件文物，过一把瘾。当他由行政人员崔志刚等扶着，跟跟跄跄地下到墓坑进入椁室的刹那间，老先生竟心脏病突发，一个跟头栽倒，差点跌入边箱将文物砸碎捣烂，众人望之无不惊骇，现场一片慌乱。崔志刚急命人将昏迷不醒的老先生手忙脚乱地抬出墓坑，送医院进行抢救。颇为有趣的是，直到二、三号墓全部发掘完毕，所有专家都回原地过春节时，这位老先生还躺在解放军三六六医院里呻吟。

也就在发现帛书的57号漆奁的另一个空格内，考古人员发现了一堆蚌属之类的海生动物。当考古人员将这些文物一件件向外提取时，突然发现了一个蛤蟆。在墓中出土蛤蟆，也算是一个前所未见的奇闻。在一边做记录的王予拿起来看了看，也觉得有些新鲜和稀奇，这个蛤蟆是原来放入的，还是后来自己进入的？为准确考虑，王予将中科院动物研究所前来进行科学研究的四位专家叫到漆奁前辨认。令人大为扫兴的是，这四位专家面对一个鼓嘴瞪眼的蛤蟆，在分别观察端详一番后，既不敢确认其名，也不做否认。在众目睽睽之下，这四位专家向考古人员解释道："我们四人中的两人是研究陆地上动物的，另外两人则是专门研究海生动物，也就是水中动物的，对这个鼓嘴瞪眼的小家伙，实在不敢做出结论。如果真是一只蛤蟆，那就应该属于水

第九章　发掘三号墓

旱混合的两栖类动物，而研究两栖类动物的专家正好没来……"为此，这四位专家向正站在寒风中指挥、调遣人员的王冶秋建议，立即打电话给北京，让研究两栖类动物的专家火速赶赴长沙，辨别和研究这只蛤蟆的种性、产地、来历等问题。王冶秋听后哭笑不得，强按住心中的不快，说了句："快拉倒吧！"便挥挥手示意这四位专家可以回湖南宾馆那舒适的房间睡大觉，以后也不要再来了。

正当一头栽倒于椁室的老教授被众人送往医院，关于蛤蟆的闹剧刚刚落下帷幕之后，随之发生了那位裱画的老技工同王振江、周世荣等人围绕帛书、帛画如何提取的争吵。这件事情尚未平息，又传来专门负责照相的考古人员，由于过度慌乱和疲惫，拍出来的一卷文物照片没有一点影像的消息。因为照相是考古程序中不可缺少且极其重要的一环，后来的研究者主要靠照片和记录来研究，这就不得不进行再一次拍照，但出土文物又是不便多次拍照的，因为照相的灯光和热量会不同程度地损坏原物。对此，王冶秋再也控制不住心中的急躁情绪和怒火了，除了对照相的考古人员再度大发一通脾气外，严令禁止二次拍照，并要求全体考古发掘人员今后一定要加强合作，杜绝一切事故和闹剧的发生——就是在这样一个特殊境况下，石兴邦不合时宜地到来了。

自从1951年石兴邦跟随夏鼐大师率领的考古调查发掘团来长沙，痛失发掘马王堆汉墓的良机之后，他离开了中科院考古研究所，只身调往陕西西安老家，进入陕西省考古研究所，专门从事关中地区的文物调查和发掘工作。说起来苍天对他不薄，刚回陕西不久，他就意外地在西安郊区半坡村发现了第一个原始社会部落生活、居住遗址，并主持考古发掘。半坡遗址的发现和发掘在很快轰动了世界的同时，也使石兴邦一举成名。稍后，他又主持编写了新中国成立以来第一部关于半坡遗址发掘的大型考古发掘报告，并以高超的质量和独到的见解，在受到考古学界推崇和青睐的同时，也奠定了他作为一个优秀考古学家的地位。一时，石兴邦作为一颗年轻的考古希望之星高悬于中国西部的上空。

1956年秋，王冶秋和当时的国家文物局局长郑振铎到陕西视察工作，正好时任国务院副总理并主管文化口的陈毅副总理，因主持西藏自治区筹委会成立大会，路过西安做短暂停留并有参观文物古迹的念头。整个五六十年

代,半坡遗址是陕西最引人注目的考古发现,凡国内外专家、学者、外宾、领导去西安参观,半坡是首要目标,陈毅自然也不愿放弃。于是,在郑振铎、王冶秋以及陕西各级领导的陪同下,陈毅等人进入半坡遗址,并由遗址发掘的主持者石兴邦做专门讲解。也就是这次具有非凡意义的参观,使王冶秋对石兴邦又有了进一步的了解,并建立了私人感情。与此同时,陈毅副总理还专门做出批示,由国务院拨款30万元建立了半坡博物馆。之后的十几年里,石兴邦作为一名越来越成熟的考古学家,来回奔波于西安与北京之间,除不断向他的老师夏鼐汇报、请教外,还不断地向王冶秋汇报工作,两人感情随着时间的延续而进一步加深。但自半坡发掘之后,由于种种原因,石兴邦在很长的一段时间内没有再弄出令考古界为之震惊的响声,他似乎沉寂了。

石兴邦在半坡遗址工作室内

到了1970年春,陕西省考古所决定派石兴邦去咸阳杨家湾主持发掘考古界当时估计的周亚夫父子的墓葬。这个墓葬距咸阳市东北22公里,位于高祖刘邦的长陵和景帝刘启的阳陵之间,其墓葬区有坟冢73座,估计是长陵的陪葬墓。1965年8月,当地社员在平整土地时发现了大批彩绘俑,后经有关部门清理,在11个陪葬坑内发掘出土了号称"三千人马"的十分精美的汉代彩绘兵马俑。正当陕西方面准备对其他几个陪葬坑进行发掘,并想将墓主也一鼓作气地揭示出来时,"文革"开始,发掘工作被迫停止。几年过后,石兴邦受命出山,他怀着极大

杨家湾汉墓出土的彩绘骑兵俑

的兴奋与希望，率领考古队在杨家湾几个陪葬坑中发掘起来，但两年过去了，收获却没有事先预想的那样丰厚。鉴于此，陕西省考古所便决定中止考察，不再进一步发掘。此时的石兴邦仍觉得意犹未尽，希望尚存，便坚持继续发掘下去。因考古所的经费来源已断，石兴邦只好打报告向王冶秋求助。王冶秋看到报告后，产生了成全石兴邦之意，在当时经费极为紧张的情况下，指示国务院图博口，调拨2万元给陕西方面，作为继续发掘杨家湾汉墓的经费。石兴邦接到经费，自是非常感激王冶秋的雪中送炭，又重整旗鼓继续发掘起来。此时，正是长沙马王堆一号汉墓的考古发现即将震惊世界的前夜。

如果说马王堆一号汉墓的考古发现令世人皆惊，那么，最为感到震惊的莫过于石兴邦本人。据当年跟随石兴邦一起发掘杨家湾汉墓的一位考古工作者回忆，当他从北京出差回到杨家湾发掘工地时，首次向正在吃饭的众人披露了在北京听到的关于马王堆发现汉墓和出土珍贵文物及女尸的消息。石兴邦听后，手中的筷子滑落到地下，抬着头，呆了似的半天没有缓过劲来。这位考古工作者当时尚不知道石兴邦与马王堆汉墓曾有过一段失之交臂的因缘，只是听了石兴邦后来的叙说，才感到他内心受到的震撼是多么地强烈。

当然，几乎所有的人都清楚，石兴邦在受到强烈震撼的同时，内心一定掺杂着无尽的懊悔与遗憾，假如当初他能坚定信心，对马王堆实施发掘，无疑会使他这颗考古希望之星的升起，要比半坡的发掘还要早上几年。他的声名将传播得更为广大和久远。而这一切也仅仅是一个假如而已了。

但是，满怀人生追求，正在事业征途上蜿蜒前行欲建功立业的石兴邦，没有因为1951年的那次失之交臂而放弃卷土重来的机会。他在中国西部黄土高原的杨家湾发掘工地，密切注视着来自长沙马王堆汉墓发掘、科研的消息。当他得知在那个当年亲自踏勘过的土堆下，尚有两个足以和一号汉墓匹敌并肩的大墓将要发掘时，他渴望有一个由自己来主持发掘的机会。尽管自己的导师夏鼐曾教导过："判断一个考古学家的成就大小，不是看他发掘出了什么东西，而应看他如何发掘。"可现实情况跟理论颇有不同的是，假如一个考古学家的名字跟一个重大的考古发现紧密地联系在一起，无疑会使这个考古学家产生更快、更大、更具深远和永久性的影响。中国的考古学家如此，国外亦是如此。假如当年的谢里曼没有发现遁迹湮没的特洛伊城，假如商博良没有解开古老的罗塞塔碑象形文字的奥秘，假如斯文·赫定没有发现古楼兰王国的城郭和解开罗布泊之谜，假如……诸如此类的考古学家，他们就不会赢得伟大的不朽的声名。正是出于这样的考虑，石兴邦在密切关注马王堆这个已光芒四射的焦点的同时，也开始加紧了和北京方面的联系。当然，促使石兴邦做出这个抉择的另一个重要原因，则是他感到自己已陷于杨家湾汉墓发掘的泥潭，凭他当时的考古经验，已预感到杨家湾汉墓的发掘，已经是日薄西山、前途渺茫了。而后来的事实证明了石兴邦的预见，几十年后，杨家湾汉墓的发掘依然未能出现人们期望的曙光。

机会在一步步向他逼近。1973年初，石兴邦接到指令，离开了杨家湾发掘工地，只身来到北京，协助中科院历史所负责人之一尹达修订《中国史稿》的原始社会部分。半年之后，又受中科院考古所的委派，赴湖北主办长江流域第二期考古训练班。就在石兴邦即将动身之时，长沙马王堆二、三号汉墓的发掘筹备工作正在紧锣密鼓地进行。国家文物局文物处处长陈滋德早已知道石兴邦与马王堆的情结，便借石兴邦前来辞行之机，有意成全此事，表示只要石兴邦的训练班一结束，即转赴长沙参加并主持马王堆三号墓的田野考古发掘工作。在陈滋德的印象中，就石兴邦当时的名声和实力，主持这个墓的发掘是合适的人选。按照陈滋德对马王堆三号汉墓发掘开工的时日估计，以及训练班的结束时间看，石兴邦了却心中的夙愿是极有可能的。但令陈、石两人都没有想到的是，马王堆三号墓发掘进展迅速，只十几天的时间就进入椁室，而此时的石兴邦正率领陕西的一帮学员在长江下游参观学习。当他得知长沙方面的消息匆忙赶来时，考古人员已经快将椁室边箱里的器物提取完毕了。石兴邦再次痛失良机，只好带着惋惜和感伤的心情，挤进戒备森严的发掘现场，于心不甘又无可奈何地看着其他的考古人员做发掘的收尾工作。

如果石兴邦的长沙之行到此为止，也许不足以让他本人以及其他的发掘、研究者留下难以抹掉的记忆。可惜他来不逢时，刚挤进墓坑，就见到王冶秋因北京来的那位老教授栽倒事件、蛤蟆鉴别事件、争相提取帛书、帛画事件，照相失误事件等一系列失误而大为光火，心情不快。就在这一刻，心乱如麻又怒气难消的王冶秋，在见到石兴邦后，先是略微吃惊了片刻，接下来便严厉地训斥道："你不在陕西挖杨家湾汉墓，到处转悠什么？跑到这里

第九章 发掘三号墓

凑什么热闹？我看你怎么向人民交代这事！"

石兴邦站在椁室旁，顿觉冷水浇头，面部发烧，脚底发凉。他知道王冶秋对自己没有在杨家湾发掘出个结果而深为不满，想到当年王冶秋在杨家湾发掘中的慷慨相助，不觉汗颜。因为杨家湾的发掘从1965年起，先后历时十几年，耗费了大量人力物力，至今还没有弄出个眉目，实在有些愧对那些支持者、关注者以及人民大众的期待。面红耳赤的石兴邦想到这里，只好搪塞道："我是来向您汇报训练班情况的。"

"你没看这里乱哄哄的？我都快被累死、冻死了，现在没时间空谈，等闲下来再说。"王冶秋说完，又转身对墓室里的发掘事项指挥起来。

石兴邦尽管挨了一顿无故的训斥，大栽脸面，但仍神情振奋又有些心情复杂地站在墓坑不愿离去。他已完全被墓中那一件件光彩灿烂、辉煌夺目的珍品倾倒了。若干年后，他在自己的回忆录中记述道："眼看一批批文物不断出土，使人心情异常激动和兴奋。那确实是中国乃至世界考古史上规格最高、最激动人心的一次科学发掘，值得大书特书。在我半个多世纪的考古生涯中，只有当法门寺地宫打开后，从里边捧出珍宝时的境况具有同感。"正是出于一个考古学家对马王堆汉墓出土珍品特有的挚爱之情，石兴邦才不顾误解和羞辱，痴迷地站在墓室百般观赏，不肯离去。也正是由于这种过于痴迷的挚爱之情，才使他再次遭到了训斥。

当三号墓的文物全部清理完毕后，石兴邦又跟随导师夏鼐来到湖南省博物馆修复室观看出土的文物。当他看到一幅从内棺上取出的帛画时，情不自禁地伸手摸了一下。这个动作正好被刚进门的王冶秋发现，王冶秋正为前几天取出的几幅帛画的损坏之事痛心不已，见此情景，当即板起面孔严厉地训斥道："你怎么能随便用手摸它？别人到你们那里去，要是也像你一样随便摸，能行吗？"石兴邦尴尬万分，一时语塞，不知用什么话来应付。他深知考古文物工作者内部有一个不成文的"禁行"，这就是只能看不能摸，自己刚才的动作，无疑是犯禁了。于是，在怔愣了片刻后，急忙认错地说："不对，是我不对。"说完跟着夏鼐赶紧走出了修复室。出了门后，夏鼐看到自己的弟子因为受到了训斥而情绪低落，颇为爱怜地说："别看王局长的脾气大，其实是个好人，你不要放在心上。"面对夏鼐导师的劝解，石兴邦备受感动也很感委屈。自己本是要来主持发掘的，想不到发掘未果，反而被弄了个灰头土脸，想到此处，他强忍住几乎要流出眼眶的泪水说："实际我也觉得他说得对，万一摸坏了怎么办？"夏鼐和蔼地点了点头，说道："找个机会向他汇报一次你们办班的成果吧。"石兴邦听罢，知道这是导师有意让自己和王冶秋缓解相互的不快，便答应着，师徒两人向居处走去。

后来，石兴邦按夏鼐的示意，找了个机会专门向王冶秋汇报了训练班的情况，并叙说了在办班期间发现了红花套遗址的成果，以及办这样大的训练班（学员180人），对恢复的文博考古工作和开展长江流域考古工作所具有的重要意义等等。王冶秋听罢很是高兴，当场指出此项工作应该继续搞下去，杨家湾的发掘之事不再怪罪于石兴邦，两人心中的不快之感缓解了。

石兴邦尽管此次再失良机，但在他以复杂的情感离开马王堆发掘工地的14年后，历史又慷慨地赐予他一个弥补的机会。这便是1987年由他主持的陕西扶风法门寺地宫的考古发掘。这次足以和马王堆汉墓齐名的伟大发现，使沉寂多年的石兴邦再度名声大噪。作为中国杰出的考古学家，他的名字及事迹当之无愧地进入了《中国大百科全书·考古卷》中。

第十章

遗恨中的慰藉

西汉孤魂

帛画取出，开棺仪式即将来临，严密的部署，热切的期待，却迎来了一个棺穷人不见的尴尬结局。大雪飘舞中，考古人员怀着最后一线希望走进二号墓。奇特的墓形，无处不在的盗墓贼，二号墓险象环生。揭去最后一层面纱，才知苍天不负苦心人，三颗印章的出现，遗恨中又备感慰藉。

再取帛画

当三号墓椁室四个边箱的器物全部清理出来之后，接下来就是开棺。经测量，外棺长2.57米，宽1.16米，高1.13米，显然比一号墓的要小些。由于有了一号墓开棺的经验，考古人员用跟上次基本相同的方法，很快打开了外棺的棺板，第二层棺板露了出来。这第二层棺长2.34米，宽92厘米，高88厘米。从外棺和第二层棺的整体面貌看，都是素棺，外髹深棕色漆。和一号墓不同的是，现在看到的一、二层棺，棺板上均有程度不同的裂缝，而第二层棺则更是别出心裁地用一根整木剜凿而成，两端的挡板显然是后嵌入的，由于对合不严，缝隙较明显。尤其是这根整木原有不少似被虫子钻啃的小空洞，是用灌铅的方法填补处理的，这些经过处理的小空洞，因木材的收缩不一而封闭不甚严密。这一切对于保存尸体极为不利的疏漏和遗憾，是由于当初主人入葬时时间过于仓促造成的，还是因为其他原因，考古人员一时还难以做出判断，但一种不祥的阴影却无形地笼罩在大家的心中。

马王堆三号墓椁板移开后，科技人员用仪器检测棺内情况

第二层棺板被拆除后，接下来的第三层棺，除外部髹漆外，上面又加了两道帛束，同时满贴以绒圈锦为边饰的绣品。通棺长2.14米、宽0.72米、高0.67米，盖板上铺盖着"T"字形的帛画一幅。从外形看，跟一号墓内棺上出土的帛画基本相同，只是保存程度要差一些。除上面布满油泥状的灰尘外，还有腐蚀变化的迹象。帛画通长2.33米，上部宽1.41米，下部宽0.50米，同一号墓帛画的提取基本相似，考古人员用木棍、绵纸等工具，极其小心谨慎地将这幅帛画从棺盖上剥离下来。整幅画隐约可辨出其上部画的是天上景象，右边画有圆日、金乌和扶桑树，左边画有弯月、蟾蜍和

第十章 遗恨中的慰藉

玉兔。其间没有一号墓帛画中嫦娥奔月的形象，却在日、月之间画了满天星斗，上部中间有一袖手侧身的妇女，下身为蛇形，其侧有腾空飞舞的上身裸露的男人。中部上段似是墓主人出行的场面。同一号墓帛画另一个明显的不同是，尽管这幅帛画中墓主人面部部分有些破损，但依然能隐约看出是位男性。这位男性头戴刘氏冠，身穿红袍，腰间佩剑，袖手缓行。后面有六人随行，前面有三人做恭迎状。帛画中部下段是宴飨场面，最下部有相貌奇特的巨人站在两条酷似大鱼的身上，托举着大地以及大地之上的一切景物。至此，整个三号墓共发现帛画四幅，除刚揭取的这幅外，就是在棺室东西两壁上的由那位裱画老技工提取的"车马仪仗图"和上有房屋建筑、车骑、奔马、妇女乘船等综合图，以及在边箱57号漆奁内出土的"导引图"。不过，除棺盖上这幅帛画后来保存略好外，另外三幅已是支离破碎、难辨全貌了。

三号墓棺盖板上的帛画（傅举有提供）

当第三层棺显露之后，考古人员便从棺盖上的帛画以及四周的装饰中，认识到这就是盛殓墓主人的内棺。从木棺的层数来看，比一号墓的四层少了一层。从规模和质量来看，也无法与一号墓匹敌。在考古人员看来，木棺层数的多少以及规模和质量并不是重要的，最为关键和重要的是木棺以及木棺内的尸体与殉葬品的保存程度，只要其中的尸体和殉葬品能够完好地保存下来，其意义和价值跟一号墓相同甚至还要大。但是，考古人员在这层内棺上又发现了同一、二层那样的裂缝，并在帛画被剥离之后，发现棺盖保存较差。并有致命的封闭不严的迹象。人们心头的阴影越发凝重，一种不祥的预感锁住了所有发掘者、研究者那期盼已久的心。

12月13日，三号墓的内棺用起重机吊出墓坑，然后抬上大卡车运往湖南省博物馆，准备开棺验尸。内棺的运走，标志着从11月19日正式开工的三号墓的田野考古发掘宣告结束，下一步将视开棺后的情况，再决定二号墓考古发掘的具体日期。

将南京长江大桥压断怎么办

当周恩来总理对湖南方面呈报的《二、三号汉墓发掘的请示报告》做了批示之后，遵照"订出切实可行而又不遭损失破坏的计划"的指示，发掘领导小组在三号墓发掘之初，就召集北京、上海、长沙等的各路科学专家，召开了古尸科研准备工作座谈会，拟定了古尸科研计划。其科学研究的总题目仍为一号墓古尸科研的四大课题，即：保存程度、保存原因、疾病死因、中医中药以及在一号墓古尸研究中尚未解决的如细胞结构、核酸物质等共20个项目，重点则是对于古尸保存原因的研究。鉴于那具有恒温、恒湿条件的陈列室尚未建成，湖南方面又缺乏相关的保护条件，经医学专家黄家驷提议，李振军批准，派人到上海定做一个无菌无氧的高压氮舱，待这高压氮舱做成后，运回长沙，一旦古尸出土后，即可装入氮舱内进行解剖和保存。决议已定，李振军命侯良速到上海交涉办理此事。侯良来到上海后，由上海第一医学院的熟人陪同，到著名的瑞金医院（"文革"前为广慈医院）察看了高压氮舱的设备，询问了安装情况，并当场签了订购合同。

侯良回到长沙，向发掘领导小组汇报了去上海的情况，因这高压氮舱需由极厚的钢板打造而成，规模庞大，整体重量可达几百吨。于是，发掘领导小组在做了所需的高额费用等计划后，开始讨论如何将氮舱从上海运回长沙这个看似简单却又极其麻烦、复杂的问题。有人建议在上海码头装船经长江经湘江运至长沙，但整个湘江似乎没有承载如此大吨位的深水码头，轮船根本无法在长沙附近靠岸。有人建议打造特种大型汽车拖箱底盘，将氮舱用起重机吊上拖箱底盘后，用四辆汽车或并排或前后，像四匹马拉车一样将氮舱

第十章 遗恨中的慰藉

拖回长沙。这个主意看起来似乎可行。只是有建筑方面的专家突然提出，从上海到长沙，必然经过南京长江大桥，如此大的吨位压在桥中心，恐怕大桥难以承受，将会有压断倒塌的危险，假如将南京长江大桥压断怎么办？此论一出，众人哗然，若真的将南京长江大桥压断，不但汽车和氮舱会像当年的中山舰一样沉入滚滚长江的泥沙之中，更重要的是，给这座举世瞩目的象征着新中国成立以来巨大建设成果的建筑造成政治上和经济上不可挽回的损失。鉴于这个难以逾越的长江天险，发掘领导小组在经过又一番慎重讨论后，最后做出了从上海购买钢材，同时请制造专家赴长沙就地打造高压氮舱的决定。

这个看起来颇符合实际情况的计划，但真的到了具体落实时又枝节横生，麻烦百出。当派出联系的人再次抵达上海时，上海方面告知，要制造氮舱仅仅去几个人是不行的，必须将制造的设备一同运往长沙，且上海没有可供用来制造这种高压氮舱的钢板，需到重庆钢厂订购……联系人带着满脸的愁苦返回长沙，向发掘领导小组做了详细汇报。领导小组经过研究，本着确保古尸万无一失的原则，决定无论困难再大也要想办法克服，先派人赴重庆联系钢板，待钢板运来后，再让上海方面的专家连同设备一齐运来长沙开始打造。于是，联系人再改赴重庆联系钢板事宜。

但是，就在重庆的钢板未能启运时，三号墓的发掘工作已经开始，从发掘的速度看，这高压氮舱无论如何也无法在古尸

马王堆二、三号汉墓发掘领导小组成员在发掘工地上考察。图为组长李振军（右二）、副组长王冶秋（左一）、副组长夏鼐（二排左二）、办公室第一副主任张瑞同（二排左三）、湖南省博物馆负责人崔志刚（左二）、侯良（右一）及考古研究专家白荣金（二排左一）（侯良提供）

323

出土前打造出来了。在这种情况下，有人提出，一旦有古尸出土，即用飞机运往上海瑞金医院高压氮舱进行解剖，待长沙的氮舱制成后，再将古尸运回。面对这个提议，发掘领导小组再次召开会议进行研究。就在这次会议上，考古大师夏鼐首发异议，提出了"高压氮舱是否需要""有点氧气古尸就变化这样快"等疑问，并主张"一旦有古尸出土也不要运往上海，那样会造成不必要的混乱和麻烦，就目前发掘的季节来看，冬天即将来临，只要古尸上的丝织物取下来，即动手术解剖。然后放入药液中浸泡，变化应该是不大的，或者不会有什么变化……"

根据夏鼐大师的建议，发掘领导小组终于做出了关于古尸解剖、科研问题的最后一次决定：

一、开棺和解剖的地点，利用省博物馆楼上现在存放一号墓古尸的陈列室。届时可将一号古尸挪至室内一侧，腾出空间为三号古尸进行开棺，解剖。

二、室内应事先进行空气消毒。开棺后的工作过程中要在室内放置大量冰块，保持室温不超过15℃。拍摄电影和摄影中使用的光源，要求隔绝紫外线和红外线，以减轻光线和温度对文物、尸体的影响。

三、尸体解剖应按照无菌手术的要求进行准备和操作。室内人数应严加控制，谢绝不必要的参观。除少数领导同志外，在解剖和取样时，工作人员如下：

台上参加解剖工作人员3人；

台下技术顾问1人；

台下分装标本、取样2人；

台下登记、记录工作1人；

电影、摄影工作人员在10人以内。

四、为了减轻古尸组织在空气中氧化和破坏的程度，尽可能提高采取组织样品的质量，要求尽量缩短尸体在空气中的暴露时间。把一部分不会影响检查质量的检查项目，放到解剖以后并用福尔马林对尸体固定四周以后再去进行。

五、要根据尸体保存程度的几种可能性，采取不同的解剖和取样程序：

1. 三号古尸的保存程度如果达到或超过一号古尸时，可在剖开后先做内脏器官、软骨、肌肉等原位取样，取得的样品立即置入冰桶内保存，送做组织培养、电镜检查、生化和组化的检查。然后再分离内脏器官，完成解剖。

2. 如三号古尸的保存程度稍逊于一号，但内脏器官还具有轮廓，可在剖开后先做内脏器官的原位取样。取样完毕后即用福尔马林溶液浸泡，待固定四周后（或更长一些时间）再分离内脏器官，完成病理解剖的要求。

3. 如三号古尸的保存程度相当于木乃伊或仅留尸骸，则根据具体情况，选择几种可能做到的检查项目和取样。

六、以上各条规定适用于三号墓的古尸研究。以后如氮舱建成，则二号汉墓的内棺开棺和古尸解剖仍应在氮舱内进行。

当三号墓的内棺拉到省博物馆楼上的陈列室之后，按照发掘领导小组事先做出的规定，在做了充分的准备之后，于12月14日上午10时正式开棺。

陈列室里，只见发掘领导小组的领导分列两旁，或坐或站。神色严肃、庄重地看着摆在一块木板上的内棺。内棺和手术台前，王㐨、白荣金、王鹏程、彭隆祥、刘里侯、曾嘉明等考古、医学界的专家，各自坚守自己的阵地，如同进入战场的战士，只待战斗号令发出。在陈列室的四周，被特许前来照相、摄像、摄影的各路记者、摄影师，早已将各种不同的器材架好，镜头对准内棺，如同战场上林立的枪炮，严阵以待，只等开火接敌。与此同时，陈列室下部大厅和博物馆院内，无数的专家、学者和工作人员，交头接耳，议论纷纷，焦躁不安地相互打探楼上的信息。博物馆四周，军警密布，岗哨林立，严密监视着外部的一切动静。楼上楼下，室内室外，大家都在热切期盼着一个伟大时刻的到来。

陈列室里，随着王冶秋一声"开棺"的号令，摄影师的灯光全部打开，室内顿时明亮起来。王㐨和白荣金拿起工具迈步向前，按照事先研究的开棺方案，仔细地开启棺盖，由于有了数次的开棺经验，不到20分钟，棺盖得以顺利揭开。此时，所有的摄影、摄像、照相镜头都移上前来，对准棺内拍摄起来，室内的气氛骤然紧张。每个人都怀揣着一颗悸动的心，伸头跷脚地向棺内察看。只见棺内黑乎乎的一片，水面上漂浮着大片的丝织物，与一号墓内棺上层的情况相似。下面是否有尸体是众人关心的焦点。这时，白荣金随手找来一根长竹棍递给王㐨，心中忐忑不安地说："你先轻轻探一探，摸摸

325

情况再说。"王矛沉着地拨开丝织物，从头、胸、腹三处用棍探了一遍，神色立即大变，轻轻说了声："糟了！"这句话犹如一声闷雷，使在场所有的人心都蓦地往下一沉。王矛转身对戴着长袖手套的王鹏程说："老王，你先伸手摸摸，看看尸体还在不在。"

王鹏程移步向前，弯腰伸臂向棺内摸去。不多时，只见王鹏程缩手缩臂，举着一块形同朽木一样的东西大声喊道："骨头！"

"啊？！"众人情不自禁地以惊讶的神态看去，果然是一块人骨。

"完了！"有人惋惜地小声叽咕。

"出乎意料！"有人扫兴地说。

"这真是竹篮打水———一场空啊！"有人仰头长叹。

当王矛弯腰又向棺内摸了一遍，发现尸体确已腐烂，只剩骨渣时，室内的领导、摄影记者、医务人员，都像泄了气的皮球，呼呼啦啦地向室外涌去。"你们别走，这里头还有好东西。"王矛见状，颇为幽默地对众人呼喊着。但此时的众人已不理会他那似真似假的叫喊了，眨眼工夫，室内的人几乎全部走光。

室外的人听到棺内只有骨头而无尸的信息，纷纷冲上楼来观看。在一阵阵叹息、遗憾声中，只见湖南省博物馆副馆长崔志刚脸色蜡黄，眼里布满血丝，踉踉跄跄地挤上前来，对着手术台上那块骨头看了看，如释重负地对王矛说："老王，这次多亏没出尸体而出了骨头，要是再出一个死人，活人就得被折腾死，我也就没命了！"话刚说完，便因过度劳累而一头栽倒在手术台前昏厥过去。

是谁盗掘了二号墓

三号墓在发掘和开棺之前，从全国各地云集而来的各路科学界人士，曾信誓旦旦慷慨激昂地发表宣言："假如棺内的尸体完好地存在，我们就从各个角度、各个方面研究为什么保存得完好；假如尸体已腐烂，我们也要研究为什么会腐烂，腐烂的原因有多少个方面和条件组成……"大有兵来将挡、

第十章 遗恨中的慰藉

水来土掩的豪气。等到内棺打开，王鹏程用手摸出人骨后，似乎已没有人还记得当初这个豪气冲天的宣言，更没有人愿意去做"为什么腐烂"的科学研究了，只是湖南医学院出于不可推卸的东道主地位，将几块骨头做了医学鉴定，得出了一个墓主为30岁左右的男性的结论便草草了事。至于腐烂的原因，据考古人员推断，做出了"可能与墓室缺少的那块白膏泥以及棺椁有裂缝和封闭不严有关"的结论就画上了句号。

呈圆形的二号墓墓坑

既然三号墓没有出现大家盼望已久的完整尸体，考古、科研人员又将希望寄托于二号墓之中。从二号墓那庞大的外形看，出土一具像一号墓那样完整的尸体应该是可能的。于是，考古发掘人员在做了短暂的休整之后，怀揣着失望之后的希望，又于12月18日正式对二号墓展开了发掘。

二号墓在一号墓的正西方向，两个土冢毗连，中间相距23米，呈马鞍形。经测量，二号墓的封土堆高6米，底径为31.5米，就大小而言，和一号墓基本相同。在地质科研人员的建议下，发掘领导小组决定先启用推土机，把封土堆东边的一半推掉，这样可从西边一半的剖面检测封土内部的土质成分和结构情况。当推土机将东边的封土堆推掉后，露出了一个显然是人工挖掘又回填的大口子边痕。令考古人员惊奇的是，这个口子不像一、三号墓那样是一个方形的墓口，而是一个椭圆形的口子，且这个口子的四周也看不出有明显的台阶，整个形状像是一口被填满泥土的废井。面对这个奇怪的现象，考古人员有些蒙了，就当时全国已发掘的大大小小数万座汉代墓葬来看，还没有发现一座墓口是椭圆形的，就连见多识广、学识渊博的夏鼐大师也未曾闻知。鉴于以往的经验，考古人员认为这不是墓口，而是在修筑工程成功后，由于土质的变化而造成的陷坑，真正的墓口应该在这个陷坑之下。于是，发掘领导小组决定再动用推土机下推，直至找到墓口为止。当大型推土机冒着浓烟向下一米又一米地推进时，大家预想的墓口一直没有出现。再推进五米多深时，仍然是原来的模样。这时，王冶秋像突然感到了什么，急忙上前挥手示意推土机停止操作。他带领高至喜、周世荣、傅举有等考古人员，对着这个奇特的圆形大口子仔细观察起来。从显露的土层看，有明显夯筑的痕迹，不像是后来塌陷的淤土，当扒开土层观察坑壁时，也发现是经过人工刻意挖掘、夯筑的迹象。这一切都无疑证明，这个坑不是自然塌陷而是人工制成的。为什么要制成这样一个古怪的坑口呢？在场的考古人员开始议论、猜测起来，"会不会是个疑冢？"有人提出了疑问。

"说不定真是个疑冢，是古人为了预防盗墓而特地制造了这样一个古怪的东西，让盗墓贼摸不着头绪。"有人附和道。

"我看这不是疑冢，就是一座真正的墓葬。"一直参加一、三号墓考古发掘的老技工任全生提出了异议。由于任全生独特的经历和几十年的发掘经验，对于他的看法，大多数人很是看重，但像这种形状的墓坑，怎么在以前发掘的几万座墓葬中就没见到一个？假如真的是个墓坑，这里边的主人或主人生前的家人，是否是个疯子？如果不是疯子，怎么会横空出世地制造出这样一个稀奇古怪的墓葬坑？围绕着诸多疑问，考古人员产生了种种联想，又围绕着种种联想，提出了新的疑问。整

二号墓夯土形状示意图（作者绘）

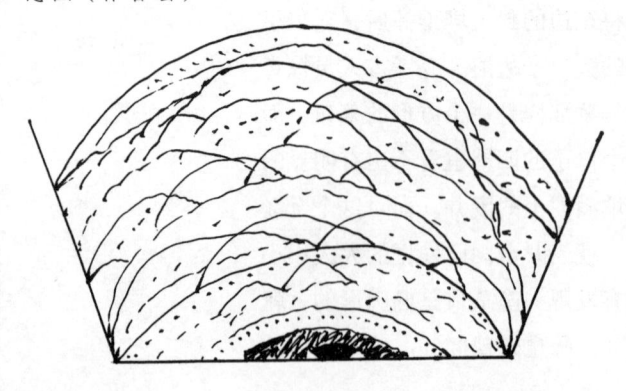

个坑口旁形成了一个众说纷纭、各执一词、相互间毫不退让的辩论场。

当大家争执得面红耳赤、口干舌燥之时，考古组长高至喜大声喊道："都不要争了，我看把夏所长叫来，让他给出面裁决一下，看到底谁是谁非吧。"这个提议得到了众人的拥护，高至喜指派了一个年轻的考古队员乘车到博物馆修复室去请夏鼐。

夏鼐本是一位谦和、谨慎的学者，当来到发掘工地后，面对眼前这个奇形怪状的坑口，他同样感到稀奇和不可思议，因为此前从未见过和听过，也就不便做出评判性的结论。但是，他凭着几十年的考古经验与渊博的学识，预感到这应是一个真墓坑，任全生的分析是有道理的。"我觉得不像疑冢，很像个墓葬坑，只是形式有些古怪离奇罢了。是不是先停止发掘，用考古探铲探一下看看，这样更稳妥些。"夏鼐望着走过来的王冶秋、李振军和高至喜、傅举有等人说。

"探铲太慢，调个钻探机怎么样？"李振军望了一下阴沉的天空问。

"我看可以，这样会快得多，夏所长的意见呢？"王冶秋在肯定的同时，又以征询的口气问夏鼐。夏鼐有些为难地说："严格说来，这钻探机是不能用的，因为这种机械冲压力太大，比不得探铲，有可能损坏墓中的文物。"

"眼看要来雨雪天气了，我们不能再拖下去了，必须尽可能地快些，让钻探机钻浅一点，我看问题不大。"王冶秋说着，夏鼐勉强地点点头："那就钻一下看吧。"

钻探机很快从湖南地质勘查队运来，随着机器马达的引擎轰鸣，钻探机的钻头旋转着沿坑壁的内侧向下深入，大约到10米深处，发现了白膏泥，接着又发现了椁板。看来这确是一座墓葬，老技工任全生有幸而言中。

看到这确凿的证据，大家自然不再争论，兴奋之中，考古队员一个个憋足了劲，满怀希望与信心地发掘起来。因为此前考古人员已经看到二号墓的封土被一号墓的西壁打破，当这次确认二号墓不是疑冢时，也证明此墓的年代应早于一号墓。

正当考古人员挖得兴起时，突然有人喊了一声："不好，这里有盗洞！"大家在大吃一惊的同时，急忙跑过来观看，只见这是一个四方形的洞穴，其大小可容一人，此时已有杂土覆盖，难以测知深度。"我看跟一号墓的盗洞差不多，不会有什么事。"考古队员熊传薪想起了发掘一号墓时那有惊无险的场面，安慰大家说。

"但愿如此，再挖一段看。"高至喜、傅举有附和着，大家又开始发掘起来。但刚挖了不到一刻钟，考古队员傅举有又大声喊道："坏了，这里怎么又出了一个洞？！"循着喊声，众人再次凑上来观看。这是一个呈圆形的洞穴，里面杂土更多，几乎将洞口填塞堵实，若不仔细察看，一时还不太容易认出。根据在一号墓发掘时任全生那"古圆近方"的理论，这个盗洞应是古代人留下的，但到底是哪朝哪代，考古人员又开始各持己见，判断和争论起来。"请任师傅过来看看。"在短暂的争论后，有人又想起了这位年轻人所不及的老师傅。

任全生蹲在盗洞前，用手扒了扒洞中的土，然后又敲了敲洞壁，轻轻地说道："我看像是宋之前汉之后的盗洞，看来情况有些不妙了，再挖一段看看吧。"

经任全生满脸严肃认真地这样一说，众人开始紧张不安，此时没有人再做争论，而是扬臂挥锹在洞穴的四周快速挖掘起来。大约又下挖了1米左右的深度，考古人员傅举有、周世荣先后在洞中发现了一只完整的瓷碗和零零碎碎的几件丝织品，另外还有漆木器等物件的残片。瓷碗和残片的发现，使大家的心情更加紧张起来。高至喜急忙将王冶秋、夏鼐、李振军等领导叫过来察看。经夏鼐大师初步鉴别，瓷碗属于唐代的产品，任全生再次言中，从瓷碗的年代可以推断，盗墓贼确是在汉之后，宋之前，而唐代的可能性最大。这样认为的理由是，汉代人显然不可能拿唐代的碗使用。再从这只碗的形状和质地来看，是一只极为普通的生活用具，像这样平常的生活用具，很难保存到宋代，何况唐代的瓷碗若保存到宋代，已经算是有价值的文物了，深知文物之利的盗墓贼怎会轻易扔到这里？唯一的可能就是唐代的盗墓贼，拿了这只平时在家中常用的瓷碗，作为打洞盗宝时喝水、进食之用，当用完后随意地扔入旁侧未再取走，故此，这只碗一直存留到现在。至于洞中零零碎碎的残片，则像是墓中殉葬品被撕碎砸烂后遗留下来的。也就是说，这个盗洞已深入棺椁之中，墓中的殉葬品已遭洗劫，且盗墓贼曾在这里做过短暂的休息或停留，并点验、捆绑、整理过从墓中盗出的器物。换句话说就是，早在1000多年以前（唐朝从建至亡在公元618—907年），就已被盗掘过

第十章 遗恨中的慰藉

了。其后的盗墓贼是否深入过墓室并取走了剩余的器物尚且不知。但据后来傅举有等人的调查，在1949年还有人前来盗过此墓，只不过收获不丰，只挖了几担木炭便了结了。算起来这件事应发生于夏鼐、石兴邦等到来之前，但夏、石等人当时似乎没有了解到这一事件。否则，夏鼐不会在这次发掘中，因摸不清内中详情而同意钻探。

看来，事实已清楚地向考古人员宣示，这个墓是真的不妙了。说不定同三号墓的棺内一样，又是竹篮打水一场空。

揭去最后一层面纱

尽管考古人员心中忐忑不安，但还是以一种"不到黄河心不死，不见棺材不落泪"的悲壮心境，继续发掘下去。从清理的部分看，墓坑呈椭圆状直筒形向地下伸展，到距墓底约3米处时，又变成了方形。在墓坑的膏泥填土中，不断发现一些同三号墓一样的青绿色的竹棍、竹片和原色的木屑、草根等物，引起考古人员格外重视的是，在膏泥层中还发现了一柄填土时使用过的夯锤，这柄夯锤用铸铁制造而成，出土时尚未生锈，外形呈圆台状，颇似一个口大底小的圆筒，看样子原来在上面装有一个长长的木柄，以便手执。但此时木柄早已腐烂成泥，无法找寻，只留夯锤尚留人间。经测量，夯锤底部的直径为5.5厘

在二号墓封土中发现的夯锤

331

米,而填土中那一层层尚能分辨的夯窝直径也是5.5厘米,二者正好吻合。同时还可看出,墓坑坑壁在经过版筑后,要用这种夯锤从侧面仔细地锤打一遍,而后再用细小的圆木棒加以夯打,以便做到牢固可靠。同三号墓发现的铁锸一样,这个小小夯锤的发现,也是中国汉代考古中罕见的生活劳动工具实物。

本来这个上圆下方的墓坑,已使人感到新鲜离奇,而墓坑中的填土也别出心裁地让人难以捉摸。其特别之处在于,每一层夯土都像圆顶帐篷那样,中央隆起,四周下垂,全没有一、三号墓那样平铺的印痕。如此离奇的墓葬形制,在场的人包括夏鼐和经验丰富的老技工,都前所未见。如何解释这种独特的墓葬形制,现场发掘的考古专家提出了多种看法,其中傅举有发表的意见最令人感到满意。这个早年毕业于中山大学历史系的研究生,对古代丧葬制度的研究颇有不凡的见地。他首次提出这是按照当时人们对宇宙的认识观建成的理论,并认为早在秦汉之前,人们的天宇观已经形成。在古人看来,天是苍穹,呈拱形,像个倒扣的蛋壳。地是方的,有如棋盘。天际之处,连接四海。其史料记载的"三光隐映,以为昼夜",正是对此宇宙观的描写。如汉代张衡的《东京赋》曾有"复庙重屋,八达九房。规天矩地,授时顺乡"的句子。从这个句子中可以看出,汉代的明堂复庙等建筑,已经是上圆以像天、下方以如地的格局了。古人根据视死如视生的灵魂不朽的观念,此墓也就模仿人世间的建筑格式,建筑成这种"天圆地方"的形式了。二号墓这种奇特墓葬形制的发现,也使考古人员想起了司马迁在《史记》中关于秦始皇陵地宫"上具天文,下具地理"的记载,也许秦始皇陵地宫的建筑,正是按这种天圆地方的规制建造而成,所不同的是内中的规模和装饰,要比二号墓气派和豪华一些罢了。但无论如何,这种如二号墓一样的建筑格局,盛行年代不会太长,从史料记载和考古发掘看,似是战国到汉初这一短暂时期内特有的产物。因为战国前未有史料如此记载,汉初之后,则被一、三号墓那样的新的形制替代,自唐至明清时代,则有了更大的发展和变化。

同三号墓相同的地方是,在进入二号墓室的墓道口两侧,同样有两个空洞,由于有了此前的经验,考古人员将洞中注入石膏浆,待凝固后,将四周的泥土掘开,里面分别露出了头插鹿角,用木头和泥草造成的呈跪状的守门人，一个高1.18米，另一个为1.05米。

当考古人员把墓坑中填塞的白色和黄色的膏泥清理之后，又露出了椁室四周厚10—70厘米的木炭，待把木炭清理完毕，里边露出了棺椁。由于墓穴的白膏泥原本就密封不严，加上后来盗墓贼掏挖的几个盗洞均已深入进来，所以棺椁早已塌陷。待清理后发现，棺椁上层已残腐，但底板尚完好。整体共有四层组成，自上至下底板宽分别为0.72米、0.95米、2.04米、3.69米，其一、二层的厚度基本相等，约为8厘米，三、四层的厚度分别为22厘米。根据上述情况，有的考古学家们认为一、二层为棺板，三、四层为椁板，有的则认为一、二、三层为棺板，第四层为椁板。但不管是二棺二椁，还是三棺一椁，若争论下去，似乎没多大的意义。发掘者们要做的，就是抢在冰雪到来之前，尽快结束田野工作。因为此时已是1974年1月上旬了。

经考古人员观察和测量，整个二号墓的墓坑是带墓道的竖穴，方向正北，距现地面深16米，上部的形状为不甚规整的椭圆形，南北长11.5米，东西宽8.95米，近底部3米构成长方形墓室，长7.25米，宽5.95米。尽管这个墓屡遭盗掘，但仍有一些零零碎碎的小件器物散落于棺椁之间。看来盗墓跟考古发掘的不同之处，也在提取器物上有着巨大的差异。再细心胆大的盗墓贼，也不会将墓中的一切器物全部盗走，这除了时间上的仓促外，还有一些器物盗墓者认为是没有多大价值和可以舍弃的。

正当考古人员在椁室中四处寻找和提取零散的器物时，1月10日傍晚，阴沉的天空突然飘起了雪花，至后半夜，雪越发紧了。到11日清晨，大雪已呈铺天盖地之势，远山近丘，荒野田畴到处是白茫茫的一片。此时朔风骤起，雪花飞扬，气温突降到零下4—零下5℃，这是长沙多少年来未遇到过的大风雪天气。考古人员在暗叹倒霉的同时，心中清楚地认识到，墓室里的珍贵文物和崩塌的泥土混合在一起，大部分还没有提取出来，而南方的气候又跟北方不同，一旦风停雨歇，冰雪融化，这10多米深的墓坑就有崩塌的危险，万一发生崩塌，不但里面的文物取不出来，而且发掘人员的生命也受到严重威胁。鉴于此情，发掘领导小组果断做出决定，调集最精干的力量，冒雪加紧清理墓室，务必抢在这场冰雪融化前清理完毕。为鼓舞士气，发掘领导小组中的几名军人领导者声称：这次清理，如同抗战中一样，这是"对日寇的最后一战"。

雪花覆盖了二号墓发掘现场　　考古人员冒雪在墓内清理
　　　　　　　　　　　　　　　（傅举有提供）

　　于是，考古人员拖着连日来疲惫困乏的身体，再次振作精神，进入墓坑，欲进行这自1972年1月马王堆汉墓发掘以来的、跨度为三个年头的"最后一战"。天上的飞雪依然飘卷回旋，凛冽的北风仍旧呼号不止，马王堆四周的树木已挂满了晶莹亮丽的冰凌，朔风吹来，树枝摇撼，不时发出"咯吱咯吱"的声响。几只乌鸦尖叫着在树木冰凌间穿行，越发给这个世界增加了恐慌与凄凉。

　　此时，考古人员蹲在墓坑，紧张而又一丝不苟地按照考古程序，搜寻和提取多数已被倒塌的棺椁和泥土压碎的器物。在雪水浸泡的污泥中，那镏金的嵌玉铜卮、错金的铜弩机，那银质或铜质的带钩，精美灵秀的铜鼎、玉璧、漆器、陶器等，在考古人员的耐心寻找下先后出土。由于墓坑相对地过于狭小，考古人员又在其中不住地来回搜寻，落入坑中的积雪渐渐融化，原来略显干燥的泥土被雪水浸湿，原来浸

第十章 遗恨中的慰藉

湿的部分已变成泥水混合的烂泥摊，许多零碎的器物沉入泥水中难以搜寻，考古人员不得不采取在池塘中摸鱼一样的办法，弯腰伸臂，将双手插入泥潭中一点点仔细小心地摸索。每日连续十几个小时的搜寻打捞，几乎所有的人全身都变成了泥人，腿脚麻木，双手被冻得发红、发紫。有的考古人员因在棺椁之间抠取器物，手指被腐朽有毒的木片刺破，鲜血淋漓，痛苦不堪，并且日后手指因中毒而腐烂，留下了无穷的后患与遗恨。

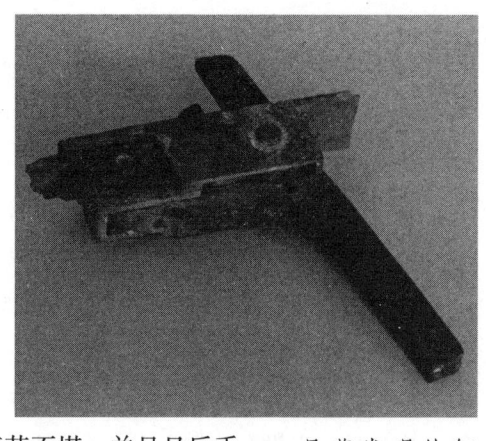

二号墓发现的铜弩机

尽管大家在极其艰难的环境和条件下，发挥了最大潜力，但几天下来，墓中还有器物未能取出。眼看又一个黄昏将至，被融化的积雪浸泡过的墓壁已出现裂痕，说不定哪一刻，整个墓壁就要崩塌，可能危及考古人员的性命。在这种险情日重的非凡时刻，站在风雪飘零的墓坑之上、负责指挥的李振军感到不能再这样干下去了，在同王冶秋等人做了商量后，决定立即调来起重机，将棺椁吊出墓坑，同时将墓室中的污泥浊水，全部装筐装桶用起重机吊出，同棺椁一并装入卡车，拉回省博物馆再做清理。经过一番紧张的忙碌，二号墓于夜色降临前算是全部清理完毕。这一天是1974年1月13日。

墓中的污泥浊水拉到博物馆后的第二天，考古人员又进行了清理。这次清理当然不再采用摸鱼抠蟹的方法，而是把一个铁筛放于水管龙头前，把污泥一点点倒入筛中，再借用水管的水慢慢清洗，这个方法的使用，使内中的大小器物无一遗漏地被筛选出来。包括墓坑中已被发现提取的器物在内，二号墓共发现漆器200多种，能够识别出器形的有耳杯、盘、奁、圆壶、器座和匕首等。其中耳杯约100件，盘约70余件。从这批漆器的特点看，以夹纻胎为主，花纹较粗

335

犷，多为凤鸟纹、几何纹、云纹等，但未见一、三号墓出土漆器中的锥画纹，也就是习惯上称的针刻纹。个别器物上还加饰铜扣和螺钿，但都没有书写任何文字。此外，还有先前未发现的残竹简、泥半两钱、泥金饼以及木梳、箧等物。其中残竹简书写着墨书，似是记载了墓主人与长沙王的某种关系，但因竹简残缺太多，无法做更准确的认定。

当从墓中挖出的污泥全部被淘洗完后，考古人员特别是发掘领导小组成员，在心情稍感轻松的同时，也不禁悲从中来，原期望已久的尸体出土，在三号墓落空之后，又将希望寄托在二号墓中。想不到这个从外表看去令人充满信心与希望的二号墓，几乎是腹中空空，不但未见到一点骨渣，就连期望中的器物也没有一件出土。其凄惨落寂之状，让人扼腕叹息。可以想象当年周恩来总理在做出那"争取取得比上次更大的成绩"的批示时，是不会想到这个结局的。如果说三号墓虽然没出土尸体，但其出土的帛画特别是帛书的价值，填补了尸体空缺的不足，并与一号墓形成了各具特色的考古景观的话，那么，这个奇形怪状，看似颇为唬人的二号墓的发掘，实在找不出一点理由和一件文物可与一、三号墓相提并论。想到连日来在冰天雪地中付出的辛劳，令人感到晦气又悲苦，真可谓百感交集、哭笑不得。

面对此情此景，王冶秋、李振军怀揣着复杂的心情在省博物馆一楼大厅内来回踱步，可以想见，他们同样于心不甘。就在这众人感到沉闷、压抑之时，突然，李振军像想起了什么，急忙来到考古队员身边说："将那些破碎的椁板也抬来冲洗一下，说不定还有什么东西呢。"这一提醒，众人尽管觉得有些道理，但似不再抱有大的希望。几个人无精打采地将椁板抬到水龙头前，开始冲洗起来。令所有的人都意想不到的是，随着哗哗的水流声，椁板上的污泥在被一点点冲除，也就在这时候，奇迹出现了。就在椁板底部的污泥中，考古人员胡德兴等发现了对整个马王堆汉墓的发掘至关重要的三颗印章。经鉴定，一颗是玉质私印，盏顶方形，长宽各2厘米，上刻阴文篆体"利苍"两字。另两颗是铜质明器官印，龟纽镏金，长宽各2.2厘米，分别刻阴文篆体"轪侯之印"和"长沙丞相"字样。三颗印章的发现，在确切地证实了墓主人是西汉初年轪侯、长沙丞相利苍的同时，也揭开了千百年来蒙在马王堆汉墓之上的最后一层面纱。它以无可争辩的铁证向人们证实，马王堆一、二、三号汉墓，正是轪侯利苍一家的葬地。也正是这一非

第十章 遗恨中的慰藉

同凡响的发现，使所有的考古发掘者，都忘却了连日的艰辛与内心的凄苦，精神为之大振。王㐨满怀激动的心情说道："这次可算找到了三座墓的眼睛了。"连日来一直心情沉重得脾气有些暴躁的王冶秋听后，不禁开怀大笑。回想当年，在一、三号汉墓发掘之后，虽然墓中随葬器物上写有"轪侯家"的物主标记和封有"轪侯家丞"的封泥，但仍有人坚持认为这些器物是轪侯一家送给长沙王的礼品，自然更有人依据文献记载，坚持认为是"双女冢""二姬墓"以及"长沙王妃"之墓等等。正所谓苍天不负苦心人，此次三颗印章的出土，在使一切的争论和猜测都不辩自明、烟消云散的同时，也使二号墓乃至整个马王堆汉墓的规格和考古价值，当之无愧地列入20世纪中国最伟大的考古发现之一。

二号墓发现的三颗印章："轪侯之印"（左）、"利苍印"（中）、"长沙丞相印"（右）

墓主人家族关系初断

既然二号墓中已出土了至关重要的标志着马王堆三座汉墓同系一个家族葬处的三颗印章，那么，这个家族到底是一种怎样的关系呢？考古人员在将发掘出土的器物做了初步整理后，很快写出了《长沙马王堆二、三号汉墓发掘简报》，在将发掘情况及出土器物向外界做了简单公布和说明的同时，也对三个墓主人在家庭中所处的地位及血缘关系，做出了初步的论断。

此前，对一号汉墓的年代和墓主人的问题，马王堆汉墓发掘、整理小组在正式编写出版的《长沙马王堆一号汉墓》一书中，曾经根据随葬器物的组合和特征，以及軑侯的世系等方面，推测该墓的绝对年代在公元前175—前145年之间，"即第二、三代軑侯时期"，并且指出"死者可能是这两代中某一軑侯的妻子，也可能是第一代軑侯的妻子"。但经过二、三号墓的发掘，证实了原先推断的一号墓年代的正确，对墓主人问题也得到了一个更加明确的诠释。

二号墓出土的"长沙丞相""軑侯之印"和"利苍"三颗印章，无疑是马王堆利苍一家墓地的确证。据《史记·惠景间侯者年表》和《汉书·高惠高后文功臣表》的记载，利苍是汉惠帝二年（公元前193年）被封为軑侯的，死于吕后二年（公元前186年），由此可知此墓已有2160多年的历史了。

需要旧事重提的是，在三号墓出土的一件木牍中，上书"十二年二月乙巳朔戊辰……奏主蔵君"等字样。查西汉初期纪年中超过12年的，仅汉高祖有12年和汉文帝初元有16年。三号墓出土有带"軑侯家"铭文的漆器，而汉高祖时利苍尚未封为軑侯。据山东临沂汉墓出土的元光元年历谱汉初在汉武帝太初改历以前，是使用颛顼历的规制推算，汉文帝初元十二年二月恰是乙巳朔。这样就肯定了三号墓的年代，确为公元前168年。

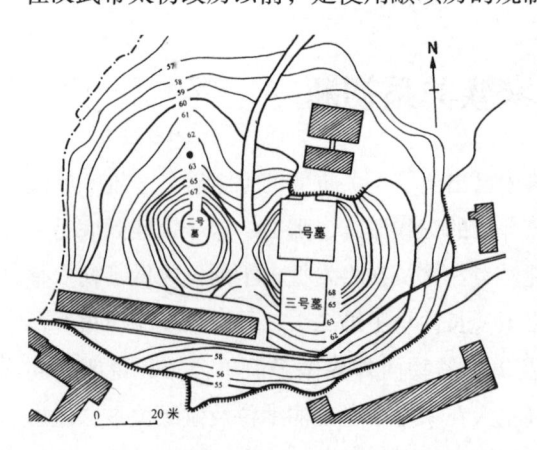

至于一号墓的年代，由于它分别

三号墓出土的木牍，即写给阴曹地府的公文

马王堆一、二、三号汉墓平面分布图

338

第十章 遗恨中的慰藉

打破了二、三号墓的形制，从地层关系看来，是晚于这两座墓的。但是，一号墓和三号墓的随葬器物，无论是漆器的形制、花纹和铭文，还是丝织品的图案，或者简牍文字的书体、风格都非常接近，往往如出一人之手；而一号墓出土的泥"半两"和三号墓填土所出"半两"钱，又同样都是文帝时间的四铢半两，因此，两墓的年代应该相当接近，可能相距仅数年而已。

弄清楚了马王堆三座墓的年代，那么三者之间的关系也就比较容易解决了。一号墓与二号墓东西并列，都是正北方向，两墓中心点的连接线又是正东西向，封土也几乎同大，这正是汉初流行的夫妻不同穴合葬的格式。利苍葬在西边，女尸埋葬在东边，正符合当时"尊右"的习俗。因此，一号墓墓主，毫无疑问就是第一代轪侯利苍的妻子，她比利苍晚死20余年。

三号墓紧靠一号墓的南方，即利苍妻子的脚下，两墓墓口相距仅4.3米。据鉴定，一号墓女尸的年龄为50岁左右，三号墓墓主人的遗骸为30多岁的男性，二者相差20多岁，当是母子关系。三号墓的墓主应是利苍的儿子。据《史记》和《汉书》记载，继承利苍侯位的是利豨（官职不明），他死于汉文帝十五年（公元前165年），而三号墓葬于汉文帝十二年（公元前168年），墓主显然不是利豨，而应是利豨的兄弟。

马王堆一、二、三号汉墓位置与形状模型

根据上述分析，可以把马王堆一、二、三号墓的年代和墓主人概括如下表：

项目 \ 墓号	二号墓	三号墓	一号墓
墓主人	长沙丞相 轪侯利苍	利苍的儿子 （利豨兄弟）	利苍的妻子
死亡或 埋葬年代	死于吕后二年 （公元前186年）	葬于汉文帝 十二年（公元前168年）	死于汉文帝 十二年以后数年

通过对二、三号墓的发掘，除了初步弄清以上这个在考古学中极为重要的谜团外，对比一号墓的情形，还使考古、科研人员对墓葬的保存程度问题，有了进一步的认识。马王堆三座汉墓的地理条件和封固方法完全一样，但其保存情况却各不相同。为什么会出现这样的差别呢？一号墓椁室的周围，填塞有厚60—130厘米的白膏泥，封固得相当严密，造成一个恒温、恒湿、缺氧、无菌的环境，所以保存情况较好。三号墓封固得还算不差，但椁室南端有的地方白膏泥薄至10余厘米，甚至露出木炭，不算十分严密，致使椁室多次积水，保存情况也就不那么好。二号墓的白膏泥虽然很多，但其分布不匀，很多地方根本没有白膏泥，未能形成密封的条件，所以保存情况很差。当然，"后世人为的盗坑，对密封环境的能否保持有较大的影响。但三座墓的差别更加说明，在防腐的效能上，白膏泥密封所造成的环境，是最主要的因素"。当这个秘密被揭开之后，考古人员根据出土器物，结合历史文献，对轪侯家族的生活以及那个时代背景下所特有的社会体制和独到的风土人情，开始有了一个总体推断——一个遁迹2000余年的谜团马上就要揭开。

第十一章
重组历史的碎片

西汉孤魂

青年利苍随项羽起兵反秦，再投刘邦反击项羽。不凡的人生经历，成就了一世功名。长沙国拜相，关键时刻献计诱杀英布，以功再封侯爵。长沙国的亿万富翁，奢侈淫逸的太夫人生活。一部辉煌的家族成长史。

轪侯利苍——刘邦的亲信

当轪侯家族的世系被弄清之后,马王堆汉墓发掘者和研究者接着迫切需要知道的,就是这个家族成员的生活经历及人生命运。关于马王堆二号汉墓墓主人轪侯利苍的生平,历史上没有专门的传记流传于世,只有《史记》和《汉书》分别在功臣表中做了简单的提及(前文已述),且《史》《汉》两家在记载上又有抵牾和参差之处。因此,只有将这些零散、简单的材料综合起来,加以校订和研究,再根据考古发掘的旁证材料加以推测,才能对轪侯家族不同人员的情况以及当时的社会风貌,有一个基本符合历史史实的了解。当然,几乎所有的考古人员和研究者都感到,要追寻已逝去2000多年的利苍的影踪,就无法绕开同轪侯家族命运紧密联系在一起的两个关键性人物——这便是汉高祖刘邦与长沙王吴芮。

刘邦其人其事,熟知中国历史的人自然不会陌生。这个秦朝末年小小的泗水亭亭长,竟在押解刑徒去骊山服役的途中,斩蛇率众举义,从此走上了武装反秦的道路。当风雨飘摇的秦王朝在各路义军的打击下土崩瓦解时,刘邦与当时最强大的义军首领西楚霸王项羽,又展开了一场争夺天下的大拼杀。双方经过4年的激烈交锋,刘邦终于在著名的垓下之役彻底击败了项羽,扫除了统一天下的最大障碍,并于高祖五年(公元前202年)二月初三,在"氾水之阳"的定陶即皇帝位,正式建立了西汉政权。

国家名义上得到了统一,刘邦也登上了九五之尊的帝位,看来已是万事大吉了。但是,刘邦深知,国家初建,面临的问题和困难还很多,首要的问题出现在国家内部。当年自己起兵反秦及

汉高祖刘邦像

第十一章 重组历史的碎片

在和强敌项羽的争霸战中，凭借一群梦想着称王称帝的乱世枭雄和政治野心家的支持与妥协，才成就后来这个局面的。既然霸业已成，而江山是大家共同打下的，胜利的果实自然要大家来分享。所以，在垓下会战胜利之后，刘邦不得不把大片国土分封给往日这些与自己共赴生死的弟兄们。他先后分封韩信为楚王、彭越为梁王、故韩王信为韩王、衡山王吴芮为长沙王、英布为淮南王、臧荼为燕王、张耳为赵王以及后来取臧荼而代之的卢绾八位异姓王。就当时西汉所占有的版图看，从太行山以东几乎都成了各诸侯王的封地，宛如战国末期残存的东方六国，占据全国半壁江山，与西汉中央王朝形成了对峙的政治格局。这些分封的诸侯王表面上对刘邦的中央政权表示臣服，但骨子里却依然残存着非分之想，并潜伏着向朝廷发难的危势。除此之外，另一个最为严重和棘手的问题，是来自外部的"胡越之害"。胡是指北方强大的游牧民族匈奴；越是指秦末在百越故地上建立起来的南越国政权，这个政权在东南沿海一带有很大的政治、经济势力。《汉书·地理志》颜注引臣瓒说："自交趾至会稽七八千里，百越杂处，各有种姓。"从今天的地理位置来看，百越所包括的势力范围，应是广东、广西、福建等我国广大地区和越南。假如这个庞大地区的割据势力，联合起来向西汉中央政权发动进攻，其后果自是严重和可怕的。

面对这种内忧外患的险局，一生都在琢磨如何"治人"，而不是被"治于人"的老谋深算的刘邦，同他忠诚谋臣张良、萧何在反复权衡思量之后，采取了一条看似颇为得力的重要措施，这就是由中央朝廷选派代表到诸侯国担任丞相之职，其目的是通过这个代表人物去监视各路诸侯的不轨行动，并加强对他们的控制。正是由于这种具有非凡政治意义的考虑，被派往诸侯国担任丞相的人选，各方面条件就要求得异常严格，而首要的条件，自是要绝对忠诚于中央朝廷，也就是说非刘邦本人的心腹亲信而不能担当此任。其次，被派去的人还应具备非凡的才能，要有能力控制住诸侯王及这个国家的臣僚，使他们服从于中央朝廷。这二者互为唇齿，缺一不可。倘只忠诚于中央朝廷而无驾驭诸侯的本领，或只具有才干而不忠于中央，都会造成适得其反的恶果。马王堆二号墓的墓主利苍，正是在这种政治背景和本身具备入选条件的情况下，才被派往由吴氏家族为王的长沙国任丞相的。

为什么中央朝廷，或者说刘邦本人选中了利苍，又为什么偏偏将他派往

343

长沙国而不是其他诸侯国？结合史料和考古发掘，研究者曾做了这样几种推测，那就是利苍本人——

一、来自苗族。

做这个推测的理由是：（1）"T"形帛画上画有苗族关于"九个太阳"的传说。（2）墓主没有穿裤子，随葬衣服中也没有裤子，数以百计的木俑也没有穿裤子。下身不穿裤子，而只穿裙子是苗族自古以来的习惯。（3）苗族认为他们的祖先是蛋生的。一号墓出土一箱鸡蛋，是与墓主人的民族习俗有关。（4）苗族人死后忌用生前的银器、铜器随葬。马王堆汉墓没有用金银铜器随葬，是与苗族习俗相吻合的。（5）一号墓主蓄有苗族的发式。（6）用大量食品随葬也是苗族的风俗。另外，研究者还认为利苍在封为长沙丞相之前很可能就是当地苗族部落的首领。

二、来自侗族。

认为墓主是侗族的理由是：（1）《汉书》称利苍为"黎朱苍"或"朱苍"，这是侗语对利苍的称呼。軑侯夫人"辛追"也属于侗族习惯的名字。（2）汉族是夫妻合葬，而侗族是母子合葬。一、三号墓是母子同葬一个山头，而二号墓利苍葬在另一个山头，正符合侗族的葬俗。（3）黑地彩绘棺上画的是侗族的神话传说故事。（4）墓中引魂幡做衣形，遣策也称它为"飞衣"，显然是侗族以衣招魂习俗的反映。（5）帛画中有许多鸟，反映了侗族偏爱鸟的习俗。（6）軑侯夫人辛追用的木梳和鹊尾鞋，也是侗族妇女的习惯，并且直到新中国成立前还在沿用。（7）墓中出土的乐器等保留了侗族古代葫芦笙的原始形态。（8）軑侯家用牛肉掺米粉腌制的"牛白羹"反映了侗族特有的饮食习惯。

三、来自越族。

认为墓主是越族的理由：（1）长沙王吴芮曾"率百越佐诸侯从入关"，有功封王。故长沙王吴芮的丞相利苍也是百越中的头目之一。（2）从氏族看，"利苍"即"黎朱苍"。黎姓的远祖是传说中的"九黎"，即后来的"三苗"，也就是百越。又，黎人即俚人，《隋书·南蛮传》说俚人"古所谓百越也"。（3）墓主人梳的是越人的发式。（4）墓中遣策食谱中多狗肉，这是越人爱吃狗肉习俗的反映。（5）从葬制看，也是采用越人惯用的土坑竖穴墓。（6）三号墓出土的大批帛书多带迷信色彩，反映墓主"好巫术"和"信鬼神";轪侯一家信奉的神是祝融和蚩尤,这些也是越人习俗的反映。

四、来自楚地。

认为墓主利苍一家是楚人的理由:(1)据《姓解》记载:"利,《左传》'楚公子食采于利',后以为氏。"则利氏在当时是只有楚人才有的姓。(2)利豨是楚人的名字,因"楚人谓豕为豨也"。(3)利扶失侯放归老家江夏郡竟陵,而利苍封侯的封地也在江夏郡的轪县,江夏郡是楚地,即今天湖北省汉水南岸的潜江,利苍一家为楚人。

从以上推测看,不论是来自苗族、侗族、越族还是楚地,利苍的出生地应在汉水或长江以南地区。根据《汉书·高惠高后文功臣表》中平皋炀侯刘它栏中记载的"功比轪侯"四个字来看,利苍与刘它的经历必有近似之处。汉高帝年间,曾对列侯18人做了位次的排列,到了吕后二年,又由丞相陈平主持,对当时的列侯137人进行了位次的排列,当时利苍被排在第120位,而跟利苍功劳相比的刘它,被排在了第121位。从刘它的经历看,其本名项它,原为项羽部下的一名将军,司马迁在《史记·项羽本纪》中曾提到过此人。刘、项垓下决战前夕,项它被刘邦手下大将灌婴俘虏于彭城。此后,刘邦对"项氏枝属"采取宽容收买的政策,赐姓封侯,授以高位。若干年后,汉中央朝廷将刘它与利苍的

吴芮的家乡瑶里

功劳相提并论，这就从另一个侧面说明了利苍与刘它有相同的经历，很可能利苍本人原来也是项羽的部将，在刘、项大决战的前后，弃项投刘。从利苍的籍贯看，他原来作为项羽的部将的可能性也极大。此外，在利苍墓中发现一件错金的铜弩机，上刻铭文"廿三年私工室……"从文字的风格和铭刻的款式看，它当制造于秦始皇二十三年。按照古代视死如视生的思想推理，这件铜弩机当是利苍本人生前使用过的实战兵器，并有可能陪伴利苍度过了颇为不凡的戎马生涯。这也是利苍有可能先在项羽、后在刘邦部下为将的一个间接证据。

在西汉王朝建立之后，利苍赴长沙国任丞相前，他的这一段经历到底是怎样的，史料无载，也没有旁证或发掘实物可供推测。但从刘邦对他的信任程度来看，似应在中央朝廷任职。不论做怎样的推测，利苍作为刘邦的亲信和中央朝廷信赖的人选赴长沙就职是无可争辩的。但是，在众多的诸侯国中，为什么要把利苍派往长沙而不是别的地方，刘邦及中央朝廷的谋臣为此做了怎样的考虑？要弄清这一点，还应看一看长沙以及其他诸侯国当时的政治背景。

关于长沙国国王吴芮的经历，史料多有记载。此人在秦朝时为番阳县令，很受当地百姓及江湖志士的敬慕。当陈胜、吴广等人举起反秦的大旗后，他亦率一帮生死弟兄开始与秦王朝为敌，并与项羽为盟。后来转降刘邦，并在楚汉战争中立下了卓越战功，被刘邦于高祖五年（公元前202年）封为长沙王。此时的长沙国是汉初分封的诸侯国中最为特殊的一个。西汉以前的长沙国只是秦时的一个郡，秦之前则属于楚国的地盘。虽然这次由郡改国后，在汉中央朝廷的诏令中明确规定以长沙、豫章、象郡、桂林、南海五地都归长沙国管辖。但当时的豫章实属以英布为国王的淮南国，而象郡、桂林、南海三地则为独霸

贾谊著《新书》（十卷）书影

一方的南越王赵佗所占，吴芮实际掌管的范围仅长沙一郡之地，约为湘江河谷平原的十三县之地。据做过长沙王太傅的贾谊于公元前174年上书说，汉初的长沙国民户只有25000，按《汉书·地理志》长沙国户口比例推算，那时的人口数为十一二万。由此看来这个王国是较小的。虽然长沙国国小人少，却夹在汉朝廷所属领地与南越诸国之间，是阻挡百越诸侯国进攻汉中央的门户，而利苍的原籍可能就在长沙国的版图之内。他对长沙国的地理环境、风土人情应该比较了解和熟悉，故让利苍到长沙国任丞相，除了监视和控制长沙国外，还有一个除他之外别人很难胜任的重要任务，那就是监视百越之地的诸侯国的异常动静，特别是军事方面的行动。以他身经百战的经历，这个重担是能够胜任的。

利苍就是在这样复杂的政治背景中，肩负着中央朝廷及刘邦本人的重托走马上任了。他上任后的情形是什么样的呢？按《史记·五宗世家》载："高祖时，诸侯皆赋，得自除内史以下，汉独为置丞相，黄金印。诸侯自除御史、廷尉正、博士，拟于天子。自吴、楚反后，五宗王世，汉为置二千石，去'丞相'曰'相'，银印。诸侯独得食租税，夺之权。"从以上的记载可以看出，就在利苍上任的西汉初年，诸侯国王的权力相当大，在这个小朝廷里，除丞相要由汉朝中央任命外，其余所有官吏都由诸侯王自己任命。诸侯王是王国的真正统治者，而丞相的职权只是辅佐诸侯王进行统治。虽然此时王国丞相使用的是极富权威性质和中央级规格的黄金印，但由于他所领导的官属

吴氏长沙国疆域图

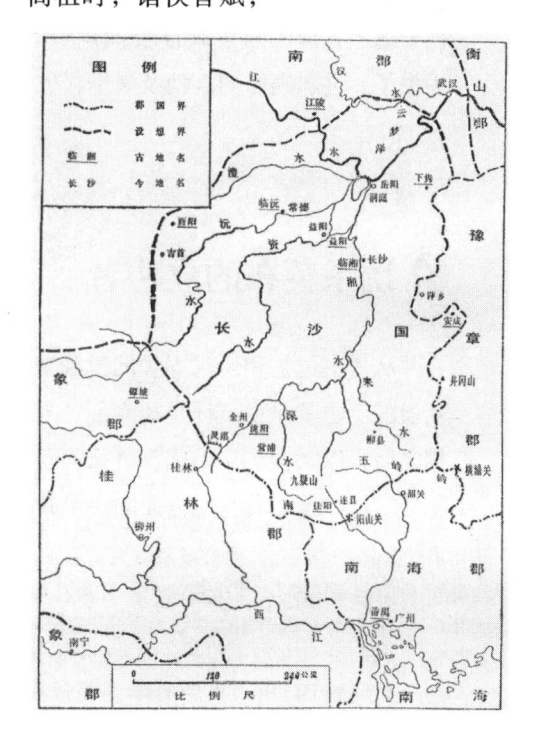

臣僚都是诸侯王的亲信，所以他的实际权力必然受到一定的掣肘和限制。可以想象，这个时期的利苍在长沙国所发挥的作用是不明显的。而其他被派往诸侯国为丞相者的政治命运，也应该与他相同。或许正因为如此，才出现了虽有丞相监视，但王国还是不断有叛乱和向汉中央朝廷发难的事情。继吴、楚七国叛乱之后，中央洞察到了这个缺憾，汉景帝决定改诸侯国的丞相为"相"，并规定王国朝廷的高级官吏统统由中央任命，与王国相都属于中央方面派来的人。这样，诸侯王被无形之中架空了，直接统治权完全被剥夺，而王国相虽然将金印改为银印，从外表上看，似乎职位有所降低，但权力却大大加强，并成为实际上王国的最高统治者。从利苍在长沙国为丞相的时间看，由于他在高后二年死去，生前使用的应为黄金印。但从马王堆二号墓出土的三颗印章看，除一颗私章是玉质外，另外两颗爵印和官印分别为铜质，显然不是原印，而是专为死者殉葬做的冥印。至于当年利苍用过的黄金印流落到何处，则难以知晓。不过，就在马王堆汉墓发掘之后，定居北京的语法修辞大师黎锦熙，看到了该墓的发掘简报，突然想到他在湖南湘潭的老家中，曾藏有祖传的"轪侯家丞"的铜印。待他寻找时，方知此印已被自己的孙子送于某位国画大师的孙子作为债务抵押了。再找某人询问，回答是早已丢失了。这颗铜印的真伪及来历，也由此而成了一个不解之谜。

诱杀英布的立功者

从《史记》和《汉书》的记载来看，利苍是在任长沙国丞相期间被封为轪侯的。也就是说，任丞相在前，封轪侯在后。那么他在长沙国任了几年丞相之后得以封侯，又是因为什么而受封的？为了回答这个问题，现将汉中央朝廷、长沙王、利苍三方面的关系开列如下：

公元前202年　高祖五年　长沙文王吴芮始封，当年卒，子臣嗣。
公元前201年　高祖六年　长沙成王吴臣元年。
公元前194年　惠帝元年　长沙成王吴臣八年，卒，子回嗣。

第十一章 重组历史的碎片

公元前193年　惠帝二年　长沙哀王吴回元年。利苍以长沙丞相受封为侯。
公元前187年　高后元年　长沙哀王吴回七年，卒，子右嗣。
公元前186年　高后二年　长沙恭王吴右元年。轪侯利苍八年，卒。

据上可知，利苍在任丞相之后，封侯之前的时间，应在汉高祖五年至惠帝二年间。另据史料载，早在利苍出任长沙国丞相之前，就有一个叫吴郢的人担任长沙国的"柱国"，这个官职是楚遗留下来的旧头衔，其权力和丞相是相同的。从吴郢的姓氏来看，极可能是长沙王的本家或者亲信，他在死前数年被免，而以利苍接替。从这个空间来看，利苍上任时应在汉高祖十年左右，距他封侯的时间三至四年的样子。在这样短的时间内，是什么特殊的功绩使他跻身于列侯的位次之中呢？尽管史料没有直接提及，但作为旁证，就不能不令人想到发生在这个时期的淮南王英布叛乱事件。

史料中关于英布的记载比较详细，此人是六县（今安徽六安东北）人，秦王朝统治时，只不过是一介庶民，且有点乡间地痞流氓的习气。在关于他的传记中，史家总是不肯漏掉这样一个故事，说英布少年时，有一个算卦先生对他说："你受刑之后就能称王。"到他壮年时，果真因为触犯大秦律法被处以黥刑（脸上刺字）。于是，英布笑着对别人说："以前有人说我受刑以后就能称王，大概就指的今日之刑吧。"周围的人听了不禁哄堂大笑，皆把他当作马戏团的小丑或不知好歹的疯子来看待。

就在这次受刑不久，英布被押至骊山修造秦始皇的陵墓，也就在此期间，英布结交了不少同为刑徒的豪壮之士，并瞅了个机会，率领一帮患难弟兄逃出骊山工地，流落到长江一带做了强盗。陈胜起义时，英布见天下已乱，正是英雄施展本领，实现政治抱负的大好时机，便率众投靠了番阳令吴芮，跟其一道举兵反秦。吴芮见英布威猛机智，是难得的英雄豪杰，便将女儿许配与他，两人结成了亲缘关系。

在之后天下纷乱的若干年内，英布先是转归项梁，项梁死后，又归属项羽，再后来又弃项投刘，跟随刘邦转战各地，骁勇无比，屡建奇功，直至西汉王朝建立初年，被刘邦封为淮南王，成了一个诸侯国的小皇帝。至此，英布当年在受刑后的妄言竟真的变成了现实。可惜好景不长，到了高祖十一年（公元前196年）三月，刘邦在其妻吕后的挑唆和主谋下，继谋杀了楚王韩信之后，又将梁王彭越送上了断头台。为达到杀一儆百的效果，刘邦竟命人将彭越的尸体剁成碎块，煮成肉酱，派人分别送给各诸侯王品尝。

英布与韩信、彭越在楚汉战争中曾立下了汗马功劳，刘邦称帝后，他们三人的命运紧密相连，可以说一损俱损，一荣俱荣。如今当英布得此韩、彭两人先后惨死的消息，并意外地收到了彭越的肉酱这一极其血腥和暗伏杀机的"赏赐"后，不禁惊恐万状，立即部署军事力量，以备不测。恰在这时，淮南国中大夫贲赫因和英布的姬妾偷情东窗事发，深知大事不妙，便仓皇逃往长安，向刘邦诬告英布谋反。英布知道贲赫一旦逃到长安，必然将自己的军事部署和意图报告刘邦，生性多疑的刘邦自然不会放过置自己于死地的机会，必然带兵前来征讨。于是，英布干脆一不做、二不休，遂屠杀了贲赫全家，起兵叛汉。

英布起兵后，先向东攻击荆国，荆王刘贾（刘邦的叔父）大败而逃，死于富陵乱军之中。英布合并了荆国军队，乘胜北上，渡过淮河，又将楚国刘交（刘邦的弟弟）军队击溃，然后率大军向西挺进。一时，淮南国军队声势浩大，锋芒所及，无人能敌。西汉中央政权受到了极大威胁。在这危急关头，刘邦不得不强撑着病体，亲自统率大军前来征讨。高祖十二年（公元前195年）冬十月，刘邦大军跟英布军队在蕲县西面的会缶乡遭遇。刘邦见英布军锋芒甚健，不敢贸然迎战，便在庸城（今安徽蕲县镇西）固守营壁，英布也排兵布阵，欲与刘邦决一死战。刘邦打马从城中出来，望见英布所布军阵，跟项羽当年的布阵很是相似，内心不免有些畏惧，便想用说服的办法劝英布罢阵息兵，但刚说了句"我平日待你不薄，你何苦要反叛呢？"想不到英布却极不买账地说："什么反叛，我不过也想尝尝当皇帝的味道罢了。"

刘邦听后大怒，纵兵攻击。英布军抵挡不住，向后撤退。当渡过淮河后，双方又经过几次激烈的拼杀，由于多种原因，英布再度失利，只好退到长江以南。正当英布欲寻机会重整旗鼓，再度反攻时，刚好长沙王吴臣（吴芮之子）派人前来，声称要接他到长沙国去休整。英布想到吴臣的姐姐是自己的妻子，两家关系素来交好，这吴臣应是真心实意地对待自己，便怀着感激之情，率部跟随说客向长沙国而去。但英布万万没有想到，当他刚走到番阳县兹乡时，就被长沙王吴臣事先埋伏在那里的兵丁杀死了。

当刘邦得知长沙王诱杀了英布后，对吴臣这种审时度势、大义灭亲的举动非常感激，同时也对刚刚上任时间不长的丞相利苍表示赞赏。很显然，能使长沙王在这关键时刻毅然站在汉中央朝廷这一边，并采取果断措施消灭英布的决策，是与利苍的努力分不开的。或许，正是他的因势利导和种种努力，才使长沙王最终有了这个非凡的举动。从这一点上看，利苍没有辜负中央及刘邦本人的期望，并出色地完成了任务。面对长沙王及利苍立下的功劳，本应得到中央朝廷的封赏，可惜刘邦在与英布交战中，不幸为流矢所伤，待次年返回长安后，因箭创复发，不久即死去。或许鉴于异姓王相继叛乱的教训，或许是出于对其妻吕后的芥蒂和防范，就在刘邦行将归天的弥留之际，他召集列侯群臣一同入宫，命人杀了一匹白马，一起盟誓道："从今以后，非刘氏不得封王，非有功不得封侯。如违此约，天下共击之！"这个时候，原来分封的八个诸侯王，除长沙王外，全部被除，其封地渐渐被九个刘姓王瓜分。

刘邦去世后，太子刘盈继位，是为惠帝，尊吕后为皇太后。惠帝年刚17岁，秉性懦弱，身体不好，由其母吕后临朝称制，掌握了实权。尽管刘邦生前为刘氏天下的稳定久远，想了种种招数，做了种种限制，但历史上的吕后时代还是不可避免地到来了。

尽管吕后当权，并开始思虑如何为她的娘家人谋取更高更大的职位，但毕竟刘邦刚死不久，鉴于虎死威尚在的政治惯性和"白马盟誓"的遗训，这就不能不使吕后在对臣僚的分封赐赏时，暂且照顾大局。于是，从惠帝元年（公元前194年）开始，中央朝廷对在平叛英布的战争以及其他方面立下功勋的臣僚进行封赏，并对所有的列侯重新排了位次。从《汉书·高惠高后文功臣表》来看，那个因和英布的姬妾通奸东窗事发，而后跑到长安告英布叛乱的贲赫，以"告反"的功劳被封了个"期思康侯，二千户"。因此时在诱杀英布中立下过功劳的长沙王吴臣已死，所以惠帝元年九月，新继位的长沙王子便顷候吴浅便"以父长沙王功侯，二千户"，算是父功子享了。惠帝二年四月，长沙丞相利苍"以功封为轪侯，七百户，列120位"。此时全国的列侯为180多人，利苍这个位次算是中间偏下。

利苍死于吕后二年（公元前186年），死时五六十岁。从他的年龄和任职的政治背景看,应该属于正常的死亡。据《史记·惠景间侯者年表》载,有醴陵侯越(姓氏佚),于高后四年(公元前184年)以长沙丞相封侯。从时间上推算,上距利苍之死仅隔一年,可见这个醴陵侯越就是利苍的继位者,有可能利苍是在长沙国丞相任上死去的,他在职的时间应在八至十年之间。

太夫人的生命历程

通过考古发掘证实,马王堆一、二号墓属于不同穴的夫妻合葬墓。一号墓的女主人无疑是二号墓墓主轪侯利苍的妻子。研究者在尽可能地推测出利苍生前的经历及政治活动的轨迹后,对这位长眠2000余年不朽的神奇夫人生前的经历,也应做一个基本的推测。

首先是关于这个女人的姓名。正如前文所叙,考古人员在一号墓的殉葬品中,发现一颗极其重要的上刻"妾辛追"三字的泥质印章,这当是墓主人的私章。按照古代或者是近现代通常的提法,男子的原配或正配的女人称妻,后配或副配的女人叫妾,习惯上妾也称小老婆或姨太太等。如《汉书·贡禹传》就有"诸侯妻妾,或至数百人"的记载。关于妻妾的记载,各种书刊多如牛毛。但这里要解释和加以说明的是,此妾非彼妾,要是将一号墓的主人理解为轪侯利苍的小老婆或姨太太之类就不合情理了。因为从汉代的制度来看,男人称臣,女人称妾似乎是个通例,是谓"臣妾男女贫贱之称"也。不仅如此,即使是皇后在皇帝面前也自称妾。《汉书·外戚传》载皇后上疏的一段文章

根据马王堆一号汉墓出土女尸头骨模拟的墓主辛追18岁画像

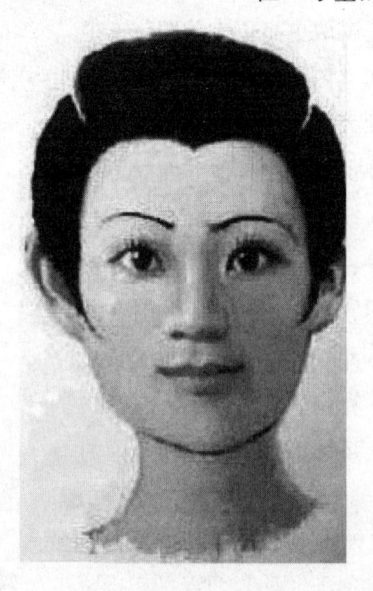

中，就有"诏书言服御所造，皆如竟宁前，吏诚不能揆其意，即且令妾被服所为不得不如前。设妾欲作某屏风张于某所，曰故事无有，或不能得，则必绳妾以诏书矣"的句子。按说贵为皇后，已不再贫贱；但这里仍以妾称，大概出于谦虚之意。既然皇后在皇帝面前称妾，那么诸侯之妻也自然在位高权重的丈夫面前称起妾来，想来马王堆一号汉墓的主人即是如此。

"妾"字问题得到了解释，后面还有"辛追"两字需做说明。当这个印章出土时，有研究者认为墓主人姓辛，故称作辛氏。但后来有研究者给予了否定，理由是从汉代印章的制度来看，无论男女，在"臣"或"妾"的后面都只有名，而无姓。如《十钟山房印举》中所举的单面印章的例子"妾繻""妾剽"等就是如此。双面印则更清楚，一面是"姓款"，另一面则是"妾款"。如一面是"吕因诸"，另一面则是"妾因诸"。男的也是如此，如正反两面分别为"贾宽"和"臣宽"，"高长安"与"臣长安"。虽然这些印章时代有早有晚，但在汉代的整体形式是统一的。因此，一号墓出土的印章中的"辛"字绝不是姓，称作辛氏自是不妥当的。但出于研究上的方便，将辛追两字合起来，只称其名也是可以说得过去的。

马王堆一号汉墓墓主青年时代塑像

从马王堆三座汉墓发掘情况的比较推理来看，一号墓的下葬年代当在汉文帝十五年（公元前165年）左右，因为三号墓曾出土了墓主人于汉文帝十二年入葬的木牍，而从一、三号墓"打破关系"的土层情况分析，一号墓比三号墓稍晚，所以定在汉文帝十五年左右。当然，这个推理是限制在墓坑修造完毕即入葬的范围之内的。就墓葬的形制格式来看，从修造完毕到入葬的间隔似乎不大。那么，以上的推理应该基本符合当时的情形。

既然入葬的年代已定，经过医学鉴定，辛追死于50岁左右，那么按汉文帝十五年左右向前推50年，则是公元前217—前215年左右，即秦始皇三十年前后。也就是说，在她的丈夫利苍死时，辛追才30岁左右，利苍比她大20多岁，属于老夫少妻的一类。也就是说，当利苍跟随项羽、刘邦转战南北、驰骋疆场时，辛追尚是一个不懂事的娃娃。两者在年龄上如此大的差距，那么他们是如何结合在一起的呢？

根据马王堆汉墓出土的器物及墓主的装饰，专家们对辛追及利苍的出生地，曾做了属于苗族、侗族、越族和楚地等不同的推测。但这些推测中，似乎没有人注重医学研究成果所提供的信息，如果将湖南医学院等医学科研单位在解剖辛追的尸体时，发现其直肠和肝脏内积有大量血吸虫卵这一事实加以考虑，或许会认为这个女人的故乡属于楚地，也就是当今湖南北部、湖北一带的可能性最大。因为血吸虫多产生于湖泊沼泽地区，据医学部门的研究报告称，血吸虫卵一般都寄生在水中的钉螺体内，当血吸虫的毛蚴在钉螺体内孵化之后，便在水中四处活动。由于这种小虫活动力极强，几乎是无孔不入，且又小得难以用肉眼看到，所以当人体浸入水中之后，很容易被其乘虚而入，借着擦伤、破皮，或某个部位的空隙钻入人体之中繁衍生长，并给人的生命带来极大危害。从史料看，湖北一带的长江、汉水流域，原与云梦泽连成一片，形成了巨大

血吸虫循环图

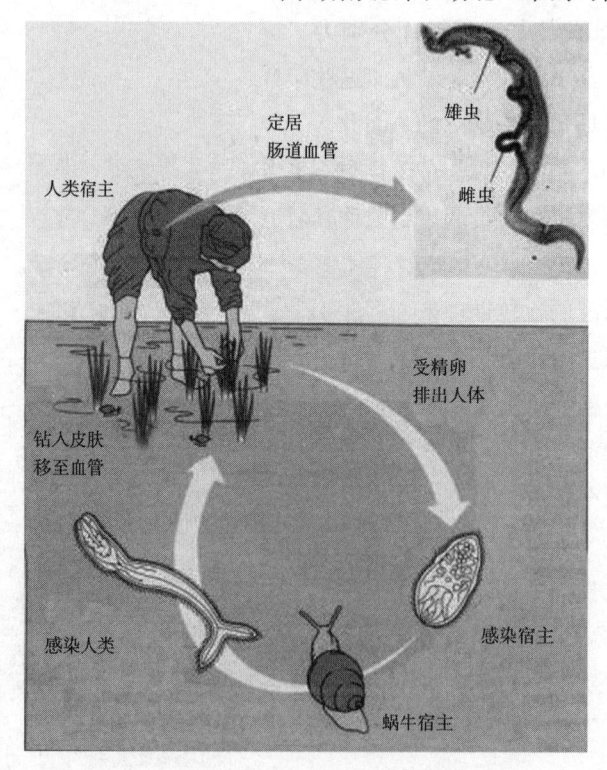

第十一章 重组历史的碎片

的江河湖泽地区，而这个地区自古以来就是血吸虫病颇为流行的地方，由于面积庞大，受害的病人众多，加上医学水平和医疗条件的限制，几千年来总是得不到根治。这种境况直到新中国成立后才有了划时代的改变。可以想象，辛追体内的血吸虫卵，正是幼年时在这片沼泽湖泊中被感染所致。如果辛追的童年和青少年时代不是生活在此处，而是在更南端或偏东南的少数民族地区，其体内的血吸虫卵问题就很难做出合理的解释。假如以上的推测成立，进而还可推引出这样一个有趣的问题，那就是辛追出身于一个底层的农民家庭，青少年时曾在沼泽里参加过种稻、收割一类的体力劳动，因为从一般的医学理论上讲，只有经常下水，且有破皮、擦伤或饮用沼泽湖泊的生水的人，才会导致血吸虫病菌的感染，否则，不会受到侵害。也就是说，辛追是由一个底层的经常下水田劳动的农村娃，荣幸地成为软侯贵夫人。关于这个推测，早在湖南医学院等科研单位在出土的女尸体内化验出血吸虫卵时，就有人极富想象力地提出过，并戏言："这个女人原来也是跟我们一样的劳动人民，只是后来变修、变质了……"但是，这个推测没有得到医学界的认同，其理由是，通过医学观察，只要身处血吸虫卵密布的地区，哪怕是不下水泽，只是洗个手，也有被感染的可能。如果真是如此，对辛追的家庭状况及青少年的经历，就很难揣摩了。因为无论是贵族还是平头百姓，都总是要洗手的。

关于利苍与辛追相识、结合的经过，研究者有多种推测，但大多不能令人信服。唯湖南省博物馆研究员傅举有先生的推测，看上去还有点合理的成分。按傅氏所言，利苍很可能和辛追是同乡，但不一定很早就相识，当辛追还处于童年时，已是青壮年的利苍便离开家乡，投奔到项羽等反秦的队伍中，并参加了南征北战。秦亡后，利苍又在刘、项之间展开的某次大战中归属刘邦，并在灭楚的战争中立下了功劳，成长为一名将军。当楚汉战争结束全国统一后，利苍很可能在中央朝廷做官，也有可能转到老家一带为地方官。不论这两种情况的哪一种，利苍在全国统一后，曾衣锦还乡并逗留过一段时间则是情理之中的。也就在他回故乡的这段时间，大半生戎马倥偬，未来得及婚配的他，或者是自己偶然相识，或者是经邻里官僚们穿针引线，便娶了当时正处于花季时节的美貌女人辛追。他们结婚不久，便生下了一个儿子利豨。其后，十八九岁的辛追，又随着丈夫调任长沙国丞相这个有权有势的职位，带着幼小的长子一同来到长沙国的首都临湘（今长沙市）定居。这便是辛追前半生的经历及与利苍结合的大体经过。

长沙国的亿万富翁

自辛追携子随夫来到临湘定居之后，身为长沙国丞相的利苍算是有了个娇妻爱子皆备的完美家庭。他们一家的住处早已荡然无存，甚至连一点可供探察的线索也没有为后人留下。2000年后的考古工作者，只能从马王堆三座墓葬的出土器物中，推测利苍一家当年生活的情景。

显然，这三座墓葬中的器物，远不能代表利苍一家的全部财富，但仅仅是这豪华无比、精美绝伦的3000多件珍品，已经让人深感震惊和意外了。一个受封仅700户的小侯，何以会聚敛到如此繁多精美的财物？其经济来源主要出自何处？这是一个研究和推测起来都极为烦琐的命题，似乎只有将利苍任丞相的长沙国、封侯之后的封地轪国以及汉中央朝廷三个方面联系起来才能看出个眉目。

正如前文的推测，利苍是在任长沙国丞相三至四年之后才得以封侯的。在此期间，他的经济来源与封地轪国还没有发生关系，而主要靠长沙国以官俸的方式供给，间或也可得到中央财政的补给。那么，他得到的官俸是多少，长沙国的经济状况又是如何呢？

有研究者曾根据《汉志》户口数字和杨守敬编撰的《前汉地理志图》所载西汉人口密度图推断，当时的黄河流域人口密度最高达每平方公里200人，一般也在50—100人。而长沙国的人口密度则小得多，根据《汉书·地理志》所载元始二年（公元2年）长沙国的户口数字来看，这时的长沙国面积大约为71000平方公里，人口增长到23万多人，人口密度约为每平方公里3.3人。当然，此时上距利苍为长沙国丞相的时代约200年，按照汉初的情况看，那时长沙国的人口密度不会大于每平方公里2人的数字，这个数字当是在西汉各诸侯国中最低的。在以小农经济为主要生产、生活方式的汉初，人口的多少是该地区开发的最原始、也是最根本的动力，没有人，就谈不到大的开发和提高生产力。长沙国人口密度如此之低，可见生产力与生产水平以及对地区开发规模，也是极其低下和迟缓的，经济状况也就自然地低下和匮乏。这一点，较轪侯利苍稍晚，相当于第二代轪侯时期的贾谊，在奉皇帝之命赴长沙国作为长沙王太傅时，"既辞往行，闻长沙卑湿，自以寿不得长，又以适去，意不自得。及渡湘水，为赋以吊屈原"而自伤。这位长沙王太傅在长沙任职的3年间，总是郁郁寡欢，并借服鸟之赋，一再抒发哀悼悲伤之情。当这位书生味十足的贾太傅于3年之后重返长安时，在给皇帝上奏的治安策中说道："臣窃迹前事，大抵强者先反。淮阴王楚最强，则最先反；韩信倚胡，则又反；贯高因赵资，则又反；陈豨兵精，则又反；彭越用梁，则又反；黥布用淮南，则又反；卢绾最弱，最后反。长沙乃在二万五千户耳，功少而最完，势疏而最忠，非独性异人也，亦形势然也。"贾谊在此所说的"形势"，固然方面很多，但其经济形势则是至关重要的一个因素，正是处于经济上的贫困落后，长沙国才始终未敢背叛中央朝廷。想起当年长沙王吴臣不顾亲戚情面，用计诱杀自己的姐夫、淮南王英布（黥布），与自己处于弱小地位以及对中央朝廷的恐惧是分不开的。

  长沙国这种国匮民穷的状况，似乎在相当长的一段时间内没有出现转机，《东观汉记》载：元和中，荆州刺史上言：臣行部入长沙界，观者皆徒跣。臣问御佐曰："人无履，亦苦之否？"御佐对曰："十二月盛寒时，并多剖裂血出，燃火燎之。春温或脓溃。"元和（公元84—86年）是东汉章帝刘炟的年号，上距利苍为长沙国丞相的时代已逾200多年，但此时长沙国的百姓贫穷得在寒冬腊月连鞋都穿不上，可见刚刚经过秦末之乱和楚汉战争的西汉初年的长沙国，其经济状况及人民生活水平会低下到何等程度。

  就是在这样的情况下，利苍奉命赴长沙国任丞相。毋庸置疑的是，诸侯王的丞相是王国官僚机构中最高级的长官，王国里掌管内政的内史和掌握军政大权的中尉，都无一例外地要听命于丞相。诸侯王对王国人民的统治和剥削，也自然地通过丞相来具体执行。也就是说，此时的利苍是长沙国统治集团中仅次于长沙王的第二号人物。

  由于利苍上任的头几年并未封侯，故可推断他的经济来源主要靠2000石的官俸。当然，这个2000石以上的官俸，仅仅是一个公开的硬性的经济收入数字。按《汉书·高帝纪》载高祖五年（公元前202年）的诏令说："其七

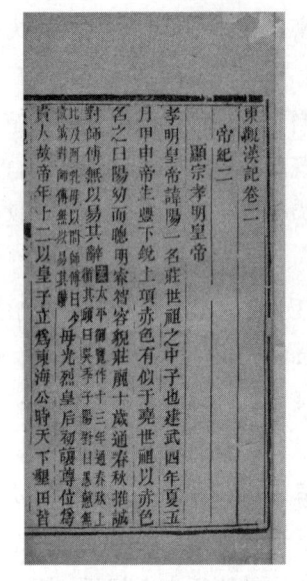

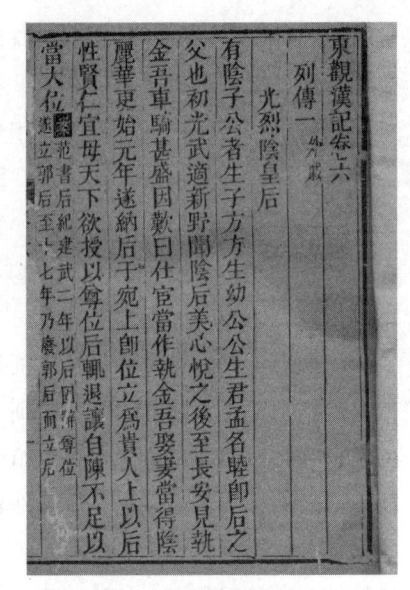

《东观汉记》卷二书影　　《东观汉记》卷六书影

大夫以上，皆令食邑。……七大夫、公乘以上，皆高爵也。诸侯子及从军归者，甚多高爵。吾数诏吏先与田宅，及所当求于吏者亟与。"颜注引臣瓒曰："秦制，列侯乃得食邑，今七大夫以上皆食邑，所以宠之也。"这里说的七大夫即上文提到的公大夫，也就是二十等爵中第七等爵之名。看来刘邦对七等爵以上的贵族格外优待，除给他们食邑外，还命地方长官供给他们田宅。正是由于有了这道明令的庇护，故从西汉初年开始，各地达官贵人四处巧取豪夺，横行乡里，鱼肉百姓，不仅兼并了大片土地，还抢占修筑了大量房宅。随着这股兼并抢占之风的愈演愈烈，使越来越多的百姓饥寒交迫，流落街头，直到西汉末年，造成了阶级矛盾极其尖锐的冲突，并迫使中央朝廷加以限制。可以想象，在西汉初年出任长沙国丞相的利苍，是不会置这个大发横财的机会于不顾的，就他显赫的地位和掌握的重权看，所抢占的田宅应不在少数，这个软性的数字，应该高于他的官俸百倍甚至千倍以上。如此一来，他家中聚敛的财富就相当可观了。

当然，以上说的是利苍只任丞相而尚未封侯之前的经济收入，当他于惠帝二年被封为轪侯之后，又无形地增加了一根强大的经济支柱。

从表面上看，利苍受封仅700户，为数不多，位次也不高。汉初列侯封户最多者为16000户，最少者500户，而以封一二千户的人数比例最大。若单从封户来看，轪侯应算个很小的侯。但列侯这个级别本身就是非常高的贵族，他是汉初二十等爵中最高的一等（第二十等），是仅次于天子、诸侯王的第三级贵族。当利苍初受封时，全国的列侯才有140多人，其中不少人兼任汉中央朝廷重要官职，没有兼任官职的多住在长安，随时参与国家大事，只要朝廷面临重大问题，皇帝便命丞相与列侯、中二千石、二千石等公卿共同商讨，朝廷需要人才，仍由这些人举荐。由此可见，列侯这个贵族阶层，是汉朝政权的重要支柱。正因如此，才在汉人的文章中出现了"王侯"并称的词句。

利苍既封轪侯，那么他的封地自是在轪县，但这个轪县到底在哪里，他与封地的关系以及从封地中得到的财富又是多少呢？

关于轪侯的封地，文献上有两种不同的说法，根据两说来印证今天的地名，一说在今河南省境，一说在今湖北省境。当初考古研究人员在编写《长沙马王堆一号汉墓发掘简报》时，就根据史料断定汉轪县"约在今湖北省浠水县兰溪镇附近"，但经过后来研究者深入细致的推理，利苍所封侯的轪县并非在湖北，而是在今河南省境内的光山县和罗山县之间。看来这个推测更可靠些。《简报》的推测是错误的。

按汉制，凡列侯所封之县改曰国，其令或长改曰相。轪侯虽封于轪国，但他在长沙国为官，家属仍居住在长沙国的首都临湘，与轪国并无行政上的隶属关系。轪国的实际行政长官是轪相，轪相是中央朝廷任命的官吏，并非轪侯的臣属。轪相与轪侯的关系只是按期将轪国700户的租税派吏卒运送到轪侯家而已。

显然，整个轪国的总户数绝不止700户，按《汉书·地理志》载，轪县所属之江夏郡共辖14县，总数为56844户，这就是说平均每个县为4060户。即使当时的轪县再小，也应当在千户以上。故汉中央朝廷名义上将轪县改为轪国，实际上只是将轪县缴纳租税的民户拨出700户，让其上缴的租税再转交于轪侯利苍一家，其余的租税仍归汉中央朝廷所有。

既然轪国700户的租税归利苍一家所有，这700户所交的租税数额又是多大呢？据《史记·货殖列传》载："封者食租税，岁率户二百，千户之君则二十万，朝觐聘享出其中。"这个记载当是西汉初期列侯封邑食税的证据。按这个证据推测，轪侯利苍封于惠帝初年，其时当是《史记》所载的食税制度，也就是说，轪国被划出的700户，每户要出200钱供于轪侯利苍一家食用，算起来总数应为14万钱，这便是轪侯利苍从封国所得到的经济收入的大体数字。

但是，另据《汉书·匡衡传》载："郡即复以四百顷付乐安国，衡遣从史之僮，收取所还田租谷千余石入衡家。"这段记载当是西汉中期以后，列侯封邑食租的证据。有史家钱大昕在《廿二史考异》中，就匡衡的食租问题考证说："以是推之，列侯封户虽有定数，要以封界之广狭，定租入之多寡，不专以户数为定也。"这个推论是有道理的，尽管史载匡衡封邑仅为647户，但在三年中却收租谷千余石，可见其中必有不专以户数为限度，而采取或明或暗的手段，巧取豪夺，以此聚敛钱财之卑劣行为。可以想象，身居王国丞相之高位，又有列侯之高爵的利苍，也决不能就此为止，必然也同一切封建王公贵爵一样横征暴敛，扩大自己的经济实力，以达到醉生梦死、奢侈糜烂的生活目的。这一点从马王堆一、三号汉墓的出土器物中完全可以得到证实。

❀ 太夫人的生活再现

利苍在长沙国丞相位上被封为轪侯的第八年，即高后二年（公元前186年）死去了，死后葬入马王堆一号墓中。正如前文所言，从仅隔一年（高后四年）他的丞相职位才被醴陵侯越接替来看，利苍似是死在长沙丞相任上的，他的儿子利豨没能接替丞相之职，但却承袭了轪侯的封爵。

尽管随着利苍本人死去，长沙国丞相的权位也远离了轪侯家族，但这个家族的封爵还在，其在社会上的地位和权势并未有大的损伤，就其财富而言，除了利苍一世横征暴敛、巧取豪夺得来的大批田宅与钱物外，这个家族的经济收入一定还在不断地增长，权势依然很盛，甚至是有过之而无不及。这样推测的旁证就是《汉书·文帝纪》中留给后人的这句话："七年冬十月,令列侯太夫人、夫人、诸侯王子及吏二千石无得擅征捕。"这道诏令说明在此之前的列侯妻子或母亲,可以擅自征捕百姓,而且征捕必已成风,直至造成了阶级矛盾的激化,对汉政权形成了巨大威胁,所以文帝才下令禁止。按照汉制,列侯之妻称夫人,列侯死,儿子复为列侯,则称太夫人,若儿子不再为列侯,则不能称太夫人了。作为轪侯利苍之妻的辛追,在利苍为侯的时代自然称夫人,待利苍死去,儿子利豨继为轪侯,她当是尊贵的太夫人了。可以想象,处于这种高爵、权势和制度下的辛追,除了同他的儿子继续横征暴敛巧取豪夺之外,还擅自征捕百姓,并像周亚夫子那样"取庸苦之不予钱"等事情自然不在话下。只要看一下一号墓中殉葬品,就不难推测出这位太夫人生前过的是一种怎样的生活。

马王堆一号汉墓出土的轪侯"家丞"木俑。家丞是国家行政部门为列侯家设置的官吏,领取俸禄,是轪侯家的大管家

先看其家庭属员的组成。据《汉书·百官公卿表》称："彻侯金印紫绶,避武帝讳曰通侯,或曰列侯,改所食国令长名相。又有家丞、门大夫、庶子。"家丞掌杂务,门大夫掌警卫,庶子掌文书。除此之外,还有舍人、大行等属员,掌管应付宾客之事。在所属五员之中,以家丞、庶子为要职,而家丞又是列侯家的总管,一切财物都由他经手负责,

马王堆一号汉墓帛画中部线描图,中间的贵妇人当是墓主辛追

马王堆一号汉墓出土的歌俑

应算是五员之中的头号人物。马王堆一号汉墓出土器物中，有"轪侯家丞"的封泥，则是一种史料与实物的印证。饶有兴味的是，在马王堆一、三号墓中殉葬着数百个木俑。结合史料和考古发掘来看，以俑殉代替人殉现象的最早出现，当是在奴隶社会后期。一些奴隶主感到用大量的奴隶和牛马殉葬，未免耗费生产力，损失太大，于是便渐渐产生了以俑代人的殉葬办法。随着这个办法的普遍施行，俑的种类和代表的级别、地位也繁荣、规范起来。宋之前大多为木俑、铜俑、陶俑，宋、元之后，纸俑也出现了。其中有臣属俑、侍俑、奏乐俑、生产俑、杂役俑和武士俑等形形色色的俑。若把考古发掘出土的俑放在一起，足以形成一个俑的社会。

马王堆一、三号墓中出土的这批木俑雕刻精细，造型生动，大量采用半肉雕法，身体比例适当，面目端正，眉清目秀，观之栩栩如生，形同真人。若仔细观察，不难发现，这些木俑又形体大小不一，造型服饰也有区别，这说明它们之间的身份和等级有明显的差异。如在一号墓中的北边箱和南边箱内，分别出土了两个身材高大，头戴高冠，身穿长袍，鞋底刻有"冠人"两字的木俑。从摆放的位置和不同的形体、装饰看，那两个高大的木俑很可能是轪侯一家的家丞，即轪侯家的大管家。身后的几十个彩绘木俑，比"冠人俑"要小一些，但身材修长、面目姣好，身着锦绣衣服，这似乎是辛追的侍女。从一号墓出土的帛画看，女主人身后跟着三个形影不离的侍女，由于特殊的身份，所以她们的形貌、穿着就非同一般。同这些侍俑形成鲜明对比的是，绝大部分彩绘立俑，形体矮小、造型重复，且一副愁眉苦脸的丑陋模样。这应代表一般的奴婢，当时称为"僮"。《史记·孝武本纪》载："其以二千户封地士将军（栾）大为乐通侯，赐列侯甲第，僮千人。"也就是说2000户的侯，可以拥有1000

第十一章 重组历史的碎片

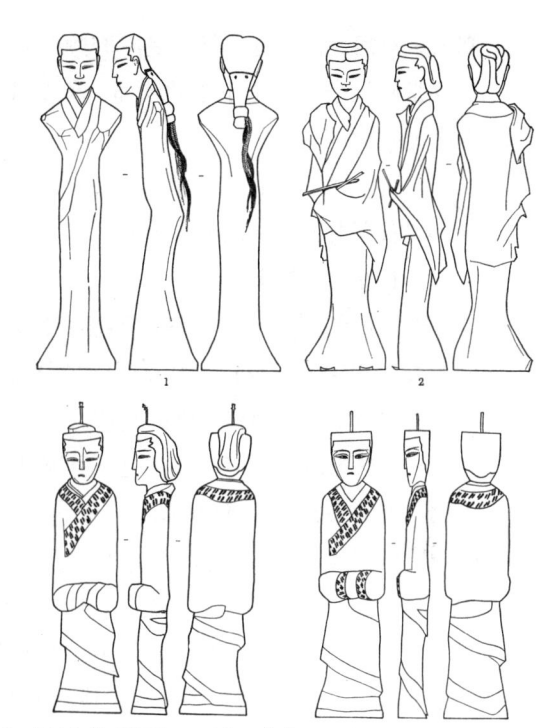

个奴婢。轪侯家族虽不足2000户,但拥有奴婢也不在少数。这些奴婢大概有一部分从事家庭劳动,有一些从事生产劳动。轪侯家的产地极有可能让一部分奴婢参与耕种,墓中殉葬的那些丰富的粮食、蔬菜、水果和肉类,大概是由她们参与耕种和饲养生产的成果。按照常理推断,轪侯家还可能设有家庭作坊,由奴婢具体操作、生产。而墓中出土的那些带铭文的工艺品,似不像是从市场购买而是由家庭作坊专门加工制造的。另外轪侯家抢占而来的大量田宅,也应由这些奴婢参与管理和经营。由于这些"僮"们地位低下,正如《史记·货殖列传》中把她们当作牛、马、羊同等看待的记述一样,故这些奴婢俑都是满脸的愁苦悲伤之情。

马王堆一号汉墓出土的具有不同服务性质的高级着衣侍俑线描图

除以上几个不同类别的俑,在一号墓中还发现了一个由23个木俑组成的"家庭歌舞团",其中鼓瑟吹竽的管弦乐队席地而坐,站立的歌舞俑似正在引吭高歌,为主人进餐饮酒助雅兴。类似这样的俑在三号墓中还有发现,一个个都生得眉清目秀,有的在翩翩起舞,有的正在奏乐,有的在打击十个一组编成的钟和磬,其身旁的竹简上书写着:河间舞者4人,郑舞者4人,楚歌者4人,河间鼓瑟者阿拉伯人,郑竽瑟吹鼓者阿拉伯人,楚竽瑟吹鼓者阿拉伯人,建鼓鼓者阿拉伯人,击铙者阿拉伯人,击铎者阿拉伯人,击磬者阿拉伯人。总数为22人。这个记载和场景,除充分反映了轪侯家族的歌舞升平、钟鸣鼎食、糜烂奢侈的生活外,更重要的是说明了这个歌舞班子来自全国各地,其中有本地的楚人,有河南的郑人，有河北的河间人等，其阵容颇似一个民族歌舞团。当然，这个歌舞团仅仅是轪侯家中一个小小的团体，无法代表全部。三号墓出土的3块木牍，上面记载着：

"右方男子明童凡六百七十六人"；

"右方女子明僮凡百八十人"；

"右方……竖十一人"。

这里说的明僮，是指僮的明器，即轪侯家奴婢的模拟造型。竖应指男奴一类。从这个记载看，利豨时代的轪侯家共拥有属吏、歌妓、奴婢等867人。这大概是轪侯拥有奴婢的底数。

从史料记载看，当时奴婢是一种财产，可以像牛、马、猪、狗一样任意买卖。关于买卖的价格史不多见，20世纪30年代和70年代，考古人员在甘肃居延发现了大批汉简，其中有的汉简上载："小奴二人，直三万。大婢一人，二万。"另外考古人员还在四川郫县发现了一块汉代的石碑，碑文有"奴□、□□、□生、婢小、奴生，并五人，直廿万"的字样。可见当时未成年的奴婢每人值1.5万钱左右，成年奴婢的价格则在每人2万至4万之间。就轪侯家中的奴婢而言，如果按每人3万钱计算，那么867人需共花费2601万钱。这只是按一般的通价计算，如果具有特殊技能的奴婢，则价钱就要高出这个数字十倍甚至百倍。《史记·扁鹊仓公列传》载，汉朝济北王家有一个能歌善舞的婢女，花费470万钱才买到手中。当然，以上的数字只是在贫富者间"公平交易"才会出现的情景，而这种本身并不公平的"公平交易"，通常也在封建贵族的权势淫威下变成泡影了，像《史记·绛侯世家》记载的周亚夫子"取庸苦之不予钱"等，则是极为普遍的。从三号墓出土的那个由22人组成的"民族歌舞团"分别来自不同地区看，轪侯家如此众多的奴婢，当不会全部来自长沙国和周围的地区，也不会全部都是以所谓的公平交易的方式花费钱财买进轪侯家的。其中必有一部分或大部分是轪侯家族利用特权从全国各地"擅征捕"而来，而轪侯家丁在擅自征捕中的淫威和四方百姓的恐惧与怨苦之情，亦是不难想象。另从墓中出土的器物看，还见到有"右尉"字样的封泥。关于对这个官衔名称的解释，有人认为是轪国的长吏，即国之右尉，相当于县的右尉。出土的器物是轪国为参加墓主人的葬礼，特命右尉将呈送礼物加盖泥印并亲自押运而来的。有的认为"右尉"是长沙国中

第十一章 重组历史的碎片

尉的属官。但按照著名学者马雍的说法，"右尉"应是文献失载的列侯家的属吏。按马氏的解释，"尉"字篆文作"尉"，《说文》："尉，从上到下也。"引申而来，就是上级压服下级的意思，所以凡是以"尉"为名之官吏均与司法、军事有关。应劭解释"尉"字时曾说"武官悉以为称"。由此看来，列侯家的"右尉"当是一种武吏，他的职务或许相当于列侯的卫队长。由此推想，轪侯利苍家族是拥有一支卫队的。按照马氏的推断，在一号墓中出土的那两个衣冠整齐、体形高大、神态严厉的男俑，从其底部刻有"寙人"两字看，并不能解释为"冠人"，也就是说不是上文所提到的大管家。"寙"字当与"尉"同，应解释成"尉人"，这个尉人可能是"右尉"的部下，也就是列侯家的卫士。在众多的木俑中放上两个相貌、体形和衣着打扮都奇特的"尉人"，目的是用他们来监督其余的奴婢俑，以防她们逃跑或做出行为不轨之事。马氏的这个解释看起来有些道理，但也不能完全让人信服，尤其让一群男性卫士来监督众多的奴婢，就当时的制度和风俗来看，似乎不太可能。倒是作为"冠人"的大管家来承担这个差事，似乎更合乎当时的情形，也就是说那两个高大木俑底部的"寙人"两字，解释成"冠人"应更确切一些。

但不论是大管家的监督还是卫士的监视，这一群奴婢其生活的悲苦凄惨之状是不会改变的。当一号墓女主人辛追的尸体出土后，经过医学鉴定，发现她的右臂曾有过严重骨折，也就是说这只胳膊曾经断裂过。按照辛追的权势和地位，当时她奴婢成群，每逢行动一定是前呼后拥，不存在突然跌倒或碰撞等具有危险性的事情，那么何以出现了右臂骨折的怪事？有研究者极富想象地解释说，一定是这位贵夫人在某次出行时，有一

复原的马王堆一号汉墓墓主辛追夫人50岁时像

马王堆一号汉墓墓主中年模拟图像

365

个奴婢触犯了她的性情，一怒之下，这位贵夫人便扬起手仗或找了个什么器物向奴婢恶狠狠地打去，由于用力过猛，或脚下太滑，将自己笨重肥大的身体闪倒在地，于是，她的胳膊跌断了。这个推断自然是没有什么根据，甚至只是一个笑话而已，但这位贵夫人仗势欺人，把众奴婢当作牛马猪狗一样地任意摧残与凌辱，还是可能的。

有了广博的田产、豪华的居宅、瑰丽的衣着、精美的器物、前呼后拥的奴婢以及赏心的音乐、悦目的歌舞，那么，轪侯家族的饮食又是一种怎样的情景呢？从一号墓出土女尸的重量分析，墓主人辛追生前一定极其肥胖，从一号墓出土的帛画所画人物来看更见分明，想来这位贵夫人生前一定是吃遍了山珍海味，这一点从墓中出土的随葬食品中可得到证实。

在一号墓殉葬的48个竹笥中，有30个盛有食品，三号墓盛食的竹笥有40个。在这两座墓70个竹笥所盛的食品中，除了粮食、水果还有不少肉类，虽然肉的纤维组织已腐烂，但经过动物学家的鉴定，这些肉属兽类分别有黄牛、绵羊、狗、猪、马、兔和梅花鹿。属禽类的有家鸡、野鸡、野鸭、雁、鹧鸪、鹌鹑、鹤、天鹅、斑鸠、鸂、鸳鸯、竹鸡、火斑鸡、鹄、喜鹊、麻雀等。属鱼类的有鲤鱼、鲫鱼、鳡鱼、刺鳊鱼、银鲷鱼和鳜鱼等。三号墓有一个竹笥里整整齐齐地放着两只华南兔，另一个竹笥里层层叠叠地堆放着数十只鹌鹑和竹鸡。有些小鱼用文火烤焙后，用竹签串着，放在竹笥里。一号墓有

马王堆一号汉墓椁箱出土的全套精美餐具的现场照。这件漆案上，放着轪侯夫人一餐饭菜：五盘菜、一卮汤、一卮酒、一碗饭、几串烤肉和一双筷子

一笥鸡蛋，蛋黄、蛋白早已干缩成了薄纸片。

不知是出于当时的丧葬风俗，还是由于墓室中未立锅灶和准备柴薪的考虑，墓中殉葬的食品全是经过烹调后随葬的。在一号墓遣策上记载的36种肴馔和食品中，仅肉羹一项就有五大类24个品种，在肉羹之外还有72种食物，如"鱼肤"是从生鱼腹上剖取下来的肉，"牛脍"是牛肉切成的细丝，"濯鸡"则是把鸡放在肉汤中再行加工制成，除此还有干煎兔、清蒸仔鸡等，可谓五花八门，应有尽有。

在此之前，有研究者依据屈原的《招魂》《大招》等名篇，研究出战国时期楚地的烹调方法有烧、烤、焖、煎、煮、蒸、炖、醋烹、卤、酱十种。当马王堆汉墓殉葬的食品出土以后，根据实物和文字记载的研究，发现此时的烹调方法和工艺制作水平又有了新的发展和提高，除从屈原著述中得出的烹调方法之外，至少又增添了羹、炙、煎、熬、蒸、濯、脍、脯、腊、炮、鱿、聚、醢、鲳、苴等16种，烹调时使用的调料有盐、酱、豉、曲、糖、蜜、韭、梅、橘皮、花椒、茱萸等。日本著名学者山田真一在其所著的《世界发明发现史话》中，在提到羊羹的发明时，曾说这是"中国发明的，约于12世纪传入日本。在面粉里加入各种辅料，做成鸟、鱼形后蒸熟，这种羊羹不像今天的羊羹，不甜。后来流行喝茶，羊羹也作为茶点心而大大发展，这才有用小豆和糖制作的类似今天的羊羹"。马王堆汉墓中出土的羊醢羹是不是就是山田真一说的羊羹，或者这种羊醢羹是否由当地发明，史无明考，但从中国的烹调史看，湘菜的历史确是源远流长，至少早在春秋战国时期其整体风格和特色就已形成了，到西汉初年已奠定了湘菜的地位，马王堆汉墓中殉葬的食品即是明证。

一号墓随葬的高级锦绣丝绸衣服有6箱，总共达100多件。三号墓随葬高级锦绣丝绸有11箱，其数量和品种都比一号墓多。这大量的锦绣，在当时是极其贵重的。据《范子计然书》记载，"能绣细文出齐，上价匹二万，中万，下五千也"，即一匹好的刺绣要2万，中等的1万，差的5000。一号墓出土刺绣40件，除6件为单幅外，其余均是成件的衣服和被子。一件直裾丝绸袍子，经过量算，它的里和面要用衣料23米，一件曲裾袍子要用衣料32米，当时汉尺40尺为一匹，汉尺一尺约合今23厘米，23米合汉尺100尺，即当时的二匹半；32米合汉尺140尺左右，即当时的三匹半，如果按每匹2万计算，则直裾袍一件价5万，曲裾袍价7万。因此，仅一号墓34件刺绣就价值200万钱左右。估计一、二号墓随葬的锦绣丝绸价值近千万。

从上述的轪侯家的漆器、奴婢、牛马、车辆、锦绣丝绸等几项，估计其价值有数千万钱。如果考虑到轪侯家还有大量的良田、房产以及金银铜钱等现金，其全部财产当在1亿钱以上。《汉书·食货志》记载："黄金重一斤直万钱。"1亿钱则合黄金1万斤。汉代1斤相当于今天0.258公斤，1万斤则相当于今天2580公斤，即2.5吨黄金。像这样巨富的家庭，在汉代也是少见的。《汉书·货殖传》记载，南阳冶铁富商孔氏家财数千万，齐地盐商刁间家财数千万，临淄姓伟家财五千万。《汉书·宁成传》记载宁成家财一千万。《史记·货殖列传》记载"张氏千万"，这些都是当时全国有名的巨富。轪侯家财超过1亿钱，更是少有的大富翁了。可以想象，享受着封建专制特权，拥有广博的田产，居住着豪贵的美宅，乘坐着气派的车辆，身穿华丽的衣着，使用着精美的器物，食饮着丰厚的美酒佳肴的墓主人，身边奴婢成群，前呼后拥。每逢宴聚之时，又钟鸣鼎食、鼓瑟吹竽，歌舞满堂，罗衣粉黛，过着何等的壮丽奢华的生活。但是，当轪侯家族正沉浸于人间天堂般的惬意与幸福之中时，死神却悄然逼近了。

无可奈何花落去

从已发掘的马王堆一、三号墓来看，一号墓的建造年代明显晚于三号墓，如果没有极为特殊的情况，便可以断定死神是先裹挟着第二代轪侯利豨进入阴界的，时间就是墓中出土的木牍上的记载，即汉文帝十二年（关于史料记载的错误后面详述）。利豨死后，轪侯的爵位由其子利彭祖袭承。

再从一、三号墓建造的年代相距不远这个考古发掘事实而推测，大概在第二代轪侯利豨死后的3年左右，曾享尽了人间富贵的太夫人辛追也撒手归天了。关于她的死因以及死时的年龄和具体时间等，医学界曾做过鉴定和推测，这里不再赘述。需要补充的是，这位太夫人死后残留在肠胃中的138粒半甜瓜子，有些让人怀疑甜瓜当时是否真的在中国存在。因为墓中出土了那

第十一章 重组历史的碎片

么多的如杨梅等瓜果，独不见甜瓜的存在，于是有人就做了这种瓜是从国外进口的假想，而多数研究者否认了这种假想的可能。虽然未能知道甜瓜在中国的栽培历史到底有多长，但以当时的交通条件而言，要从国外直接进口这种极易腐烂的甜瓜，似是不太可能。相反的是，这种甜瓜不但不是从国外进口，很可能就产于长沙国本地，且与今天见到的盛产于三湘的甜瓜没有多大差别。为了证明这个推测，就在辛追的尸体被解剖，医务人员从其肠胃中取出甜瓜子后，湖南省博物馆侯良等人曾找了个花盆，将几粒从尸体中取出的甜瓜子种于盆中，每天浇水、看护，希望这几粒甜瓜子能生根发芽，开花结果，让现代人类亲口尝一尝2000多年前的瓜到底是什么滋味。但这个希望最后还是落空了，当侯良等人扒出瓜子观看时，只见瓜子的尖嘴处稍微吐了点细小的芽丝，就再也不生长了。据医学界人员分析。此时瓜子中至关重要的"酶"这个基因已不存在，所以也就没有生根发芽、开花结果的可能了。

马王堆一号汉墓出土女尸消化管腔内残存的甜瓜子

　　辛追太夫人猝死的场景及入葬的经过，后人难以知晓。可以推想的是，当这个消息传出时，整个轪侯家族以及属官、奴婢等必然十分惊慌，那个大管家也必定以丰富的经验，极其卖力地协助轪侯家的亲族人员料理后事。由于辛追死时正值盛夏，在热浪滚滚中，尸体保护尤为困难，这就要求对尸体做出各种处理和尽快下葬。但如此尊贵的一位轪侯太夫人，又不能同一般的百姓那样，打制个薄棺草草埋掉了事，何况西汉一代又厚葬成风，《汉书·地理志》（卷二十八下）在叙述京都的风俗时说："列侯贵人，车服僭上，众庶放效，羞不相及。嫁娶尤崇侈靡，送死过度。"京都如此。其他地区当也该大同小异。《史记·孝文本纪》载文帝遗诏说："当今之时，世咸嘉生而恶死，厚葬以破业，重服以伤生。"对此说得更加直接和明白。在这种风俗的影响下，軑侯家族的主政者，自然也要为这位太夫人来一个厚葬。于是，在时间极为有限的情况下，丧葬的主持者和参与者，一定是在匆匆忙忙地将尸体进行了汤浴、包裹等处理后，又异常紧张地将必需的少量殉葬品进行加工制作，再从家中的器物中挑选出一部分，作为殉葬品同尸体一道送入墓中。后来的考古发掘证实，一号墓中大多数随葬品都是平时实用之物，明器较少，且制作也较粗糙，这应是由于当时时间仓促、赶工来不及之故。至于漆绘极为精美的棺材以及那幅极具艺术水平和价值的帛画等名贵物品，显然是死者生前就有所准备的，绝非仓促可办。那保护尸体的神奇妙法，更不可能是哪个人急中生智，顿悟而来，必定是行内人士经过长期的摸索，集众家防腐之经验而成其事的。如果不是妄断，给辛追施行防腐术的行内人士，一定曾参与或闻知过第一代长沙王吴芮死后的防腐处理过程，而吴芮的尸体在下葬400年之后仍然形同真人（前文已述），辛追的尸体历2000多年而完好，当是这种防腐奇术的充分再现和发展。

当然，辛追的尸体之所以历2000多年而不腐，是与深埋与密封分不开的。而这种规模庞大、费工费时的墓坑建造，显然只有封建统治阶级才能办得到，并且是靠奴役普通劳动者才得以实现的。

关于軑侯家族为什么将墓葬置于马王堆而不是他处的问题，有研究者曾对此做过专门考察。据考察者称，长沙地区是一个东、南、西三面被丘陵环抱，向北开口的盆地。湘江从盆地西北缘切过，浏阳河从东南流入盆地，并在盆地北部与湘江汇合。在汇合处以南为稍有起伏的河流阶梯状地形，成为两河之间的分水岭，长沙地区位于湘江和浏阳河的下游，由于河流较小，因而容易形成曲流，造成面积宽广的阶地和冲积平原。据前人的考察资料称，湘江与浏阳河在长沙市区周围至少发育了三级阶地。每一级间距高度为5米左右，唐宋以后的墓葬多埋在海拔高度32—37米的一级阶地，东汉时代的墓葬多埋葬在二级阶地，而马王堆軑侯家族墓地，正是在海拔高度为54.68米的第三级阶地之上，且这里原来就形成了一个距四周的地平面五六米高的小土岗，由于此处地势较高，地下水较深，压不上来，且底部砂层含有大量的泥土，本身透水性差，可保证墓坑挖掘的深度并不致遭到地下水的侵袭。

第十一章 重组历史的碎片

从土质看，马王堆墓坑上面的填土有网纹红土，有稻田土，总体是黏土，成分是水云母。这样的泥土经过夯实后，透水性差，有防渗水的功效。如果将棺椁深埋到发掘时看到的程度，其地下温度则保持在14—22℃，基本没有大的变化。或许正是由于具备了以上诸多的优越条件，轪侯家族的墓葬才得以保存下来。当然，西汉时期不可能利用现代仪器和方法来测量马王堆的地形、地势与土质等问题，但在选择这个地方作为万年寿寝时，同一切封建帝王贵族一样，轪侯利苍曾派人做过细致的勘察并注意到了这里较其他地方有更多的优点，是肯定的。

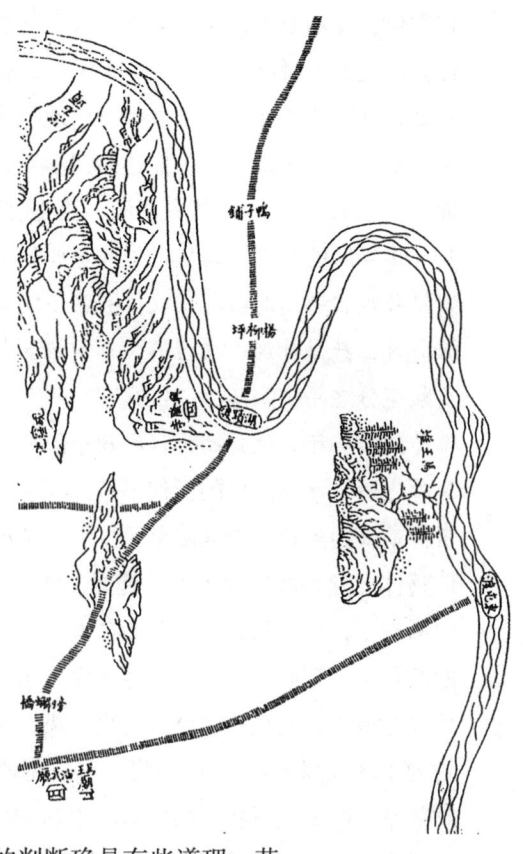

《长沙县志》卷四"北关外山水图"中所绘马王堆地形地貌（傅举有提供）

从考古发掘的情况来看，以上的判断确是有些道理。若面对墓壁观察，即可发现在距墓底8.8米处有一条明显的分界线，线以上的土呈黄褐色，是由人工积土版筑而成的，线以下是坚硬如石的原生土，地质学上称为第四纪网纹红土。若按照马王堆大土包之外的地平面算起，墓坑的深度应在5米左右，其他近4米应是原来的小土包，再往上那10多米的土包，则是人工从四周运来的土，堆积版筑而成的。关于这种先挖坑后加盖大量泥土以成墓的建造方法，史称"穿覆土"，其中三字中的"穿"，即穿凿之意，也就是在地上穿凿出一个墓坑。"覆土"即在上面加盖土，以成外观看起来极其庞大的墓葬。这种方法在秦汉时极其盛行，最为著名的代表作当数秦始皇陵，《史记·秦始皇本纪》曾载："始皇初即位，穿治骊山，及并天下，天下徒送诣七十余万人，穿三泉，下铜而致椁。"也就是说秦始皇在统一天下后，曾动用70余万人，在骊山为自己修挖陵墓，其穿凿的深度已越过了三层地下水，然后才将用铜制成的棺椁放入其中。从《汉书·刘向传》描述的情形看，秦始皇陵覆土之高为"五十余丈，周回五里有余"，其穿凿之深，覆土之高，可谓历代帝王陵墓之首，直到2000多年后的今天，若从远处向这座陵墓望去，仍有面对一座山的感觉，其磅礴壮观之势由此可见。汉代的帝王陵墓虽没有秦始皇陵那样庞大，确也气派非凡，甚是壮观。《晋书·李琳传》载："汉天子即位一年而为陵，天下贡赋三分之一供宗庙，一供宾客，一充山陵。"也就是说，汉朝皇帝从登上帝位的第一年，就开始为自己建造陵墓，其耗费的钱财是每年全国总收入的三分之一。秦汉之后的历代皇帝除元代外，也基本上采用此制，大多刚登上帝位就开始为自己修建陵墓，尽管建造的方式和为此耗费的钱财有所不同，但整体上都是靡费惊人的。建元二年（公元前139年），也就是汉武帝即位的第二年，这位新天子就开始命人为自己营建陵墓。他那座后来被称为茂陵的坟墓，一直修建了53年，等到汉武帝死后，当年在陵上栽种的树苗已长得可以合抱了，其陵墓之庞大可见一斑。据后来研究者的初步估计，如果把茂陵的土堆成高宽各1米的长堤，可以绕西安城八周。另据《汉书》记载，茂陵墓室里的金钱财物，鸟兽鱼鳖牛马虎豹生禽，凡百九十物，尽瘗藏之。以致汉武帝死时，很难再放进其他物品了。

如此浩大的陵墓工程，不可能在短时间内完成，于是便有了历代皇帝登位不久就要建造陵墓的制度。皇帝如此，王侯将相、达官显贵自然紧步后尘，争先恐后地四处征捕民夫为其穿治陵墓，大兴厚葬之风。直至汉朝初年出现了"厚葬以破业，重服以伤生"的奢靡混乱景象。在这种厚葬之风愈演愈烈的情况下，汉景帝不得不于中元二年发布诏令加以限制："列侯薨，遣太中大夫吊祠，视丧事，因立嗣。其薨葬，国得发民挽丧，穿覆土，治坟无过三百人毕事。"从这条针对列侯而做出的规定看，轪侯家族亦应该遵守其规。不过从轪侯利苍之妻辛追死于文帝十五年左右看，这条晚于文帝时代下达的诏令，对她的丧事规模还远未做出限制。况且即使有了这条诏令，臣僚们也不见得认真遵守执行，晚于景帝时期的大将军霍光死后，曾"发三河卒穿覆土，起冢"就是明例。

第十一章 重组历史的碎片

从马王堆一号汉墓的发掘情况看，考古人员除使用锹镢等较原始的工具外，还动用了推土机、吊车等现代工具加以配合，持续了三个月之久才算发掘完毕，况且还有一条数10米长的巨大墓道由于上面有建筑物的原因没有发掘。发掘如此，这座墓葬在当初建造时，所动用的人力、物力应该是更加浩大。因为除了就地穿坑外，大部分覆土得从远处一筐筐运来，然后再以人工做技术性的夯筑。显然，这座工程浩大的墓葬，绝不是用少量的人力在短期内可以建成的。据国家地质局地质研究所赵希涛等人的测算，这个墓坑的上半部夯土为7米，封土为8米，一挖一填就有3万方土。这些土从运来到夯实，以一人一日一方土计，100人要300天才能完成，耗工3万多个。

当然，就墓主人所处时代的丧葬风俗而言，穿治这个坟墓所征发的民夫绝不止100人，也不止像汉景帝在诏令中规定的300人。据《汉书·高帝纪》载，田横死时，刘邦以王礼为其治丧，发卒2000人。汉时列侯比王仅差一等，列侯的夫人或太夫人在仪制上大体和列侯本人相同。由此可以推知，轪侯夫人辛追的治丧人数也应和田横不相上下。若除去为其打造棺椁、运载白膏泥等杂务人员，直接参加挖掘墓坑的最少也应在千人左右。这样整个墓坑的穿治可在一个月左右完成。

尽管穿治墓坑的日期明显缩短，但从发掘的情况分析，这个坟墓建造的年代依然应定在墓主人死亡之前。如果待人死后再投入1000多人建造坟墓，即使在一两个月的短时间内建成，

马王堆一号汉墓棺椁（傅举有提供）

那正处于炎热夏季的尸体的保存则是一个大难题,无论当时采取怎样的防腐奇术,若在墓主死后一两个月再下葬,其尸体还能出现2000多年后人们看到的新鲜模样是不可能的。不仅如此,从墓中出土的巨大棺椁看,多是用生长千年的大树制作而成的,其中72块巨大椁板,一块就重达1500公斤。如此庞大的木材当时的长沙国很难找到,必须从很远的原始森林中砍伐运载而来。可以想象的是,仅伐木和运载一项也不是一两个月可以完成的。

关于一号墓建造的具体时间史无明证,从它晚于三号墓又二者相距不远的年代推测,也许就在辛追年仅30多岁的儿子利豨死后,她在极度的悲痛之中,又备感人之生死无常,自己的寿限也是日薄西山,说不定哪一刻也将撒手人寰。在这种情感与恐惧的驱使下,使她开始为自己的后事做各种准备。经过一番紧锣密鼓的操办之后,坟墓建成了,棺椁打就了,待一切即将全部完工之后,这位尊贵的太夫人于文帝十五年左右死了。

第十二章

死于军营的将军

西汉孤魂

司马迁、班固两位大家的误导，使研究者陷入迷途。关于墓主人死年的推断沉寂九年之后，学术界终于迷途知返。透过历史的尘烟，一个年轻军事将领的形象凸显出来。吕后决策的失误，汉中央朝廷与南越国的军事冲突，青年将军死于军营之中。

三号墓的墓主究竟是谁

就在二、三号墓发掘不久,考古人员在编写《长沙马王三号汉墓发掘简报》时,根据墓中出土上书"文帝十二年"等字样的木牍,推断此墓的主人"显然不是利豨",而应是利豨的兄弟。其理由是,尽管轪侯家族在《史记》或《汉书》中均没有详细的传记,又都曾在表中提及。但据《史记·惠景间侯者年表》以及《汉书·高惠高后文功臣表》记载,第二代轪侯利豨在位21年,死于文帝十五年。这个记载显然与三号墓出土木牍所记的十二年相隔三年。故此墓的主人不是第二代轪侯利豨,而应是利豨那一位史料中无法查到的做武官的兄弟——这个推断无论是当时参与马王堆汉墓发掘的考古人员,还是依靠发掘材料,坐在斗室里查史论证的研究人员,似乎都对此深信不疑。于是,马王堆三号墓墓主是第二代轪侯利豨某一位兄弟的说法,开始在海内外广为流传。但就在这个说法流传了九个年头之后,湖南省博物馆研究员傅举有,在整理马王堆汉墓出土帛书时,感到以前的说法有可疑之处。于是,经过一番潜心研究后,终于得出了新的结论,那便是马王堆三号墓的真正主人不是利豨的某一位兄弟,而恰恰是第二代轪侯利豨本人。傅氏的一家之言通过《考古》月刊1983年第2期发出之后,引起了考古界、历史界研究人员的关注,同时也引来了众多的附和之声。一篇又一篇的论文相继出现在不同的报刊,争相以不同的角度和侧面证实傅氏推断的准确。在马王堆热渐趋降温的时刻,这个崭新的推论无疑是一声余响,傅氏本人也趁着这个余响开始连

傅举有在破解三号墓墓主之谜(傅举有提供)

第十二章 死于军营的将军

篇累牍地在海内外大力宣扬这一"划时代的发现"。但不知是傅氏的推论过稳、过狠，严密得无懈可击，还是80年代中后期的知识分子，大多整日沉浸在商海中乐而忘返的缘故，在傅氏以及其他为之摇旗呐喊者将余响引爆的十余年里，中国大陆考古、历史界依然是一片沉默，竟没有一人跳起来迎战。倒是海峡对岸的台湾台南市一位叫刘克全的读者，在看了傅氏发表在《大地》地理杂志的文章后，提出了疑问。

刘克全在台湾1996年4月号的《大地》地理杂志上撰文说：

阅读贵杂志第94期《马王堆汉墓再现西汉盛世》一文，有关三号墓墓主，我仍有存疑，请贵刊再深入研究查询。

贵刊第72页报载，三号墓墓主为利苍的长子利豨。唯我两年前阅读光复书局所出版，湖南省博物馆与湖南省文物考古研究所所著《辉煌不朽汉珍宝——湖南长沙马王堆西汉墓》一书，第109页与第140页所考据，三号墓的墓主，应是利豨的兄弟——未继承侯位的一员武将。原因如下：

三号墓中出土一块木牍，详载该墓葬于汉文帝十二年二月戊辰（西元前168年），然《史记》和《汉书》均有记载利豨是死于汉文帝十五年（西元前165年）。故三号墓所葬不应为利豨。

另三号墓中出土38件兵器，以及长沙国南部地形图、驻军图、车马仪仗图以及大量与军事有关的帛书。说明墓主是一员武将。

我的看法，三号墓墓主应不是二代侯利豨，而是利豨的兄弟。

就在刘克全撰文的同一期杂志上，该刊同时登载了傅举有的文章，傅氏在文中披露了他研究的详细经过及推断的证据。傅氏说：

1973年11月至1974年年初，我们对长沙马王堆二、三号汉墓进行发掘，出土了珍贵文物1000多件。发掘刚一结束，我们要做的第一件事，就是赶快写出一份发掘简报，把发掘的情况公之于世，因为当时，全世界都在关心和注视着我们这次震动世界的考古发掘工作。但是，由于当时时间太匆促，对出土的1000多件文物，不说进行深入研究，就是仔细看一看，也还来不及，只能大概地报告一下。当时对于三号墓墓主的身份，包括我自己在内，都认

377

为'不是利豨,而应是利豨的兄弟'。我们把这一观点写进了简报,发表在《文物》杂志1974年第7期。此后不久,我就去北京参加由国家文物局和文物出版社组织的马王堆汉墓帛书整理小组,对马王堆汉墓出土的帛书进行整理工作。同时,开始对马王堆出土的数千件文物进行研究,经过七八年潜心的研究,发现我们原来对于三号墓墓主所做的结论,是错误的。在和学术界一些专家广泛交换意见之后,写出了论文《关于长沙马王堆三号汉墓的墓主问题》,发表在中国考古研究所主编的《考古》1983年第2期上。论文主要从三号墓的棺制、铭旌(帛画)、遣策所记的美人、才人,遣策所记的谒者,记事木牍中的郎中,朱书"轪侯家"和"轪侯家丞"封泥及遣策中的"家吏",遣策中的"宦者",遣策中的"受中",车骑制度,从卒兵马制度等十个方面,证明墓主身份为列侯。至于《史记》《汉书》中所记第二代轪侯利豨死年为汉文帝十五年,与三号墓木牍所记汉文帝十二年相差三年一事,当为《史记》《汉书》所误记:把利豨母亲在文帝十五年的死年,误记为利豨的死年。这篇文章一发表,马上就得到了学术界的广泛赞同:

一、中国史学会主编的《中国历史学年鉴》认为:这篇论文对长沙马王堆轪侯家族墓的研究,有了新的进展。

二、中国考古学会主编的《中国考古学年鉴》认为:对过去发表的一些重要考古资料,也发表了不少研究文章。《关于长沙马王堆三号汉墓的墓主问题》的作者傅举有不同意原发掘报告推断的该墓墓主是利豨兄弟的看法。而从三号墓的棺椁数目、铭旌内容、遣策文字等来论证其墓主应是第二代轪侯利豨。

三、湖南省考古研究所,研究马王堆汉墓的著名专家周世荣研究员,近年来多次发表文章,认为马王堆三号墓墓主人应是第二代轪侯利豨。

四、中国艺术研究院著名研究员、中国《美术史论》杂志副主编刘晓路先生,近几年多次撰文说马王堆三号墓墓主应是第二代轪侯利豨。如他在上海古籍出版社出版的《中华文史论丛》第50期发表《马王堆汉墓若干史实钩沉》,以及在《美术史论》等学术杂志发表文章,很有说服力地论证了马王堆三号墓墓主人为第二代轪侯利豨。不久前,他又在自己的专著《中国帛画》一书(中国书局1994年6月出版),以及在由中国文物编辑委员会编辑、文物出版社出版的《文物》1994年第6期发表《从马王堆三号墓出土地

第十二章　死于军营的将军

图看墓主官职》的论文，论证三号墓墓主是第二代軑侯利豨是无可怀疑的。

五、台北《故宫文物》月刊第一卷第十期（1984年元月出版）刊登萧璠先生的《从汉初局势看马王堆文物》一文，认为马王堆三号墓墓主，就是第二代軑侯利豨。还有一些赞同我看法的文章，这里不再赘述。

总之，在我的论文发表后十多年来，学术界发表了许多赞同我观点的文章，然而，却没有一篇反对我的观点的文章……

既然在刘克全之前的十余年中，国内12亿芸芸众生无一人提出迎战，更未将傅氏观点掀翻推倒，可见傅氏所出拳脚的路数还是颇为在行和有相当分量的。那么傅氏到底依仗着什么过硬的招数竟独霸"擂台"十余年？且看他和他支持者们的推论：

（1）汉代郑玄注《礼记·檀弓》的棺制说："诸公三重，诸侯再重，大夫一重，士不重。"重是指套在纳尸之棺外面的棺的层数，一重即二棺，再重即三棺，不重即单棺。"诸侯再重"，就是诸侯使用三棺。三号墓正是三层套棺，正好符合诸侯葬制。从长沙已发掘的西汉的初期诸侯墓来看，也都是三层套棺。所以三号墓墓主应是诸侯（列侯）。

（2）三号墓内棺上有一幅"T"形帛画，古代叫"铭旌"。三号墓的铭旌上画日月，下画交龙，按汉代"日月为常，交龙为旂""王建大常，诸侯为旂"的葬制，三号墓墓主也应为诸侯。

（3）三号墓遣策竹简记载墓主为"家丞一人"。《汉书·百官公卿表》和《后汉书·百官志》记载，汉法规定列侯置"家丞一人"。说明墓主为列侯无疑。

（4）墓中遣策竹简记载墓主有"八十人美人，廿人才人"，"宦者九人"。按汉代后宫制度规定，只有诸侯和皇帝才有"美人""才人""宦者"，说明墓主人的地位起码是一个列侯。

（5）《史记》和《汉书》这样的名著，也是有错误的。如《汉书·高惠高后文功臣表》把軑侯利苍错写作"黎朱苍"就是一例，这一错误一直到1974年马王堆二号汉墓发掘，出土了"长沙丞相""侯之印"和"利苍"三颗印章之后，才把《汉书》这个错误纠正过来。至于《汉书》此处的错误，大概是由传抄所致。班固原本或亦作"利仓",并不误。后来"利"字偶缺右半成"禾"与"朱"相近,遂误成"朱仓"。"朱"与"来"形似。"仓""苍"更可通用,故转误成"来苍"。又可能有读者据司马贞《索隐》所引校勘,在"来"字旁注"朱"字。其后转写,又把旁注之"朱"窜入正文,复将"来"误成"黎",就变为"黎朱苍"了。这个错误的演变可能如下所示:

利仓—禾仓—朱仓—来苍—来^朱苍—黎朱苍

《汉书》如此,而《史记·惠景间侯者年表》把"利苍"写作"利仓",可见《史记》的记载也是不准确的。所以,考古发现往往可以纠正历史文献记载的错误。梁玉绳所撰《史记志疑》一书就指出《史记》在纪年方面的错乱多达百余处,而其中又以"表"中的纪年错误最多。如《史记·高祖功臣侯者年表》在高后的横栏中书:"其四年为太尉"。据《史记·绛侯世家》云:"孝惠帝六年置太尉官,以勃为太尉,十岁,高后崩。"又,《汉书·百官公卿表》(以下简称汉表)云:"孝惠六年,绛侯周勃复为太尉,十年迁。"惠帝六年至吕后八年,正合十年之数,如是吕后四年始置太尉,则只有五年。由此可见《史记·高祖功臣侯者年表》的纪年是错误的。如《汉表》平皋炀侯刘它栏中记载有"功比轪侯"四个字。《史记·高祖功臣侯者年表》(以下简称《史表》)中,则是"功比戴侯彭祖"六个字。《史表》《汉表》记述歧异,显然必有一错。有研究者认为"由于'戴''轪'同音,班固就误把戴侯当作轪侯了",是《史表》不误,而"《汉表》大误"。而事实恰恰相反,是《史表》误,而《汉表》不误。关于这个问题,清夏燮在《校汉书八表》中就说过:"按轪侯第一百二十,平皋功与之比,故百二十一也,《史表》比戴侯彭祖,误也。"另外,清王先谦《汉书补注》也说:"轪侯,黎朱苍也。苍百二十,它百二十一。《史表》作'功比戴侯彭祖',非也,彭祖百二十六。"夏燮、王先谦根据列侯排列的位次考证《汉表》不误,自是有道理的。

西汉初年,列侯有位次。高帝年间,曾对列侯18人排列了位次。到了吕后二年,又由丞相陈平主持,对当时的列侯137人进行了位次的排列,"尽差列侯之功,录弟下竟,藏诸宗庙,副在有司"。看来,这在当时是一件很郑重的事。在排列位次时,对某些列侯的功劳一定是进行过比较,因此才

第十二章 死于军营的将军

有"功比某侯"的提法。在《汉表》侯功栏中，共有23人有"功比某侯"的记载。二侯相比，其位次必然相邻。但例外的情况有两个，一是位次66的襄平侯功比位次54的平定侯，二是位次99的宋子侯功比位次92的历侯。然而这两个例外是因为《史表》和《汉表》的记载本身有问题。襄平侯的位次实际不是66，而应为65，因56的位次，无论《史表》和《汉表》都缺，而66的位次另有高梁侯郦疥。历侯的位次实际不是92，而应为97，因97的位次，无论《史表》和《汉表》都缺，而92的位次另有高陵侯王虞人。襄平侯的位次改为56，功比位次54的平定侯，历侯的位次改为97，位次99的宋子侯功比历侯。结果和上表中其他相比的列侯情形完全一致。由此可见：甲侯功比乙侯，甲侯的位次一定在乙侯之后，并且紧相连接，相差在一位或二位，其势不得过远。平皋侯位次121，按《汉表》，功比位次120的轪侯，与上述情况正相符合。为什么列侯相比．位次必然相邻呢？因为当时定位次是按功劳的大小，即所谓"差次列侯功以定朝位"。假如某一列侯位次较易排列，而另外一个列侯的经历与前者大体相近，或某一方面相同，就可以称之为"功比某侯"，其位次自然应紧跟在前者之后。如果按《史表》，功比位次126的戴侯，则与上述情况相矛盾。这证明错的不是《汉表》，而是《史表》。

像这种纪年上的错记和误记，《史记》和《汉书》的表上是很多的。中华书局编辑部1959年标点《史记》出版和1960年标点《汉书》出版时，对两书明显错误之处进行了改正，其中改正《史记》"表"中纪年方面的错误达37处之多，改正《汉书》"表"中纪年方面的错误达74处之多。而其中肯定还有没有改正过来的纪年错误。根据《汉书·百官公卿表》记载，"景帝中元五年，轪侯吴利为奉常；六年，奉常利更为太常；后元三年。柏至侯许昌为太常。"其中许昌继任太常之年，恰是利彭祖的卒年。有人认为吴利应是利彭祖之讹。如果这一推测能够成立，那么在中元五年（公元前145年）以前，利彭祖仍有可能在长沙国为吏。利彭祖是第三代轪侯，第一代轪侯利苍和第二代轪侯利豨应死葬长沙。长沙马王堆是轪侯一家的家族墓地，一号墓是轪侯利苍的夫人，二号墓是第一代轪侯利苍本人，三号墓从出土器物和葬制看，也可以肯定为第二代轪侯利豨。经过仔细的钻探，在这个墓地再也没有发现有别的墓葬了。因此，马王堆三座汉墓的埋葬正与历史文献记载相符，第一代轪侯利苍和第二代轪侯利豨均是死葬长沙的。

381

（6）关于三个墓的年代，一号墓"由于它分别打破了二、三号墓，从地层关系看来，是晚于这两座墓的。但是。一号墓和三号墓的随葬器物，无论是漆器的形制、花纹和铭文，还是丝织品的图案，或者简牍文字的书体、风格都非常接近。往往如出一人之手；而一号墓出土的泥半两和三号墓填土所出半两钱，又同样都是文帝时间的四铢半两，因此，两墓的年代应该相当接近，可能相距仅数年而已"。三号墓根据墓中出土纪年木牍肯定为文帝十二年下葬，那么一号墓则可能是文帝十五年左右下葬的。一号墓墓主是第二代轪侯利豨的母亲，而她的死年正好是《史记》和《汉书》所记利豨的死年，即文帝十五年，而根据三号墓的出土文物和葬制，应该证实三号墓墓主是第二代轪侯利豨，葬于汉文帝十二年（墓有"十二年"的纪年木牍），可见《史记》和《汉书》可能是把利豨母亲的死年——文帝十五年误写成利豨的死年了。

年轻的军事将领

从傅举有以及他的擂鼓助威者那有理有据、颇为不凡的论证看，马王堆三号墓的主人作为第二代轪侯利豨的可能性较大，在没有新的高手跳出来将此论断推翻的情形下，傅氏等人的理论当是值得肯定的。

关于三号墓的主人到底是谁的问题已有结论，但作为利豨的身份却又是一个颇值得思考和推测的难题。从史料的明确记载看，当第一代轪侯利苍于吕后二年（公元前186年）去世后，接替长沙国丞相之职的不是利豨，而是一位当年跟随刘邦一同打天下、时任河内都尉的名叫越的朝廷老臣，利豨只是承袭了轪侯的封爵。承袭封爵之后的利豨官拜何职，都干了些什么，史料无载，一切全靠后来的研究者推测了。

从马王堆三号汉墓出土的1000多件随葬物来看，有38件兵器和一张驻军图。在过去的考古发掘中，汉初的兵器很少见到，而这次发掘共有弩、弓、箭、矢菔（盛箭的器具）、剑、戈、矛、兵器架八种出土。这些兵器中的弩、箭、剑、戈、矛等都是专为死人随葬而制作的明器，并非实用器物，但

第十二章 死于军营的将军

制作甚精，完全是仿照实用的武器制成的。弩的机件和箭的镞本应是铜制的，但墓中所出弩机和箭镞却是用牛角做的。这大概与汉文帝下的那道"治霸陵，皆以瓦器，不得以金银铜锡为饰"命令有关。

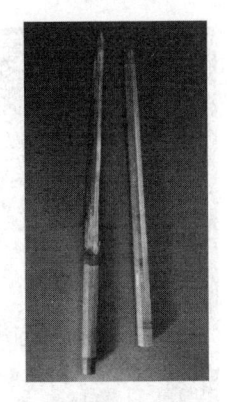

墓中出土弩两件，弩臂用木制髹漆，上面锥画细如游丝的云气纹。有研究者认为，弩是春秋战国时期楚国发明的，在当时是一种便于瞄准和远射力强的新式武器。这次出土的弩在弩机的结构上继承了楚国弩机的杠杆机械原理并有所改进。如战国弩机没有铜廓，机件（牙、扳机、栓塞等）直接安在木臂上，而这次出土的弩机有了廓。弩臂也有许多改进，如臂身加大加长了。战国弩全长只有51.8厘米，而这次出土的弩长有60.9厘米和68厘米。所有这些改进都是为了适应弹射力增加、射程更远的需要。

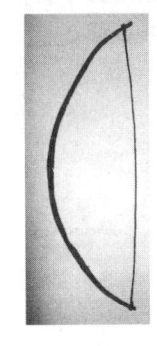

箭出土24支。镞是用牛角做成的三棱形镞，较短小。箭杆似为芦苇秆做成，直径0.7厘米，上髹红漆。箭全长82.4厘米。由于弩臂加长，箭也相应地比战国时的长了十多厘米。弓四件，其中木弓、竹弓各两件。木弓较长，长142厘米和145.8厘米，比战国弩弓宽而且厚。由四股丝绳绞成的弓弦弦径有0.5厘米。这些都说明由于当时军事上的需要已造出了弹射力较大的强弓劲弩。

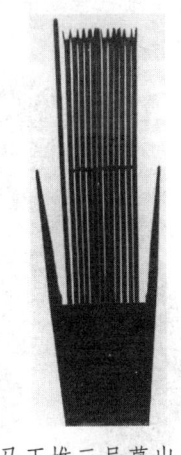

特别值得注意的是，兵器中还有首次出土的兵器架，上面彩绘云气纹，上横置一柄带鞘的角剑。此外还有角质戈、矛和剑上的零件铜格、铜剑首等物。结合兵器和出土的那张军事地图，可以初步推断利豨曾和军事有密切的联系，很可能担任过长沙国的武官这样的职位。这样推测的理由除大量兵器和军事地图外，墓中还出土了一顶乌纱帽。根据墓中遣策记载，它的原名为漆丽纱帽，是使用孔眼稀疏的纱加工而成的，外表找不到一根线头，其制作之精细，令人叹为观止。据初步分析，纱帽编成后，又在外部涂了一层黑漆，油光乌亮，就像用乌纱编成的一样。这是中国发现的最早的一

马王堆三号墓出土的铜剑和剑鞘

马王堆三号墓出土的弓

马王堆三号墓出土的矢和矢菔

383

西汉孤魂

马王堆三号墓出土的兵器架

马王堆三号墓出土的乌纱帽

顶乌纱帽，属稀世珍品，后来被定为国家一级藏品。据史料载，这顶漆丽纱帽，在汉代又称武冠，是当时武官专用的帽子。如《后汉书·舆服志》说："武冠，一曰武弁大冠，诸武官冠之。"也就是说，这样的帽子是由武官戴的。《汉书·盖宽饶传》记载，武官盖宽饶"冠大冠，带长剑，躬案行士卒庐室，视其饮食居处"。他所戴的"大冠"，正是三号墓出土的这种漆丽纱帽。不过据说这种帽子到了东晋时已成为宦官的专用品，到唐朝又转成为官员的一种礼帽。《唐书·舆服志》曾说："乌纱帽者，视朝及燕见宾客之服也。"再后来，乌纱帽的两边分别长出了翅膀，这就成了后人经常在戏曲舞台上看到的那个样子。三号墓出土乌纱帽的历史比东晋要早几百年，堪称中国古代乌纱帽之父。故此，国家文物局局长王冶秋专门对湖南方面做出指示："这顶乌纱帽不能公开展出，要放在库房里好好保存，只有副总理以上的官员才能看……"

三号墓棺盖上有一幅帛画，画的中部上段是墓主人出行的场面。墓主人面部部分破损，但可确认为男性，头着刘氏冠，身穿红袍，腰间佩剑，袖手缓行。后面六人随行，前面三人作恭迎状。中部下段是宴飨场面。从整个画面来看，墓主人也正是"冠大冠，带长剑"的武将形象，这就是说第二代轪侯利豨确是出任过长沙国的武官。

至于利豨没有承袭父职，也就是说没

384

第十二章　死于军营的将军

有当上丞相而成为一员武将的问题，研究者傅举有先生做了这样的推测："吕后二年（公元前186年），第一代轪侯、长沙国丞相利苍去世时，利豨还是一个嘴上没毛的十五六岁的少年。如果由他承袭父职，担任长沙国丞相之职，统率百官，处理国家政事，显然不太合适。因此，汉中央朝廷决定调经验丰富、老成持重的河内都尉越，前来接任了丞相之位，作为利苍长子的利豨只是暂时承袭了父亲那轪侯的封爵，没有出任重要官职。"承袭了封爵并成为第二代轪侯的利豨，大概心中仍怀有在某一天能出任丞相的雄心壮志，便在某位高人的指点教诲下，加紧了对社会各个学科的涉猎和攻读。从墓中出土的帛书和竹简看，他攻读的学科极其广泛庞杂，既有哲学、历史、文学、军事、宗教、绘画等社会科学，又有天文、地理、医药、历法、气象、建筑、畜牧等自然科学。而所有这一切，无疑都是为登上驾驭百官、治国安邦的丞相之位铺桥垫路的。但就在他学有所成，且到了足以为官掌权报效国家子民的年龄时，鉴于丞相的位子已被中央派来的越捷足先登，汉中央朝廷只好和长沙国诸侯王协商，让其出任武官。由于列侯的爵位在汉代的俸禄是2000石，地位在郡守之上，如果让利豨担任武官，那只有担任长沙国武装部队最高司令——中尉。因为诸侯王国的丞相和中尉都属于2000石的高级官吏，利豨只有担任这个职位才符合他的身份。

马王堆三号墓墓主棺上覆盖的彩绘帛画图像

没有成为丞相却出任长沙国中尉的利豨，必然要再展轪侯家族的辉煌，无论是财产的搜刮盘剥还是兵丁家奴的配置，都有一个大的改观和新的气象。马王堆三号墓出土的遣策竹简记载利豨不仅置有家丞，而且家吏人数也大大地超过了五人，如该墓遣策竹简记载：

家丞一人，
家吏十人，
宦者九人，
谒者四人。

为利豨服务的家吏多达24人，可见轪侯利豨权势之煊赫。

汉代侯爵拥有大量的妻妾，《汉书·贡禹传》说："诸侯妻妾，或至数百人。"如北平侯张苍"妻妾以百数，当孕者不复幸"。武安侯田蚡，也是妻妾"以百数"。侯的妻妾还有各种名号，如妻称为夫人，妾有美人、才人等称号。据三号墓遣策记载，墓主人轪侯利豨有"八十人美人、廿人才人"（遣策第六十号木牍），若把这些妻妾加在一起，他有夫人、美人、才人共百余人。

遣策还记载墓主人利豨有宦官：

宦者九人，其四人服牛车，
牛车宦者四人服，
九人宦者。

侯爵有封国，他是封国的君主，所以，他设有宫廷制度，如夫人、美人、才人的后宫之制，以及宦官之制。他还有自己的武装部队。据墓中遣策记载，墓主利豨有"三百人卒"，有"执长桱矛八人"，"执革盾八人"，"执短戟六十人"，"执盾六十人"，"操长戟革盾者百人"，"操长铩革盾者百人"，"操弩负矢百人"。轪侯初封时只有700户，到利豨时，已过了20多年，正是汉初户口迅速增长的时期，据估算，这时轪国户口已至少有2000户以上了。一支数百人的军队，平均数户出一人当兵便可组成。

据遣策记载，三号墓主利豨生前有一个庞大的车骑队伍：

安车一乘驾六马，
大车一乘驾六马，
温车二乘乘驾六马，

> 辌车二乘乘驾六马，
> 大车一乘驾四马，
> 轺车二乘乘驾三匹，
> 骑九十六匹，匹一人，
> 胡骑二匹，匹一人，
> 甾车一乘，马一，竖一人，
> 牛、牛车各十，竖十人，
> 付马二匹。

按汉朝制度，车子驾马的多少，是身份等级高低的标志。《后汉书·舆服志》记载，汉法规定皇帝的车子驾六匹马，诸侯的车子驾四匹马，大夫的车子驾三匹马，老百姓的车子只准驾一匹马。但利豨是个侯爵，按规定只能驾四匹马，但为什么他竟然和皇帝一样驾六匹马？这是因为西汉之初，允许诸侯在某些方面可以享受类似皇帝的车骑制度，所谓"宫室百官，同制京师"（《汉书·诸侯王表》），"置百官宫观，僭于天子"（《史记·汉兴以来诸侯王年表》），軑侯在他的封国里，俨然是一个小朝廷。

从上述可以看出，年轻气盛、志得意满的第二代軑侯利豨，其生活的奢侈与豪华，远远超过了他的父辈，甚至到了可与皇帝并驾齐驱的糜费程度。但是，这种穷奢极侈的放纵生活，利豨似乎享受的时间并不长，因为在他为官不久，便发生了西汉初年长沙国与南越之间著名的军事冲突。

● 南越军队进犯长沙国

自汉高祖十二年（公元前195年）四月，汉朝的开国之君刘邦驾崩后，由太子刘盈继位，是为惠帝。惠帝即位七年之后抑郁而死。死时刚刚24岁。

惠帝本来无子，控制朝中大权的吕后命人偷偷从后宫抱出一个婴儿，冒充是惠帝的儿子，立为少帝。此事成功之后，吕后又怕婴儿的母亲泄露秘密，便设计将她谋杀。从这时起，吕后正式"临朝称制"，史称"高后元年

（公元前187年）"。

中国政治的权柄一旦落入女人之手，总会生出一串串怪诞和不可思议的荒谬之事。抛却吕后的淫荡、残忍和极其强烈的权力欲不提，仅仅从她对待南越国的关系问题上，就足以见其荒诞不经的思维态势。正是她的这种姿态和荒诞做法，才导致了严重的政治失误。

南越是中国境内越人的一支。秦汉时期，越人主要分布在华东、华南地区，分为闽越、南越、西瓯等部分。闽越在今浙江、福建一带；南越在今广东和广西东部；西瓯在今广东西南、广西南部和云南东南部。

越人"断发文身，错臂左衽"，依山傍海，从事渔猎和农业。战国时，越人大部臣属于楚。秦灭楚后，秦将王翦率军继续南进，夺取越地的一部分，设置了会稽郡（治今江苏苏州）。秦统一六国以后，秦始皇派尉屠睢发兵50万，分兵五路进攻岭南，先后征服闽越、南越和西瓯，在闽越设立闽中郡（治今福建福州），在南越、西瓯及其相邻地区设置了南海郡（治今广东广州）、象郡（治今广西崇左境）和桂林郡（在今广西境内）。

秦末，闽越首领无诸起兵助汉灭楚。汉五年，刘邦封无诸为闽越王。以闽中郡为其封地。惠帝三年，吕后又立闽越的另一个首领摇为东海王，以东瓯（今浙江温州）为封地。由此进一步稳定了对东南沿海地区的统治。

秦末战乱中，原秦朝南海郡郡尉赵佗占据岭南地区，阻绝道路，聚兵自守，自立为南越王。他依靠汉族地主分子的支持，采用秦朝政治制度进行统治，使秦时由中原谪迁岭南的居民在战乱中免受损害，也使越人各部族之间彼此攻击的习俗大为改观，在一定时期内起到保境安民的积极作用。秦朝灭亡后，赵佗出兵占领桂林郡、象郡，自称"南越武王"。

高帝十一年（公元前196年），刘邦派陆贾出使南越，以期说服。

陆贾抵达番禺（今广州市）时，赵佗态度傲慢，头发束成一撮，竖在头上，伸开两条腿，像簸箕一样坐在那里。

陆贾对他进言说："你本是中国人（指中原地区），亲戚、兄弟、祖先坟墓都在真定（今河北正定）。而今你一反天性，背叛父母之国，不念祖宗，放弃中国传统装束，想要靠区区弱小的南越跟天子对抗，成为敌国，大祸恐怕就要来临。自从秦王朝失去控制，诸侯豪杰纷纷起事，只有汉王刘邦率先入关，占领咸阳。项羽背叛盟约，自立为西楚霸王，诸侯都成为他的臣

第十二章 死于军营的将军

属,可以说甚为强大。然而汉王刘邦从巴蜀出兵,用皮鞭笞打天下,遂诛灭项羽,仅仅五年时间天下平安。这不是人为的力量,而是天意如此。天子(指刘邦)已知道大王在南越称王,却不出兵协助诛灭暴秦和西楚,朝廷文武官员都主张派出大军,向大王(指赵佗)请罪,但天子怜悯百姓在战乱频仍中已经十分痛苦,才打消原意,并且派我前来授给大王王印和互相通好的符节。大王应该恭恭敬敬地到郊外迎接,北面称臣。想不到你竟想凭借基础未稳的南越,倔强到底。汉朝廷如果得到报告,恐怕要挖掘焚烧你祖先的坟墓,屠杀你的宗族,然后派一位偏将军,率领十万人马南下进攻,到那时,你的部下杀你投降,易如反掌。"

陆贾像

赵佗茅塞顿开,赶紧跳起来,规规矩矩地坐下,道歉说:"我在蛮夷中生活得太久,忘了中国礼仪。"然后向陆贾请教说:"我比萧何、曹参、韩信如何?"

陆贾说:"大王的贤明和能力,跟他们相仿。"

赵佗又问:"我跟皇帝相比谁贤明?"

陆贾说:"皇帝起自丰、沛,讨伐暴秦,诛灭强楚,为天下百姓兴利除害,继承五帝三王的伟大勋业,统治天下。中国人口以'亿'为单位计算,土地方圆万里,物产富饶,号令统一,自从开天辟地以来从未有过。而大王之众不过数万,而且遍地蛮夷,不是山峦崎岖,就是海滨水涯,一片荒凉,不过是汉的一个郡而已。大王怎么能跟汉相比?"

赵佗朗声大笑说:"可惜我不在中国(指中原),所以在这里当王。假使我在中国,安知不如刘邦?"

赵佗很欣赏陆贾,挽留他住了几个月,对陆贾说:"南越这个地方,连个谈话的对手都没有,自先生来此,让我听到很多闻所未闻的事。"于是赠送给陆贾价值千金的贵重礼物。

陆贾这次出使，终于使赵佗接受了汉朝"南越王"的封号，向汉朝称臣，遵守汉朝法律约束。从此，汉中央政府与南越政权建立了较为融洽的关系，经济文化的联系大为加强。

汉中央虽然使南越臣服了，但西汉君臣对南越国仍然抱有戒备心理。

高后四年（公元前184年）夏五月，吕后下诏禁止中原铁器及雌性马、牛、羊运往南越国，并下令断绝与南越的贸易往来。由于当时南越的绝大部分铁器依靠中原输入，因此，吕后此举引起了赵佗的极大反感。他先是派人向朝廷请求"市易如故"，希望撤销禁令，想不到吕后不但不准，反而将南越国的使臣扣押起来。

赵佗得此消息，极其愤怒地说："高皇帝任命我当南越王，准许两国自由贸易，而今吕后采纳奸臣的建议，把我们视为蛮夷，不准卖给我们东西，这一定是长沙王吴回（吴芮之孙，吴臣之子）的主意，他打算利用中国的力量消灭我们，而由他兼任南越王。"

不久，赵佗又风闻留在中原的亲族已被诛灭，在真定的祖先坟墓也被掘烧，一气之下，就决心拒汉称帝。

高后五年（公元前183年）春，赵佗自尊为南越武帝，并出兵攻击长沙国，连破数县而去。

《长沙国南部地形图》主区、近邻区山川县治在今图上的位置示意图（谭其骧绘图）

第十二章 死于军营的将军

高后七年（公元前181年），吕后遣将军隆虑侯周灶率兵迎击南越的进攻。但由于天气酷热，士卒多染上疾病，汉军的攻势始终没有越过南岭，两军在前线形成对峙局面。第二年，吕后病死，汉军后撤。赵佗乘汉军无暇南顾的机会，迫使闽越、西瓯向他臣服，建立起东西万余里的独立王国，对汉王朝的南部边陲构成了极大威胁。

从以上的史料记载中可以看出，造成汉与南越关系紧张，甚至兵戎相见的局面，完全是由吕后政策失误所致。究其原因，则是她缺少对东南形势进行充分认识的缘故。南越的反叛不仅使汉朝东南边陲战火重燃，而且留给后世许多亟待解决的难题。

汉文帝即位后，决定放弃武力，用政治手段解决问题。赵佗祖籍真定，文帝下令整修赵佗父母的坟墓，特别设立官员，负责洒扫祭祀。又征召赵佗的亲属兄弟，任命他们当官，并予以重重赏赐，给他们荣耀。估计这些消息已由赵家传递给赵佗之后，文帝又派陆贾带着自己亲笔书写的《赐南越王赵佗书》再次出使南越国，向赵佗示好。

陆贾到了南越，赵佗恐惧，深表歉意，表示愿意接受中国皇帝的诏书，作为藩属，按期进贡，并下令说："我听说两雄不俱立，两贤不并存。汉皇帝（刘恒）是一位贤明的天子，从现在开始，我不再称皇帝，撤销黄绫车盖、左侧大旗。"于是给汉文帝写回信，在信的开头自称"蛮夷酋长、老夫、臣赵佗，昧死再拜"，信中说：

我是故秦南海郡的一个官员，蒙高皇帝赐给印信，封我为南越王。后来孝惠皇帝即位，在道义上不忍舍弃，赏赐给我的礼物，至为厚重。可是等到吕雉当权，听信佞臣谗言，跟邻国蛮夷划清界限，下令说："不可以把下列东西卖给他们：金、铁、耕田用具、马、牛、羊。即令卖给他们，只准卖给他们雄的，不准卖给他们雌的。"（由此可见这个女人的刻毒和可恶已到何种境地。）我的国家十分荒僻，马牛羊都要老了，我以为是自己祭祀不周，神明降罚，是我的罪过，所以先后派遣内史藩（姓不详）、中尉高（姓不详）、御史平（姓不详），三次前往长安，上书请求宽恕，想不到全被扣留，不准他们回国。接着又听说我父母的坟墓被破坏削平，亲人兄弟全被屠杀。我属下官员议论说："既然汉政府这么待我们，我们就不必依靠它。"

这才自称皇帝，只不过对内使用，并不敢伤害天下。可是吕雉却大发脾气，撤除南越王称号，断绝使节，阻塞交通。我疑心是长沙王吴回从中挑拨，所以才出兵骚扰他的边境。

我在南越四十九年，于今已有了孙儿。然而凌晨即起，深夜才睡，卧不能安枕，食不知滋味，眼不看女人的美色，耳不听欢娱的音乐，只为了不能侍奉汉室。而今陛下哀怜我，恢复南越王的封号，又准许交通来往，我已如愿以偿，即令死亡，名声不灭，我已除去帝号，不敢与汉室匹敌。

陆贾返回长安，向文帝详细汇报了出使经过，文帝非常高兴，庆贺这次安抚工作取得了圆满成功。

从《驻军图》看利豨的军事活动

就在南越国以武力袭击长沙国边境之时，作为长沙国武装部队最高司令官的中尉利豨干什么去了，史典没有留下哪怕只是只言片语的记载。但从三号墓发现的地形图，特别是

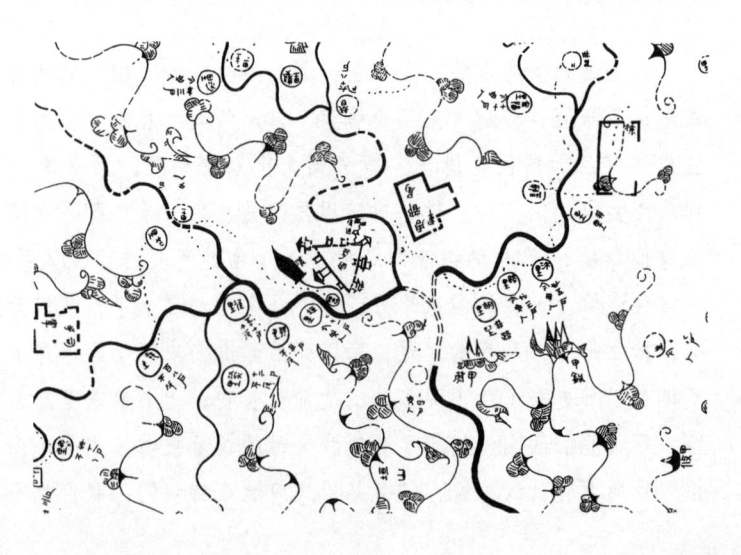

马王堆三号汉墓出土的《驻军图》摹本

第十二章 死于军营的将军

一幅驻军图中，可以推测出大体的情形。

驻军图跟地形图放在一起，且折叠成长方形，出土时幅面沿折缝已残断成28片，经过专家的复原，发现整幅地图是用黑、红、田青三色绘在丝绸上，长98厘米，宽78厘米，图的左上方分别标有东、南两字，方位与地形图一致，都是上南下北。所包括的范围是长沙国与南越国交界的地区，主区位于九嶷山与南岭之间，即相当于今天湖南省南部靠近广东省的江华瑶族自治县的沱江流域一带。图上用深颜色把驻军营地、防区界线等要素突出表现在第一层平面，而把河流、山脉等地理基础用浅色表示于第二层平面，其分层设色的表示方法与现代专用地图相一致。《驻军图》的出土，为后人研究西汉初年南越国与汉朝的战争情况以及军事力量的配备，提供了宝贵的资料。

图中标明了东、南等方向，画有山脉、河流、道路、城镇、村落、兵营和城堡。山脉有"蛇山""参于山""垣山""留山"等；河流有"潇水""资水""予水""湛水""居向水""大深水""智水"等；所记地名有数十处，地名中的"里"（相当于村落）都是画的圆圈；"城"画四方框，如"深平城"；兵营则画有多种不规则的形状；城堡作三角形，城周画有城门和亭阁。

军事地图的中央标有指挥部，除此之外，指挥部的前面、左面和右面均有军队驻守，正面宽约40公里，纵深约50公里。部队分二线部署兵力，并依托三条山谷扼守南越国进入长沙国内地的通道。在指挥部的后方，有供应武器、军需的后勤基地，整个作战部队呈梯形配置。

从《驻军图》的军事部署分析，它的主要功能是防止南越大军的攻击。在南边防区线内的山脊上，设置有"留封"和"满封"，与"桂阳军"相邻的东南边防区线的山脊上，设置有"武封""昭山封"等，据推断，这些"封"是防区线的前哨阵地，用以监视南越军队的活动，若发现敌方有警，则可"昼则燔燧，夜则举烽"，从而可迅速地通知后方的守军，做好应战准备。在靠近南边防区线的北侧，驻守有三支徐都尉军，它们几乎排列在一条线上，为防区第一线的主力。在第一线的左后侧，驻有一支周都尉军，右后侧则驻有一支徐都尉军。另有一支周都尉军，则驻守于指挥部的附近，即在指挥部的右侧稍前。它既可守卫指挥部，又便于同左、右侧的守军联系，这是防区的第二线。指挥部设在防区的中央，是几支河流的汇合处，它绘为三

393

角形的城堡，城堡内标注有"箭道"两字，据《汉书·晁错传》记载："平陵相远，川谷居间，仰高临下，此弓弩之地也，短兵百当一。"防区内全为山地，因此，"箭道"当为守军训练使用弓弩、射箭之场地。它设有城垣和五个箭楼、四个战楼，成一复合防守工事。这种三角形城堡，只需在三个顶角处分设岗楼，便可高屋建瓴统览全貌，其设计之科学，堪称古代军事工程中的优秀之作。城垣南侧，另设一望楼，有弯曲的道路与城堡相接，注有"复道"两字，大概是一种较隐蔽的通道。在城堡左侧，还拦水筑坝，成一水塘。堤坝特意用红线标出，一泓清水用青蓝色表示，旁注"波"（通陂），即池塘。想必是为驻军用水、防火等用途而修筑的。指挥部设在紧靠第二线部队的后侧，距前沿阵地30余里，相当于一天左右的徒兵行程，地近四条河流的汇合处。指挥部前方有几条河道可直达前沿阵地；背临大深水，便于从水上与后方交通。指挥部的设置，充分利用地形之利。它三面环水，一面傍山，交通便利，地点适中，坚垣重楼，易于固守……而所有这一切，都是为了便于安全、有效地实施指挥。

关于这个指挥部在今天什么地方的问题，研究者有不同的看法。一种意见认为应在今江华瑶族自治县的码市镇附近；另一种意见则认为应在该县的麻江口镇附近。就在马王堆汉墓发掘几年后，湖南省博物馆的考古人员周世荣等人，在当地水利部门和公社干部的配合下，曾到过两个地区进行了初步调查。他们在码市东北约30里的"所成"地区，没有找到相关的地貌特征和遗址。但在麻江口镇以北五里的地方，发现了一处三角形古代遗址的台基。台基有一米多高，每边约200米长。在遗址旁边也有一个池塘。遗址三面环水，一面靠山，正与图上指挥所周围的地理环境完全相符。只是在遗址地表上没有找到西汉的遗物，所以还不能下最后的结论。

图中所标驻军主要有"周都尉军"三支，"徐都尉军"四支和"司马得军"等九支军队。其中在"周都尉军"附近的"沙里"旁注"四十三户令毋（无）人"，在"里"旁注"五十三户令毋人"，其他兵营附近"里"旁多有类似的注字。还有的注"五十七户不反"等，看来是迁走兵营附近的居民户数。从所记户数来看，最多的是108户，最少的只十多户，一般是三五十户，这说明当时在边境地区的村落还不是很大。

地名中的"桂阳""利里""资里""石里""绚里"等地名，在同墓

第十二章 死于军营的将军

所出地形图中也有。从驻军图配备的几股军事力量来看，"周都尉军"就是高后时派到长沙国南境攻打南粤王赵佗的隆虑侯周灶的军队。"徐都尉军"是何人的军队一时尚难以断定。按汉制，诸侯王掌管军事的最高武官叫"中尉"，郡的最高武官叫"郡尉"。所以"周都尉军"和"徐都尉军"都应是汉中央朝廷直接派出的军队。当时的长沙国担负有对付南越国的任务，也应派有军队在长沙国南部边境共同防守，这支部队很可能就是"司马得军"。从三号墓中出土的兵器和驻军图来看，这"司马得军"有可能就是三号墓的墓主利豨带领的。文帝元年，在汉文帝《赐南越王赵佗书》中，曾提到了将军隆虑侯周灶，并提到了"长沙、两将军"。当时另一将军为博阳侯，未提名的当是利豨。就利豨当时的身份来看，由他来率领长沙国的军队到此驻守也是比较适合的。

吕后五年（公元前183年），南越"发兵攻长沙边邑，败数县而去焉"。这说明南越并没有长期占领长沙国的土地，两国边界也未因此而改变。吕后七年（公元前181年），汉朝派兵出击南越，作为处于战争前沿阵地的长沙国，自然要首当其冲地派军队参战。年轻的利豨有可能亲率军队随朝廷派来的周灶等大军一道出征，进击南越。这一点，从三号墓棺室西壁贴挂的一幅场面宏伟壮观的《仪仗图》中可以看出。

这幅画在帛上的彩色画，长212厘米，宽94厘米，描绘极为壮观的车马、仪仗场面。全画从构图上大致可分为四部分，画的上方有一人头戴刘

马王堆三号汉墓彩绘帛画局部"仪仗图"

氏冠，身穿长袍，腰挂宝剑，后面有几个侍卫，为他执持伞盖。后面还有一行70人，他们均手执长戈，身穿红、白、黄、黑等色的袍服。再下面一行近30人，手执彩色盾牌，这是自卫队。前面有土筑高台，这个高台在古代称作"坛"，主要用于检阅和祭祀等活动。画面表示主人及随从正在登坛视察。100多人组成的方阵摆在左下方，上面一方40人，其他两方各为24人，均垂手肃立，左右两方则手执长矛，他们全部面向主人。左方阵中间摆着一个乐队，其中两人正在击建鼓，两人在击铙铎。鼓手姿态生动。乐队占重要位置，表明正在举行一种仪式。

右上方有一车队，共四列车，每列十余辆，每车驾有四匹马。赶车人坐在舆内，车骑后面有一列马头，说明大队人马正在源源不断而来。

右下方是骑兵队，每列六匹马，一共14列，两侧之外还有骑马的将士，合计有100多匹马。从整个帛画如此壮观浩大的场面以及内容和形式来看，这应是利豨以将军的身份在举行出征前对军队的盛大检阅，其出击的目标应是南越国。

墓中遣策记载："执短槊者六十人，皆冠画"，"执盾六十人，皆冠画"，"执短戟六十人，皆冠画"。帛画内容与记载大致相符，画上的人马车队可能与真人实物对应。古代兵马、车骑殉葬的例子很多，从已发掘的情形看，规模最大的是陕西临潼骊山秦始皇的兵马俑和咸阳杨家湾的西汉墓兵马俑。以上两处的俑和这幅画虽不相同，但都是为了宣扬封建贵族的"威势"而特地设立的。

可以推断的是，刚刚20岁出头的利豨带领军队在长沙国边境打仗的时间并不长。因为当时正值夏天，北方来的士兵不服水土，尤其受不了这种潮湿炎热的气候，许多士兵病倒了，无法越过南岭去进攻南越国的军队，致使战争形成了对峙的局面，所以汉朝和长沙国的军队，不能不控制有利地形，采取暂时守势，以防止南越军队的突然袭击。《驻军图》中第一线的兵力，都驻守在河谷地带的制高点上，扼守通向南越的要道，依山托谷，"充分利用了地形条件，形成较为巩固的阵地，既有利于防守，也有利于出击"。防线区内部署了军力相当强大的九支驻军，在适当的时机，即可反守为攻，追击南越的军队。

还可进一步想象的是，像利豨率领的这支数万人的军队，长期驻守在荒

第十二章 死于军营的将军

无人烟的遥远的万山丛中,生活是极其艰苦的。据当时淮南王刘安说,这些地方"林中多蝮蛇猛兽,夏日暑时,欧泄霍乱之病相随属也"。又说,"近夏瘅热,暴露水居,蝮蛇蠚生,疾疠多作,兵未血刃而病死者什二三"。在这样极其恶劣的环境下,没有开始打仗,士兵就死亡了百分之二三十!利豨这个出身于高级贵族的青年,受到如此艰苦条件的煎熬,一定难以承受。据研究者推断,他的早死很可能与这艰苦的军旅生活有关。

吕后去世后,文帝对南越采用了安抚政策,如为赵佗在真定郡的祖坟设置守邑,每年去祭祀;征召赵佗的堂兄弟到政府中做官,给他们丰厚的赏赐,以表示宠爱;派陆贾到南越去安抚;等等,致使南越王表示臣服。但是,汉中央朝廷并未因此而放心,原驻守在长沙国与南越边界的军队,也未能因此而撤回,仍在原处驻守了很长时间。有史可查的是,隆虑侯周灶于汉文帝十四年,被拜为"陇西将军"转攻匈奴去了。而这个时候轪侯利豨已于两年前死去。

由于轪侯利豨死得过于突然,其墓葬的修建也就显得粗糙和仓促,甚至有些慌乱。这一点无论是从墓室中短缺的白膏泥,还是棺椁的多处裂隙都显现出来。或许正因为如此,利豨的尸体才没有保存下来。

就在利豨死后,孝文十六年(公元前164年),第三代轪侯利彭祖正式袭爵,并于景帝中元五年,在欢庆汉中央朝廷平定吴、楚七国之乱的凯歌声中,被晋升为中央奉常,定居长安,第二年再晋升为中央九卿之一的太常,掌管朝廷中极其重要的祭祀和礼仪。到汉武帝建元元年(公元前140年),第四代轪侯利扶出任东海郡太守。时东海郡辖38县,有三十五六万户,共有人口150多万,极富盐铁之利,且具有重要的政治、经济地位。利扶出任东海郡太守,说明汉中央朝廷对他予以重用。正当轪侯家族的政治、经济地位日趋显赫时,利扶因"擅发卒为卫,当斩,会赦,免"。利扶的"擅发卒为卫",究竟是搞分裂活动,还是有其他原因,史料无载。但这个事件标志着整个轪侯家族在西汉波诡云谲的政治舞台上,历经4代80余年的表演彻底结束了。

第十三章 地火天光

西汉孤魂

　　田野考古发掘结束，帛书整理小组正式成立。打开一张张残碎的帛片，璀璨的文化瑰宝展现眼前。从《道德经》到《战国纵横家书》，从《天文气象杂占》到《导引图》一个个惊世骇俗的发现，使世界人类再度看到了华夏民族的地火天光。

成立帛书整理小组

从1972年1月14日至1974年1月13日，为期整整两年的马王堆汉墓考古发掘，终于落下了它那神秘莫测又价值非凡、意义深远的帷幕。

鉴于1974年的春节将至，发掘领导小组召集全体考古、科研人员，在做了总结性的报告和表彰后，指示由湖南省博物馆同中科院考古研究所共同编写二、三号汉墓发掘简报，尽快报告国务院周恩来等领导，同时也向国内外做一个简单的交代。至于其他各路人员，先回家过一个愉快的春节，待春节过后，再掀起一个马王堆汉墓出土文物研究的高潮，力争以一流的科研成果，向全世界展现古代中国灿烂辉煌的文化与科技水平，同时也向世界一切关注这个焦点的人们证实，当代中国无愧于这次具有非凡影响的重大的考古发掘。

1974年3月，国家文物局正式组织成立了马王堆汉墓帛书整理小组，并邀请北京大学、中山大学、中科院历史研究所、中科院自然史研究室、中国历史博物馆、故宫博物院、卫生部、中国中医研究院、中国测绘研究所、中国地图出版社、南京紫金山天文台、北京天文台、湖南省博物馆等13个单位30多名专家参加整理和研究。

由于帛书不如竹简普及，在地下又容易腐朽，所以考古

1974年，在"红楼"参加古文献整理小组的部分学者

第十三章 地火天光

工作者在以往的考古发掘中，发现的竹简比较多，但发现的帛书却极少。直到这次马王堆三号汉墓的帛书出土，才让众人大开了眼界。

这批帛书都是以生丝平纹织成，其条纹很细密、均匀，帛书的幅宽为48厘米左右。从字体的行文规程看，一般都是把帛横摊着写的，它的高度有整幅和半幅两种，整幅的高约48厘米，半幅的高约24厘米；如果在帛上有图和表，大小就看需要而定。帛书在书写之前，有的先用朱砂画好上下栏及七八毫米宽的直行，也就是后世所说的"朱丝栏"，而后再写上字。整幅的每行60多到70多字，半幅的30多字。有的不画行写，字的大小疏密比较随便。除了个别的字用朱砂书写之外，大部分是用墨书写就。先前曾有研究者认为古代用漆写简和帛，从马王堆汉墓出土的实物来看，还没有发现这种情况。墨的原料是用松枝等烧成的烟，过去有用石墨制墨的说法，但这次发掘没有得到实物证明。考古、研究人员发现，这些帛书用的帛往往很长，当写完一种书后，也不剪断，就另起一行写下其他的一种书；也有在一种书的第一行顶上，涂一黑色的小方块做标记，表示另一种书从这里开端。所以在一段帛上，常常写着好几种书。马王堆三号汉墓这批帛书出土时，除了极少数卷在二三厘米宽的竹、木条上之外，绝大多数是折叠后放在第17号长方形的漆盒里面，折叠的边缘有不同程度的断损，那卷在木条之上的帛书，由于年久日深，层与层粘连在一起，研究人员打开时破损比较严重。

自从秦代统一文字，规定小篆作为全国标准字体之后，还规定隶书作为日用文字，通行全国。到西汉初年，随着社会的发展。汉字又有了进一步的发展。据初步推断，马王堆三号墓出土的这一批帛书，抄写的时代可能有先后，也不是出于一个人的手笔，可能抄写的人对汉字发展的态度不一样，因此字体既有小篆，也有隶书。同时还有正在蜕变中的各种过渡形式。整个帛书上的文字代表了这一时期字体的全貌。除了字体之外，另一个特点就是假借字多，简化字多，这些情况进一步表明，在秦统一全国文字后，西汉初年中国文字又处在一个新的发展过程中。

据初步整理，马王堆三号墓出土的帛书一共20多种，12万字左右。这样大批古书的发现，除了晋朝咸宁五年（公元279年）在河南汲县的古墓里出土《竹书纪年》等大批竹简之外，在近1700年的时间里，只有1972年在银雀山汉墓中发现的大批竹简可与之相媲美。从这批帛书的内容看，只有少数几种流传下来,而大部分是久已失传的佚书。书的内容以古代哲学思想、历史为主,也有相当一部分是当时自然科学方面的著作,还有各种杂书,整理者后来将这批帛书依次编号:

(甲) 1.《老子》甲本,无篇题。

2.《老子》甲本卷后佚书之一,无篇题。

3.《老子》甲本卷后佚书之二,无篇题。

4.《老子》甲本卷后佚书之三,无篇题。

5.《老子》甲本卷后佚书之四,无篇题。

(乙) 1.《老子》乙本卷前佚书之一,《经法》。

2.《老子》乙本卷前佚书之二,《十大经》。

3.《老子》乙本卷前佚书之三,《称》。

4.《老子》乙本卷前佚书之四,《道原》。

5.《老子》乙本。

(丙) 1.《周易》,无篇题。

2.《周易》卷后佚书之一,无篇题。

3.《周易》卷后佚书之二,《要》。

帛书《阴阳五行》局部
此书有甲、乙两种写本,其内容根据阴阳五行学说占卜吉凶,是研究古代阴阳五行学说的极好资料

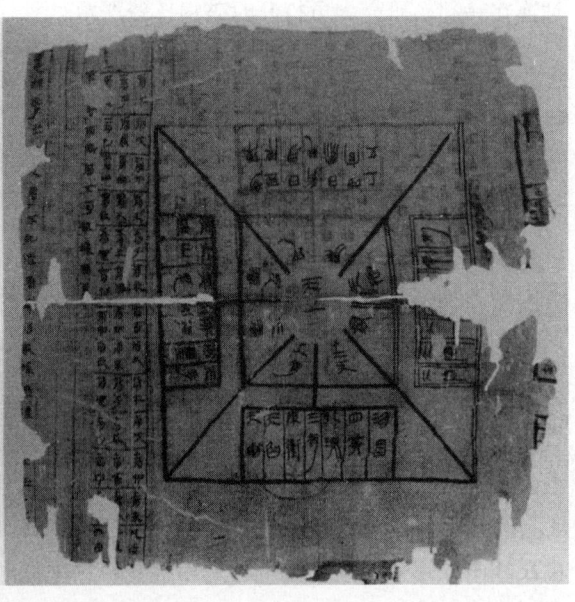

4.《周易》卷后佚书之三,《昭力》。

5.《周易·系辞》,无篇题。

(丁)与《战国策》有关的书一种,无篇题。

(戊)与《左传》类似的佚书一种,无篇题。

(巳)关于天文星占的佚书一种,无篇题。

(庚)关于相马的佚书一种,无篇题。

(辛)关于医经方的佚书一种,无篇题。

(壬)1.关于刑德的佚书之一,无篇题。

2.关于刑德的佚书之二,无篇题。

3.关于刑德的佚书之三,无篇题。

(癸)1.关于阴阳五行的佚书之一,无篇题。

2.关于阴阳五行的佚书之二,无篇题。

(子)导引图一幅。

(丑)地图一幅。

(寅)驻军图一幅。

(卯)街坊图一幅。

(辰)杂占。

面对大多数久已失传的人类文化至宝,帛书整理小组在整理的同时,也开始做初步的研究和探讨。大家惊讶地发现,有的古籍,不仅对今天来说是佚书,甚至是两汉时期的刘向、班固也没有见到。帛书的出土,不仅丰富了古代史的内容,订正了史书的记载,还可以作为校勘某些传世古籍的有力依据。同时,帛书在文字学、训诂学、音韵学等方面,也为后世研究者提供了丰富的研究资料。

老子与《道德经》

帛书《老子》的两种写本,都是用墨笔写在帛上。一本是带有隶书笔法

西汉孤魂

老子像

老子帛书

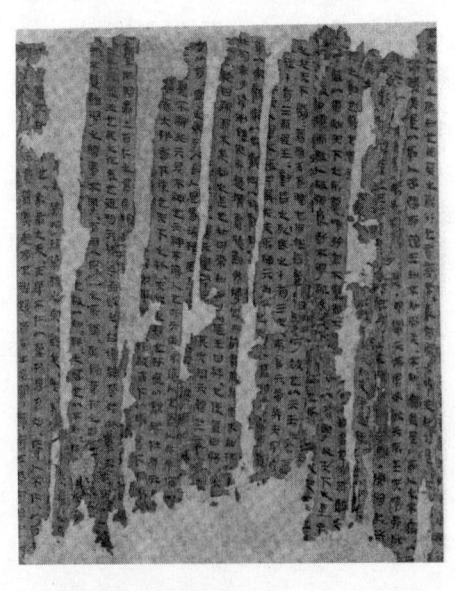

的小篆，研究者称为甲本。一本是隶书，称为乙本。甲本的帛多有破损，文字多有残缺，乙本的帛大体完好，文字大都清晰。从这小小的差异中可以推断，甲本抄写年代在乙本之前。

秦王朝统一文字后，规定小篆为社会上的通用文字，但官吏办理徭役和讼狱等事务，则用隶书。字体的演变，必然是舍繁难而取简易，所以到汉朝初年，隶书盛行，而小篆渐废，抄写者自然也用隶书而不用小篆。此次出土的《老子》甲本是小篆，乙本是隶书，这就是为什么研究者认为甲本在前、乙本在后的理由。不过这两点仅指一般情况而言，从三号墓发掘时的情形看，乙本放在漆盒里，甲本卷在木片上，甲本是不是因为这一点而多破损则难断定。再者，汉初也有些人会写小篆，甲本是不是抄写者特意用小篆？所以仅凭以上两点还算不上有力的证据。但有一个有力的证据，就是写者避汉朝皇帝名讳的情况。甲本中所能辨得清的"邦"字22个，而汉高祖的名字正是刘邦。就当时的规定，皇帝的名字无论是生前还是死后，都是不能书之于著作上的。根据三号墓出土的木牍记载，墓主人下葬于汉文帝十二年，即公元前168年。很显然，甲本《老子》应成书于刘邦称帝之前，即公元前206年之前。

帛书《老子》乙本，已用"国"字替代了"邦"字，这表明其成书于公元前206年之后。但书中任意使用"盈"字和"恒"字,而汉惠帝和汉文帝的名字恰为刘盈和刘恒。据此可以推论,乙本成书于公元前206年至公元前187年之间,显然比甲本成书时代要晚。

关于老子其人,世人多不陌生。依据《史记》的记载,老子姓李,名耳,字聃。是春秋时期楚国苦县厉乡曲仁里人,比孔子稍微早一点。他做过周政府守藏室的史官,这个职务相当于现在的国家图书馆馆长。孔子到周政府所在地洛阳去,曾经向他请教过礼。他告诉孔子说:"一个了不起的商人,深藏财货,而外表看起来好像是空无所有;一个有修养的君子,内藏道德,而外表看起来好像是愚蠢迟钝。你要去掉骄傲之气和贪欲之心,这些对你都没有益处。"

老子在周政府待了很久,看到周室日渐衰微,于是就离周西行,将要出函谷关的时候,守关的将军对他说:"你平时不留文字,现在快要隐居了,勉强为我们写一本书吧。"于是老子就写了一本书,分为上下篇,内容谈的都是"道"和"德",共5000多字。后世称为《老子》或《道德经》。书写好以后出关西去,从此以后再没有人知道他的下落。传说他活了160多岁,也有人说活了200多岁,这是因为他修道并且善于养生的关系。

《道德经》局部

在孔子死后129年,周政府有一个太史名叫儋的出关见秦献公,于是有人传说太史儋就是老子,也有人说不是,世人也不晓得哪一种说法对——这就是司马迁关于老子其人其事记载的大体经过。这位太史公抱着存疑的态度说:"或曰:老莱子亦楚人也,著书十五篇,言道家之用,与孔子同时云。盖老子百有六十余岁,或言二百余岁,以其修道而养寿也。自孔子死之后百二十九年,而史记周太史儋见秦献公曰:'始秦与周合,合五百岁而离,离,七十岁而霸王者出焉。'或曰:儋即老子,或曰:非也。世莫知其然否。"从这段记载中可以看出,当时人们(包括司马迁本人)搞不清楚老聃、老莱子、太史儋三者究竟是不是同一个人。老子的身世如此混沌不明，曾使他本身的存在与否都成了问题，他是不是手著了《道德经》就更成问题了。于是对于《老子》一书，有人以为是太史儋所作，有人以为是庄子的门徒所依托，也有人以为是吕不韦的门客所纂辑，更有人以为是汉人掇拾而成。可谓众说纷纭、莫衷一是。在这纷纭众说中，大多数研究者认为还是司马迁的说法最为可信。因为其中有些文字必定出自老子之口，庄子以后的人是无法说出来的，如"道冲，而用之或不盈，渊兮似万物之宗。……吾不知谁之子，象帝之先"（四章），"吾不知其名，字之曰道，强为之名曰大"（二十五章）等都是明证。如果仔细推究一下战国时代的道家之学，就可以看出列子的贵虚，是老子贵柔思想的演进；杨朱的为我，是老子无为哲学的发展；庄子的旷达，是老子自然主义的开拓。诸家学说"其要本归于老子之言"（《史记·庄子传》）。而《道德经》无疑是诸家学说的摇篮。

当然，老子书中也有后人杂入的文章，如二十六章的"万乘之主"，全书常见的"侯王"等词，显然都是战国时代的成语，而不是春秋末年所能有的。另外也有注文时混进去的，如三十一章的"偏将军居左，上将军居右，言以丧礼处之"等，文中既用"言"字，当然是注文无疑。不过这些文字并不多，所以，这本书的作者，大多数研究者认为还是老子，只不过有很少的部分是后人所撰，或注文时混入的罢了。

人们看到一般通行的老子书，都分上下篇。上篇的第一句是"道可道，非常道"。下篇的第一句是"上德不德，是以有德"。因此后人就取上篇的"道"字和下篇的"德"字，合起来称它为《道德经》。

这部《道德经》仅5000多字，但它却以独特而深刻的思想，极富启发性的人生体验，精辟而富有诗意的语言阐述了老子的宇宙观、人生观及社会政治观。围绕"道"这一中心概念，阐明了老子关于宇宙的起源、世界的存在方式、事物发展的规律以及人类社会的种种矛盾与解决方式等，通篇充满了辩证的逻辑力量与深邃美妙的诗意，千百年来，人们始终怀着极大的热情和兴趣对这部著作进行解读和阐释，并为此留下了许许多多见仁见智的注译。

韩非的《解老》、《喻老》是最早的《老子》注，其后，为《道德经》注疏、诂解者蜂起，2000多年来能见到的已逾百家。《汉书·艺文志》就曾记载《老子邻氏经传》四篇、《老子傅氏经说》37篇、《老子徐氏经说》六篇、刘向《说老子》等等。可知在汉代时，《道德经》已有多种不同的传本。从总体上看，《道德经》的传本可分为两大系统：一是以王弼本为代表的文人系统（傅奕、苏辙、陆希声、吴澄诸本属于这一系统），其特征是：文笔晓畅，不减助字，字数逾5000之数；二是以河上公本为代表的民间系统（严遵、景龙碑、遂州碑和敦煌本属于这一系统），其特征是：文笔简奥，语助词从删，字数依于5000之数。王弼本系统偏重于"学"（道家），河上公本系统偏重于"教"（道教）。河上公本系统的"减字"（删减语气助词）、"古字"（如"無"作"无""芸"作"云"之类）特征表明了道、俗的分别。因此，如果把《道德经》看作一部道经来诠解的话，则应取河上本系统中的一种传本来作为底本为宜。但河上公本人的身份和时代后人知之甚少，只知他是一个传说人物，相传他曾拒绝了汉文帝邀请其做官的好意，只答应为文帝作《老子》注。但他的注本在《汉书·艺文志》中却未见载录，这就让后世的研究者怀疑其注本，可能是别人假托其名的伪作。即使是假托的伪作，从河上公本的成书年代看，也不会早于东汉，而很可能和王弼注本成于同一个时代，那便是魏晋时期。关于这个问题，历代注家学者曾进行了长达千余年的争论，直到马王堆三号墓帛书《老子》甲、乙本出土后，研究者才蓦然发现，它比任何已知《老子》一书的版本要早四个世纪。既然如此，关于河上公本与王弼本谁早谁先的争论，显然已不再像以前那样重要了。

　　让研究者感到稀奇的是，马王堆三号墓出土的帛书《老子》甲、乙两本，都是《德经》在前，《道经》在后，《德经》是上篇，《道经》是下篇。这种编次是不是《老子》原书的编次？有研究者认为，从先秦古籍的有关记载来看，《老子》传本在战国期间，可能就已有两种：一种是《道经》在前，《德经》在后，这当是道家传本。这种传本论述道德，总是把"道"摆在第一位，把"德"摆在第二位。《庄子》论述道德，也是把"道"摆在第一位，把"德"摆在第二位。另一种是《德经》在前，《道经》在后，这当是法家传本。《韩非子·解老》首先解《德经》第一章，解《道经》第一章的文字放在全篇的后部，便是明证。大概是道、法两家对于《老子》书各有所偏重。《老子》上篇讲"道"的文字多些，所以后人称作《道经》。下篇讲"德"的文字多些，所以后人称作《德经》。从马王堆汉墓出土帛书

《老子》的编法来看，可能属于法家的传本。

道家道教的传统中虽然包含了许多对现代世界非常有益的营养成分，但是真正认识到这些成分的有效性并有意识地加以吸取、利用和发挥的人并不太多。其原因尽管来自诸多方面，但对道教经书译解的艰难恐怕是最基本的问题。

早在100年前，严复就在《译〈天演论〉自序》中感叹："读古书难！"他总结了三方面的原因：一是"历时久远，简牍沿讹"，文字错脱较多；二是"声音代变，则通暇难明"，音义变化较大；三是"风俗殊尚，则事亦参差"，社会环境变化较大。重要典籍虽然历代"训疏"者勤，仍不免"于古人诏示来学之旨愈益晦矣"。对道经来说，研究的难处还要增加两条，那就是它的杂多性和传播方式的神秘性。当年号称"文通万国""学超三教"的胡适博士在广求佛禅之后，曾"发心"攻读《道藏》，结果是碰壁而归，胡适博士带着一肚子的不解和迷惑，对道书发了一通"多半是半通不通的鬼话"的牢骚而不了了之。

值得特别指出的是，在马王堆三号墓出土的《老子》乙本卷前，研究人员还发现了《经法》《十大经》《称》《道原》等古代佚书四篇。从考古发掘的情况看，这四篇佚书与《老子》乙本同抄在一幅帛上，共175行，有11164字，除少数几篇文字略有残缺外，大部分都保存得相当完整，但没有总的书名。1974年8月28日，《文物》编辑部邀请参加帛书整理的部分专家，对相关的内容进行了座谈。就在这次座谈会上，故宫博物院历史学家唐兰首次断言，以上四篇佚书，正是佚失2000余年的在《汉书·艺文志》中列在道家之内的《黄帝四经》。它成书于公元前4世纪。

从这四篇古佚书的内容看，第一篇《经法》，讲的是法，是《老子》所不讲的。第二篇《十大经》，主要讲的是兵，讲黄帝擒蚩尤的故事。《老子》主张不争，这里讲的却是"不争亦无以成功"。第三篇讲权衡轻重的《称》。第四

战神蚩尤

篇讲《道原》，是讲体系的。尽管唐兰的这个推断，有不少学者提出异议，但从出土的材料、证据和后来的研究成果看，唐兰的结论还是最为可靠的一种。

黄帝擒蚩尤（汉画像砖）

汉文帝时崇尚黄老，所以把黄帝四篇和老子两篇全抄为一卷，这就是所谓的"黄老"著作，即"黄帝""老子"的著作，属于道家的哲学流派。它是战国到西汉哲学流派中一个很著名的学派，尤其在汉文帝之时，已成为全国最主要的哲学学派，并是当时政府向全国推行的哲学。遗憾的是，千百年来，除了一部《老子》外，黄帝的书一部也没有留下来。因此，后世只知"老学"，不知"黄学"，并且对2000年来是否确有"黄学"存在，表示怀疑。马王堆汉墓出土的四种早已失传的黄帝书，在标志着中国古代哲学史上的重大发现的同时，也解开了哲学史上的千古之谜。荀况在《非十二子》篇中，曾激烈地批判子思、孟轲的"五行说"。但是，什么是子思和孟轲的"五行说"，由于思孟原书早已散失，后人无法解释清楚，这成了哲学史上千古之谜。有的学者在研究帛书《老子》甲本卷后的四篇古佚书中，发现竟是有关思孟五行说的著作。

早在1700年前的西晋咸宁五年（公元279年），国人曾在河南汲县一个坟墓中出土竹简十余车，一时震动朝野，但以后几乎都散失殆尽。清朝末年在中国西北地区出土的汉晋木简及敦煌藏书，则大多被帝国主义者连抢加夺地捆载而去。正因为如此，马王堆汉墓帛书的出土才显得弥足珍贵和重要。《老子》佚本的发现，对研究战国至汉初法家思想的演变，探讨当时统治阶级崇尚黄老之学的阶级实质等问题，有着极其重要的参考价值。

苏秦与《战国纵横家书》

三号汉墓出土的帛书中,有一部主要记载战国时代纵横家苏秦等人的书信、说辞的古佚书,共27章,17000多字。其中11章的内容可以在今本《战国策》和《史记》中找到,不过文字有所出入。另外16章则是佚书。全书各章不按国别、时序编排。根据其内容、书例等情况,可以清楚地划为三个部分。它的前面14章是较早流传的有关苏秦的资料;从第15章到第19章,每章后面记明了字数,末尾又有这5章的总字数,可见当有另一来源;最后八章明显的是另外收集的材料编成,其中前三章与苏秦有关。通观这部古佚书,应是一种以苏秦游说资料为主的战国纵横家言论的辑本。为了便于称引,研究者就替它题了个名字叫《战国纵横家书》,各章也加了章名。书中讲到了秦始皇十二年(公元前235年)秦魏伐楚的史事,它的成书年代当在秦末汉初。书中避刘邦讳,而不避刘盈讳,应是汉惠帝时的抄本。

战国纵横家书

纵横家是盛行于战国时代的一种流派的名称,据说导源于古代善于辞令的使节职官。战国中后期,齐秦二雄,东西对峙,楚、宋、燕、三晋(赵、韩、魏)南北其中,出现了齐秦东西联合兼并弱国,弱国南北约盟联齐制秦或是联秦制齐的错综复杂的斗争局面。历史上把这个时期争取友国、孤立敌国的谋略,形象地称作"合纵连横",把那些出谋划策、周旋于列国之间的游说之士称作纵横家,甚至把这种以游说君主、谋取仕途的"门路"也叫作"纵横之学"。后来习惯上又把战国秦汉间的策士都算作了"纵横家"——诈谋权变者流。苏秦就是历史上极为著名的纵横家。据说,他是东周洛阳人,鬼谷先生的门徒。曾游说燕齐楚三晋合纵拒秦，被举为纵约长，身佩六国相印，"投纵约书于秦，秦兵不敢窥函谷关十五年"，最后死于齐国，比他的同学、也是敌手——另一个著名的纵横家秦相张仪（？—公元前309年），早亡几年。后来的研究者发现，这些传说有不少是出于后人的伪托。苏秦的生平事迹就连作《史记》的司马迁也没能够搞个明白，他在《史记·苏秦列传》中写道："世言苏秦多异，异时事有类之者皆附之苏秦。"可见苏秦是战国后期纵横家所推崇的抗秦人物。他的游说词和书信随着"纵横之学"从战国延至汉初，仍是一种"热门"的显学而广泛流传，并成为士大夫们辑录学习的主要资料、模仿操练的一种脚本。因此，它会同《老子》等书一起出土是不足为怪的。

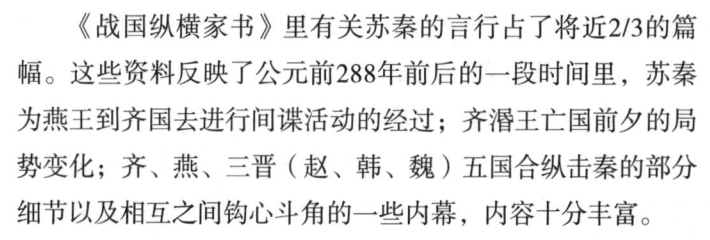

苏秦画像

《战国纵横家书》里有关苏秦的言行占了将近2/3的篇幅。这些资料反映了公元前288年前后的一段时间里，苏秦为燕王到齐国去进行间谍活动的经过；齐湣王亡国前夕的局势变化；齐、燕、三晋（赵、韩、魏）五国合纵击秦的部分细节以及相互之间钩心斗角的一些内幕，内容十分丰富。

燕昭王破齐是战国史上的一件大事，也是一个重大的历史转折——由齐秦对垒变为强秦独霸，客观上为秦统一全国创造了有利条件。但史书上对这件事记载极不详备，至于苏秦，倘若按照传记上所说，这时已成亡鬼，因此，他在这个事件中的活动便只字未提。而从出土的帛书看，苏秦正是这幕重要"历史剧"中的主角。由此可知这批资料就连司马迁也没有全部见到过，从而也可进一步推断，这部文献已经湮没2000多年了。帛书《战国纵横家书》的出土，无疑使战国史的研究者开拓了新的眼界。在此之前，对战国史实的编年主要依靠《史记》和《竹书纪年》。《史记》中战国年代排比错误很多，相沿甚久，难于校正。而《竹书纪年》所见只是辑本，而且史事终于魏哀王（襄王）二十年（公元前299年），下距秦始皇的统一还有78年。因此，历代研究者在使

张仪画像

用《纪年》以订《史记》编年之失时，既有不少困难，亦不可能臻于完备。三号墓帛书的出土，为研究者提供了前所未知的丰富资料，对旧有文献大有补缺订误之功，尤其是其中大部分资料的年代都在公元前299年以后，恰好是《纪年》所未记录的时期。若就史料之详细、情节之生动而言，其价值明显远在《纪年》之上。

令整理小组的研究者深感意外的是，这27篇文献包括书信、游说词、对话记录等，有专门记言的，有记言兼记事的，还有记言、记事并附议论的。绝大多数篇章均无作者或游说者的姓名。次序杂乱无章，编排也不按时间先后，有几篇已残缺不全，内容不能十分明了，个别错字和脱落之处，也未一一订正。还有几段文字被抄书者颠倒了位置，经过仔细观察，才找到其原来正当的位置。由此可见，帛书可能是从竹书原本转抄来的，竹书已有错简和脱简，帛书的抄写者就沿袭下来了。

战国时代贵族没落，武士失职，游说实为当时贵游之士有效的利禄之途。如果说春秋时代礼乐射御书数六艺是士君子必须学习的学科，《战国策》便是这个时代游士必须认真揣摩的典籍。

战国中期以后，在齐、秦两大国东西对峙的斗争中，出现了复杂的斗争形势，纵横家在发动合纵连横的斗争中，更是讲究游说。因为讲究游说，就有人按照当时政治斗争的需要，把前人游说君王的书信和游说词收集汇编起来，编成各种册子以供学习模仿。所以到西汉末年刘向编辑《战国策》时，在皇宫的书库里就发现有记录战国游说词的各种不同的册子，其名称为：《国策》《国事》《短长》《事语》《长书》《脩书》等。有以国别分类的，也有杂乱无章的。所谓《国策》《国事》，该是以国别分类编辑的；所谓《事语》，该是按事实分类编排的；所谓《短长》《长书》《脩书》，就是记载纵横家言的。短长，就是"权变"的意思，司马迁所谓"谋诈用而从（纵）衡（横）短长之说起"（《六国年表序》）。刘向以这类书中"有国别者八篇"为基础，把其他各种册子的资料按国别、年代加以补充，删去重复，编辑成了《战国策》33篇。因为这是根据不同来源的册子汇编而成，内容比较复杂，当然免不了有重复的地方。就此书的流传脉络来看，刘向校录的《战国策》书流传至北宋时几无善本，高诱《注》亦无全书，曾巩访之于士大夫家，始尽得其书，后来王觉又得馆阁诸公家藏数本（并见姚本《战国策叙录》），这些士大夫或馆阁诸公的家藏本，可能有出于刘向编录以外的民间传本。姚本于第二十一卷末注云："集贤院本第二十一卷全不同，疑差互。"由此可以看出这样差互而全不同的传本，绝不是同出于刘向校录本的。

战国末年，由秦国来完成统一大业的趋势已经形成，东方六国常常图谋合纵抵抗秦国，挽救自己的灭亡，因而纵横家的活动盛极一时，苏秦的游说词便广泛流行开来。从历史的具体情形看，三号墓出土的这部帛书之所以会用近2/3的篇幅来记录苏秦游说词，不是偶然的。在《汉书·艺文志》纵横家中，《苏子》就居于首位，篇数最多，多到31篇。在今本《战国策》中，有关苏秦的资料，其数量也大大超过了其他纵横家。

正因为苏秦是纵横家学习模仿的榜样，他的游说词是练习游说用的主要脚本，其中就难免有许多是假托他编造出来的，不但夸张虚构，而且年代错乱、矛盾百出，这便是司马迁所谓的"世言苏秦多异，异时事有类之者皆附之苏秦"的感慨。关于这点，前人已经做过许多辨伪的工作。今本《战国策》中，既有比较原始的苏秦资料，也有出于后人伪造虚构的东西，可说真伪参半。而《史记·苏秦列传》所辑录的，几乎全是后人杜撰的长篇游说词。因为司马迁误信这些游说词为真，误认为苏秦是和张仪同时对立的人物，反而把有关苏秦的原始资料抛弃了，或者把这些资料中的"苏秦"改成"苏代"或"苏厉"。因此战国中期有许多重要历史事件和苏秦活动有关的，真相就模糊不清。马王堆三号汉墓帛书的出土，向人们提供了比较原始的苏秦资料，从而使研究者对这个长期纠缠不清的历史问题有了新的认识。

关于苏秦主要活动的年代，由于后人"异时事有类之者皆附之"的缘故，被弄糊涂了。司马迁把他说成与张仪同时代，且是敌对的人物，死在张仪之前。事实上，和张仪主要敌对的人物不是苏秦，而是公孙衍和陈轸。当张仪在秦国当权的时候，苏秦只不过是个年轻的游说者。苏秦的年辈要比张仪晚得多，张仪死在公元前310年，苏秦要晚死25年左右。苏秦是在齐国因"阴与燕谋齐"的"反间"罪而被车裂处死的，其时当在公元前285年燕将乐毅开始大举攻齐的时候。撇开后人杜撰的苏秦游说各国合纵的长篇游说词，从今本《战国策》所载其他有关苏秦的资料中，可以清楚地看出苏秦的主要活动是在齐湣王统治齐国的时期。他和孟尝君田文、奉阳君李兑、穰侯魏冉、韩珉、周最等人同时参加合纵连横的活动。三号汉墓出土的这部帛书中有关苏秦原始资料的发现，当是这个看法的有力证据。

关于苏秦之死，据最可靠的记载，应在齐湣王时代。《吕氏春秋·知度篇》说："宋用唐鞅、齐用苏秦，而天下知其亡。"宋亡于公元前286年（齐亡应指齐湣王失国而言），湣王亡于公元前284年。《吕氏春秋》成书于秦始皇八年（公元前239年），上距齐亡仅45年，"齐用苏秦而亡"是《吕氏春秋》作者见闻所及的历史，而且这也不是孤证。苏秦以反间致死，还是西汉时人喜闻乐道的事，《史记·邹阳传》说："苏秦不信于天下而为燕尾生。"《淮南子》书一则曰："苏秦以百诞成一诚。"（见《说林篇》）苏秦始终为燕反齐，这都是《史记·苏秦传》未曾传世以前西汉人所传的历史，这段史实应当也是可信的。

苏秦为燕合纵反齐，屡见于张仪连横说词中，《楚策》载张仪为秦破纵连横说楚王时说："苏秦封武安君而相燕，即阴与燕谋破齐，共分其地。乃佯有罪出走入齐，齐王因受而相之。居二年而觉，齐王大怒，车裂苏秦于市。"故此可以推断，苏秦之死必当在公元前285年燕师初入齐境，湣王败逃以前，苏秦反间形迹暴露之后，因此，苏秦为齐车裂而死，也就易于理解了。

苏秦死后，三晋权变之士，争言合纵。既惊服其合纵反齐成功之大，不得不学其术，而表面上又要讳学其术。而齐复国以后又是为合纵说者必须依靠的与国，更须讳共反齐事实。因此，在《史记·苏秦传》中对于苏秦致死原因，就有一个新的解释：齐大夫多与苏秦争宠者，而使人刺苏秦，不死，殊而走，齐王使人求贼不得。苏秦且死，乃谓齐王，"臣即死，车裂臣以徇于市曰：'苏秦为燕作乱于齐'，如此，则臣之贼必得矣"。于是，如其言，而杀苏秦者果自出，齐王因而诛之。燕闻之曰："甚矣，齐之为苏生报仇也！"这样巧妙的新解，就把苏秦的反间罪名轻易地开脱了。苏秦从此也就成为合纵说的箭垛式的英雄人物，从此为合纵说者，也不再"讳学其术"了。

今本《战国策》和《史记》，所记苏秦、苏代的故事往往混淆不清。今本《战国策》中，有些记的是同一件事，有时作苏秦，有时作苏代，前后混乱。还有不少《战国策》上作"苏秦",而在《史记》中又改作"苏代",这类例子很多。《田世家》记载有和帛书第二十二章相同的游说词,游说者是苏代,他自称:"今者臣立于门。"但是,帛书作"今者秦立于门",游说者自称为"秦"。那么,这个游说者原来该是苏秦,又是被司马迁改作"苏代"的。

还有第十四章记载游说者对齐湣王说:"臣使苏厉告楚王曰:……"在苏氏兄弟三人中,苏秦是主要的,苏代和苏厉常为苏秦奔走,分担工作。这个游说者派遣苏厉去报告楚王,也该是苏秦。

如果把帛书第五章和今本《战国策》《史记》作文字上的比较,也可以看出这部帛书所根据的是一种比较原始的资料。帛书很可能在文景之间就失传了,由于司马迁写《史记》时没有见到关于苏秦的第一手的史料,因而把公元前3世纪初苏秦的事迹,推到公元前4世纪末,把五国伐秦错成六国合纵,还推早了45年。时序错差,事迹中既有弄错的,又有假造的,他的《苏秦传》就等于后世的传奇小说了。

值得提及的是,关于《战国策》的研究校勘,还有一桩文字公案,即清代乾嘉年间的大学者王念孙、王引之父子用大量确凿的证据考定,在"赵策四·赵太后新用事"一章,原文中的"左师触詟愿见太后",应为"左师触龙言愿见太后"。其原因是人们把"龙言二字误合为詟耳"。王念孙父子的考证纠正了沿袭2000多年的一个错误。但在当时由于缺少权威性的证据,只能作为一家之言。当马王堆汉墓出土的帛书中,人们发现果然是"触龙言",而不是"触詟"时,这才想起200多年前王念孙父子的考证,并为王氏父子创立的高邮训诂学而肃然起敬。

❀ 世界上最早的地图

三号墓东边箱57号长方形漆盒里,发现了三幅画在帛上的地图,它们折叠成长24厘米、宽12厘米的一叠。由于经过2000多年的叠压和水的浸泡,折处断裂,已无法打开,运到北京后,整理小组人员只好一片一片地揭下来。

结果一幅大一点的断裂为32块长方形残片，中等的一幅断裂为28片，小的一幅也断裂成好几片。鉴于几幅地图均已残破不堪，整理小组人员打算先把最大的那一幅拼复一下看看效果。

断裂的帛片上，有墨绘的河流、山脉、城市、道路、乡村以及篆书的古代城市乡村和一些河流的名字。由于帛片相互渗印有很多深浅不一、粗细不等、形状不同的线条、圆圈、方框和篆书注记，加上帛片边缘的严重残损，给复原带来了困难。整理人员在拼复的过程中，发现最上边的帛片上，有一块很大的用墨绘的半月形全黑图形，它的下面与河流相连，显然，这是表示湖海等水域的标记。根据这一特点，当时有人认为这很可能是古代的湖南地图，并且认为最上边那块全黑的半圆形图形就是古代的洞庭湖。在这一设想的基础上，整理人员把它拼成了和现在的湖南地图相似的长方形地图，北边是洞庭湖，有湘、资、沅、澧四水与它相连。待拼复以后，大家才发现矛盾百出，图上的河流、山脉都不相连属，有些帛片明显倒置，若按这样排列形式，河水不是由西向东，而是由东向西倒流了。第一次拼图宣告失败。后来经过复旦大学历史地理研究室、国家测绘总局测绘研究所、地图出版社、故宫博物院和湖南省博物馆等许多单位调往北京参与帛书整理的专家，经过艰苦的努力，终于恢复了地图的原貌。原来这幅古地图的方向和今天地图的方向刚好相反，是一幅上南下北的地图。上边那块半圆形全黑的图形不是洞庭湖而是南海。拼复后地图是正方形，边长96厘米。图上没作图名、图例、比例尺和绘制年代的标注。

关于该图的成图年代和制图区域范围，根据与该图同时出土的一件木牍的记载有"十二年二月乙巳朔戊辰"字样，可以断定这幅地图绘制的年代当在此以前。地图所包括的范围大致为：东经111度至112度30分、北纬23—26度之间，地跨今湖南、广东两省和广西壮族自治区的一部分，相当于今广西全州、灌阳一线以东，湖南新田、广东连县一线以西，北至新田、全州以南，南界到达广东珠江口外的南海。地图的主区包括当时长沙国的南部，即今湘江上游第一大支流潇水流域、南岭、九嶷山及其附近地区。其邻区为西汉诸侯南越王赵佗的辖地。地图主区部分内容比较详细。邻区表示粗略。按照通常以主区命名地图的原则，有的人认为可以把这幅图叫作《西汉初期长沙国南部地图》。也有的人认为此图主区范围很小，只是长沙国南部的一部分,不宜只用"南部"二字,应加上"深平防区"较为妥当。

为了弄清该图是否有统一的大致比例,整理人员首先选择了古、今地图上能够大致确定位置的五个同名点,然后分别在复原图和现代1∶50万地形图上进行量算,结果发现,复原图的主区有一个大致的比例,约在1∶17万—1∶19万之间。当时的度量制为一里折300步,折1800尺,折18000寸,可以初步推断该图统一的名义比例为1∶18万,相当于一寸折十里地图。

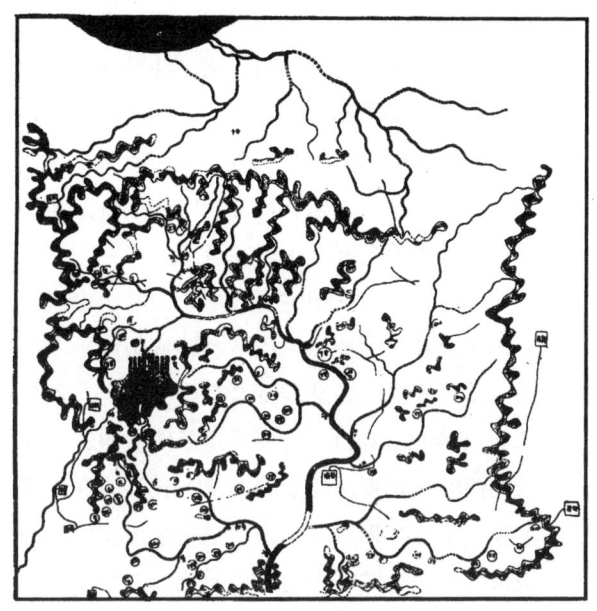

地图上表示的主要内容既包括作为自然地理要素的山脉、河流,又表示了作为社会经济要素的居民地、道路等,而地貌、水系、居民地、交通网四大要素,正是现代地形图的基本要素。因此可以说,这是一幅相当科学的大比例尺的地形图。

地图内容各要素的表示特点为:

一、水系在这幅图上表示得比较详细而突出。这可能是由于南岭地区山路崎岖,而该图又着重被用于水路运输和行军作战有关。因此,河流表示得相当详细、准确而生动。图上共有大小河流30多条,其中至少有九条标注了河流名称,如营水、春陵水、泠水、精水、罗水、垒水、临水、参水等,其中深水、泠水两河还标明了水源。图上河流用粗细均匀变化的线划表示而出。湘江上游最大支流潇水是图内的主要河流,线划粗度由源头0.1厘米逐步变粗到营浦以下0.8厘

马王堆三号汉墓出土的《地形图》摹本

全图分为主区与邻区,主区的城邑、山脉、水道以今湖南道县(古营浦)及潇水流域(古深水)为中心;山脉以九嶷山为中心,东南包括今南岭的萌渚岭,以西则以都庞岭为界

米。河流的主次关系表示明确，弯曲自然，主、支流交汇口的图形正确，河流与地形的关系处理得当。河名注在支流入主流的河口处，与现代地图河流注记排列方法不同，但这种注记方法读图还是比较方便。整理人员把原图的水系与现代地形图做了比较，发现河流骨架、河系的平面图形、河流流向及主要弯曲均大体相似，可知当时的测量是相当准确的。有的河流如泠水、深水、舂陵水等名称至今还在沿用。

二、地貌。该图主要表示了山脉、山簇、山峰、山头、山谷等内容。南岭地区山脉纵横交错，山岭盘结成山簇，图上用了闭合的山形线，表示山脉的坐落，山体的轮廓范围及其延伸方向。例如观阳、桃阳以东的都庞岭的走向表示得清晰醒目，与现代地形图对照，可知其山脉走向大体正确。地势复杂的南岭表现得脉络清楚，成为长江与珠江两大水系的天然分水岭。山形线上加绘了月牙形符号，可能是表示山体外侧的突出地形如山头、山嘴等。在山形线的闭合曲线内还辅以晕线。九嶷山的表示更具独到之处，除了用正射投影的较粗的山形线表示山体的范围外，又用鱼鳞状图形表示其峰峦起伏的特征。向南绘了九个柱状符号，向东绘了七个柱状符号，描绘从侧面所能望见的主要山峰，表示各山峰的排列和高矮。图上的九嶷山未注名称，传说帝舜死后葬于九嶷山，此山西侧注有"帝舜"两字。图上又画有九个柱状符号以示九峰，《九嶷山志》曾有"九峰相似""行者疑惑"而得名的记载，可知图上龁道以西的群山即九嶷山。

三、居民地。图上表示得比较详细，位置也相当准确。全图共表示了80多个居民地，基本上分为二级，即县级居民地八个，乡里级居民地可以辨认的有74个。县城用矩形符号表示，乡里用圈形符号表示。符号大小不等，例如营浦县（今道县）的图形要比南平（今兰山）县的图形，其面积大三至四倍。深平的圈形符号比其他乡里级居民地的圈形符号也大几倍。注记分别注在县级居民地矩形符号和乡里居民地圈形符号内，不易混淆。字体近于篆书和隶书之间。

四、道路。图上尚能判读出来的计有20余条。营浦、龁道、南平等县城，以及一些重要乡里级居民地如深平等地之间都有道路相连通。道路一般用实线表示，个别用虚线表示。

五、其他内容尚标注有"帝舜""封中"等字样，前者可能是表示舜之

第十三章　地火天光

葬地，后者可能是指当时南越国内的封阳地区。

尽管这幅汉初地图距今相去2000余年，但通观其整体，除了境界线、土质植被外，现代地形图上的基本要素：地貌、水系、居民地、交通线等都做了比较详细的表示，由此可以看出，这是古代的一幅内容相当丰富的地形图。从地图内容要素的表示来看，该图绘制技术也达到了相当熟练的程度，例如河流的粗细变化、自然弯曲表示得相当生动，河口处没有通常易于错绘的倒流现象，道路的绘画几乎是一笔绘成，看不出有换笔的接头，描绘居民地的圈形符号的圆度很好（如深平），这一切，无不显示出该图较高的绘制技术水平。

长沙马王堆三号汉墓地图的出土，不仅为中国地图学史增添了新的一页，同时也给世界地图学史带来了新的光彩。就中国而言，关于地图的传说非常久远，很早就有绘着山水、动物、植物、矿物的《山海经》图。当然，这种传说中的地图，还不能脱离图画、象形文字而单独存在。随着生产力的发展，由于战争和管理土地的需要，春秋战国时代相继出现了各种地图和有关的著作，如《管子·地图篇》《孙子兵法》和《孙膑兵法》中分别有附图九卷、四卷，燕国有督亢地图。公元前221年前后，秦始皇在南开五岭时派史禄主持勘测了南岭地区的地形等等。可惜这些古代的地图全都失传了。在这幅地图出土以前，所能见到的最早的地图，要算是南宋时期刘豫阜昌七年（公元1136年）刻于石碑上的《禹迹图》和《华夷图》，而马王堆出土的汉初地图，除开它丰富的内容和测绘的精确不说，单是成图时间就比《华夷图》等早1300多年。在外国，古代巴比伦4000多年前有陶片地图，但这种地图仅相当于用于中国《山海经》一类的传说中的地图，显然已无法与之相提并论。直到公元2世纪才有罗马帝国时代的埃及人托勒密（公元99—168年）的《地理学》一书中的地图，其中世界图的大陆东方及南半球的地理轮廓是根据传闻和想象绘制的，该图的内容和实用性远不及前述汉初地图，而在时间上至少也晚了300多年。因此，这幅汉初地图就成为目前世界上发现的最早的一幅地图。

从这幅地图的内容来看，很可能是经过实地勘测的。该图地貌的表示已不拘泥于形象图画，而用闭合曲线来表示山体范围、谷地、山脉延伸方向，并辅以俯视、侧视相结合的方法表示九嶷山区耸立的山峰，这与现代地形图上利用等高线配合山峰符号的画法基本相似。值得注意的是，图中所绘地区，属中国江南地区有名的五岭山脉，山上云雾缥缈，至今还绵亘着无边无际的原始森林。如萌渚岭、九嶷山的主峰香花岭高达1592米，都庞岭的主峰高达1628米。真难以想象，这样高峻的大山，在2000多年前没有航测技术的情况下，却测绘得如此准确，这就不能不令人以钦佩之情追寻其根底，古人究竟是怎样进行测绘的？

汉以前的文献中，虽然有关地图的史料很多，例如先秦时代的《尚书》《诗》《周礼》《管子》和《战国策》等都有记载，但是，关于地形的测量和地图的绘制却不见有说明。不过，从成书于战国时代的《管子》中可以看出，地图在当时的政治、经济特别是在军事上有着重要的地位，可见那些地图已是相当适用了。而且，在绘制上已有方位、距离和比例尺的规定。

到了秦统一中国后，随着生产力的发展和科学技术的进步，地形的测定和地图的绘制有了长足的进步。中间又经过了汉朝400多年的不断发展，制图技术达到了很高的水平。不过，汉代地图仍有不少是没有根据大量实测材料绘制而成的，尤其是东汉以后，战乱频仍，绘制一般的行政图，要想经过实测已力不能及。因此，西晋的裴秀所能看到的汉代一般行政地图，都已相当简陋。裴秀总结了前人的经验，拟定了"制图六体"，奠定了我国古代的制图学理论，从而成为中国伟大的制图学家。在世界地图科学发展史上，裴秀与托勒密齐名，人们敬佩地将他们两个比作东西方两颗灿烂的明星。

作为大制图学家，裴秀对世界制图史的贡献，是他提出的制图六体，也就是制图的六条规范，用现代的话来说那就是：一分率、二准望、三道里、四高下、五方邪、六迂直。

所谓分率，就是比例，用它来反映地域的长度大小。准望就是确定彼此之间的方位关系。道里是指两地之间的人行里程。至于高下、方邪和迂直，可能是指山川的分布、走向和高低，人行路程的弯曲、平直，必须逢高取下、逢方取斜、逢迂取直，因地制宜，求出两地之间的水平直线距离。

按照裴秀总结出来的制图六原则，再来对照一下马王堆出土的《地形图》，人们惊讶地看到，早在西汉初期古人就已经知道按这些原则绘制地图了。而当时人们在地形的测量和地图的绘制过程中，究竟使用了一些什么测绘仪器马王堆汉墓中虽没有仪器出土，但把现代绘制的南岭地区的地图同《地形图》进行比较，就可以看出，《地形图》中城镇之间的距离和位置比较准确，由此可以说当时可能使用了指南针、水平仪和其他有关计算工具。之所以说使用了指南针，还因为马王堆三座汉墓的方位都是正北正南，而且椁板上也清楚地刻有东西南北的方位名称。如果不是使用了方位测量仪器是不可能做到这样准确的。

当然，绘制地图仅凭指南针和水平仪是无法完成的，很可能还使用了规矩准绳。规是圆规，矩是角尺，相当于现在的三角板。规和矩的发明，可以追溯到很古老的年代。汉代不少画像石刻中经常可以见到伏羲和女娲手中各拿着规和矩的图像。甚至在十万年以前，河套人使用的骨器中已有菱形纹图案。司马迁在《史记》中还记载着夏禹运用准绳规矩等工具来规划洪水的治理。春秋鲁国人公输般（鲁班）也曾用角尺、墨斗画线来制造攻城用的云梯和能够飞行的木鸟。就马王堆汉墓的情况来看，棺椁用了52立方米共70多块木料组成，大小虽然不等，但每一块都平正方直，角度十分恰当，套合时丝丝入扣。木板上绳墨痕迹清晰可辨。"没有规矩不成方圆"，在制作棺椁时显然是使用了绳墨规矩的。既然如此，绘制地图时自然也会运用这些工具。

汉代之后，水准绳墨开始被用来进行天文测距。据说唐开元十二年（公元724年），太史监南宫说，他们曾采用隋朝刘焯的主张，在河南一带用水准绳墨测量距离，从黄河北岸的滑州起，经汴州、许州，直到豫州，不仅量出了滑州、开封、扶沟和上蔡四个地方的纬度，而且得出子午线一度之长是351里80步（唐制300步为一里）。这是世界上第一次实测子午线的长度，虽然数值不

王振铎复原的指南车模型

是很精确,但就测量方法而言却是先进的。

据中国绘图部门专家的推断,除了指南针、水平仪和绳墨规矩以外,这幅地图的绘制,很可能还使用了指南车和计里鼓车。

据民间传说,大概4600多年以前,也就是原始氏族社会末期,黄帝伐蚩尤时,天大雾,黄帝因迷失了方向而吃了败仗。后来,黄帝下决心制成了指南车,终于在战争中取胜。这个故事的真实性大可怀疑,因为那时候对于磁石指极性的特点还没有足够的认识,同时能否利用齿轮转动的原理制造机械式车具,目前考古发掘资料中也还找不到证据。不过,到了汉代,制造指南车的条件是完全具备了。指南车在汉代出现应是可信的。据古籍记载,汉代的张衡和三国时候的马钧都曾制造过指南车。

继指南车之后,汉代的科学家张衡又在前人创造的基础上,发展、完善了远距离测量工具——计里鼓车。这种车子

王振铎复原的指南车模型指南原理图

指南车是古代一种指示方向的车辆,也作为帝王的仪仗车辆。指南车起源很早,历代曾几度重制,但均未留下资料,直至宋代才有完整的资料。它利用齿轮、传动系统和离合装置来指示方向。在特定条件下,车子转向时木人手臂仍指南。指南车的自动离合装置显示了古代机械技术的卓越成就。

清华大学教授、机械工程史专家刘仙洲在所著《中国机械工程发明史》(第一编)中说指南车的发明应以古籍《西京杂记》记载为据,定为西汉。而文物研究专家王振铎在所著《科技考古论坛》中说"创造指南车者,当以三国时马钧为可信",并引《魏略》所记来加以证明。

英国著名学者李约瑟在对指南车的差动齿轮做详细研究后指出:"无论如何,指南车是人类历史上第一架有共协稳定的机械(homceostatic machine);当把驾车人与车辆成一整体看待时,它就是第一部摹控机械。"

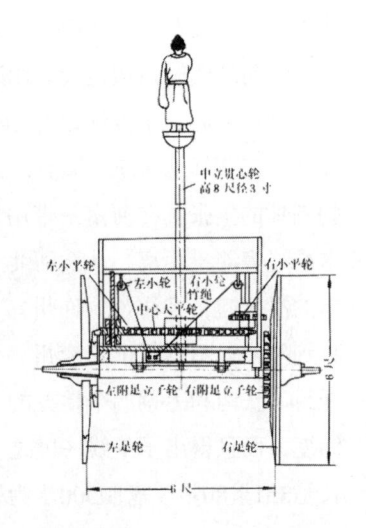

第十三章 地火天光

汉画像中的记里鼓车

记里鼓车又有"记里车""司里车""大章车"等别名。有关它的文字记载最早见于《晋书·舆服志》："记里鼓车，驾四。形制如司南。其中有木人执槌向鼓，行一里则打一槌。"晋人崔豹所著的《古今注》中亦有类似的记述。因此，记里鼓车在晋或晋以前即已发明了。

记里鼓车的用途很窄，从《宋书·礼志》《旧唐书·舆服志》《唐书·车服志》和《金史·仪卫志》等文献材料来看，它只是皇帝出行时"大驾卤簿"中必不可少的仪仗之一，没有实际的用途。其次，是比较笨重，携带和使用不便，无益于事。故一经战乱，器失传不存。至元代，此车已不见于卤簿，明清以降未闻有传其制者，此车遂绝迹于人间

的形状，据晋崔豹的《古今注》说："计里车，车上为二层，皆有木人，行一里，下一层击鼓，行十里上层击镯。"并说这种鼓车计里的方法，在晋朝的政府里有存档可查。到北宋时，计里鼓车的制作方法有所改进。从这个时候的记载中可以看出，它的外形是独辕双轮，车上左右各坐一人。一对足轮的直径是六尺，圆周18尺；车内有一个直径为一尺三寸八分的叫作立轮的齿轮，有18个齿；有四个大小不一的平轮（齿轮），依次叫作下平轮、中平轮、小平轮、上平轮，直径各不相等，齿数也有多寡，分别是54、100、10、100；还有立贯心轮、铜旋风轮等。整个齿轮系统同车轮相连接。只要车轮一转动，就把齿轮系统带动起来；车轮一停，齿轮也就静止。这种车的足轮直径是六尺，轮子转动一周就是18尺，转动

王振铎复原的计里鼓车模型

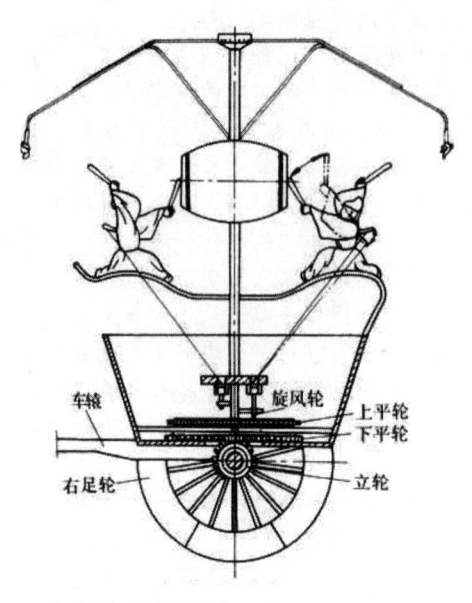

王振铎复原的计里鼓车测绘原理图

100周，就行驶了180丈，这个数字恰好是一里。为了使足轮在行了一里时，车上木人敲一下鼓，只要使中平轮在这个距离内只转动一圈就可以了。而足轮、下平轮、旋风轮和中平轮这四个齿轮的齿数按顺序是18、54、3、100，这个数字若列成算式计算，正好为一周。如果在中平轮的轴上装一个起凸轮作用的拨子，当中平轮转一周时，就拨动木人的手臂，击一次鼓。如果再加上一个十齿的小平轮和一个100齿的上平轮，每当车子行驶十里时，上平轮才转动一周，带动拨子拨动另一个木人的手臂，击一次镯。如此一来，测量的速度就会得到一个大的提高，其测量结果也应该是较准确的。马王堆汉墓出土的地图，或许正是靠着这些先进的机械而完成的。

天文学上的世界之最

马王堆三号汉墓出土了两本帛书天文著作，一本叫《五星占》，另一本叫《天文气象杂占》。参与帛书整理与研究的天文史专家认为，这是世界上保存下来最早的天文书籍。

关于帛书《五星占》的内容，研究者认为它是关于金星、木星、水星、火星、土星这五大行星在天体中运行的记载。帛书记载金星的会合周期为584.4日，比今天天文学家所测得的583.92日，只差0.48日，误差只有万分之几。土星的会合周期，帛书为377日，比今天测得的378.09日，只差一天。帛书说："五出，为日八岁。而复与营室晨出东方。"

也就是说，金星的五个会合周期刚好等于8年。1965年翻译出版的法国著名天文学家弗拉马利翁的《大众天文学》第二册里说："八年的周期已经算是相当准确的了，事实上金星的五个会合周期是八年减去二天十小时。"弗拉马利翁还利用这个周期，预报了20世纪后半期到21世纪初的金星动态。但是，在2000多年以前，一个没有留下名字的中国天文学家，就发现了这个周期，并利用这个周期列出了从秦始皇元年（公元前246年）至汉文帝三年（公元前177年）70年的金星动态表，同时还推算出五星在天空中运行的位置及它们的公转周期。如填星（土星）的公转周期，《史记·天官书》和《淮南子·天文训》都计算为28年，帛书却推算为"三十岁一周于天"，帛书的这个推算，更接近于现代天文科学计算的数字，即29.46年公转一周。这是中国至今发现的最早的天文学著作。特别值得提出的是，在五星行度表中，还列入了陈胜吴广起义所创立的"张楚"年号，反映了中国封建社会历史上第一次农民起义的革命风暴在西汉初期所造成的深刻影响。据专家考证，《五星占》的内容是战国时期《甘石星经》的内容，而《甘石星经》成书的年代为公元前370—前270年之间，比希腊最早的天文学家伊巴谷还早两个世纪，所以，这应是世界上现存最早的天文著作。

傅举有整理的马王堆三号墓出土的天文星占帛书

20多年前，英国著名学者李约瑟在他编写的《中国科学技术史》第三卷《天学》部分中，谈到彗星的时候，引用了公元1644年中国手绘的一幅彗星图时，说他不知道北京明清两朝的档案中，是否还有这种手绘的彗星图。他认为公元1644年的这幅彗星图就是中国最早的彗星图。但他根本没有想到，早在2000多年前，中国古人就绘出了29幅彗星图，而且完好地保存在马王堆汉墓内。这就是继《五星占》之后的

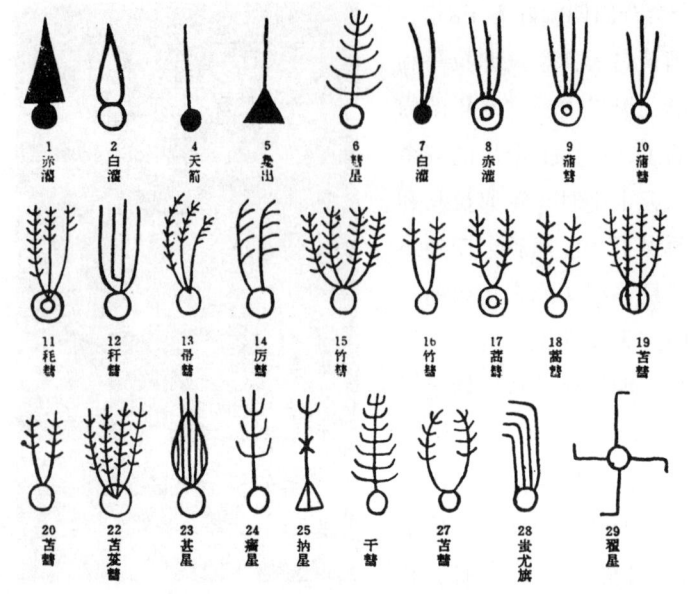

另一部奇书《天文气象杂占》。

通常人们用肉眼可见的明亮彗星，是由彗核、彗发和彗尾三部分构成。彗核与彗发合起来又称为彗头，在彗头的后面拖着长长的彗尾。1970年，美国利用人造卫星在地球大气层以外对两个彗星进行的观测发现，在彗头的外面还包围着一层范围很大的氢云（hydrogen halo），不过这只是最近的事。长期以来，人们一直认为彗星是由彗核、彗发和彗尾三部分组成的。

帛书《天文气象杂占》彗星图局部，这是已知世界上最早的彗星图（席泽宗摹本）

在1881年用照相术来拍摄彗星的照片之前，1878年俄罗斯天文学家布烈基兴（1831—1904）就根据彗尾的弯曲程度把彗尾分成了三种类型。Ⅰ型几乎笔直，差不多位于和彗星向径相反的方向。Ⅱ型是向着和彗星运行相反的方向倾斜的、宽阔而弯曲的彗尾。Ⅲ型是比前两类短得多而向后弯曲得更厉害的彗尾。后来有研究者认为，布烈基兴的Ⅱ、Ⅲ两型并无本质上的区别，分成两类就可以了，即Ⅰ型由等离子气体组成，叫作气尾，在太阳风的作用下，分布在等力线上；Ⅱ、Ⅲ型由大大小小的尘埃组成，叫作尘尾，在太阳辐射压的作用下，分布在等时线上。但是另外还有一种直指太阳的短针锥状的彗尾，如1957年4月阿仑德—罗兰彗星那样，被称为反尾。

事实上，早在东汉时，中国的天文学家文颖（叔良）就对彗尾做过论述。文颖在注《汉书·文帝纪》"八年有长星出于东方"的时候说："孛、彗、长三星，其占略同，然其形象小异。孛星光芒短，其光四出蓬蓬孛孛也。彗星光芒长，参参如埽彗。长星光芒有一直指，或竟天，或十丈，或三丈，或二丈，无常也。"东汉末年刘熙编的《释名》中也有与此相同的分法，不过把长星叫做笔星。按这里的说法，孛星可能就是具有反尾或是无尾的彗星，而长星显然具有气尾，彗星具有尘尾。又，根据各书对蚩尤旗的定义（"类彗，而后曲象旗"），可以把蚩尤旗看作尘尾中弯曲得最厉害的，即布烈基兴Ⅲ型。由此可见，中国在汉代关于彗星的分类已有一定的科学意义，而马王堆帛书中彗星图的发现，又为此提供了实物证据。

  值得一提的是，研究整理人员在对三号墓出土的另外一部医学帛书《五十二病方》的研究中，竟发现了"喷者虡喷，上如彗星"的话。这里描述的彗星形象，指的应是彗尾。《晋书·天文志》在彗星条下有"史臣案，彗体无光，傅日而为光，故夕见则东指，晨见则西指；在日南北，皆随日光而指"的记载，《晋书·天文志》的作者李淳风（公元602—670年）发现了彗星的尾巴常常背着太阳这一划时代的规律，比欧洲人发现同一现象早900多年。欧洲是1531年才由皮特尔·阿毕安（公元1495—1552年）发现的。但中国却比他早发现1700多年！彗星离太阳较远的时候，只有一个彗核，只有当它靠近太阳时，才喷射出物质而形成彗尾。这一喷射理论在国外是由德国天文学家白塞耳在公元1835年首先提出来的。但是，在马王堆汉墓帛书《五十二病方》中的一句话，说明中国比世界各国早2000年就观察到了彗星的喷射现象。在国外，直到公元66年才有一个出现在耶路撒冷上空的彗星图；欧洲直到1528年还把彗星画成一个怪物。中国的彗星图比国外最早的彗星图还早了200多年，比西欧则早了1000多年。由此可见，马王堆三号汉墓出土的29幅彗星图，当是全世界现存最早的彗星图。

  马王堆汉墓有关天文方面的发现，不仅引起了国内，而且引起了世界各国天文学家的重视，并且改变了世界天文学史，证实了中国是世界上天文学发展最早的国家之一。

《周易》与《八卦图》

在三号墓发现的众多帛书中有一幅帛书原无标题,一共有4500字,经整理人员考察内容定名为《周易》。《周易》一书分《易经》《易传》两大部分,最初编成于殷周之际,后成为儒家"六经"之首,原为古人向神灵卜问吉凶的方法,分龟卜和占筮等。从帛书的字形字音及避讳与否等方面初步判断,《周易》抄写于汉文帝时,是目前可以看到的最早的一种本子。

《周易》被称为世界文化史上的一部"天书",其文句简朴又古奥,多数人识其字而不明其义,难于卒读又令人望而生畏。此书之所以被誉为"天书",这是因为它有一套特殊的符号,即卦爻结构,这些符号同远古占卜方式相联系,让人觉得十分神秘。其古奥词句所反映的思想文化内涵,甚为玄妙,若不经深入研究,往往难得要领。而《周易》本身产生的历史,也是一个奇迹。《汉书·艺文志》就称它是"人更三圣,世历三古"的杰作。传说上古伏羲氏画出八卦,中古文王和周公重卦系辞而演为六十四卦的《易经》,近古孔子阐发其义理,写成"十翼",是为《易传》。《周易》原本是一部占筮之书,后来逐渐演变成哲学典籍,其间经历了数百年之久,就其酝酿成型到丰富完善的过程而言,是任何其他古代典籍所不可比拟的。

当然,仅凭这个演变过程,尚不足以形成此书的崇高声誉。《周易》之所以成为历代文人、学者的"天书",还在于它本身所具有的博大精深的文化思想内涵。《周易》问世后,最早见于鲁庄公二十二年,即公元前672年的《左传》记载。近3000年来,研究《周易》者代不乏人,为

马王堆三号汉墓出土的帛书《周易》局部

第十三章 地火天光

阐述易理而留下的易学著作，不下3000种，从而形成了独立的易学史。所谓"易学"就是历代学者对《周易》一书所作的种种解释，这些千差万别的解释，形成了一套同中有异、异中有同的理论体系。《四库全书》将其概括为"二派六宗"。到了近代，不少中外科学家将《周易》象数同现代自然科学相结合，在传统的象数派和义理派之外，又出现了科学易学派，此派发展迅猛，方兴未艾。

马王堆汉墓出土的帛书《周易》六十四卦齐全，其主要特点有两个：第一是卦的序列和现在的不同，而且没有分上下篇，它将八卦按先阳后阴的原则分别，即以乾、艮、坎、震、坤、兑、离、巽为序，作为上卦，每种上卦，分别与乾、坤、艮、兑、坎、离、震、巽配成下卦，保持了比较原始古朴的形式；第二是有《卦辞》和《爻辞》，内容和现行本基本相同。

《周易·系辞》上说："易有太极，是生两仪，两仪生四象，四象生八卦。"所谓阴阳两仪，其爻一虚一实，除去它的神秘色彩，阴是偶数，阳是奇数，两仪、四象、八卦，正好是几何级数，再排列就成了六十四卦，每卦有6爻，一共384爻，这便构成了排列组合知识的起源。在西欧国家，12世纪以前对排列组合知识还十分贫乏，直到1713年伯努利写了《猜度术》后，才有了显著进步。

马王堆汉墓出土帛书《周易》的第二部分，专门论述由八卦演变出来的六十四卦。也就是这一个个卦象的演变，为后来的象数科学家们提供了有益的思维模式。象数思维方法，是中华民族理论思维的特殊方式，是古代先哲智慧的结晶。它借助《周易》的卦象和爻象，进行形象思维，取象比类，触类旁通，进而推动理性思维的发展，这种推行方式，数千年来，一脉相承，对科学思维的发展起着重要作用，并在古代科学技术的各个领域，都曾经普遍地加以运用。打开中国古代科学技术史，不难发现：天文学家，借用象数显示星移斗转的周期；历法学家，借用象数描绘阴阳消长、物候变化的节律；医学家、气功师借用象数总括人天统一的节度；乐律学家，借用象数表示律吕损益的法则。古代的治河专家，在统筹治理黄河、淮河、运河这样浩大的系统工程时，若无精密的象数思维的锻炼，要使工程指挥若定，万无一失，则更是不堪想象，所以历史上著名的治河专家，多是训练有素的易学专家。

令人备感兴趣的是，人们日益发现，一些现代自然科学通用的方法，往往可以从《周易》哲理和《周易》象数中得到某种启示，或者说有某些相通、相似之处。

发明微积分和计算机的德国著名哲学家、数学家莱布尼茨（1646—1716年）在17世纪末年，接到法国传教士鲍威特（Bouvet）由中国寄给他的《周易》卦象图后，欣喜异常，从中悟出从0到63的二进位制，因此创造了欧洲二进位数学，不久又制造出具有划时代伟大意义的乘法计算机。他于1697—1702年间，连续给在中国研究《周易》的友人鲍威特写信，称赞《周易》的奥妙时，特别谈到他的二进制算术与中国古代《易图》的关系。他在信中说道："这个《易图》，可以算现存科学之最古的纪念物。然而这种科学，依我所见，虽为4000年以上的古物，数千年来却没有人了解它的意义。这是不可思议的，它和我的新算术完全一致。……要是我没有发明二元算术，则此六十四卦的体系，即伏羲《易图》，虽耗费许多时间，也不会明白的吧！"鲍威特送给莱布尼茨的两个易图，是《伏羲六十四卦次序图》和《伏羲六十四卦方位图》。两图均由宋代邵雍所绘，载于朱熹《周易本义》卷首。莱布尼茨用二进制算术符号1代表—（阳爻），用0代表——（阴爻），正好可以将六十四卦卦象用数码代替。他所说的"完全一致"，就是这个意思。2000多年前承传下来的易卦符号，可以用最新的二进制算术法则加以破译，这在人类文化史上不能不说是一个奇迹。这一奇迹的出现，理所当然地引起世界科学家的注意。

但更具有戏剧性的是，莱布尼茨在和住在中国的鲍威特通信时，为了表达对中国古老文明的敬仰心情，特地给清朝康熙皇帝写了一封热情洋溢的信，并寄来他研究八卦的数学论文。他认为二进制开创于伏羲，而归功于朱熹及其弟子蔡元定。不料康熙皇帝批示："天下之事，何必师事夷人。"竟拒之于千里之外。

马王堆汉墓出土的帛书中，和《六十四卦》同抄在一幅帛上的，还有一篇未标题名的古佚书，书中文字分36行排列，约2500字。经整理小组专家张政烺先生的初步考证，这就是《易传》的其中一篇，取名为《二三子问》。

由于帛书《二三子问》处于该件帛书折叠的最外层，所以残破较多，有大块缺字。又因无别本可供参考，整理相当困难。其原件分作四块高24厘米、宽约10厘米的长方形残片，尽管整块的帛书大多得以完好地拼裱，但许多小块的帛书残片多有误拼、倒拼、错拼之处，从而给帛书的释读带来了极大的困难。在释读《二三子问》的过程中，整理小组的研究人员陈松长等，不得不再次利用照片剪贴、拼复等手段弥补了20多处残缺、遗漏和错误，尽管这些拼缀并不一定正确，但至少比原件进了一步，多少恢复了一些帛书原貌。

从马王堆汉墓出土的《周易》帛书内容来看，《二三子问》虽与帛书《系辞》同出于一墓之内，且都属《易传》的内容，但若将同墓出土的帛书《二三子问》和帛书《系辞》做些简单的比较，便会发现其各有千秋非一人所作。这一点，从帛书《系辞》和《二三子问》中对同一句卦爻辞的不同解释可以得到说明。此外，整理人员还发现，马王堆汉墓帛书《二三子问》乃是一篇有别于传世之本《易传》，属于早已失传而复得的汉初易传著作。

也许正是帛书《二三子问》与帛书《系辞》不是出于一人之手，整理人员才又从这久已失传的佚书中发现了一个隐秘。这个隐秘就是帛书《二三子问》的学派性质是很明显地属于儒家学派的。理由之一是，该篇很明确地标明了答难释《易》的人是孔子，尽管这并不是孔子自己所记，但撰写该篇的作者至少也应是孔子的再传弟子，或者至少也是儒学阵营中的人，不然他就不会抬出儒学的权威孔子来做解释人。理由之二是，该篇的内容没有丝毫的道家释《易》的痕迹，通篇全是从圣君治国、举贤任能、施教安民等方面对《周易》进行儒学政治哲理的发挥和引申，如占筮、卦象、爻位等易传的内容，在这里全然不见。因此，帛书《二三子问》的面世和研究，又为孔子作《易》提供了坚实而可信的例证。由此，以著名学者陈松长为代表的部分帛书整理、研究人员提出，应该重新评价和肯定孔子与《周易》的关系。尽管孔子作"十翼"，一时无法得到一个确切的证据，但从帛书《二三子问》中的记载可知，《史记》的记载大致不谬，孔子至少曾对《周易》做过一些口头阐释，他的弟子及后人曾对之做过记录整理或补充加工，这些记录无疑反映了孔子的儒学思想，通行本"十翼"显然是这种记录的结果，而帛书《二三子问》更是这种记录的现存最早的抄本之一。

《导引图》与祖国医学的神奇功效

马王堆三号墓出土了一卷图文并茂的彩色画,既不是山水,也不是花卉。在长1米、宽0.5米的画面上,用红、蓝、棕、黑诸色,上面分四排绘了44个人,有男有女有老有少,有的穿短衣短裤,有的穿长袍,有的光背,大部分徒手,少数手持器械。这些人都是用工笔彩绘在绢帛上,每一个人有一个运动姿态。图画原无标题,但从人物的运动姿态及所标文字内容来推定,这就是古代的《导引图》。此图是中国目前发现的最早的一幅健身图,它为研究我国古老而独特的"导引"疗法的源流提供了极其珍贵的资料。

中国古代的导引,是呼吸运动和躯体运动相结合的一种医疗体育方法。根据《庄子·刻意》李颐注,导引就是"导气令和""引体会柔"。这一注解恰当地说明了组成导引这一运动的方法特点和要求。由于呼吸在此中占有重要地位,因此也称为"导引行气"或"行气"。这种导引术在春秋战国时已经普及,中国最早的医药文献之一《黄帝内经》上即记载有"导引行气"的方法。

《庄子·刻意》中说:"吹呴呼吸,吐故纳新,熊经鸟伸,为寿而已矣。此导引之士、养行之人、彭祖寿考者(彭祖得以长寿)之所好也。"后汉时崔定在《政论》中也提到"熊经鸟伸"和"吐故纳新"在强身延年方面的作用,三国时的名医华佗把导引术总结为《五禽戏》,即"虎戏、鹿戏、熊戏、猿戏、鸟戏"。至今四川、重庆等地还流行有《五禽图》导引方法。

《导引图》除图像外,还有31处文字,内容大致可以分为三类,第一类描述运动姿态,有伸展、屈膝、体侧、腹背、转体、全身跳跃、舞蹈等肢体运动;有呼吸运动,有使用棒棍、沙袋、盘碟、球类的器械运动,例如图中"以丈(杖)通阴阳",所画的是一个穿裙子的妇女,手执木棍,弯腰下俯,利用棍棒使双手呈直线状极力展开,以此来促使人体上半身位置下移,下半身位置相对上举,以"调和阴阳"。第二类主要说明这些运动模仿哪一类动物,如"鹞北"(鹞背)"龙登""爰谑"(猿呼)"熊经""沐猴欢"(猕猴喧闹)等等。"熊经",画一男子穿长袍,模仿笨熊爬树;"信"画一男子,赤背,着短裤,弯腰向前,两手支地两腿紧靠,头向前伸,两眼正视前方,犹如小鸟舒展身体并呼吸空气。第三类说明每种运

马王堆三号汉墓出土的《导引图》摹本

动所针对的病症，数量最多也最重要。如"引聋""引炅责（积）""引项""引炅（热）中"。"引"，就是用导引术来治疗某种疾病。

"导引"为什么能够防治疾病，它的理论根据究竟是什么？用一句简单的成语来回答，就是"流水不腐，户枢不蠹"。

晋代葛洪在《抱朴子》中这样说过："道以流水不腐，户枢不蠹，以其劳动故也。若夫绝坑停水，则秽臭；滋积委木则虫蝎大半。真人远取之于物，近取之于身。"

唐代孙思邈在《千金翼方》中也说："须知按摩，摇动枝节，导引行气，……故流水不腐，户枢不蠹，义在斯尔。"

宋代蒲虔贯在《保生要录》中，则更明确地把"流水不腐"的道理用到养生学中，他是这样说的："水流则清，滞则浊。养生之人，欲血脉常行，如水之流。"

古代人从"流水不腐"这种认识出发，创造了多种多样的医疗体育形式。《导引图》《五禽戏》《易筋经》《八段锦》等，都是这一思想的具体运用。这些医疗体育形式，各有特点，各有用途，效益相裨。属于肢体部位的疾病则通过肢体运动来防治，有关内脏部位的疾病则用导引和呼吸法，局部活动不便的可以进行按摩。

关于"导引"二字，最早的记载见于《庄子·刻意

433

篇》。庄子说："吹呴呼吸，吐故纳新，熊经鸟申"，这是"导引之士"所爱好的一种健身运动。

马王堆《导引图》中绘有"沐猴欢引炅中"，这是效法猴子的欢叫声来治疗"热中病"的。这可能与"六气呼吸法"有关。

有关"导引"的古代传说非常多，仅见于《云笈七签》的就有不少神仙之类的导引术式。其中彭祖导引法中说可除百病，延年益寿。彭祖为殷大夫，经夏商数代，活了700余岁。这虽然是一个虚构的故事，但它却告诉人们，导引的起源很早，历史悠久，而且还告诉人们，适当的运动可以使人健康和长寿。

那么，导引是怎样起源的呢？《吕氏春秋·古乐篇》有段耐人寻味的记载，说是在唐尧时代，由于水道壅塞，人们心气郁闷，筋骨阏塞。尧教大家跳舞来宣导气血筋骨。这一段记载，真实性如何，无从考证，但是，看起来比较合乎情理。后来宋代罗泌的《路史》也有一段内容与此大致相同的记载。可见古代的导引，不仅历史非常悠久，而且很可能来源于舞蹈。

马王堆三号汉墓出土的医书共有十种之多，除《导引图》外，还有《五十二病方》《足臂十一脉灸经》等，不少医学专家经过研究后认为，中国古代医疗技术极其先进。西方医学史记载12世纪的意大利外科医生罗吉尔是用水银软膏治疗痈肿和皮肤病的创始者，但是马王堆汉墓医书《五十二病方》中，使用水银治疗上述疾病不仅已有软膏制剂，而且还有其他剂型。可见，中国是此疗法的最早发明者，它比西方早了八个世纪。另一本马王堆医书《足臂十一脉灸经》中有"揗脉如三人参舂不过三日死"的记载。它是说，如果给症人切脉，病人的脉搏，好像三人手执杵棒联合参加舂谷一样，很快地以三联的节律协调地用力进行。那么，这个人病情极其危险，过不了三日就会死亡。这在现代心血管病诊断上，叫作"三联音律的奔马律"。据医学史介绍，Trauba氏对奔马律伴有交替脉的情况进行了深入的临床研究，并于1872年提出报告，所以被命名为Trauba氏奔马律杂音。但是，谁会想到比Trauba氏早2000多年，一个没有留下姓名的中国医生已经发现了"揗脉如三人参舂"，极形象地描述脉诊断上奔马律的三联音律特征。一些医学家指出，东西方有关的心血管诊断学发现是在各不相同的文化历史背景下，先后经过2000多年间隔记录下来的，马王堆医书的发现，不能不使人惊叹中国古代医学卓越先进的临床诊断知识水平。

434

第十四章 余 响

西汉孤魂

电影样片和新华社专稿相继送审,文化部部长于会泳出尔反尔,姚文元欲施毒计,整周恩来。毛泽东长沙要古书,王洪文秘密赴湘告状未果。中国政坛再起风云,周恩来一病不起。邓大姐求助《导引图》,周恩来想起了杨度。王冶秋之死。

"他们挖出了打击自己的炮弹"

自马王堆帛书整理小组成立后，工作进展顺利，到1974年5月底，大部分帛书、竹书、帛画的内容已辨别出来。除少数帛画需要继续拼接外，整理人员的精力将由单纯的整理转移到对帛书内容的深入研究上来。此时，由几家电影制片厂联合拍摄的影片《马王堆二、三号汉墓发掘记》，在拍摄了田野考古发掘的大量镜头后，又对帛书整理小组所初步整理、鉴别出来的帛书、竹书、帛画内容进行了补充拍摄，在后期的剪辑、录音等合成制作完成后，准备报请中央有关部门审查发行。与此同时，新华社也组织采编人员写出了长达5000余字的《长沙马王堆二、三号汉墓发掘出大批珍贵文物》的专稿，送掌管舆论界生杀大权的姚文元审批。但此时，无论是电影还是新华社的专稿，它们的命运同马王堆汉墓发掘的支持者周恩来的命运一样，陷入了极为不妙的境地。

为了彻底挤垮周恩来以及周恩来的支持者，从1974年开始，"四人帮"又发动了规模颇为浩大的春季攻势，连篇累牍的社论掀起了"批林批孔"运动的新高潮。"四人帮"培植起来的由一些报刊编辑和新闻记者组成的写作班子，活跃在北大、清华两所高校的"梁效"和上海的写作班子"罗思鼎"等，开始从2000年前反儒教的法家著作中寻章摘句，口诛笔伐，矛头直指周恩来。有一篇文章采用伊索寓言式借古讽今的手法，批判秦代一位宰相企图进行复辟，紧接着出现一篇关于汉朝的文章，称那时候的宰相是"一位老奸巨猾的官僚，精于世故，从不给自己造成麻烦"。这种极具影射力的文章几乎天天出现在报刊上后，江青依然感到他们的威力没有得到淋漓尽致的发挥，干脆在"批林批孔"的口号中又增加了"批周公"，并极露骨地宣称"孔夫子有一条胳膊是弯的……"对于那些还没有把孔夫子和周恩来连起来思考的人来说，这句话自是最明白不过了，周公就是周恩来，周恩来的右臂是弯的。

此时，周恩来的身体状况同他的政治命运一样越来越糟糕和复杂起来，原有的冠心病加重，膀胱癌复发，血尿日益明显，他不得不于1974年3月12日做第二次膀胱镜检查和电灼术治疗。但这次治疗的效果极不理想，病症很快复发。到了5月上旬，周恩来的癌症进一步恶化。由于肿瘤发展快、增长迅速、溃烂、出血量增多，流血速度加快，使膀胱里蓄积了大量的血液并凝结成血块，堵住了尿道内口，致使排尿发生严重困难。更为严重的是，送往北京医院的尿标本病理化验单上清楚地写着："发现脱落的膀胱乳头状癌组织块！"这说明肿瘤长大较快，癌组织坏死脱落，或许是恶性肿瘤发生转移时危及生命的最后信号。此前，他的膀胱癌已多次复发，血尿不止。血尿多时便形成凝血块堵塞尿道内口，使得排尿痛苦异常，甚至在沙发上翻滚。1974年6月1日，周恩来不得不放下手中那繁重的工作，离开了中南海西花厅他工作了26年之久的办公室，住进了位于北海公园西侧的解放军三〇五医院接受外科手术治疗。也就在这时稍后不久，中央新闻纪录电影制片厂等几家单位联合摄制的关于马王堆二、三号汉墓发掘的影片以及新华社为此写出的专稿正进入了中央审批的阶段。

此时的电影制片厂领导从各种或明或暗的渠道已得知周恩来的身体和政治状况很是不妙，对影片能否顺利通过心中没底，在报文化部之前，先请郭沫若进行审查，欲借郭沫若

解放军三〇五医院主楼（作者摄）

437

江青在政治舞台上的鼎盛时期

江青与张春桥在会议上

的政治地位和在文史界泰斗的名声作开路的先锋。郭沫若同以往审查影片的态度一样，对周恩来曾鼎力支持的这项事业自是心照不宣地予以拥护，故在审查中除说了几句"很好"等赞扬的话之外，没有提出半点反对和修改意见，影片算是顺利通过。郭沫若的态度使电影厂的领导增加了不少底气，此片很快转送文化部审批。

主持文化部工作的于会泳面对这部马王堆汉墓发掘的纪录片，竟一时不知如何是好。作为江青的得力干将和狂热追随者的他，深知马王堆汉墓发掘的最高指挥者是周恩来，而周恩来所支持和倡导的事，必是江青竭力反对的，周恩来与江青之间已呈水火之势。尽管此时周恩来在与江青的政治角逐中稍处劣势，但他明白周恩来毕竟树大根深，党内外还有一大批实力人物在支持他，要将他彻底推倒打垮几乎是不可能的。如果对此片的审查不予通过，倒是正合江青的心意，但周恩来那边不会善罢甘休，且文化部正是国务院的直属部门，要是周恩来较起真来，他这个文化部部长自然是吉凶难测。处于两难中的于会泳在经过一番权衡后，决定采取拖的办法来解决此事，也就是说对此片既不说通过，也不说不通过，只是对影片提到的帛书中有些不合乎法家路线的镜头和解说

第十四章 余 响

词,明确指示剪掉或修改,算是他的审查意见。

电影制片厂领导战战兢兢地听完于会泳的指示,回厂后立即招来摄制组人员对影片进行修改。当影片修改完成再次上报文化部后,于会泳又故技重演,再度指出许多缺点,要求制片厂做进一步修改。如此反复折腾了四五次后,于会泳已没有情绪和心思再审查下去了,索性置于一边不再过问,并将"不明事理"反复电话催问的电影制片厂领导痛斥教训了一番。直到这时,电影制片厂的书呆子们才如梦初醒,感觉到问题复杂了。

尽管电影厂的领导已领悟了于会泳的"苦衷",但在摄制组人员以及参与马王堆汉墓发掘的考古、研究人员的强烈呼吁和建议下,他们还是通过郭沫若和王冶秋等人,将影片审查的经过和于会泳故意拖延的用心报告了周恩来。这时的周恩来自6月1日住进解放军三〇五医院之后,做了第一次膀胱癌切除手术,手术后的效果令人满意,手术刀口愈合良好,血尿很快消失,精神与体力的康复也异常顺利。在这种状况下,周恩来虽然身在医院,但可以亲自处理和过问一些事情了。当他听说了影片《马王堆二、三号汉墓发掘》被于会泳故意以种种借口扣留拖延的消息后,立即指示:"此片若无大的过错,当在进一步修改后,尽快在国内外发行公映。"

于会泳接到这个批示,尽管叫苦不迭,怀揣着一万个担心,但鉴于周恩来的威力,最后不得不开绿灯,同意此片在国内外发行公映。

就在于会泳正式将这一决定通知电影厂时,他在心中还暗暗祈祷上苍,此事最好不为江青所闻,或者是虽为江青所闻,但正好这位神经质的女人卷入其他方面的权力角逐,不把此事放在心上……但是,所有祈祷很快被事实证明只是一厢情愿的徒劳。当影片在国内影院上映后的第二天,身在高墙内的江青就通过不同的渠道得知了这一在她看来大逆不道的重大消息,并为此大为光火。她要通了于会泳的电话,在一番严厉的痛骂之后,指示由文化部出面,立即停止此片的公映,一切后果由她负责。鉴于江青的淫威,于会泳自是不敢怠慢,亲自指挥人员将已发行的影片拷贝以最快的速度收回,言称此片还有某些错误和问题待进一步修改后再作发行、公映。

就在于会泳为影片的审查问题和电影厂领导反复拉锯时,新华社的专稿也摆在了姚文元的办公桌上。同于会泳的心理一样,这位政治舆论工具的操纵者,也在为这份专稿的审批犯难。尽管他比于会泳的政治地位高出了许多，同时也更受江青的看重，但面对周恩来这道难以冲垮的大堤，他不得不做慎重考虑。当然，他的考虑除了周恩来及其支持者本身所具有的威慑力之外，更重要的是如何利用一切可能的机会，在自己的对手所做或所支持的事情中，设法找出差错或一个什么差错，来反置对方于不利的境地，这就是他和江青等人常说的"让他们搬起石头砸自己的脚"的格言。在此之前，他们就曾抓住周恩来和其支持者邓小平等人所做的几件涉及国际贸易问题而大做文章，终于引起了毛泽东对周恩来的不满和冷淡。这次，他同样要故技重演，设法从鸡蛋中找出几根骨头，以让周恩来难堪。但就马王堆的考古发掘而言，又实在找不出什么差错置对方于不利，因为毛泽东在70年代初期曾明确说过"我相信考古，因为它有文字可考"的话。或许正因为有了这条"最高指示"，周恩来才敢于出面支持文物展览和各地的考古发掘。不过姚文元毕竟是姚文元，不愧是中国当时的头号政治文痞，他竟从新华社上报的这份专稿的字里行间，发现了一个极大的门道，这个门道就是在马王堆三号墓出土的《老子》和《经法》《十大经》等佚书。他隐约地感到，这批古佚书，或许正是"批林批孔"、扬法贬儒的不可多得的第一手材料。为了证实这个预感，他专门从自己在上海的那个化名"罗思鼎"的写作班子抽出几员干将，调往北京安插在由国家文物局组织的帛书整理小组的外围，不露声色地攫取资料，按照他的构想，悄悄地研究。几员干将不负所望，很快从帛书中找到了符合主子欲望的突破口。姚文元听取了几员干将的汇报后大喜过望，立即给江青打电话，以沾沾自喜的口气说道："我有了另外一个考古发现，他们那伙人从马王堆古墓里挖出了一颗打击自己的炮弹……"对于姚文元云山雾罩、激情洋溢的一番话，江青开始大感糊涂，待姚文元将他的"发现"和政治阴谋和盘托出后，江青才极其得意地狂笑起来。按照江、姚两人的密谋，新华社送审的专稿在做了部分删改后得以顺利通过，并于1974年8月18日向全世界公布。令江青、姚文元没有想到的是，这份专稿发出后，竟被居住在长沙的毛泽东见到了。

第十四章 余 响

●"出了书，也给我一本看看"

自从林彪叛逃事件发生之后，毛泽东那颗年迈的心被深深地刺痛了。此前，他没有料到，这位自己在井冈山革命和长征时期就极为倚重和着力培植的心腹爱将，竟在成长为"亲密战友"的时候对自己反戈一击。林彪的行动，极度的苦闷，使毛泽东的身体一下子垮了，并于1971年冬出现了第一次中风病症。之后的几年中，他的身体每况愈下，原来患有的脑血管动脉粥样硬化日趋严重，其神志有时清醒，有时迷迷糊糊，多半时间沉湎于往昔的追忆之中。到了1974年下半年，他已到了风烛残年、步履维艰、双目几乎失明的地步。但是，已步入人生暮年的他，有时出奇地敏锐，对人与事的洞察力时常表现出过人的睿智与精明，党和国家的大事以及各政治集团间的角逐依然在他的掌握之中。因而他依然具有一言九鼎、令人高山仰止、不可企及的无上地位和威慑力量。

就在1974年的夏天，毛泽东对江青等人的所作所为突然警觉和反感起来，他警告江青说："不要搞宗派，你们正在搞小宗派。"或许因为北京的政治空气过于紧张和污浊，或许因为"四人帮"之流那些极为令人厌烦的吵吵闹闹，或许是身体状况及思乡情结等复杂的原因，毛泽东决定以休养治病的名义秘密离开北京赴长沙居住，北京方面的党、政、军诸项日常工作，则由周恩来与江青两个派系分别主持又相互牵制。

毛泽东来到长沙后，住进了湖南省委

长沙蓉园1号楼

长沙蓉园大门

招待所的蓉园1号楼。这个招待所与湖南省委大院只隔一道围墙，中间有一道小门可相互通行。招待所共有九幢看起来相连但又相互独立的别墅，这是新中国成立初期湖南省委专门为中央领导特别修建的花园别墅，除接待中央领导外，其他人是很难有光顾的机会的。按毛泽东的身份和地位，自然要住进九幢别墅中最为引人注目的1号楼。就在这座楼里，毛泽东见到了关于马王堆二、三号汉墓发掘的消息。

8月19日下午，毛泽东正仰靠在沙发上听工作人员读报纸。一名女工作人员读完几条发表在《人民日报》上的几条简短而枯燥的政治口号式的新闻后，突然翻到了该报刊载新华社关于马王堆汉墓发掘的电文，电文的标题极为醒目，主标题为：长沙马王堆第二、三号汉墓发掘出大批珍贵文物；副标题是：特别是三号汉墓出土的帛书，共有十二万多字，大部分是已经失传—两千年的古籍。这些佚书的出土，为研究我国古代历史和哲学思想，研究西汉初期的儒法斗争，提供了丰富的新资料。

由于文章标题的开头便是"长沙"两字，所以这位工作人员的目光很容易受到刺激并为此停留观看。因为此时毛泽东的怀旧情结比任何时候都更为强烈和明显，长沙虽比不得湘潭韶山冲更具故乡的味道，但这里却是他青少年时代求学和步入社会开端的地方，就毛泽东的政治命运而言，长沙的那段生活远比韶山冲更具决定性的作用和意义。这一点，毛泽东在其许多自作的诗文中都有明证，而作为他身边的工作人员，自然晓得如何把握他的心理脉搏和思维走向，只要一

第十四章 余 响

提到长沙，处于人生暮年的毛泽东，心中自是有一种异乎寻常的热情和亲近感。而事实正是如此，当那位工作人员将文章的标题读完后，毛泽东疲倦的面容立即增添了兴奋之色，他开始小声问道："还有古书，什么古书？快念下去听一听。"于是，工作人员开始读起了正文：

新华社北京一九七四年八月十八日电　我国文物、考古工作者最近对长沙马王堆第二、三号汉墓进行了发掘。这次发掘，获得了大批珍贵文物。特别是三号墓出土的帛书，用墨把古书抄录在帛上，字体为小篆或隶书。共有十二万多字，大部分是已经失传了一两千年的古籍。这些佚书的出土，为研究我国古代历史和哲学思想，研究西汉初期的儒法斗争，提供了丰富的新资料。

据初步整理，这次出土的帛书中，有《老子》写本两种，上下篇的次序与今本相反，文字也有出入；《战国策》一万二千多字，一半以上是今本所没有的；《易经》四千多字；以及其他秦汉以前的古书，共十多种。出土的《老子》甲本卷后有三篇古佚书，没有篇名，第二篇抄录伊尹论九主的一段，约一千五六百字。讲到九种君主，特别肯定"法君"。出土的《老子》乙本卷前，有《经法》《十大经》《称》《道原》四篇古佚书。共一万一千多字。这些古佚书，有的内容具有比较明显的法家思想，对于研究我国自战国至西汉初期法家思想的演变很有价值。

在佚书中，还有《易说》约七千字；《相马经》四千多字；《医经方》一万多字；《二十八宿行度》约四千字；以及关于刑德、阴阳五行的书。

此外，还有湘江漓江上游地图、驻军图等，这是我国发现的最早的地图。

从长沙马王堆第三号汉墓中还发掘出竹简六百多枚。其中四百多枚是随葬物品的清单；二百枚是医书，文体与《黄帝内经》相似，据推测可能和已经失传的《黄帝外经》有关。

毛泽东点上一支烟慢慢地抽着，不时露出兴奋与激动的神色。他对古书的偏爱是众所周知的，所以那位深知其性格与爱好的工作人员每念及《老子》《战国策》《黄帝外经》等书名时，特别清脆响亮，似乎故意挑起毛泽东的兴趣。未待念完，毛泽东已难以自控心中的惊喜之情，他从沙发上缓缓站了起来，在地毯上来回踱步。当工作人员读完最后一句"出土的帛书、简牍、帛画等珍贵文物，已由国家严格保护，并正在组织专业工作者进行整理、修复、释文和研究中"时，毛泽东吐了口烟雾，兴致勃勃地微笑着说："好嘛，他们干了一件大好事，挖出了这么多宝贝东西，了不起啊，中华民族的历史了不起啊！你们有时间要多看一点历史书籍，对提高政治、文化水平都有好处。不知道这些东西什么时候才能整理出来。"机灵的工作人员见毛泽东意犹未尽，便趁机进言道："听说这个墓是湖南省委书记李振军同志主持挖的，主席若有兴趣，何不让他来给您讲讲？"

"好呀，看看振军同志在不在办公室，要是在，就让他过来讲一讲。"毛泽东态度温和地说。

李振军接到电话，很快从省委大院的侧门来到蓉园1号楼。毛泽东一见便说："刚才我看了马王堆的发掘报道，你们可是干了一件大好事呵！你坐下来给我讲一讲。"

李振军在毛泽东对面沙发上坐下，详细谈了马王堆汉墓的发掘经过以及周恩来等人的关怀和影片《马王堆二、三号汉墓发掘记》被上面禁止放映发行的事实。尽管李振军没有直接指出是江青一伙在暗中作梗，但毛泽东还是清晰地意识到了，他的面部表情由兴奋、和蔼转呈愤怒之态，极其不满地说："他们那帮人什么事都插手，整天就知道胡闹。我早就说过，我相信考古，因为它有文字可考，是实实在在的历史事实。"毛泽东说到这里停顿了一会儿，面容又显出温和的兴奋之色问道："我见过这个墓出土的帛画，还送了日本的田中一本，那幅画很好看，内容也丰富，不知这批帛书什么时候能整理出来，印不印书？"

"这个我现在还不清楚，不过我想书肯定是会印的，只是早晚的问题，这个我可以跟国家文物局的王冶秋同志联系一下。"李振军答。

"待印了书，也给我一本看看。"毛泽东说这句话时极度和蔼可亲，像一位慈祥的父亲在跟晚辈交谈着一件令人愉快的家事。

"这个我跟王冶秋同志联系，争取尽快办到。"李振军望着面前这位慈祥谦虚的老人，极为干脆地说。

"好啊……"毛泽东说到这里，稍做停顿，脸上闪过一丝淡淡的悲凉：

第十四章 余 响

"我老了，怕是看不清上面的字了。"

李振军听罢，一股热流伴着忧伤之情滚过心头，面前的主席确是老了，当年那个站在长沙橘子洲头，风华正茂、书正意气、挥斥方遒的英俊青年，已随滚滚的湘江之水悄然逝去，留下的是一位饱经风霜磨砺的伟人。李振军沉思片刻后，以安慰的口气说道："请主席放心，我会和冶秋同志共同想办法，让您看清那些字的。如果主席有兴趣，我陪您先到马王堆发掘现场和省博物馆看看其他出土的文物吧。"

"好，好，等我的身体再好些，你就陪我走一趟，我也好开开眼界，换换脑子。"

此时，李振军见毛泽东有些倦意，觉得不能再交谈下去了，最后，说了几句祝福的话便起身告辞。

回到办公室后，李振军立即通过电话跟北京的王冶秋联系，在简要说了跟毛泽东的谈话内容后，又问帛书的整理和印制事宜。王冶秋得知马王堆的发掘得到了毛主席的赞扬和肯定，惊喜异常，只是鉴于帛书尚未整理完毕，即使以最快的速度印制少量部分，也要等到9月份之后。不过王冶秋表示，一定要想方设法让毛主席尽快看到并看清印制的帛书。

就在同一天，李振军将毛泽东的谈话内容以及想去参观马王堆发掘现场和出土文物的念头，向湖南省委第一书记张平化做了详细汇报。张平化又召集省委常委对此事做了专门研究，确定了毛泽东从蓉园1号楼到马王堆发掘现场和省博物馆的路线，其中到省博物馆的路线是：在蓉园1号楼厅前乘车，从园内西门穿出到湖南宾馆，从湖南宾馆旁侧至烈士公园，最后沿烈士公园墙外公路再进入博物馆院内开始参观。当行进的路线确定后，李振军亲自打电话分别通知湖南省博物馆负责人侯良指示道："说不定哪一天毛主席要来博物馆看一看马王堆汉墓出土的文物。根据他老人家的生活习惯，下午和晚上来的可能性较大。你们务必在极度保密的情况下，日夜派人值班，做好接待的一切准备工作。"紧接着，李振军又电话通知湖南省公安厅，将毛泽东可能到博物馆参观出土文物的意图以及出行的路线一一做了传达，要求公安厅准备足够的警力做好参观时的保卫工作。

就在湖南省委书记李振军为毛泽东的参观一事作紧张安排时，北京的王冶秋也紧锣密鼓地催促马王堆汉墓帛书整理小组人员，尽快整理出一至两本的帛书内容，送印制厂印制，视印制的情况和质量，再考虑如何转呈毛主席阅览的问题。到了9月上旬，帛书《老子》甲乙本由故宫博物院研究专家顾铁符整理出来。王冶秋立即指示文物出版社，派得力的编辑人员进行编排，拿到设备较好的上海新华印刷厂印制。出版社接到通知，迅速派出曾编辑过《西汉帛画》的编辑黄逖负责这项工作。就在黄逖将书稿编好，准备赴上海印制时，王冶秋突然接到康生的秘书打来的电话，声称康生听说马王堆汉墓出土的帛书已整理出来了，他老人家极想亲自看一看，要求王冶秋立即将帛书送来等等。

  康生在中央高层领导群中，以整人和收集文物两大爱好闻名党内外。无论是1942年的延安整风，还是新中国成立后的"文化大革命"，周恩来等人都是被他整治的对象。"文革"开始后，他和江青等人串通一气，利用手中的权力，将查抄的许多国家领导人或私人收藏的珍贵文物据为己有。自1972年初，康生在做体检中发现患有癌症后，中央指示马上成立医疗组，在钓鱼台8号楼康生的家中为他治疗。自此之后，他在中央分管的文博工作转交周恩来负责。想不到几年过去了，这位行将就木的老朽，不知发了怎样的奇想，也不知他从哪里得知马王堆出土帛书已部分整理出来的消息，竟如此迅速地强行索要起来。看来这位搞了一辈子特工和阴谋诡计的老朽，一定在帛书整理小组周围施放了秘密眼线。想起康生的阴险狡诈和那一向阴阳怪气的模样，王冶秋感到后背发凉，头皮发紧，心中发慌。这是一个手眼通天，比江青还要可怕和不可得罪的弄权魔王，倘有半点不敬和怠慢，说不定什么时候就要栽倒在他的利刃之下。接到电话的王冶秋不敢拖延和拒绝，立即带上刚刚整理出来的《老子》甲、乙本，驱车赶往钓鱼台康生的家中，让这位具有"太师"之称的"文物专家"先睹为快。

  本来关于康生的这段插曲应当就此了结。但令王冶秋万没想到的是，当他第二天奉命去钓鱼台8号楼取帛书时，躺在病床上的康生，眼睛射出瘆人的寒光，极其严厉、愤怒且有些神经质地说："《老子》甲本是宣扬儒家反动思想的东西，你把它拿到这里来，欲把我置于何地？是谁指使你这样干的？！"

  王冶秋如同当头挨了一闷棍，顿时蒙了，傻乎乎地站在床前不知如何是好。过了好长一段时间，才小声解释道："由于帛书整理小组人员忙于整

第十四章 余　响

理，还未来得及对内容做深入研究，再说这是出土文物，又不是我们现在编写的宣传材料，首长急着要看，我就把它带来了。这件事……"王冶秋有些语无伦次，觉得再也难以解释下去了，只是额头上热汗直冒。

"你不要说了，将东西给我拿回去，此事我要报告江青同志，向她说明事实真相。"康生说到此处，闭上眼睛，一副萎靡不振的样子，不再理会。

王冶秋在床前站了一会儿，脑子始终懵懵懂懂地没有回过神来。康生的秘书将帛书拿起放到王冶秋的手中，轻轻说了句："康老要休息了，你请回吧。"

王冶秋依旧迷迷糊糊地出了8号楼钻进汽车，又梦游般回到了办公室。直到他坐在椅子上连吸了三支烟后，方才有些清醒。看来生性奸诈、多疑的康生，一定听到了江青那边有什么风声和动作，或者是怕江青等人抓住他看过帛书一事做什么不利于自己的文章，故有此令人费解的类似神经质的指责。或许，一个一生都在整治人的家伙，到了人生的暮年，总感到有人时刻在暗中整治自己，就像秦始皇、曹操等在梦中也时常感到有人在刺杀自己一样。不管怎么说，看来康生也确是老了，且老得令人越发感到可恶和不可捉摸了。

吃了康生的一记闷棍后，王冶秋在愤懑中变得谨慎起来，在全国上下都大喊大叫着"批林批孔"的紧要关头，不敢有半点差错。他将被康生指责为宣传儒家反动思想的《老子》甲本暂时留了下来，只让年轻的编辑黄逖携带一部被认为代表法家思想的《老子》乙本赴上海速作印制。

9月底，黄逖携带印制好的《老子》乙本样书，从上海返回北京。王冶秋召集有关专家对书中的内容再度做了校对和研究，确认无明显的差错，尤其是书中所反映的思想与路线等这个在当时看来属于大是大非问题上，没有与当前的形势相悖时，王冶秋才放下心来。

10月2日，王冶秋在文物局办公室将黄逖从家中紧急招来说道："毛主席想看帛书，但他老人家眼睛不好，小字看不清楚，我们研究了个办法，你能不能把上海出的线装书改排成大字本，以最快速度印出来？"从他凝视的急切目光里，可以领悟得出王冶秋对毛泽东所怀有的崇敬之情以及这个任务的紧迫与重要。黄逖毫不犹豫地满口答应下来，并迅速投入了紧张的工作。他把从上海带回的两册样书，一页一页地拆开，标上改排36磅的字号，再设计成八开竖排外加丝栏的形式。在文物出版社其他编辑人员的协助下，一部八册一函用玉扣纸精印的大部头线装书,只用数天便由北京新华印刷厂印出,王冶秋接过此书,检验一遍,很是满意地通过有关渠道转交给仍住在长沙的毛泽东手中。

毛泽东接到这本大部头书后,异常欢喜,并以极大的兴致和热情阅览起来。正当老人家借着阅览的余兴准备去省博物馆看一看马王堆汉墓出土的其他文物时,王洪文的突然到来,竟一下子搅乱了这位老人的情绪和计划。

永远的遗憾

1974年下半年,周恩来在做了第一次手术后,医院里的那个套间病房又变成了他的办公室,一边休养一边继续工作。

江青等人探知这番情景,表现得异常焦急和恼怒。其时,中国的政治领导层正在酝酿着一件大事,那就是四届全国人大即将召开,江青等人把这次会议作为他们独揽大权和安插党羽的天赐良机。他们一面加紧向毛泽东靠拢,利用多种方式博取这位中国政坛至尊人物的欢心和支持,同时也加紧排挤和攻击周恩来。于是,报纸上不断地出现关于孔夫子生活片段的文章:"一位年迈的老人,倒床奄奄一息的时候……还挣扎着爬起来,策划……一场欺诈奸刁的政治骗局……国君宣召,车马还未备好,他就匆匆起程……"文中的含义,使中国稍有政治头脑的人都明白那位"年迈的老人"是指谁。对于江青等人的吵吵闹闹和不断施行的阴谋诡计,毛泽东越来越感到厌恶和反感,

1974年9月30日晚,北京人民大会堂举行中华人民共和国成立25周年国庆招待会。周恩来抱病出席并发表讲话,全场掌声雷动

第十四章 余 响

他向"四人帮"再次发出警告:"不要搞宗派,你们正在搞小宗派。"同时对江青的伎俩一针见血地戳穿:"她想当党的主席,让王洪文当委员长,张春桥当总理,姚文元当党的总书记。"

面对四届全国人大的迫近和毛泽东突然转变的冷漠、愤然姿态,"四人帮"不得不采取进一步行动,推举王洪文赴长沙面见毛泽东,其主要目的是状告周恩来等人,让毛泽东转变对双方的态度和看法,同时迫使毛泽东为"四人帮"谋取国家领导地位做出许诺。

1974年11月初,年轻气盛的王洪文肩负着江青等人的重托,秘密飞赴长沙、进入了毛泽东居住的蓉园1号楼。

登上政治权力顶峰的王洪文

对于王洪文的突然晋见和赴湘的目的,毛泽东心中已有预料,并有了全套的对策。但嘴上没毛的王洪文却未能预感到这一切,他按照"四人帮"在北京密室所策划的内容和告状步骤,煞有介事地声称,周恩来在医院养病期间,他的支持者邓小平、叶剑英、李先念等人频繁出入医院,行踪诡秘。看来总理治病是假,搞阴谋是真,他们在秘密策划四届全国人大的人事安排问题。周恩来的支持者邓小平有恃无恐,竟然在北京大闹政治局会议……按"四人帮"以往的经验和根据这个经验预想的结果,只要王洪文将这几枚富有煽动性和杀伤力的重磅炸弹掷出,一定会激怒毛泽东并使他老人家将剑锋指向周恩来等人。不料结果与当初的预想恰恰相反,毛泽东听完"汇报"后,大为恼火,但剑锋指向的不是周恩来等人,却是"四人帮"一伙。毛泽东十分严厉地当面批评了王洪文,指出对周恩来、邓小平有什么意见,可以当面提,不要背后告人家的"御状"。他们没有搞阴谋,有什么事应主动跟总理和叶剑英好好谈,不要总跟江青一伙搞在

449

"文革"结束后出现的林彪、江青、康生三人团的漫画

一起,总理还是总理……

王洪文遭到了当头棒喝,顿觉天旋地转,稳不住阵脚了。虽然临行前"四人帮"在密室中谋划了多种应付万一的对策,但此时面对毛泽东咄咄逼人的威势,王洪文如同老鼠见猫,什么抵挡的招数也没有了。为保住自己的政治地位,他不得不败退求饶,连呼自己水平低、能力差、年轻幼稚……奴才相悉数出尽。

毛泽东将王洪文打发回了北京,似乎还觉余怒未消,又给江青写了一封简短的警告信:"不要多出面,不要批文件,不要由你组阁(当后台老板)。你积怨甚多,要团结多数。至嘱。"

江青等人见王洪文大败而回,悔恨气恼之余自是于心不甘,江青本人亦不顾毛泽东显然带有复杂情感的警告,再度召集同伙伺机反扑。就在"四人帮"紧锣密鼓地进一步策划时,周恩来却主动出击了,他要抱病赴长沙面见毛泽东,说明北京发生的一切事情的真相,促使毛泽东坚定支持自己的信心,顺利解决四届全国人大的"组阁"问题。

12月23日上午,周恩来神奇地从解放军三〇五医院病房走出来,在警卫、秘书、医护人员的陪同下,驱车赶奔西郊机场,欲乘专机飞抵长沙。这次出行,为了不给江青等人留下"私人会谈""搞阴谋诡计"等把柄,周恩来专门邀请了身为中共中央副主席的王洪文同乘一架专机飞赴长沙面见毛泽东。但当周恩来赶到机场等了许久后,仍不见王洪文的影子,让随行人员电话联系,王洪文回答说:"先让总理走,我这里有点急事还要处理,随后就到。"周恩来得此消息,已猜到了王洪文还要最后向江青请教并密谋对策的意图,遂决定先行飞湘。

此时的周恩来尽管身体状况有所好转,但仍极其虚弱,他骨瘦如柴,双手颤抖,在一位秘书的协助下,才痛苦而艰难地登上了飞机。当日中午抵达长沙后,在湖南省委的安排下,周恩来住进了蓉园2号楼。

当天下午5点钟左右,王洪文来到了长沙蓉园,当他在3号楼稍做休整后,便同周恩来一起来到1号楼面见毛泽东。

因为有了上次的教训,王洪文对这次长沙之行极不情愿,他已清楚地意识到自己再度前来不但未有任何好的结果,弄不好还要再次遭到那可怕的打击。但既然周恩来决定面见毛泽东,又向自己发出邀请,即使毫无结果,仅仅出于监视这一目的也应该来一趟。故此,在江青的背后点火打气,张春桥、姚文元的当面吹捧鼓动下,他怀着复杂而萎靡的心情来到了长沙。

果然不出王洪文所料,当他随同周恩来一起来到1号楼后,毛泽东对自己依然表示出冷漠之情,相反和周恩来却越谈越投机,并给予一股温情暖意。毛泽东明确表示:"恩来还是总理,四届全国人大的筹备工作由总理与王洪文主持。邓小平任第一副总理、中央军委副主席兼总参谋长。党内的职务还可以考虑让邓小平出任副主席,进政治局常委……"

王洪文一看毛泽东的态度和人事安排,不但自己什么也没有捞到,且"四人帮"内的其他三人也是竹篮打水一场空。气恼悲愤之中,他再也不顾江青等人的嘱托与监视周恩来的秘密重任了,索性破罐破摔,离开蓉园在长沙周围信马由缰地游玩起来。

王洪文的行动立即引起了国外新闻记者的注意,各种消息迅速传遍世界的同时,又通过《参考消息》反馈于国内。其中法新社这样报道:"12月×日,中共副主席王洪文出现在韶山,参观毛泽东旧居……"另一家国际通讯社称:"中共副主席王洪文在湖南长沙橘子洲头……"本来毛泽东居住长沙对外界是严格保密的,王洪文的公开频繁活动,自然引起了外界的注意。对此,一位外国记者根据种种迹象,极其敏锐地指出:"王洪文副主席频频地在长沙附近出现,说明中共主席毛泽东就在湖南长沙。"

周恩来看到《参考消息》的报道后,对身边的工作人员气恼地说道:"他怎么到处乱跑,这不是暴露了主席活动的地方了吗?快给他提个醒。"

王洪文得知周恩来对自己游玩的态度后,仍不以为然,继续四处驱车游玩。当长沙和周围的风景名胜差不多被游遍之后，又突然想起了轰动一时的马王堆汉墓，于是游兴大发，想一睹为快。他亲自挂通了李振军办公室的电话，有些调侃地说："振军同志，听说你在马王堆挖出了一个女尸，今天是不是带我去看看。"

李振军本来就对"四人帮"的所作所为极为反感，向来与他们采取不合作态度，为此才被江青等人扣上了"贺龙土匪部队伸向湖南的黑手"，"周恩来、叶剑英的心腹干将"等几顶帽子。面对王洪文颇为轻浮的问话，他极其严肃地回答："马王堆汉墓的发掘，是全国广大考古工作者辛勤劳动的结果，我只参与了一点组织工作，真正的指挥、支持者是总理、先念等领导同志……"

"不管怎么说，今天下午你得亲自陪我去看一看。"王洪文在电话的那头说。

鉴于王洪文的身份和地位，李振军不好推辞，只得硬着头皮表示愿意奉陪。

王洪文的汽车按湖南省委事先研究的毛泽东的出行路线，从蓉园内西侧门穿出到湖南宾馆，从湖南宾馆旁侧至烈士公园，最后从烈士公园墙外的公路绕进省博物馆。

此时的博物馆内，由国家和湖南省共同出资兴建的文物陈列大楼已全部竣工。按照王冶秋的意见，技术设计者在吸收名家建筑风格的基础上，终于设计出了亚洲第一流的、足以抗五至六级地震的文物陈列室。整个建筑物分主、次两座大楼，主楼分四层，地下、地上各两层。其中地下两层基本模仿马王堆一号墓坑的样子，建造成一座地宫。地宫的底层没有像原来预想的那样填塞木炭和白膏泥，而是用白瓷砖砌成，室内一端放置着透明的玻璃棺，棺内放着用福尔马林药水浸泡着的"軟侯利苍夫人"，另一端放置着从女尸体内解剖取出的内脏器官。室内用空调设备保持着10℃左右的温度和60%左右的湿度，使整个地宫一年四季保持恒温恒湿，以便更有利地保护女尸及内脏器官。在地宫内部一、二层之间，有两个长两米、宽1.5米的窗口，游客站在地宫的二层，除透过窗口即可俯视到女尸的全貌外，还可参观放置于这一层中的、由马王堆一号墓出土的锦饰内棺、红地彩绘中棺和黑地彩绘外棺。地上的二层陈列着马王堆汉墓出土的近千件各种精美的随葬品，

第十四章 余 响

其余2000多件随葬物品，保存在特制的库房内暂不对外展出。在主楼西侧不远处，模仿马王堆三座墓坑建造了一座二层楼房，内中陈列着三副巨大的棺椁……

由于事先博物馆已接到通知，所以当王洪文的轿车一到，博物馆负责人侯良等人已恭候多时了。

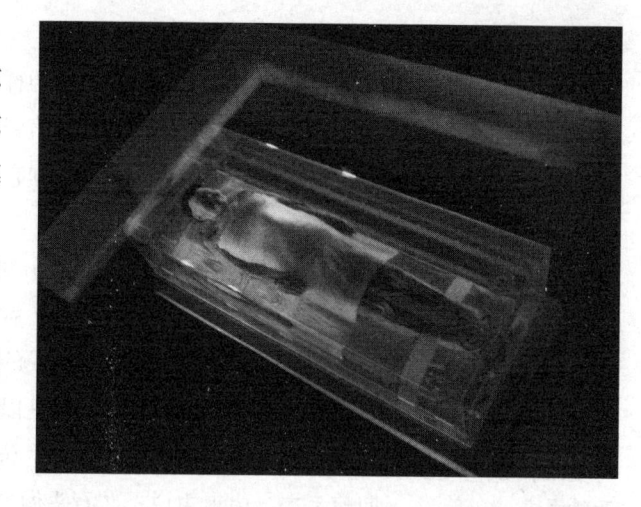

湖南省博物馆专题陈列馆地下展室玻璃棺内陈列的马王堆一号汉墓出土女尸

王洪文身穿军装，未戴军帽，仪表堂堂地从车里走出来，后面跟着同样身穿军装的秘书廖祖康和一位年轻漂亮的女保健医生。陪同的李振军等人已先前一步从另一辆轿车里走出，向王洪文介绍迎上来的侯良等人。

王洪文趾高气扬地环视了一下四周的环境和面前的高楼，感觉有些不太对劲儿，"这就是马王堆吗？"他不解地问着。

"这是省博物馆，马王堆汉墓在长沙郊外，发掘的女尸和器物全运到这里来了。原来的墓坑已回填，在这里建了模拟地宫和陈列室。"李振军回答着。其实这时的墓坑尚未回填，李振军怕王洪文节外生枝，非要到发掘现场参观，才做此回答，以绝了他的念头。

休息室里，侯良对马王堆的发掘、研究、陈列做了简短的介绍后，便领王洪文及其随行人员，参观陈列在地上楼层的出土文物。讲解员不断地一件件介绍着，王洪文时而点头，时而插话询问。当讲解员指着玻璃柜中的十几对玉璧刚要介绍时，王洪文突然说："这些东西没有看头。"在身边陪同的侯良插话解释说："这是玉璧，是非常珍贵的文物，可以说是价值连城。"

453

马王堆汉墓出土的素纱禅衣

王洪文立刻摆出不屑一顾的样子说:"我看这玩意儿不值钱,我找个木匠一天就可以锯它几十个。"

"这玉璧由于年久日深,外表像木制品,其实这不是木头做的,是上等的玉石凿刻而成的,木匠怎能锯得了。"侯良以为王洪文没有弄明事情真相才口出狂言,借此给予解释。谁知王洪文转身离开此地,向前走去,边走边说:"石头做的也不难,不找木匠找几个石匠不就将问题解决了?"这句话使侯良哭笑不得,只好跟上来小心地伺候。

当一行人来到陈列着的素纱禅衣的玻璃柜前时,讲解员开始讲解起来:"这件衣服名为素纱禅衣,是一件稀世珍品,衣长128厘米,袖长190厘米,重量仅有48克,50克为一市两,所以这件衣服还不足一两重……如此精美的丝绸品,即使现在制造也很难达到这种程度……"

王洪文观望着,突然摇了摇头,打断讲解员的话说:"你讲的是不是太悬乎了,我看这件衣服没有什么了不起,我原来的老单位,上海国棉17厂就可以造出比这还要好几十倍的东西。"

此话既出,众人大哗,如此号称举世罕见的镇馆之宝都没有放在年轻气盛的王洪文眼中,那还指望有什么能使他产生对中国古老文明的敬仰?仅这几句信口开河的狂言妄语,就足以说明他的浅薄与无知,他在伤害了中华文明的同时,也伤害了文物发掘者与保护者的感情。既然他对灿烂的中华文明如此妄断和无理,那么这些历尽艰难困苦,立志呵护文明的人,在他的眼里又算什么?侯良内心颇为不平地望了一眼在一旁阴沉着脸、一声不吭的李振军,示意讲解员简断截

第十四章 余 响

说，尽快将对方糊弄走了事。讲解员心领神会，以最快的速度将整个楼层陈列的文物讲了一遍。

就要出门时，王洪文问道："怎么没有看到那个女尸？"

"现在我们就去参观，请首长跟我来。"讲解员说着，将王洪文等人带入地宫的上层，透过窗口观看那具躺在下一层玻璃棺内的女尸。王洪文一见，大声惊叫道："这就是那具被吹得神乎其神的女尸？我以为是什么样的仙女，原来这么丑陋。"侯良只好硬着头皮做一番解释。

过了片刻，王洪文抬头对侯良说："这里看不太清楚，能不能到底下那层隔近一点看看？"

侯良听罢此言大为吃惊，因为下面盛放尸体的那层地宫，需保持恒温、恒湿、无菌。按照规定，除定期专门观察换药的湖南医学院副教授曾嘉明外，任何人不得进入，即使是国家领导人和外国元首到来也是如此。如果任人进入，势必带进细菌并打破恒温恒湿的平衡关系，促使棺内的尸体加快腐烂进程，后果不堪设想。对于王洪文的要求，侯良不敢擅自做主，只是为难地将眼睛盯向身边的李振军。李振军装作没有看见，将头转向一边不作理会，想以沉默表示自己的态度。

王洪文好像没有明白，他继续催问道："到底让不让我下去？"

李振军见沉默无以奏效，只好将下面地宫不能进的理由和规定一一说明，令所有陪同者都意想不到的是，王洪文不但不理会李振军的解释，竟有些恼怒地说道："你们就会故弄玄虚，一个死人还值得这样严格地保护，毛主席的房间我都可以进，这里怎么就不能进？"刚说到此处，李振军迅即将话打断："洪文同志……不要急，事情还是可以商量的。"

王洪文从李振军冰冷、严肃的目光里觉出自己刚才的比喻有些不妥，遂顺水推舟地说："那你们就商量一下吧。"

李振军深知不让王洪文下去，看来对方是不会善罢甘休的，遂转身说道："侯良同志，看想个什么办法既能下去，又尽量减少可能的损害？"

"这个……"侯良极不情愿地望了王洪文一眼说道："如果非要下去，只有尽量减少人员，别的防范措施恐怕都来不及了。"

李振军沉思片刻对王洪文说："那就你们三人下吧，其他的人员都在门口等候。"

"好、好、好……"王洪文转恼为喜,率领秘书和保健医生,在侯良的引领下进入地宫底层。侯良将门打开,站在门外看着三人向里走去。约走了一半,那位年轻的女医生突然说了声:"我害怕。"便掉转身向门口跑来。王洪文站下身,冲奔跑的女医生喊着:"怕什么,有我呢,快给我进来!"

此时女医生已逃到门口,王洪文向秘书喊道:"去给我把她拉过来。"话音刚落,秘书立即追了出来,将那位女医生连扯带拉硬是拖到了盛放女尸的棺前,并将她的脖颈向下按去。王洪文在一旁望着女医生叫喊不绝和极端惊恐的样子,禁不住幸灾乐祸地大笑起来。望着堂堂的中共中央副主席和其随员在地宫深处的一连串丑恶表演,所有的陪同者在感到惊讶、不解和气恼的同时,也为党和国家居然有这样的领导人感到深深的忧虑与悲哀。

下午5点钟左右,王洪文离开博物馆回到了住地。不知是出于讨好还是听到了什么风声,他来到2号楼见周恩来,刚一见面就说道:"总理,今天下午我去博物馆看了马王堆挖出的东西,很好看,就是那个女尸太丑了……"

周恩来本来就对他到处游山玩水感到恼火,正想找个机会批评他,见王洪文主动送上门来,便趁势板着脸教训道:"洪文同志,如果你不对自己的安全与政治负责,也要为毛主席负责。你四处游转,不仅暴露了你自己,重要的是暴露了毛主席在长沙的秘密,要是主席那边出点什么差错,这个责任由谁来负?"

周恩来说着,挥手让秘书将登载王洪文活动情况的那张《参考消息》找来递了过去:"你看看上面都说了些什么?"

王洪文拿着报纸看了看,也感到极为惊讶和后怕,不得不涨红着脸说:"我没有想那么多,有些疏忽大意……"

"以后我不能出去,你也少出点门,免得节外生枝嘛!"周恩来的口气缓和下来。王洪文很有些谦虚的样子答应着,两人又说了几句听起来颇为热乎的话,王洪文起身离去。

回到蓉园3号楼,王洪文越想越倒霉,越琢磨越背运,政治上的好处一点也没捞到,生活上图个清闲,又偏偏遭遇了外国记者的围攻,此事不知毛泽东那边知不知道,万一被他老人家知晓,说不定会危及自己的政治生命……王洪文越想越怕,越想越感到自己应当迅速离开这块盘踞着猛虎与蛟龙的地方。第二天一早,他便悄然无声地飞回了北京。

第十四章 余 响

就在王洪文走后的1974年12月28日，周恩来完成了历史赋予他的最后一次重大使命，如愿以偿地从长沙飞回北京。长沙之行，是这两位历史巨人最后的告别。尽管周恩来在长沙期间，最有资格也最有理由和条件，亲自看一看这曾倾注了自己热情和心血的马王堆汉墓发掘现场和出土陈列的文物，但是由于当时的身体状况与特别的政治环境，他最终没能成行。而曾有过这个计划，并引起湖南诸方面高度重视的毛泽东，由于王洪文在这位老人兴趣最浓、情绪最好的关键时候的搅和，以及后来中国政坛越来越尖锐的斗争，还有其本人身体越来越差的状况等复杂的原因，毛泽东最终还是失去了接近马王堆发掘现场和出土文物的机会。当他于1975年春告别了隐居八个月之久的长沙，结束了漫长的人生旅程中最后一次故乡之行时，湖南省博物馆的员工才以极大的失望与失落之情，撤销了为这位老人特设的昼夜值班。若干年后，当湖南省博物馆的工作人员回想这段往事时，为身在咫尺之外的毛泽东与周恩来两位历史巨人，没有将足迹留在这座举世闻名的博物馆而深感遗憾。

神奇的《导引图》

1975年1月13日，第四届全国人民代表大会召开，周恩来等人虽然取得了暂时的胜利，但前景并不乐观，其最为关键的一点是，已77岁高龄的周恩来于3月26日做了一次结肠癌手术，身体较之以前更加瘦削、憔悴和虚弱，很难再离开三〇五医院进行政治活动了。更为重要的是，从长沙回到北京后的毛泽东对周恩来在长沙时的热情似乎转瞬即逝，深知毛泽东的性格与为人的江青，瞅准了这个只可意会、不可言传的契机，利用一切可以或可能利用的武器，再次向周恩来等人发起攻击。

按照1974年8月姚文元和江青的秘密策划，他们准备在新华社撰写的关于马王堆二、三号汉墓发掘的专稿发出后，在北京举办一个马王堆汉墓出土文物展览，通过这个展览，让人们意识到马王堆的墓主是一位丞相，这位丞相无疑代表剥削阶级，代表着儒家思想，维护着旧的传统和旧的封建势力等等。它对周恩来的影射程度无疑比孔夫子还要直接和具有威力。这也就是姚

1975年1月,周恩来在第四届全国人大第一次会议上抱病作《政府工作报告》,重申我国实现四个现代化的宏伟目标

文元在最初给江青的电话中声称的"他们挖出了攻击自己的炮弹"的奇计,也是新华社的那份专稿能顺利播发的原因。

不过,像诸如此类的反白为黑的阴谋,并不是姚文元的发明创造,早在1973年,江青就曾有过成功的尝试。那一年的早些时候,考虑到世界各地的代表团、商人和旅游者纷纷来访,周恩来决定委派中国画家为北京饭店、人民大会堂等公共场所的迎宾厅、休息室、会客室及会议厅等作画装饰。当这一切刚刚布置完毕时,江青就利用此事做起了文章,派人把这些绘画强行收集起来,在北京组织了一个"黑画"展,并调集了四万多人前来"愤怒声讨"。这个时候,正是周恩来住院进行第一次手术的日子,周恩来为此陷入了被动。

正当"四人帮"为姚文元最初的设想大加称赞并进一步密谋如何具体操作时,康生的密信又到了江青手中,言称"马王堆汉墓出土的帛书,属于儒家的东西,是'批林批孔'难得的活教材……"这封信正是王冶秋拿着《老子》甲、乙本离开康生家之后送出的。

江青接到康生的暗示后,越发得意忘形,立即派出得力干将进驻国家文物局,发动群众对王冶秋和帛书整理小组部分人员进行批判和打击,同时加紧了谋划展览的步伐。

正当江青等人即将把"炮弹"装入炮膛时,接下来发生的一连串事情,使他们不得不放弃了原来的计划而改弦更张。

首先传来的消息是,马王堆汉墓帛书的内容不只是儒家,还有法家的思想。而"四人帮"在北京和湖南方面的眼

第十四章 余 响

线则告知，听说毛主席肯定了马王堆的发掘，不但从李振军、王冶秋手中要了印制的帛书阅览，还要亲自去参观发掘现场和出土文物。接下来就是王洪文两次长沙碰壁的悲惨遭遇。面对这一连串的突发事件和不测之象，江青等人不得不做慎重考虑与选择。待姚文元和张春桥两大"才子"确切地得知了帛书的内容和王冶秋送给毛泽东的是代表法家思想的帛书《老子》乙本后，经过一番苦思冥想，向正不知如何是好的江青再献奇计，言称："炮口不变，只要把儒家的炮弹退出，装入法家的炮弹即可发射成功。"没读过几天书的江青原本对儒法两家在历史上所起的真正作用并不知晓，那些翻手为云、覆手为雨的口号和文章，都出自张、姚两人的策划之中，既然这次张、姚两位干将都声称由儒家换成法家，那就干着看吧，只要能打击对方，有利于"四人帮"集团，有利于自己就行。得到江青的授意，张春桥、姚文元两人在四届全国人大召开前后，开始操枪弄炮、大显身手了。

在此之前的"批林批孔批周公"与"批儒评法"等运动和口号中，由姚文元直接指挥的"罗思鼎""梁效"等写作班子，曾经编印了一篇又一篇的诸如《儒法斗争史概况》《法家代表人物介绍》等书刊文章，在社会各界广为散发和流传。而这些著作、文章在涉及汉初历史的治国思想时，没有一字谈到"黄老之学"。而这次新的攻势发起后，早已打入马王堆帛书整理小组内部和外围的"罗思鼎"们，却从《老子》以及四篇佚书中翻出了"黄老之学"，并进而诠释出"黄老之学"属于法家的思想。与此同时，把本来成书于战国时期的《经法》《十大经》等四篇佚书，生拉硬套地断定为西汉初年的作品。于是，一个借用"黄老之学"，大讲秦汉之际的历史，进而极力吹捧汉高祖刘邦的妻子吕雉的高潮，在各家报刊、电台掀起了。

历史上的黄老之学，是指稷下黄老学派那种类型的道家学派。它同法家尽管有着密切的关系，毕竟是当时公认的不同派别。按照司马谈《论六家要旨》的说法，"道家无为，又曰无不为"，"其术以虚无为本，以因循为用"，"有法无法，因时为业"，"有度无度，因物而合"；而法家则是"严而少恩"，"正君臣上下之分"，"不别亲疏，不殊贵贱，一断于法"。黄老之学注重权术，这就比一味迷信暴力的法家，有较多的欺骗性。《十大经》和《经法》讲来讲去，无非是"民"如何如何，都是维护封建秩序的统治术。刘邦重新建立专制主义的中央集权的封建国家以后，采取各种封建主义的思想武器和措施，巩固自己的政权，维护封建的统一。西汉封建统治者自己概括性地说过，"汉家自有制度，本以霸王道杂之"，既不是"纯任德教"，也不是纯任其他。换句话说，黄老之学只是西汉初年封建统治者手中的一种思想武器，却不是唯一的思想武器。马王堆帛书的各家并蓄情况，充分地说明了这一点。但姚文元指挥下的"罗思鼎"们却不管这些历史事实，他们只是按政治的需要，把"黄老之学"变成法家，再从"法家爱人民"的断言中演绎出一个吕后和"吕后时期，政治清明"的神话。在这个神话中，首先对吕后这个在中国民众中的反面角色给予重新评价。其评价的理由是：吕后不是人们心目中的荡妇，她为建立汉朝同她的丈夫共同经历了战争的磨难与艰辛。当刘邦去世后，她有足够的带领国人度过一个平稳时期的能力和勇气。历史上的吕后"不仅坚持贯彻刘邦的法家政治路线，而且坚持贯彻了刘邦的法家组织路线，把久经考验的法家人物，安排到关键的领导岗位上，使得中央有一个比较连贯的法家领导集团，保证了法家路线不致中断……"

在这个美丽的神话制造出来之后，"四人帮"觉得只有利于江青而没有打击对方，于是抛出了《试论西汉前期复辟的主要危险》一文，文中极其露骨地宣称："刘邦建立汉朝后，复辟的主要危险来自那些为刘邦统一中国建立过'功勋'，因而有一定的政治、军事实力，而在这时则反对沿着前进、统一道路走下去的各诸侯王身上。"这段话的含义不解自明，它除了影射周恩来、叶剑英、邓小平等人之外，或者还有包括诸如湖南的李振军和其他更高级的军事将领。为了引发毛泽东对周恩来等人的防范和戒备心理，"罗思鼎"们在"四人帮"的授意下，再以马王堆出土的帛书为蓝本，抛出了《〈老子〉是一部兵书》的极具火药味的文章，文中引用章太炎关于《老子》一书"以为后世阴谋法"（《訄书·儒道》）这句话，进而发挥为"先让一步，后发制人"，"寻找敌人的可乘之机，从而待机破敌"，最后特别强调"祸莫大于轻敌，轻敌丧吾室……"骇人听闻的警言。关于《老子》是一部兵书的观点，毛泽东本人在此前就曾说过，但在他老人家的思维中，恐怕尚未发挥得如此淋漓尽致和天马行空。这篇文章在1974年第10期《学习与批判》的头条发出后，各大报刊均进行了转载。江青看到后，怕毛泽东周围的人封锁登载此文的报刊或不予阅读，即以书信的形式从北京发往长沙毛泽

第十四章 余 响

东的手中。关于这篇文章发出后的作用，外界无从知晓，想来毛泽东见到了这篇文章，并做过一番思考，但思考的结果可能就是那封对江青"你积怨甚多，要团结多数"的警告信。

如果说在四届全国人大召开前后，"四人帮"制造的"法家炮弹"还有一点表面的"君子"之风，而自1975年3月周恩来再做手术后，"四人帮"就变得凶相毕露并具有血腥味了。"罗思鼎"们在以马王堆帛书《十大经》为依托，抛出的名篇《论〈十大经〉的思想和时代》一文中，除再次强调复辟势力"是从西汉统治集团中分化出来的"外，进而杀气腾腾地叫嚣："如果那些复辟势力敢于冒天下之大不韪，继续进行捣乱，就只能暴露和孤立了他们自己……而对于那些复辟势力来说，只能'累而高之，踣（踣）而费救'，跳得越高，也就摔得越重，'将令之死而不得悔'，就像黄帝狠狠地惩罚蚩尤那样。"在这篇文章的导引下，全国各地的报刊顿时又响起了清晰或盲目的喊杀之声。

在接近毛泽东无望和"四人帮"的连续攻击下，悲愤交加的周恩来只好亲自指挥自己的同盟和支持者，在与"四人帮"巧妙周旋的同时给予抵抗和反击。

自马王堆汉墓出土的帛书被"四人帮"移花接木地利用，并作为炮弹向周恩来等人发起攻击后，正在接受着"四人帮"干将的批判与监视的王冶秋，异乎寻常地壮起胆子，公开加盟周恩来的阵营并投入了战斗。他利用尚未被剥夺的国家文物局局长的权力，设法阻止"四人帮"写作班子打入或接近马王堆汉墓帛书整理小组，对一些重要资料给予了严密封锁。与此同时，在其他有关文物工作的日常事务中，对"四人帮"的不良用心，也坚决给予了不折不扣的抵制。在1974年底至1975年春，四届全国人大召开前后，根据中央的指示，国家文物局在中国历史博物馆筹办一个《各省、市、自治区发现文物汇报展览》。江青闻讯之后，立即指派亲信干将插手此事，并强行将一颗上刻"皇后之玺"的汉印和一封江青慰问西沙解放军官兵的电报放入展柜之内。那颗汉印原是一位陕西农民从土沟里捡到的，有人曾误认为是吕后之印并做过宣传，江青对此印颇为重视，早就想利用这个"活生生的事实"为自己的女皇梦寻找根据，这次总算找到了机会。她要让人们在看到这颗皇后大印的同时，对照那封慰问西沙官兵的电文，自然地想到当代女皇的天威

皇后之玺印文
咸阳狼家沟出土，高2厘米，宽2.8厘米，正方体，用著名的新疆和田玉精雕细琢而成。玺面阴刻篆文"皇后之玺"字，字体庄重，刻镂利落，韵味高雅，雍容大度。玉玺四侧面阴刻流畅的云纹。顶部用线雕、高浮雕和圆雕相结合的手法，雕琢出螭虎形象，特别引人注目。螭虎身体盘卧，头部略仰，双耳贴于脑后，一双圆亮的眼睛，虎视眈眈地直视前方，虎踞螭盘的造型，显示出皇家的威严和大气

地恩。但是，当王冶秋在审查即将开幕的展览并发现此事后，立即沉下脸对这个展览的负责人沈竹说："我们的展览不要摆有关江青的东西，想当女皇到自己家里关起门来当，我们不干涉，跑到这里来当不行，印玺和慰问信全部撤掉重换其他的文物。"

王冶秋此说和表现出的刚烈态度，使沈竹大为惊讶和为难，如果照原话传达下去，势必会给这位文物局局长招来横祸；若不照办，王冶秋一定不会答应。权衡再三，沈竹决定找博物馆馆长杨振亚等少数几个人商量后再作行动。杨振亚馆长态度明确地支持了王冶秋，以那颗印玺不是从墓中出土，而是当地民众从山沟中偶然捡得，可能是后人伪造和那封电报涉及军事情况，应属内部文件，不宜公开展出，以防泄密等情况为由，全部撤换下来。江青闻讯后，深知这是王冶秋所为，但又找不到理由发作，只好恨恨地对手下的干将们说："走着瞧，老娘不会放过他！"

此事过后不长时间，江青果然采取行动了。于会泳控制的文化部突然向国家文物局派驻工作组，宣称马上接管文物局，并撇开文物局党委和所有的领导，直接到基层单位搜集王冶秋的有关"反动言论"以及追随王冶秋的"三黑"（黑干将、黑爪牙、黑线人物）人员的材料。与此同时，"罗思鼎"们开始横空插入马王堆帛书整理小组，大肆攫取甚至劫掠有关帛书、帛画。整个文物局上下顿时被搅得鸡飞狗跳、浑水四溅，处于一片惊恐和慌乱之中。

鉴于如此严峻的局势，王冶秋不得不向病中的周恩来求援，周恩来听取了汇报后，在鼓励王冶秋和文物局的其他领导顶住，并严密监护好马王堆出土帛书、帛画的同时，又急

第十四章 余 响

1975年2月3日，周恩来第六次也是最后一次登上《时代》封面。

召邓小平、李先念等人密商，决定采取果断措施，将文物局迅速从代管的文化部划出，直属由周恩来、邓小平等人控制的国务院领导。这个决策的迅速施行，使"四人帮"整治王冶秋的阴谋未能得逞。

自这次险恶事件发生之后，免遭横祸的王冶秋，出于对周恩来的崇敬和感念之情，在每次去医院探病和汇报工作时，都要带上马王堆帛书整理小组整理出来的帛书、帛画，请周恩来观看和欣赏，以便转移他的视线，减少病痛，带来一点轻松和愉快。在王冶秋的心目中，周恩来最有资格和权力最先观赏这一倾注了他无数心血和精力的人类文明至宝。但大病缠身、痛苦不堪的周恩来，以他的性格和长期养成的工作作风，在每次观赏之后，总是细心地提出一些研究者极易疏忽的、便于做进一步探讨和修改的指导性建议，令王冶秋极为感奋。

1974年8月下旬，周恩来体内的恶性肿瘤发生了扩散，

整理后的《导引图》模拟形态

时刻都会置他于死地。医护人员为苦于找不到医治的良方而着急万分，周恩来的忠实伴侣邓颖超更是寝食不安、愁云满面。或许是应了"有病乱求医"的古话，当王冶秋再度来到三〇五医院探望周恩来的病情时，在病房的外间，邓颖超突然对王冶秋说："听说你们在马王堆还挖出了一张古代健身治病的气功图，对癌症治疗很有效，你们能不能复制一份，让恩来也照着那张图练一练。"

王冶秋听罢，望着面前这位尊敬的大姐那诚挚与焦急混合着的复杂目光，以极度的哀婉之情回答："那张图在出土时被搞碎了，现正在拼对，待拼对成功之后，可以复制一张拿来让总理练练。不过据我所知，那张图不是万能的神医良药，对总理目前的病情而言，作用不会很大，只能作为一种安慰和调剂精神的方法罢了。"

邓颖超所说的那张健身治病的画，正是后来在社会各界广为流传的《导引图》。此时，这张图正在由湖南省博物馆借调到马王堆帛书整理小组的周世荣等人的努力下，做最后的拼接和校对。

这张图在最初出土时，由于那位北京裱画老师傅的固执己见，采用铁钩钩吊等极为不当的起取方法，使本来有可能完整如初的一张罕世珍品，变得支离破碎、残缺不全、目不忍睹了。又是由于那位老师傅的夜郎自大，不采取王振江、白荣金等人用盒子盛装的建议，而是胆大妄为地将此图连同出土的其他几幅帛画，用一块包袱皮包起来，并搭在肩上像

第十四章 余 响

出土的《导引图》帛画

出门修行的和尚一样,径自背至北京的狂傲之举,给后来的拼接、校对工作造成了极大的困难和障碍。当周世荣来到北京,初次见到由那位号称"即使一堆碎片,也能按原样装裱起来"的裱画师傅时,这位夜郎自大的老朽竟黔驴技穷,原形毕露。由他拼接起来的《导引图》,不但人物的位置上下错乱、前后颠倒,而人物自身的生理位置,也被拼接得错谬百出、枝杈横生,大有老虎拉碾——乱了套之势。本来栩栩如生、活灵活现,好端端的一群人物,经他拼接后,有的人腿安到了另一个人的肩上,而另一个人的脚又跑到了先前那个人的嘴上,男人的头被安在了女人的腰上,女人的腰又拼对在了男人的头上……整幅画面不再是一群世间众生在做强身健体的动作,似是一群妖魔鬼怪挥舞器械,在地狱中正在进行着一场殊死决斗。

更让人捶胸顿足、气断肝肠的是,不仅《导引图》惨遭厄运,其他几幅从马王堆三号墓墓

马王堆帛书整理小组部分人员合影。自左至右:李学勤、马继兴、周世荣

马王堆三号汉墓棺室东壁帛画《车骑与奔马图》残片

已成碎片的城市建筑设计图

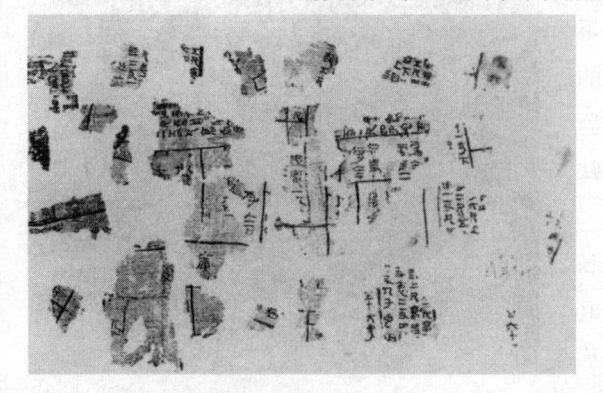

壁上提取的帛画，也惨遭荼毒和蹂躏。由于几幅帛画的碎片被老裱画工的包袱包裹后，几乎成了一锅黏粥，很难加以区分和辨别，结果在拼接时，甲图的碎片跑到了乙图之上，而乙图的空缺又由丙图或丁图上面的碎片来补填，最后几幅帛画竟成了一幅又一幅谁也看不清、辨不明的在想象中都很难出现的天国和神怪之图。

鉴于如此悲惨的场景，马王堆帛书整理小组不得不指派周世荣等专家，重新对出土的帛画进行极其艰难的、一点点的反复拼接、校对，至1975年9月，出土的《导引图》《车马游乐图》《划船游乐图》《丧服图》《卦象图》等六幅图基本整理成形。但在早期的发掘简报上作为首要内容列出的出土于三号墓东壁的帛画残片"房屋建筑"，却怎么也无法拼对起来。而尚有画着一个清晰的毛人的残片，更无法知晓最初是从哪部帛书或帛画上分离出来的。至于在墓室东壁出土的数十块帛画残片，同样是无法拼对了。几年之后，马王堆帛书整理小组宣告解散，那位夜郎自大的裱画工，自感问心有愧于祖先，也有愧于后人，便将帛画残片收集起来，倾尽全力进行拼接、校对，无奈破镜难圆，当初的损坏太多太重。尽管他倾20年之功，可谓为此耗尽毕

第十四章 余 响

马王堆三号汉墓帛画残片　　　　　马王堆三号汉墓棺室东壁帛画残片《妇女划船图》

生精力和心血,但直到他于90年代初撒手归天,那些碎片一直堆放于他办公桌的抽屉中,未能拼接成功。

当王冶秋按邓颖超的嘱托,将《导引图》专门请人照原画整理出的样子,用彩色临摹了一幅送于三〇五医院时,已是9月中旬。这时周恩来的病情更加严重,他本人清醒地意识到死神已逼近窗口,他坦诚地向外界透露:"马克思的请帖我已收到了……"

尽管如此,王冶秋带来的《导引图》,还是给了周恩来一丝惊喜和快慰,他仰躺在病床上,看着图上一个个伸腰弯背、神态怡然自得中夹杂着几分滑稽模样的众生相说道:"我看这幅图跟华佗的五禽戏法很有些相似之处,有没有研究它们之间的关系?"

"由于图刚拼接起来,还未来得及研究,现在正准备按照此图中人体的形状,初步研究一下活动的套路。"王冶秋答。

"这确实是一幅能使人强身健体的绝妙奇图，我只能看一看，练是练不了了。等研究出成果之后，公布于众，如果有条件，在机关、团体，特别是广大农村推广一下，让我们的人民都有机会感受一下祖国医学施予的恩泽吧……"周恩来颇动感情地说。

"总理，我还带来了一卷在苏南新发现的严复书札，您看一看吧。"王冶秋说。

"噢？"周恩来吃惊地问道："是真迹吗？"

"我们正准备组织专家鉴定，这次带来先让您看一看。"王冶秋答。

周恩来的嘴角微微表示出一丝感谢之意："那就留在这里，我翻翻看吧！"

王冶秋走后，那幅临摹的《导引图》就留在了邓颖超手中，每当周恩来身体和精神状况出现一点暂时的好转，邓颖超便将此图挂在病房的墙壁上，希望她心爱的丈夫按照图中人物的动作，做些轻微的活动，或者，她幻想这张图有一个足以令人起死回生的密码，被智慧超凡的丈夫突然破译出来，并应用于自身和万千众生。但是，这一切都只能是焦急而无奈的妻子的一厢情愿。自然规则无法抗拒，周恩来已血脉耗尽，精气熬干，即使华佗再世，也无力回天。这幅《导引图》只是作为周恩来整个人生旅程中最后一站的精神慰藉而已了。

也就在王冶秋回去的第三天，周恩来的秘书打来电话。让他速到三〇五医院总理病房。王冶秋赶来后，周恩来依旧仰躺在病床上，憔悴的面庞蒙上了一层如霜的惨白。他示意让王冶秋坐到自己的身旁，有气无力地说："我马上要施行第六次手术了，这可能是我一生中最后一次大手术，手术后是否还能见到你，很难预料。不过就我个人而言，这没有什么，这也是不以人的意志为转移的自然法则。现在，国务院的工作小平同志已经全面负起责任来了。以后你那边的事情要多向他汇报……马王堆帛书要抓紧整理、校释和研究，尽快将内容和成果公布于众，不要再让那些人打着研究帛书的幌子，搬弄是非，搞政治阴谋了……你带来的严复书札我看完了，如果这批书札是真的，对严复在筹安会时期的思想状况要有个实事求是的评价。还有，杨度在晚年参加了共产党，我曾通过夏衍和他联系过，他为革命做了不少好事。这个历史事实你再找夏衍同志调查证实一下。同时要告诉上海的《辞海》编辑部，在条目中，替他把后来加入共产党的事写清楚……"

杨度其人其事在新中国成立后鲜有人知，几乎成为历史的陈迹，想不到周恩来在生命垂危之际，还记着这位在历史上名声不佳，但却为中国革命做出过贡献的人。王冶秋听后十分感动，回到自己的办公室后，和夏衍联系，在得到确切的证实后，立即将此事通知各有关方面，并做了实事求是的处理。

1976年1月8日9时57分，周恩来终于走完了他78年的人生旅程，撇下他的爱妻与自己政治事业的追随者与世长辞了。

"不要再干这种蠢事了"

周恩来去世26天后的2月3日，按照毛泽东的指示，中共中央发出《通知》，任命华国锋为国务院代总理，这个安排既绕开了邓小平，也绕开了"四人帮"。

4月5日前后，悼念周恩来的群众运动被"四人帮"诬为"天安门反革命事件"，邓小平被再度拉下了马。

同年9月9日，中国政坛的至尊、一代伟人毛泽东逝世。根据中央的指示，三年前马王堆一号汉墓女尸科研小组王鹏程等数十位科研人员，全部调京参加研讨、处理和保护毛泽东的遗体工作，并在很短的时间内取得成功。

10月6日，在华国锋、叶剑英、汪东兴等人的领导与指挥下，"四人帮"被隔离审查。几乎与此同时，"四人帮"在全国各地的党羽以及在大学校园和报社办公室的"梁效""罗思鼎"们分别遭到逮捕和扣留。华国锋成了中央政坛新的最高统帅，中国进入了冰冻十年之后的早春。

但意想不到的是，王冶秋却步入了人生的冬天。他莫名其妙地遭到了中央有关方面的政治审查。其审查的理由是王冶秋属于"四人帮"黑线上的成员，国家文物局是"四人帮"当权时控制的单位。审查的主要罪状是：王冶秋曾为康生搞了马王堆汉墓出土的《老子》甲、乙本帛书和其他地方出土的几百件珍贵文物；1973年江青曾请他吃过螃蟹。

"四人帮"被打倒后，于1975年12月16日死于肺癌的康生，被正式定

469

"四人帮"倒掉时王冶秋带队参加游行,途经天安门广场

性为党和人民的反面人物,他身后留下的一切情与事自然地遭到了审查。经审查得知,此人确实劫掠了国家的几百件珍贵文物,但这些文物大都是在1968—1970年的"文革"狂潮中,康生凭借手中掌握的生杀大权,将北京市文物图书清理小组从造纸厂、炼钢厂和街道查抄的私人杂物中抢救出来的珍贵文物的一部分据为己有,后这些文物被从已死去的康生家中搜出,这些文物根本与王冶秋无任何关系。而当康生劫掠文物时,王冶秋正被关在干校的牛棚中接受改造,国家文物局机关已被造反派"砸烂"。更具戏剧性的是,康生在归天之前,于1974年秋曾怀揣令外人难以琢磨的目的,在验看过马王堆汉墓出土的帛书《老子》甲、乙本后,又报告江青,并使马王堆帛书整理小组和王冶秋的工作陷于被动和混乱。此时的《老子》甲、乙本完好如初地在帛书整理小组保存并开始研究,这同样是不查自明的事实,竟成为王冶秋有口难辩的罪状。

至于江青请王冶秋吃螃蟹一事,历史上确实有过。那是1973年9月20日,江青以"国家领导人"的最新角色,会见

第十四章 余 响

了本来由周恩来邀请访华的菲律宾总统夫人伊梅尔达·马科斯。之后的几天里，江青热情地陪同这位她感觉同自己一样在政治上取得了成功、同时又颇具魅力的女强人观看文艺演出和四处参观走访。就在这期间，王冶秋被莫名其妙地应邀出席江青举办的文艺晚会。当晚会结束后，又被江青留下同文化组的领导者们一起吃了特备的螃蟹晚餐。据王冶秋事后对他的同事、著名学者谢辰生说："我和江青素无交往，为什么要请我出席晚会又要留下吃螃蟹呢？此事实在令人费解啊！不过这些人也实在是无聊透顶，令人厌恶，江青在席间为了一件小事，竟当众要刘庆棠自己打自己的屁股……"

王冶秋遭到中央审查的消息不胫而走，一时间人云亦云，以讹传讹，搞得满城风雨，并震动全国文化、文物界。王冶秋在这莫名其妙、自天而降的巨大打击中，终于经受不住外界的非议、压力以及内心痛苦的煎熬，竟在办公室与审查者谈话时，气闷难耐，口吐鲜血，昏厥在地，自后便大病不起。

1978年12月，中共十一届三中全会召开，邓小平、胡耀邦等人在掌握了中国最高领导权的同时，也开始了对冤假错案的全面平反。考古大师夏鼐借此机会，联合文物考古界人士，向中央申诉王冶秋的冤情，并仗义执言："'文革'期间，王冶秋同'四人帮'，势如水火，并与其做了坚决的斗争，……他对中国文博事业所做出的杰出贡献，是不能抹杀的。"80年代初，中共中央总书记胡耀邦面对王冶秋的冤情，在有关部门对王冶秋的审查报告上，以极其伤感的心情批示道："今后我们不要再干这种蠢事了……"

进入生命晚年的王冶秋

胡耀邦的批示，标志着王冶秋遭受审查的结束及罪状的澄清。但是，已在社会造成的广泛的恶劣影响并未因此而消除，此时早已离开国家文物局局长职位的王冶秋，依然被置于一种尴尬而痛苦的境地。几年的政治打击和病情折磨，已使原来膀大腰粗、身体强壮、性格活泼爽朗的他，变得白发如雪、满脸皱纹、眼窝深陷、精神恍惚，每当有往日的文物界同行和下属来访，触及往事，便时常流泪和哭泣，其中的难言之苦令人伤感哀痛。

1987年10月5日，王冶秋在病痛与遗恨之中度过了人生最后岁月，进入了弥留之际。同行和下属纷纷来家中探视，只见他脸色苍白，枯瘦的身躯平静地卧着，眼窝噙着泪水，颤动着嘴唇，已很难说话。他的妻子高履芳躬身床边，对前来的探视者一个个做着介绍，并不住地呼唤："冶秋，你还认得这是谁吗？想得起来吗？"

只见王冶秋睁大双眼，吃力地在探视者的脸上转着。当目光落到一个中年男子身上时，突然停下来，用极其微弱的声音断断续续地说："我认得他，他是黄遂，十几年前的这个时候，他把马王堆的帛书《老子》乙本印了出来，我托人送给了在长沙的毛主席……"说到这里，两行混浊的泪水夺眶而出，高履芳以及在场的探视者，无不同声悲泣。

当天晚上，王冶秋溘然长逝。

附 录

岁月无悔
——忆马王堆考古中的良师益友王㐨

西汉孤魂

1997年11月30日，礼拜天。早八点，已退休的我骑车上路，赶往北京安贞医院，去向一位离休的老战友告别。三天前，一缕壮烈的英魂，依依不舍地脱离了久病的躯壳，过早地结束了他67个寒暑的人生。路静人稀，天，昏暗暗，心，沉甸甸。途中，稀疏的雪花轻轻地飘洒，落在脸上、身上，凉凉的，地面渐渐白了起来。告别室外，许多单位的领导、同志、众亲、故交，都肃穆伫立，其中有的是从千里迢迢的外地赶来。简单的送别仪式开始了，雪也不得大了。他静静地安眠在摆满鲜花的室内，墙上悬挂的大幅彩色遗像栩栩如生。大家怀着依恋的心情一一向他致敬道别。我将凌晨写在小卡片上的两句话献给了他：

为我国文物考古事业不遗余力拼搏到底的坚强战士王㐨先生业绩长存

您的献身精神音容笑貌将留在广大科技界朋友们的记忆之中永不磨灭

他的去，勾起了我对往事的许多回忆。

在我长期从事考古和文物修复、保护生涯中，和老王唯一的一次共同进行田野考古和室内整理，是38年前我俩前往长沙，与湖南省博物馆的同志们一道发掘蜚声中外的马王堆汉墓。

1972年4月13日晚，我和王㐨受中国科学院考古研究所领导的派遣，乘15次特快列车离京赶奔马王堆发掘现场。14日晚到达长沙，与省革委会文化组、省博物馆革委会几位领导和工地同志见面，了解了前一段发掘进展情况后，又谈了下一步的打算。

4月15日上午，我和王㐨在侯良等同志的陪同下，到马王堆工地作了勘查。这时一号墓已经掘到木椁顶面，椁室结构保存得非常完好，同时发现距椁顶东南角外一米多高处有个盗洞，却停在那里没有再往下挖，否则这座完整的墓就会被毁。随后我们去省革委会会议室，与文化组负责人和工地发掘同志一起研究了下一步工作部署和各项准备。下午，我们这支小小的联军开到现场，进入了战斗岗位。

在这座西汉古墓中，埋藏着未朽的墓主尸身和上千件品类繁多的珍贵随葬品。这批文物深埋地下2100多年，处在一种长期黑暗、温度湿度相对稳定的条件之下，受自身逐渐老化变质和周围多种不利因素的影响已变得非常脆弱，一旦厚重的棺椁盖子揭开，使它们重见天日，周围环境与气温等会骤然发生巨大改变。倘若不能及时采取有效的保护措施进行安置和处理，出土的器物必然遭受严重破坏甚至毁灭。故此，这次发掘任务之艰巨是可想而知的。最终能取得圆满的发掘成果，全在于大家如同打仗时火线上抢救伤员一般，团结一心，一鼓作气，在十分紧张而又有条不紊、随机应变的高速运转中来完成。

大队人马从4月15日开赴工地，一直到4月28日下午吊棺出坑，接着是当晚在博物馆内延续到次日清晨五时的开棺夜战，在这半个月的时间里，大家按照严格的操作程序，一丝不苟地对一层层遗物进行清理、照相、记录、编号，神经处在一种高度兴奋状态而几乎忘记了疲劳，熬红了眼、累瘦了脸。其间也只能缓口气，稍稍休息一下，研究和解决工作中遇到的问题和下一步的安排，同时抓紧做好摄影、绘图和补充文字记录。

在这次发掘中，王㐨拖着有病的身子同大家一样夜以继日地干，从十几米深的墓室到地表，爬上爬下、忙里忙外，协调工作进度和各方面的关系，还要安排好各项拍照和电影纪录片的拍摄工作，而重点的照相底片则需要及时在现场冲洗，确认可用之后，才能决定继续进行下面的清理工作，以防万一出现质量问题而无法弥补。工地发掘告一段落以后，接着就是紧张的室内资料整理和文物的保护。我和熊传薪同志每天下到阴冷的防空洞内负责对暂存那里的文物逐件做进一步的观察、研究和记录，并配合摄影和绘出草图。清理时，在两个衣笥箱里盛有19件服饰，而最难取出和分别展示的是那些看似完好，但一触即破成泥状的纱衣和素罗绵袍等衣物，在吹凉到适当时机，才能一折一折地打开，颇费了一番周折。随后，与周世荣同志一起整理出土的竹简，逐条进行编号，对已散乱的部分，尽可能地恢复其原始排列顺序，并全部临摹了简文。这一阶段工作，仍是日无暇晷，而且不时挑灯夜战。对于发现的女尸，我和王㐨、熊传薪负责清理和保护，在室内工作台上，把其脚上的丝履，身上的衣服，头上的假发，发髻上所插玳瑁等质料的梳形发笄，前额及两鬓的花形饰品，面上覆盖的丝织物，两手中握着的香囊等，一一记录后轻轻取下来。五月的长沙天气已渐渐热了起来，我们制作了一个框架，四周和顶面堆满人造冰袋，置尸体于其中，每天还要往她身上多处注射防腐剂（湖南医学院用酒精、甘油和福尔马林配制而成）。王㐨出于对工作高度负责的精神和钢铁般的意志，为了挽救和保护马王堆汉墓出土的一大批珍贵的古代丝织物标本，舍身忘我地和湖南博物馆以及国家文物局等有关同志一道，持续苦战了三个多月，为保护民族文化遗产做出了突出的贡献。

1972年5月，王㐨在夜晚冲的彩色底片由于天热、水温过高，有的都起了泡。一天晚上9点多钟，老王和几个同志从外面回来，走在博物馆内黢黑的一条小路上时，惊动了趴在路上乘凉的一条半米多长的毒蛇。毒蛇照着老王的脚就是一口，幸亏他穿着一双较厚的布鞋，一下没有咬透，才幸免了一场灾难。后来，这条毒蛇被一位摄影师用树枝抽死，拎回来后被我剥了皮，也算解了心头之恨。

马王堆一号墓巨型帛画的出土，曾震惊了中外文物考古界和艺术界。继帛画出世之后，一号墓墓主人、西汉长沙相轪侯利苍夫人尸体的发现，又成了轰动海内外的一大奇闻。这位老太婆生前绝不会想到，在她死后2000余年，其尊容竟会被万人争睹，又登报纸、又上影视，名闻世界，出尽了风头。好奇之心人多有之，考古工作常常能引起人们的关注和兴趣，因为它能使人看到许多稀奇古怪的东西。有些东西并不都很美，但使人观后会产生不少遐想，并带来许多有益的启示，甚至引发出一股怀古的激情，这次马王堆大量珍贵文物和古尸的出土就是一个突出的例子。

马王堆一号墓发掘中另外一项十分重要的收获，即是出土了品种纷繁的丝织物。国内外许多学者将此墓誉为一座汉代的丝织品宝库，这是一点也不过分的。墓中出土的丝织品种有绢、纱、绮、罗、绵等多种。在西边箱329号的一个衣笥中，即盛放有完整的绵袍、单衣及裙、袜等14件（双）随葬品。众多器物的出土，大大地丰富了考古学、文物学、科技史、工艺美术史等学科的研究内容，充分显示了汉代历史文化的高度发展水平。然而，这些丝织物历经2000多年的时空变迁，出土时的保存状况很不理想。它们的强度极差，几乎一触即破，绝不是能够轻易拿到手的，出土文物的保护任务非常艰巨。对于出土的大量丝织物，当时主要采用了三种方法进行后期处理：一是利用传统的装裱技术，从背面将一些小块的标本加以托裱；二是利用1971年我们考古所为阿尔巴尼亚修复古羊皮书时研制的一种蚕丝网膜材料，在一些丝织物的表面实行加固；三是吸取了明定陵一些织物用有机玻璃液处理的失败教训，不用任何附加材料，而是用特制的大盒子将一些整件的衣服进行了妥善的封存。这些艰巨复杂的工作主要由王㐨承接下来。他拖着羸弱的身躯，以其崇高的敬业精神、铁人般顽强的意志，孜孜不倦地带领大家出色地完成了任务。可是，长时间的繁重劳动，使他的健康状况日益恶化，他又没有听从同志们的一再劝说，加上不能按时诊疗服药，肾炎病情日重一日，直至医生要他全休，工作才不得不有所调整。当年马王堆汉墓发掘，假如没有像王㐨这样的同志参与，出土丝织品的保护工作有可能出现另外的结局。回想70年代后期，一次偶然的机会，我在北京繁华的王府井大街北口考古所大门内以南靠院墙的一排陈旧小库房中，看到过一些50年代初长沙发掘运回的汉代绣花丝织物标本，放在已然散裂的木盒中，上面盖着纸，积满了灰尘，并未做任何有效的保护性处理和及时的整理研究，实在令人遗憾。

1972年秋后的一天，我同王㐨一起去干面胡同拜访夏鼐先生，汇报了马王堆一号墓的发掘工作。夏先生详细地询问了发掘过程的许多细节，以及各类出土文物的处置方法，我们一一做了回答，最后夏先生对这次发掘表示很满意。他认为马王堆的发掘，取得的科研资料是相当齐全的，就清理和保护文物而言，比以往的考古发掘提高了许多，一些棘手的问题都解决得比较好。夏先生的这番评价，并非说马王堆考古在各方面都做得尽善尽美了，随着时代的前进、经验的积累、科技的飞速发展，我们时常会想到以往工作上不尽如人意之处，甚至存在着今是昨非的现象。

马王堆汉墓，是在中国科学院考古研究所成立后第二年，即1951年秋天，由夏鼐先生亲自率领湖南长沙调查发掘团，在发掘一批战国及西汉墓时确定下来的，当时发掘团里的成员有王仲殊、安志敏、石兴邦、王伯洪、陈公柔、钟少林等先生，可谓阵容强大、人才济济、实力雄厚。在1972年马王堆一号墓发掘之初，我听到湖南省博物馆一位老技工漆师傅讲，1951年夏所长率队在长沙考古时，他曾经参加了那次发掘，当时石兴邦先生曾有过发掘马王堆汉墓的打算，后来大约是因为此墓规模过大、时间不太宽裕、犹豫了好一阵才放弃了发掘。现在想来，这件事也很值得庆幸，在新中国成立初期，我们的人力、物力、财力有限，当时科技水平的发挥也受到许多的限制，而且对于文物保护方面的经验也还不足。亏了石先生手下留情，才能够把马王堆汉墓的考古推迟了20个年头，后来才给了王㐨和他的同伴们以大显身手的机会，使得这个地下宝库通过发掘和整理，能够取得更为丰厚的收获。

我以为，从利于古代文化遗产的更为妥善保护和更加有效的开发利用考虑，对于内涵异常丰富的历史上保存下来的古遗址、古墓葬，挖一个就会少一个，因而，早发现比晚发现要好，晚发掘比早发掘会更好些，一切急功近利，从单纯"挖宝"目的出发的发掘，都应该坚决地受到严厉制止。这样，才会给后代人的考古研究留有更广阔的空间和发挥余地。

我与王㐨从相识到永诀历时40个春秋，情谊不可谓不深，他为事业的献身精神堪称楷模，从马王堆考古可见一斑。王㐨去世的前些天，曾对我讲过，他的肾功能衰竭还是1966—1967年我们去山西大同清理"万人坑"时，由于配制冲洗胶片药液中毒而起。最后几年他的病情加重，浑身痛楚，四肢乏力，靠了一条带子才能勉强从床上坐起。在这种情况下，王㐨坚持完成了《中国古代服饰研究》增订版的撰写工作，并指导了许多省市文博单位的文物保护工作。"生是劳作，死是休息"的信念，支配他把创造性的劳动当作了生活的第一要素。同时，王㐨在学术上所取得的成就，实在还与他的贤内助胡曜云女士无怨无悔的支持分不开，胡女士把几乎全部家务劳动和教养一双儿女的重任担负下来。直至王㐨去世前一年的1996年，这位中国社科院历史研究所的高级工程师，才解决了困扰多年的住房困难，一家人终于可以团聚在一套单元楼内，从一个侧面表现出他的只知奉献不图索取的高尚品质。60年代初的三年困难时期，大家都饿肚子坚持工作，他把从嘴里省下来的口粮送给其他的年轻同志；有的同事母亲生病卧床不起，生了褥疮，他去帮助清洗，悉心照料，如同侍奉自己的亲人一般。他由于经常看病，服药，经济上颇为拮据，生活非常清苦，却同我商量把1995年香港出版的《山西煤矿万人坑发掘纪事》一书的一万元港币稿费，捐赠给了大同煤矿展览馆。从这些事情上也反映出他克勤于邦、克俭于家的可贵人品。他小时候只读过几年书，在长期的社会实践中坚持自学，掌握了广博的知识和多项技能，成全了他的拳拳报国之心。

王㐨是我国著名的文物保护技术和古代服饰史研究专家。他1946年参加中国人民解放军，1952年以中国人民志愿军身份入朝，在某部文工团工作，1958年转业到中国科学院考古研究所工作，曾任技术室副主任，在夏鼐先生指导下从事考古技术与古代丝织品的保护与研究。在诸如马王堆汉墓大量丝织衣物的保护和彩绘帛画的成功提取，以及后来对江陵马山楚墓和扶风唐代法门寺塔基地宫出土珍贵丝织衣物的妥善保护，广州南越王墓中高度炭化丝织物难度极大的加固展开等多项工作中，做出了一系列引人注目的成绩。此外，他还主持考察过云南少数民族的原始制陶工艺，并拍成七部《制陶技术演进》纪录短片，为研究我国古代传统工艺保留下十分宝贵的资料。1984年，王㐨调至历史研究所任古代服饰研究室主任，1991年被推选为中国博物馆学会古代服饰研究会名誉会长。

王㐨曾发表多篇有创见的学术论文，如《八角星文与史前织机》一文，通过考证，把我国古代织机的历史上溯至距今7000年前。结合广州南越王墓西耳室出土的印花铜板及相关文物，通过科学的模拟实验，发表了《马王堆丝织物印花》《中国古代绞缬工艺》《朱染》等文，深入探讨了中国古代传统的印染工艺，在学术界引起广泛的关注。1988—1989年，王㐨奉命去英国伦敦，夜以继日地拍摄早年被劫掠的数千件敦煌发现的汉文文献，为编辑出版的十巨册《英藏敦煌文献》提供了大量胶片。

王㐨晚年最大的遗憾是体质虚弱、病魔缠身、力不从心，极大地限制了自己才智的发挥，他常深表遗憾地对人说："我现在（条件）都有了，面对丰盛的宴席，只是没有牙了。"对一切矢志报国的人来说，这话是一面镜子。

白荣金

1997年冬于北京东大桥
2010年11月再次修订

【简介】白荣金，蒙古族，1935年生于北京，1956年入中科院考古研究所工作，同时接受夏鼐、裴文中、苏秉琦等学术大家的考古学系统基础培训，先后任技术员、副研究员等职。参加马王堆汉墓、南越王墓、秦始皇陵铠甲坑等多处大型墓葬、遗址的发掘和研究，特别对出土玉衣、铠甲、镏金、错金银等传统工艺的修复有较深的研究与成功实验。曾受聘北京大学文博学院主讲文物修复与复制课程，应华盛顿弗利尔美术馆之邀对馆藏早年长沙出土的帛书进行考察和修复技术研讨。有大型学术著作《甲胄复原》（合著）出版，发表学术论文六十余篇。

后 记

  在本著采访与写作过程中,得到了国家文物局、湖南省博物馆、中国社会科学院考古研究所及相关单位的支持和帮助,在此表示感谢。同时向侯良、高至喜、傅举有、周世荣、何其烈、彭隆祥、刘里侯、王𦔣、白荣金、王振江、石兴邦、雷震霖、黄逖等专家学者表示诚挚的谢意。没有上述专家学者的关爱,要完成这本书的写作是不可想象的。

岳 南

2011年4月1日于北京亚运村